Miller · Schulinterne Lehrerfortbildung

Reinhold Miller

Schulinterne Lehrerfortbildung

Der SCHILF-Wegweiser

Beltz Verlag · Weinheim und Basel

Neu ausgestattete Sonderausgabe 1995 des Titels
»Miller: Schilf-Wanderung. Wegweiser für die praktische Arbeit in der schulinternen Lehrerfortbildung.«
Beltz Verlag, Grüne Reihe, ISBN 3-407-25126-2

Die Deutsche Bibliothek – CIP-Einheitsaufnahme

Miller, Reinhold:
Schulinterne Lehrerfortbildung : der SCHILF-Wegweiser / Reinhold Miller. – Neu ausgestattete Sonderausg. – Weinheim ; Basel : Beltz, 1995
Früher u.d.T.: Miller, Reinhold: Schilf-Wanderung
ISBN 3-407-21014-0

Lektorat: Peter E. Kalb

Herstellung: Klaus Kaltenberg
Druck: Druckhaus Beltz, Hemsbach
Umschlaggestaltung: Atelier Adolf Bachmann, Reischach
Printed in Germany

ISBN 3-407-21014-0

Für Margreth
in Dankbarkeit für viele
gemeinsame Wanderjahre …

Inhaltsverzeichnis

Vorwort zur dritten Auflage

Seit der ersten Auflage vor knapp zwei Jahren sind mir auf meiner SCHILF-Wanderung einige markante Stellen besonders aufgefallen:

1. Das Interesse an schulinterner Lehrerfortbildung hat enorm zugenommen, und die Bedeutung und Notwendigkeit dieses „dritten Fortbildungsweges“ hat sich inzwischen herumgesprochen.
2. Die Einsicht hat sich verstärkt, daß SCHILF, z.B. durch einen Pädagogischen Tag pro Schuljahr, nicht „erledigt“ und abgehakt werden kann, sondern in einen umfassenden Prozeß eingebettet ist. SCHILF braucht „Zeit-Räume“, die *innerhalb* der Arbeitszeit von Lehrerinnen und Lehrern angesiedelt sein müssen: Schulehalten *plus* SCHILF: Nein, Danke!?
3. Stärker als früher sehe ich auch die Strukturen und Rahmenbedingungen einer Schule als bedeutsame Faktoren an, und die schulpolitischen Entscheidungen dürfen im Hinblick auf SCHILF nicht übersehen werden. Ferner ist die SCHILF-Wanderung weder ein Trostmittel noch ein Erholungsspaziergang (wegen der hohen beruflichen Belastungen), und sie darf auf keinen Fall als Alibi dienen: die Arbeitsplatzbedingungen der Lehrerschaft können sich „ruhig“ verschlechtern, denn als Ausgleich gibt es ja SCHILF und andere ergänzende pädagogisch-psychologische Maßnahmen.
4. Manchmal erlebe ich einzelne Schulen als schwer manövrierfähige Schiffe, die weder durch heftiges Rudern noch durch volle Segel *von innen heraus* in neue Richtungen bewegt werden können. Es bedarf auch der Unterstützung, Ermutigung und „frischer Brisen“ von außen, z.B. seitens der Elternschaft, der Schulbehörden oder der Politiker...

Ich wünsche Ihnen, liebe Leserinnen und Leser, weiterhin eine gute Wanderung.

Vorwort: Einladung zur SCHILF-Wanderung

Bevor Sie wußten, daß SCHILF die Abkürzung für „Schulinterne Lehrerfortbildung“ ist, fragten Sie sich vielleicht beim Lesen des Buchtitels, was dieser denn mit dem Lehrerberuf zu tun hat. Möglicherweise verbanden Sie andere Vorstellungen damit:
Schilf: schwer durchdringbar, nahe an sumpfigen Stellen, modriger Geruch, sich bewegende Halme, undefinierbare Geräusche, rauhe Blätter...
Wanderung: ein Ziel vor Augen haben, Gepäck schleppen, in Bewegung kommen, Gruppe und Miteinander, schweißtriefend und beschwerlich, auf dem Weg sein, glücklich und befreit, nach vorne hin offen...
Schilf-Wanderung: neu, ungewohnt, ungewiß, Neugierde, Abenteuer, Aufbruch, Unsicherheit, Wagnis, Durchblick...

- Was assoziieren Sie noch mit „Schilf-Wanderung“?
  Wie fühlen Sie sich beim LehrerInnenausflug?
  SCHILF-Wanderung: Ein Kollegium macht sich auf den Weg...

Ich lade Sie zu (m)einer SCHILF-Wanderung ein und stelle Ihnen meinen Wanderplan vor:
In der Vorbereitungsphase (1. Kapitel) betrachten wir die Wanderkarte und machen uns mit dem Weg vertraut, auf dem uns Fragen und Antworten zur Lehrerfortbildung im allgemeinen und zur schulinternen im besonderen begegnen werden. Im 2.

Kapitel machen wir uns auf den Weg und lernen SCHILF-Vorhaben und Möglichkeiten der Durchführung kennen. Da unsere Wanderung eine *Kollegiums*wanderung ist, werden auf den nachfolgenden drei Wegstrecken kommunikative, gruppenbezogene und methodische Bereiche erörtert: Gemeinsam auf dem Weg sein (3. Kapitel), in der Gruppe Steil- und Engpässe bewältigen (4. Kapitel) und auf verschiedenen Wegen ans Ziel kommen (5. Kapitel). Im 6. Kapitel blicken wir über die „Zäune" (d.h. wir betrachten SCHILF-Maßnahmen einzelner Bundesländer), um zu sehen, wie andere Gruppen gewandert sind oder noch wandern.
Am Ende sind Sie dann hoffentlich nicht am Ende (Ihrer Kräfte), sondern fühlen sich gestärkt, erholt und motiviert zugleich, um mit Freude, erweiterten Kompetenzen und Elan in und mit Ihrem Kollegium weiterzumarschieren...

Bevor Sie mit der Wanderung beginnen, stelle ich mich Ihnen als Ihren Begleiter oder Wanderführer vor:
Ich bin 1943 geboren und seit 15 Jahren im Schuldienst, zunächst als Lehrer (mit Zusatzstudium in Pädagogik und Psychologie) in einer Grund- und Hauptschule, dann als Seminarleiter in der Lehrerausbildung und seit einigen Jahren vermehrt in der Lehrerfortbildung (Leitung von Lehrgängen, Kursen, Trainingsseminaren und etwa 300 Pädagogischen Klausurtagungen). Seit 1989 arbeite ich hauptamtlich in der Lehrerfortbildung in Baden-Württemberg.
In meinem „Pädagogischen Rucksack" habe ich zwei Bücher von mir dabei: „Lehrer lernen" (Beltz Verlag, 4. Auflage 1991) und „Sich in der Schule wohlfühlen" (Beltz Verlag, 4. Auflage 1990). Sie sehen, *Lernen* und *Sich wohlfühlen* sind durchaus miteinander vereinbar.
Diese „SCHILF-Expedition" wäre kaum zustande gekommen ohne die Hilfe einiger Personen. Ich danke

- Herrn Dr. Manfred Saller vom Ministerium für Kultus und Sport in Stuttgart für die vertrauensvolle Überantwortung von SCHILF-Aufgaben, für seine Unterstützung und Ermutigung und für seine Fähigkeit und Bereitschaft zum Dialog.
- Herrn Botho Priebe, Frau Jutta Maybaum und Herrn Uli Greber für ihre Offenheit und Bereitwilligkeit, mich in die Soester „SCHILF-Familie" aufzunehmen, und für ihre Unterstützung beim SCHILF-Wandern;

- Frau Marianne Bäumer, Frau Regine Berger, Herrn Heinz Hinz, Herrn Rainer Kunzmann und Herrn Werner Schnatterbeck für ihre Anregungen, Hinweise, kritischen Einwände und Bestätigungen;
- Herrn Wolf Melzer, mit dem ich seit Jahren durch die pädagogische Landschaft stapfe, für ausführliche Gespräche am Kaminfeuer und anderswo;
- Herrn Kurt Fay für seine gewissenhaften Anmerkungen und Korrekturen beim Manuskriptlesen;
- Herrn Peter E. Kalb und Frau Inge Bischofs vom Beltz Verlag für ihre Unterstützung und ihre herzliche Art des Kontakts mit mir – nicht zu vergessen Herrn Rathgeber, dem sorgfältigen „Büchermacher", dem ich für seinen wohlverdienten Ruhestand alles Gute wünsche;
- meiner lieben Frau für ihre erfrischenden Sichtweisen als Nichtpädagogin und für ihr unermüdliches Mitwandern auf allen Wegen...

Hinweise:

Zur Wanderung sind alle eingeladen, die sich für die schulinterne Lehrerfortbildung interessieren und denen „ganzheitlich-pädagogische Bewegung" gut tut. Besonders spreche ich an:

a) LehrerInnen, die in ihren Schulen und Kollegien SCHILF-Initiativen ergreifen wollen,
b) SchulleiterInnen, die – gemäß dem Erziehungs- und Bildungsauftrag der Schule – SCHILF-Vorhaben und -Maßnahmen durchführen wollen,
c) Experten, die von außen als HelferInnen und BeraterInnen einzelne Kollegien unterstützen und begleiten wollen,
d) Personen in der Schulverwaltung, denen die Mitarbeit in Schule und Kollegium Anliegen und Bedürfnis ist.

Ich habe versucht, die derzeit wichtigsten Aspekte innerhalb der schulinternen Lehrerfortbildung darzustellen, zu problematisieren und zu bündeln, um die Fülle des Materials für die *Praxis* verfügbar zu machen. Dabei habe ich auf Informationen und Ergebnisse der Erziehungswissenschaft zurückgegriffen und meine persönlichen SCHILF-Erfahrungen und eigenen Untersuchungen miteinbezogen.

Während meiner Arbeit in vielen Kollegien ist mir besonders die *Bedeutung von Kommunikation, Interaktion und Kooperation* in der schulinternen Lehrerfortbildung bewußt geworden. Des öfteren sind Ansätze im Keim erstickt, Fachkompetenzen nicht zum Tragen gekommen und manche SCHILF-Wanderungen abgebrochen worden, weil die *Beziehungs*probleme nicht gesehen, verdrängt oder bagatellisiert wurden. Es mangelte an der Fähigkeit, neben Sachproblemen auch die Beziehungsschwierigkeiten zu bewältigen. (Nach Watzlawick hat bei Problemlöseprozessen die *Beziehungsebene* einen Anteil bis zu 80%, die Sachebene lediglich 20%.) Deshalb habe ich besonders im 3. und 4. Kapitel kommunikative und kooperative Aspekte der SCHILF-Arbeit hervorgehoben.
Wenn Sie während der Wanderung Pausen einlegen oder selbst „schilf-aktiv" werden wollen, so beachten Sie bitte den schwarzen ●: An diesen Stellen gibt es Hinweise und Aufgaben, Fragen und Impulse und Zeit zum Nach- oder Vorausdenken, zum Einfühlen und Besinnen, zum Reflektieren und Meditieren...

Ich wünsche Ihnen bereichernde Erfahrungen und Erkenntnisse beim SCHILF-Wandern.

Reinhold Miller

1. Kapitel: SCHILF-Vorbereitungen treffen

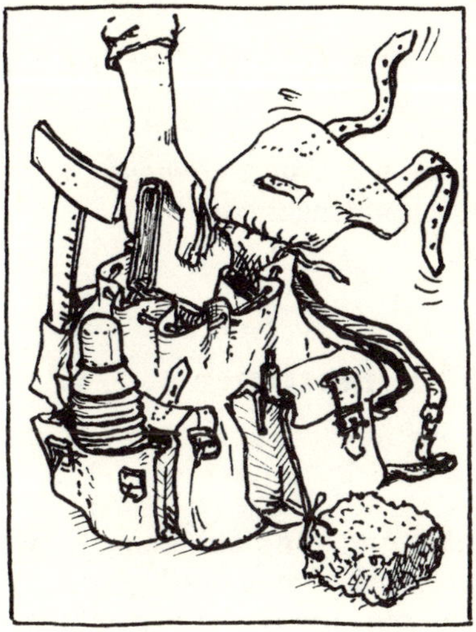

Was werden wir wohl alles auf unserer SCHILF-Wanderung brauchen? Was ist wichtig und nötig, was unwichtig und Ballast? Ich habe mir Gedanken gemacht und packe sieben „Utensilien“ ein:

○ *Untersuchungsergebnisse* und *Merkmale* zum Thema „gute“ Schulen und „gute“ LehrerInnen. Sie sind bedeutsam für die Ziele und Inhalte schulinterner Lehrerfortbildung;

○ *Gedanken* und *Erkenntnisse* über die Lehrerfort- und -weiterbildung, über deren Aufgaben, Abgrenzungen, Überschneidungen, Vernetzungen und Wirkungen;

○ *Sichtweisen* über die schulinterne Lehrerfortbildung und über ihren Stellenwert innerhalb der Lehrerfortbildung;

○ ein *Pädagogisches Konzept* als Basis zur Verwirklichung „guter“ Schulen und als Impuls für Maßnahmen und Vorhaben in der schulinternen Lehrerfortbildung;

○ *Informationen* zur und *Ideen* für die Organisationsentwicklung an Schulen, die als „Motor und Instrument“ immer bedeutsamer wird, Veränderungen in Gang zu setzen und „gute“ Schulen zu erreichen;

○ *pädagogische Führungsaufgaben* für SchulleiterInnen, die eine Schlüsselstellung in der SCHILF-Arbeit haben.

○ *Literaturempfehlungen* als Wegweiser: Was muß, was möchte ich wissen? Wo kann ich nachschlagen? Was gibt es sonst noch?

● Packen Sie in *Ihren* Rucksack noch für Sie Wichtiges ein: Ideen und Phantasien, Vorschläge und Einwände, Fragen und Antworten, Erfahrungen und Erkenntnisse ...
Ihren „SCHILF-Proviant" wie z. B. Wahrnehmungsfähigkeit, Rücksichtnahme, Selbstbewußtsein, Humor, Entspannungsmöglichkeiten ...
Ihr Bild vom Menschen, Ihre „Philosophie der Pädagogik", Ihre Werte und Normen ...
Achten Sie darauf, daß er nicht zu schwer wird! Und vielleicht haben Sie im Kollegium so etwas wie einen *Gemeinschaftsrucksack,* der immer *abwechselnd* getragen wird ...

1. „Gute" Schulen – „gute" LehrerInnen

„Gute" Schulen

„Die Frage nach einer ‚guten Schule' und vor allem danach, wie sie erreicht werden kann, ist eine zentrale Frage der Lehrerfortbildung. Wenn es dabei nicht mehr ‚nur' um das ganze Schulsystem, um ganze Schulformen oder Schulstufen geht, sondern auch um jeweils einzelne Schulen mit ihren je eigenen Bedingungen und Möglichkeiten, dann stellt sich diese Frage besonders der schul- bzw. kollegiumsinternen Lehrerfortbildung. Können mit dieser Fortbildungsform ‚gute Schulen' eher erreicht werden?" (Priebe 1986b, S. 42) Und weitergefragt: Kann – u. a. – die schulinterne Fortbildung der LehrerInnen bewirken, daß SchülerInnen sich in der Schule wohlfühlen *und* geforderte, ihnen gemäße Leistungen erbringen; daß KollegInnen ihr Fachwissen vertiefen *und* förderliche Beziehungen zu den SchülerInnen, den Eltern, der Schulleitung und zueinander aufbauen; daß Eltern mit der Schule ihrer Kinder zufriedener sind *und* mehr Vertrauen zu ihr entwickeln?
Ziele, Inhalte und Impulse für die (schulinterne) Lehrerfortbildung ergeben sich also auch aus der Frage nach einer „guten" Schule: Welche Merkmale weist sie auf? Wie sieht sie aus? Was braucht sie?

Auf der Suche nach Beantwortung dieser und ähnlicher Fragen bin ich auf drei Veröffentlichungen gestoßen:

- Haenisch (1986, S. 18ff.) hat die empirische pädagogische Literatur zu diesem Thema durchforstet und bedeutsame Merkmale zusammengestellt.
- Fend (1986b, S. 8ff.) hat in ca. 150 Schulen rund 600 Schulklassen untersucht und wichtige Merkmale gefunden.
- Steffens (1986, S. 294ff.) hat Erkundungen zur „Wirksamkeit und Qualität von Schule" erhoben und ist ebenfalls fündig geworden.

Die Ergebnisse der drei Untersuchungen (in denen sich Haenisch u. a. auch auf frühere Arbeiten von Fend bezieht) weisen hohe Übereinstimmungen auf, wie der nachfolgende Überblick (S. 18/19) zeigt:

● Bevor Sie weiterlesen: Welche Vorstellungen und Erfahrungen von „guter" Schule haben Sie und welche „geistern" in Ihrem Kollegium herum? Was sind Gründe und Ursachen für „gute" und „schlechte" Schulen und dafür, daß es an manchen Tagen „klappt" und an anderen nicht? (Inwiefern liegt dies an Ihnen, den anderen, den Sachzwängen, den Situationen, der Administration, der Bürokratie, dem System ...?)

„Auch wenn die Wirklichkeit Schule meist durchwachsen ist" (Fend), die Merkmale eher *idealtypisch* sind und es keine einfachen Lösungen gibt, gute Schulen zu erreichen, so wird aus der Übersicht doch sehr deutlich, daß *Struktur, Kommunikation, Beziehung* und *Atmosphäre* die bedeutsamen Merkmale einer guten Schule sind. Fend und Haenisch betonen dies in ihrem Resümee:
„Der Modus der Bewältigung dieser Grundprobleme von Schule in modernen Industriegesellschaften ist der der *Partnerschaftlichkeit.* Die Distanz zwischen Schülern und Lehrern ist dadurch geringer geworden, der Formalisierungsgrad und Routinisierungsgrad schulischen Lebens ist zurückgegangen. Die persönlichen Problemkonstellationen einzelner Schüler werden jetzt stärker bewußt ..." (Fend 1986b, S. 11).
Allerdings, von oben lassen sich weder Partnerschaftlichkeit noch gute Schulen verordnen. Wichtig ist, daß „man den *pädagogischen Erfahrungsaustausch beginnt* ..., daß man ihn kontinuierlich und zielbezogen fortsetzt... Wichtig ist, daß die

Qualitätsmerkmale „guter“ Schulen

Haenisch (S. 18 ff.)	Fend (S. 8 ff.)	Steffens (S. 298 ff.)
Optimistische Erwartungen der Lehrer („Wie Schule zu ihren Schülern steht“)	Optimistische Stimmung, Zufriedenheit und Lockerheit herrschen vor.	Pädagogisches Engagement der Lehrer
Stabilität und Kontinuität eines Kollegiums (Zusammenwachsen, Verbund)	Lehrer kennen sich über Jahre hinweg (geringe Fluktuation).	
Zusammenarbeit zwischen den Lehrern (Keine Vielzahl von Einzelkämpfern)	Integration ist wichtiger als Auf- und Zersplitterung im Kollegium.	Lehrerkooperation
(Minimal-)Konsens der Lehrer bezüglich didaktisch-methodischer Fragen	Lehrergremien bekämpfen sich nicht, sondern beachten Gemeinsamkeiten.	
Zielorientierung in curricularen Aktivitäten (Leistungsanspruch in einem positiven Klima – „Geist“ einer Schule)	Kein Chaos, keine Gleichgültigkeit, keine Strukturlosigkeit; es wird Wert gelegt auf Gestaltung der Schule.	Leistungsorientierung, forderndes Lernen, Beobachtung der Lernfortschritte der Schüler, Disziplin und Ordnung
Artikulation des Curriculums: schulinterner Lehrplan, Schulprogramm . . .	Es wird Wert gelegt auf Gestaltung und Strukturierung des Unterrichts.	
Funktionsfähigkeit der sozialen Organisation „Schule“	Gute Schulen sind nicht überbürokratisch und verschüchtern Schüler nicht.	Arbeitsorganisatorisches Funktionieren

Identifikation der Schüler mit ihrer Schule (Gefühl einer Schulgemeinschaft)	Lehrer und Schüler sind gerne in der Schule und fühlen sich dort wohl.	Klima des Vertrauens
SchulleiterInnen sind: führungsfähig, beratungskompetent, optimistische Initiatoren, pädagogische Impulsgeber, in ständigem Kontakt zum Kollegium, Öffner der Schule nach außen. Sie haben die Fähigkeit zu begeistern und mitzuziehen.	Es herrschen keine Stimmungen der Ohnmacht und des Ausgeliefertseins. Lehrer und Schüler fühlen sich angenommen. Schulleitung und Lehrer lassen sich nicht tyrannisieren, wollen aber auch nicht herrschen.	Flankierende Maßnahmen der Schulaufsicht
LehrerInnen betonen Schülerorientierung, geben häufig Rückmeldungen an die Schüler, strukturieren die Lehr- und Lernprozesse, überblicken das Klassengeschehen, haben Zeit für Gespräche...	Zwischen Lehrern und Schülern gibt es eine offene, positive, fördernde Beziehung. Lehrer haben Zeit für die Schüler. (Es fehlen Freudlosigkeit, Langeweile und Konzeptlosigkeit.)	Führungsqualitäten der Lehrer Innovationsbereitschaft/-fähigkeit der Lehrer
Zusammenarbeit von Schule und Elternhaus: Information – Hilfen – Kontakte	Es ist viel „los“; es passiert etwas: Feste, Ausflüge, Aktionen...	
Systematische schulinterne Lehrerfortbildung		

Kooperation zwischen Lehrern in Gang kommt, daß man sich regelmäßig in Gruppen trifft, daß man beginnt, die Situation zu analysieren, daß man Ziele festlegt, Möglichkeiten der Realisierung diskutiert und erprobt, um damit dem Prozeß der Verbesserung in Schule Dynamik zu verleihen" (Haenisch 1986, S. 23; Hervorhebung R. M.).
Wenn, nach Fend, das „Schule-Halten" schiefgeht, dann vor allem aus zwei Gründen, zum einen, weil „die *Kommunikation* nicht mehr funktioniert", und zum anderen, weil „infolge des Problemüberhangs das *Bewußtsein der Kontrollierbarkeit* der schulischen Umstände und der verantwortlichen Zielerreichung verlorengegangen ist" (Fend 1986a, S. 291f.; Hervorhebungen R. M.). Deshalb ist für ihn die Lehrerarbeit auch in folgenden Bereichen wichtig und notwendig (S. 292):

„*1. Integrationsarbeit:* Wie werden Konflikte aufgearbeitet, finden Gespräche statt...?
2. Überzeugungsarbeit: Lassen sich Diskussionen, die Perspektiven und Sinnvorgaben formulieren, feststellen?
3. Moralarbeit: Findet ein kontinuierlicher Kampf gegen Nachlässigkeit und Gleichgültigkeit, gegen Unterdrückung und Egoismus statt? Versucht das Kollegium Freude herzustellen, Befriedigung zu schaffen? Wie wird in diesem Sinn mit den Nötigungen und den Problemlagen in der Schule umgegangen?"

Eine „gute" Schule zeichnet sich somit aus
- nicht durch Konkurrenz, sondern durch Akzeptanz,
- nicht durch Statik, sondern durch Dynamik,
- nicht durch Dominanz, sondern durch Toleranz,
- nicht durch Gereiztheit, sondern durch gute Stimmung,
- nicht durch Desinteresse/Langeweile, sondern durch Engagement,
- nicht durch Lustlosigkeit, sondern durch Freude,
- nicht durch Passivität, sondern durch Aktivität.

● Haben Sie schon Ideen, wie Sie mit Ihren KollegInnen anfangen bzw. weitermachen, um vor Ort eine „gute" Schule zu erreichen?
Sammeln Sie bitte: Welche Merkmale einer „guten" Schule haben Sie schon entdeckt? Was klappt an Ihrer Schule?
Aber auch: Wo sind Ihre Schwierigkeiten?
Wo fühlen Sie sich – ganz oder teilweise – überfordert?
Die „Meßlatte gute Schule": Wie hoch ist sie für Sie?

„Gute“ LehrerInnen

Was sind „gute“ LehrerInnen?
Klaus W. Döring (1989, S. 32) behauptet: „Das derzeitige Verhalten von Lehrern in Schule und Unterricht ist als intuitiv, improvisierend und persönlichkeitsspezifisch, also *unprofessionell* (Hervorhebung R. M.) zu bezeichnen.“ Wenn er nicht professionell ist, ist er dann auch „schlecht“? Und: Sind „gute“ LehrerInnen erreichbar durch „Training“, beispielsweise (nach Döring 1989, S. 351 und 383)

- durch berufsbegleitende Praxisberatung,
- durch Training des Unterrichts- und Erzieherverhaltens,
- durch antizipatorisches Rollenverhalten,
- durch Selbsttrainingsaktivitäten?

● Was meinen Sie?
Verstehen Sie sich als „gute“ Lehrerin, als „guten“ Lehrer?
Wie schätzen Sie sich ein und wie werden Sie von SchülerInnen, Eltern und KollegInnen eingeschätzt?
Diskussion im Kollegium: Thema „Gute LehrerInnen“!

Nach Brunner (zitiert in Dieterich 1983, S. 52) hat ein effizienter („guter“?) Lehrer folgende Hauptmerkmale:

- emotionale Stabilität, positives Selbstkonzept,
- differenzierte und systematische Unterrichtsplanung,
- partnerschaftliche Einstellungen und Verhaltensweisen,
- Dominanz einer indirekten, Vermeidung einer rigiden Steuerung,
- Anwendung gruppenunterrichtlicher Verfahren, Betonung der Interaktion,
- differenzierte Anwendung positiver Verstärkungsmaßnahmen,
- Flexibilität und Konfliktfähigkeit.

Sauter (1989) kommt, nach Befragung ehemaliger SchülerInnen über ihre LehrerInnen, zu folgendem Ergebnis:
„Das Hauptkriterium, nach dem die meisten … zum Urteil ‚guter Lehrer‘ kommen, ist auf der Beziehungsebene zu suchen … Der Beziehungsaspekt, bzw. die soziale Kompetenz, erscheint als der tragende Grund für das Urteil ‚guter Lehrer‘“ (220 f.).

Und folgerichtig fragt Sauter (S. 221):
„Wie lange warten wir noch in der Lehreraus- und Lehrerfortbildung damit, die soziale Kompetenz, d.h. die Kontaktfähigkeit, Flexibilität im sozialen Umgang oder Konfliktlösungsfähigkeit ohne Gewaltanwendung zu schulen und zu trainieren? Nach wie vor steht die Ausbildung als Fachwissenschaftler im Vordergrund. Die sogenannten didaktischen Fächer kämpfen um ihre Existenzberechtigung. Aber wann wird die Fähigkeit, mit Schülern kindgemäß umzugehen, ein entscheidendes Kriterium für die Zulassung zum Lehrerberuf? Wann wird in der Lehrerfortbildung das entscheidende Gewicht auf Lehrertrainings zur Förderung der sozialen Kompetenz oder der Selbstreflexion gelegt?"
Daß zu guten LehrerInnen auch seelische Stabilität und Gesundheit gehören, wird nicht erst deutlich, seit vermehrt vom sog. „Burnout-Syndrom" die Rede ist, „eine ernstzunehmende Berufskrankheit, die jeden Lehrer befallen kann" (Becker 1989, S. 16). Das Anwachsen der vielfältigen Belastungen raubt den LehrerInnen ihren anfänglichen Idealismus und führt sie schließlich zu einer „zynischen, negativistischen Einstellung und Grundhaltung". Ausgebrannte LehrerInnen sind gesunden (?) SchülerInnen nicht zuzumuten (S. 23).

- Burnout an Ihrer Schule?

Was kann getan werden, daß nicht vorzeitig Tausende von LehrerInnen in den Ruhestand geschickt werden müssen? Wie helfen wir den Sensiblen und den Verzagten, den Mutlosen und Depressiven, den Sturen und Uneinsichtigen, den Versteckten und Verstockten, den Schwachstellen in der Schule? Wie bewältigen wir die (häufig schleichenden und nahtlosen) Übergänge von der Lehrerin zur „Helferin in Nöten", vom Didaktiker zum „Sozialarbeiter", vom „nur gestörten Unterricht" zur „verweigerten Unterrichtsveranstaltung"? Was kann hier die Lehrerfortbildung leisten, auffangen, verbessern?

Zusammenfassung

„Gute" Schulen zu verwirklichen und „gute" LehrerInnen zu werden/zu sein, sind verständliche Wünsche und legitime Ziele derer, die an der Schule interessiert sind und in ihr leben. Diese Zielvorstellungen drücken nicht aus, daß es nicht bereits „gute"

Schulen und LehrerInnen gäbe, sondern vielmehr, daß es nach wie vor um Weiterentwicklung und Verbesserung geht. So rükken – wieder einmal – der *Weg* zum Ziel in den Mittelpunkt und der *Ort,* an dem diese Entwicklungsprozesse stattfinden, nämlich Schule und Lehrerfortbildung. Besondere Beachtung finden dabei:

- Partnerschaftlichkeit, Kommunikation, Interaktion und Kooperation;
- förderliches Schulleben und Strukturierung der Gesamtorganisation;
- berufsbegleitende Praxiserfahrung und deren Reflexion, allein und mit anderen;
- Unterrichts- und Lehrerverhaltenstraining als Möglichkeiten für LehrerInnen, sich von „guten" zu (noch) „besseren" LehrerInnen weiterzuentwickeln;
- kollegiale Hilfen zur gegenseitigen Entlastung von schulischen und unterrichtlichen Belastungen;
- Mut und Zuversicht, „Schwächen" als Chancen zur Veränderung zu erleben.

● Wie haben Sie als SchülerIn „gute" und „schlechte" Schulen erfahren?
Welche Erinnerungen haben Sie noch an bestimmte LehrerInnen?
Welche Be- und Entlastungen erleben Sie an Ihrer Schule?
Welche Hilfen können Sie selbst geben und welche erhoffen Sie sich von anderen aus Ihrem Kollegium?
Mit welchen Empfindungen verlassen Sie jeden Tag Ihr(e) Klassenzimmer, das Lehrerzimmer, Ihr Schulgebäude?
Mit welcher Grundstimmung würden Sie Abschied von Ihrer Schule nehmen?

Andreas Probosch hat in seiner Abiturrede[1] von der Schule Abschied genommen. Vielleicht mag es für manche von Ihnen nach Abrechnung klingen. Hinter und zwischen seinen Zeilen höre/lese ich heraus: Zorn und Enttäuschung, Hilflosigkeit auf der einen und Wunsch nach Zuwendung und Menschlichkeit auf der anderen Seite, den Ruf, die Sehnsucht nach einer „guten" Schule:
„Wir haben Euch nicht nur geliebt. Wir haben Euch gehaßt,

1 Veröffentlicht in der Nürnberger Lehrerzeitung 1989/9, S. 16.

manche von Euch hassen und verachten wir noch immer und werden dies noch lange, lange tun. Ihr habt uns entwürdigt, entmenschlicht. Ihr wollt uns zu Achtung vor der Würde des Menschen erziehen, zur Selbstbeherrschung, zur Verantwortung und zur Hilfsbereitschaft, wie Ihr es in Eurem Erziehungsgesetz schreibt. Doch oft habt Ihr diese wohlklingenden ‚obersten Bildungsziele' einfach Lügen gestraft. Ihr habt gelogen als Pädagogen, Erzieher und als Menschen, wenn Ihr uns spüren ließt, daß wir selbst anscheinend keine Würde zu besitzen schienen. Oder was denkt Ihr, wie kommt sich jemand vor, der von einem vollkommen unbeherrschten Lehrer vor aller Augen lächerlich gemacht und kleingestampft wird, wie Ihr es häufig an der Tafel, bei Abfragen, während des Unterrichts getan habt? Vielleicht wißt Ihr nicht mehr, wie man sich fühlt, wenn man vernichtet worden ist... Ihr wart mächtiger als wir und ließt uns unsere Hilflosigkeit nur zu deutlich spüren. Oft habt Ihr Euch nicht mal Mühe gegeben, Euren Machtmißbrauch zu verdecken... Wie konntet Ihr nur so dumm sein, Euch einzubilden, daß Ihr unsere Lehrer sein könntet, ohne Euch zu bemühen, unsere Freunde zu sein. Lehrer sein bedeutet doch nicht, trockenes Wissen zu vermitteln, uns vollzustopfen mit Daten – dazu brauchen wir Euch nicht, dazu gibt es Bücher... Oder glaubt Ihr, mittels der Integralrechnung wäre eine Antwort auf die Probleme zu erlangen, die uns wirklich bewegen, eine Antwort für Freunde, die arbeitslos werden, auf eine Umwelt, die wir vergiften und die uns und unsere Kinder töten wird, wenn wir nicht von Bomben, die wir produzieren, vorher umgebracht werden, eine Antwort auf Eltern, die uns jegliche Liebe verweigern, auf Mitmenschen, die Gefühle in uns ersticken wollen, die in uns doch so stark sind?
Mit Eurem Fachwissen konntet Ihr uns wenig über das Leben lehren; die Lösung, die Ihr uns durch Euer Beispiel anbietet, lehnen wir ab, denn sie entbehrte so oft jeder Menschlichkeit. Jetzt, nachdem alles vorbei ist, mögen viele sich fragen, ob es das überhaupt wert war. Ich persönlich weiß die Frage nicht zu beantworten, ob ich im Austausch gegen Eure Bildung nicht zu viel an Spontaneität, an Wissensdurst, an naiver Kindlichkeit hergeben mußte.
Ein Trost für viele von uns wäre vielleicht zu erfahren, daß Ihr nicht die Maschinen seid, die Ihr zu sein vorgebt und die viele ihrer eigenen Schwächen an uns bestrafen, sondern Menschen, die uns zeigen können, wie man mit seinen Fehlern umgeht, wie es manche von Euch schon tun. Genugtuung wäre es, wenn Ihr

Euch wenigstens ein bißchen schuldig fühlen würdet. Schuldig, weil Ihr so oft unsere Richter wart und nicht Menschen, die uns helfen wollten ... Schuldig, weil Ihr manches Schicksal entscheidend geprägt habt, ohne darüber nachzudenken. Genugtuung wäre das, weil dann die Hoffnung bestünde, Euer Verhalten würde sich ändern ..."

- Lieber Andreas, danke, daß Du so offen geschrieben hast ...
  Verhalten ist gelernt – und somit auch veränderbar!
  Was meinen Sie dazu?

  Es ist schwer, sehen zu lernen, daß es immer zwei Seiten einer Medaille gibt! – Dies gilt für LehrerInnen und SchülerInnen.

  Können Sie sich eine kontinuierliche Gesprächsrunde an Ihrer Schule vorstellen, in der Eltern, SchülerInnen, LehrerInnen und die Schulleitung miteinander am „runden Tisch" sitzen?

2. Lehrerfort- und -weiterbildung

Notwendigkeit der Lehrerfortbildung

Nicht nur die Sehnsucht von Andreas nach einer guten Schule und nach guten (menschlichen) LehrerInnen und nicht nur der Wunsch vieler Kolleginnen und Kollegen nach einer humanen Schule, nach einem humanen Arbeitsklima, unterstreichen die Notwendigkeit von Lehrerfortbildung, sondern auch vielfältige Erwartungen verschiedener Institutionen und „Abnehmer": „Lehrerfortbildung hat Konjunktur. Von ihr erwarten sich Politik und die Bildungsverwaltung eine rasche Anpassung des Systems an die neuen Anforderungen sowie an die jeweiligen politischen Absichten; die Öffentlichkeit und die Abnehmer verlangen Modernität und ihre je spezielle Bedarfsdeckung, die Wissenschaft (die es in diesem abstrakten Singular nur in der maßlosen Heterogenität ihrer Vertreter gibt) erwartet Umsetzung und Wissenstransfer sowie Betätigungsfelder für wie auch immer motivierte Forschung; die Lehrer erwarten Hilfestellung bei der Bewältigung täglicher Probleme; die Schüler werden nicht gefragt" (Edelhoff 1988, S. 325).

Und schließlich wird der Ruf nach Lehrerfortbildung auch deutlich, wenn wir die Belastungen *um die Schule herum* betrachten:

- Weltweite Gefährdungen, globale Krisen, politische und soziale Konflikte häufen sich, verunsichern, machen Angst.
- Gesellschaftliche, ökonomische und ökologische Bedingungen verändern sich und damit die Menschen, deren Einstellungen und Verhaltensweisen.
- Wissenschaft, Forschung und Technologien entwickeln sich immer rascher und – in manchen Bereichen – in nicht mehr überschaubarem Maße.
- Familienstrukturen lösen sich auf, verändern sich; Kinder fühlen sich dadurch häufig desorientiert und im Stich gelassen.
- Jugendliche haben oft keine Wertewelt mehr oder stellen bisherige Wert- und Moralvorstellungen in Frage; sie suchen nach neuen Wegen und Antworten.
- Der Einfluß der Medien auf das Fühlen, Denken und Handeln unserer SchülerInnen ist vielfältig und häufig destruktiv. Die Folgen bekommen LehrerInnen oft hautnah zu spüren.

Die Reihe der Belastungen kann beliebig erweitert und ergänzt werden: Disziplinschwierigkeiten, Unterrichtsstörungen, kriminelles Verhalten..., Unkonzentriertheit, Lernapathie, Schulunlust... Kolleginnen und Kollegen werden geradezu überrollt von Anforderungen, denen sie – gemessen an ihrer Ausbildung – nicht gewachsen sein können. Sinngemäß meinte ein Lehrer: Die Schule kommt mir vor wie ein Trichter. Von oben wird alles Mögliche (und Unmögliche) hineingeworfen, und unten sollen „Goldklumpen" herauskommen. Ich schaffe es einfach nicht, ein „pädagogischer Alchemist" zu sein! – Die Schule hat es heute besonders schwer, sich auf diese gravierenden Veränderungen und Neuerungen einzustellen und entsprechend zu agieren und zu reagieren.

● Wie erleben Sie sich angesichts dieser umfassenden Veränderungen und vielfältigen Erwartungen und Anforderungen?
Was würden Sie am liebsten tun?
... auswandern, Urlaub machen, die Ärmel hochkrempeln („Jetzt erst recht!") oder:...
Wie ist die Stimmung in Ihrem Kollegium? Aufbruchstimmung? „Innere Emigration"...?

So ergeben sich

a) aus dem Wunsch nach einer guten Schule und nach guten LehrerInnen,
b) aus den Erwartungen von Personen/Institutionen als „Abnehmer“ und
c) auf Grund lokaler und globaler, gesellschaftlicher, wissenschaftlicher, ökonomischer und ökologischer, sozialer und individueller Veränderungen und Probleme für die Lehrerfortbildung vielfältige und weitreichende Aufgaben: Es gibt wenige Berufe, an die so hohe Erwartungen gestellt werden wie an den Lehrerberuf. Dies beweist schon der Blick auf die einzelnen Felder, in denen LehrerInnen kompetent sein sollen:

Fachwissenschaft und Fachdidaktik, Pädagogik und Psychologie, Soziologie und Philosophie, Kommunikation und Kooperation, Selbsterfahrung und Selbstbewußtsein, Erziehung und Bildung...
Es wäre allerdings verfehlt – und LehrerInnen wären heillos überfordert –, sich den „Erwartungsschuh aller anzuziehen“. Die Erwartungen wahrnehmen ist das eine, sie realistisch überprüfen, sortieren, auswählen und sich an das Machbare halten, mögliche Grenzen akzeptieren, ist das andere. Die Rettung aus der „drohenden Überforderungsmisere“ kann u.a. auch darin bestehen, daß LehrerInnen lernen müssen, *selbst* für sich zu sorgen und die Fortbildung selbst mitzugestalten. Aber es ist leider immer noch so, „daß es viele Lehrer nicht gewöhnt sind (es nicht gelernt haben), ihre Fortbildung in die eigenen Hände zu nehmen“ (Edelhoff 1988, S. 327). Nützen wir also die Chance, die darin besteht, „Lehrer durch ständiges Weiterlernen lebendig zu halten, Verkrustungen und Erstarrungen zu vermeiden, Erfahrungen und Routine begleiten zu lassen durch Lebendigkeit, Erweiterung“ (Bönsch 1983, S. 315).
Lehreraus-, -fort- und -weiterbildung müssen im Zusammenhang betrachtet werden. Der Lehrerberuf ist nie abgeschlossen, die Arbeit ist immer „work in progress“, eine Gratwanderung zwischen Lebendigkeit/Innovation und Überforderung/Resignation. Wenn wir den Lehrerberuf und die Lehrerfortbildung als *Weg* sehen, so entlastet uns dies vom Anspruch des Perfektionismus, „AlleskönnerInnen“ der Nation sein zu müssen. Wir verspüren Erleichterung bei dem Gedanken, uns persönlich auf einen Prozeß einzulassen, der nach vorne hin offen ist...

Struktur und Inhalte

● Welche Gründe haben Sie, sich zu einer Lehrerfortbildung (Tageskurs, Lehrgang, Veranstaltungsreihe) zu melden? Was erwarten Sie von einer Fortbildungsveranstaltung? Inwieweit decken sich Ihre Erfahrungen/Vorstellungen mit den nachfolgenden Definitionen?

Unter Lehrerfortbildung versteht man „alle Maßnahmen, die der Auffrischung, der Aktualisierung und dem Ausbau von im Prinzip vorhandenen Kompetenzen dienen", während Weiterbildung auf „Ergänzungs-, Erweiterungs- und Spezialqualifikationen . . ." ausgerichtet ist (Bönsch 1983, S. 315).
Oder: „Lehrerfortbildung umfaßt – als Teil der Erwachsenenbildung – alle Maßnahmen, die der Erhaltung und Festigung der Qualifikation ausgebildeter Lehrerinnen und Lehrer dienen" (Krüger 1988, S. 7).
Oder: Lehrerfortbildung als Erwachsenenbildung „soll sich um identitätsstützende Lernprozesse bemühen und den Individuen Hilfestellungen bei ihren Bemühungen um Identitätsgewinn und -stabilisierung geben" (Arnold 1988, S. 152).
Aus dem bisher Gesagten ergibt sich für die Lehrerfortbildung eine Struktur, die z.B. so aussehen kann (s. S. 29).

Die *prozeßorientierte* Struktur wird mit *berufsbezogenen Inhalten* gefüllt, die sich aus den (Fortbildungs-)Bedürfnissen und Wünschen der LehrerInnen, aus den Erwartungen der an der Schule Beteiligten und aus den „objektiven Erfordernissen" ergeben, durchwirkt von den Grundgedanken des Erziehungs- und Bildungsauftrags der Schule und den Merkmalen einer „guten" Schule:

1. Förderung bedeutsamer Grundhaltungen
- positives Selbstkonzept, positives Denken, Optimismus,
- Zufriedenheit, Ausgeglichenheit, Lockerheit, Humor,
- Partnerschaftlichkeit, Toleranz, Akzeptanz, Achtung der Person,
- Offenheit, Redlichkeit, Transparenz,
- positive Rollenakzeptanz;

2. Förderung allgemeiner Fähigkeiten
- berufliches Engagement, Vertrauenswürdigkeit,
- Einfühlungsvermögen, emotionale Stabilität,

Lehrerfortbildung: Struktur

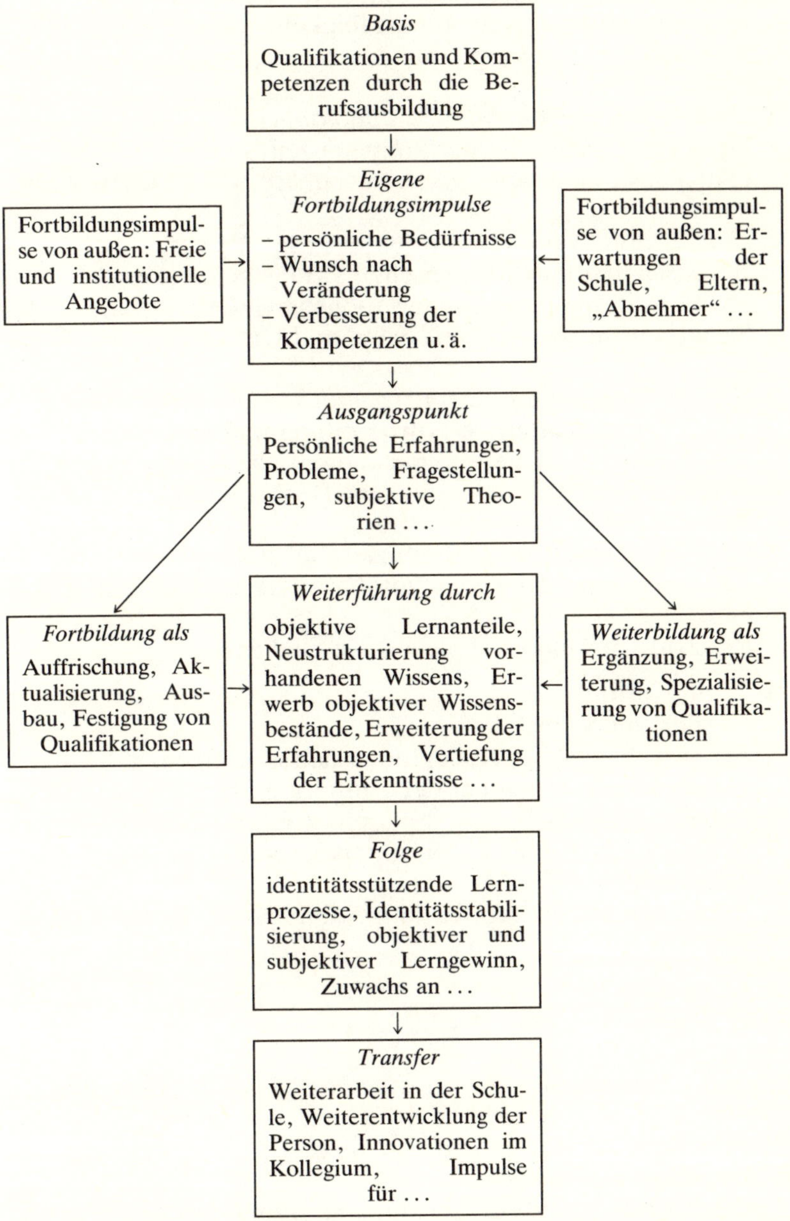

- Dialog- und Beziehungsfähigkeit, Kommunikations-, Kooperations- und Integrationsfähigkeit,
- Konflikt- und Kompromißfähigkeit, Belastbarkeit,
- Innovations- und Motivationsfähigkeit,
- Mut und Begeisterungsfähigkeit;

3. Erweiterung schulischer Qualifikationen
- Führungs- und Beratungskompetenzen,
- (Mit-)Gestaltung von Schulatmosphäre und „Sich wohlfühlen",
- „Motor" für Aktionen, Projekte, Feste, Feiern...
- Bereitschaft zum pädagogischen Erfahrungsaustausch,
- Strukturierungs- und Organisationsfähigkeit,
- Sicherheit im Umgang mit Nähe und Distanz;

4. Erweiterung/Vertiefung unterrichtlicher Qualifikationen
- differenzierte Unterrichtsvorbereitung und -planung,
- fachwissenschaftliche und fachdidaktische Kompetenzen,
- differenzierte Wahrnehmung und Beobachtung,
- Ziel- und Leistungsorientierung,
- Schülerorientierung, Differenzierung, Individualisierung,
- Strukturierung, Fähigkeit zur Ordnung und (Selbst-)Disziplin;
- Reflexion des unterrichtlichen Geschehens.

● Lehrerfortbildung:
  - Hilfe zur Selbsthilfe?
  - „ausgebrannten" KollegInnen helfen können?
  - den SchülerInnen bei der Entfaltung ihrer Persönlichkeit helfen können?
  - besser werden als Lehrerin, als Lehrer?

  Was meinen Sie?
  Wie hoch ist die Fortbildungswilligkeit in Ihrem Kollegium?

Drei Ebenen der Lehrerfortbildung

Es gibt – bundesweit – die zentrale/überregionale, die regionale und die schulinterne Lehrerfortbildung, in einigen Ländern als loses Nebeneinander, in anderen als gekonnte Verzahnung und geglückte „Vernetzung".
Alle drei Ebenen sind aufeinander angewiesen und bezogen, und

jede hat für sich Lebensberechtigung und Funktionen, Vor- und Nachteile:
– Die besondere Stärke der *„überregionalen* Veranstaltungen liegt in ihren Möglichkeiten, relativ einheitliche Fortbildungsziele zu verfolgen, qualifizierte Referenten heranzuziehen und – nicht zuletzt! – den einzelnen Teilnehmer aus seinem Alltagstrott herauszuholen, ihm neue Horizonte und neue Bekanntschaften und eine zeitweilige Distanz zum Schulalltag zu ermöglichen, der ihm Wesentliches oft verstellt. Kurzes Luftholen ist nicht zu verachten“ (Krüger 1988, S. 11). Ebenso hat die überregionale Fortbildung da ihre Stärke und ihre Legitimation, wo es mehr um fachlich-sachliche Schwerpunkte geht: Lehrgänge, Kurse, Informationsveranstaltungen, Wissenserwerb ...
In der *regionalen* Fortbildung können sowohl die fachwissenschaftlichen/fachdidaktischen Bereiche als auch die pädagogischen Angebote zum Tragen kommen. Der Vorteil liegt in einer gewissen Kontinuität des Lernens (Fortbildungsreihen, Intervallseminare ...). Die Bedürfnisse und Interessen der einzelnen KollegInnen können stärker berücksichtigt werden. „Gefragt sind weniger die Propheten von fern und von oben“ (Krüger 1988, S. 11), sondern die „Experten von nebenan“ und die Erfahrungen und Sichtweisen der Beteiligten. Allerdings bringt die regionale Fortbildung in den meisten Fällen auch eine höhere zeitliche Belastung mit sich, da sie in die außerunterrichtliche Zeit fällt.
Die schulexterne (überregionale, regionale) Fortbildung ist nicht unumstritten und wird entsprechend auch immer wieder glossiert:

- Konsummanier und Fortbildungstourismus;
- „In der Praxis sieht das alles ganz anders aus!“;
- „Inselcharakter“ und „normative Überhöhung“;
- Konzeptlosigkeit, Beliebigkeit, Aneinanderreihen von Inhalten;
- Wildwuchs, Zufälligkeit, Systemlosigkeit, Supermarkt;
- „Spesenritter, Bildungsglobetrotter“, Prinzip Hoffnung ...;
- Fortbildung als Flucht (raus aus der Schule);
- Fehlende Verbindlichkeit, Uneffektivität.

(vgl. Krüger 1988, S. 12f.)

Es wird deutlich: Wenn die überregionale und regionale Fortbildung effektiv, förderlich und für die Beteiligten hilfreich sein soll, dann bedarf es eines einheitlichen Konzepts, präziser didaktischer Zielsetzungen, stringenter Organisation und einer koordinierten „Vernetzung“ (Abstimmung der beiden Ebenen). Dann hat schulexterne Fortbildung ihre eigene Qualität!

- Wie sind Ihre Erfahrungen in der überregionalen und regionalen Fortbildung? Welche Vor- und Nachteile sehen Sie?
  Als SchulleiterIn: Viele Fortbildungswillige, wenige Fortbildungswillige – wie erleben Sie dies an Ihrer Schule?
  Welche Wünsche haben Sie an die „externen FortbildungsplanerInnen“?

Die *schulinterne* Lehrerfortbildung hat ebenso ihre eigene Qualität und Berechtigung: „Schule ist selbst eine besondere Individualität und entwickelt als Ganzes eine Qualität, die mehr ist als die Summe der persönlichen Lehrerqualitäten. Schulleitung und Kollegium entwickeln ein besonderes Schulprofil mit Stärken und Schwächen, ein gemeinsames Bewußtsein für gute pädagogische Arbeit...“ (Krüger 1988, S. 14).
Um die ausführliche Darstellung und Vertiefung dieser Gedanken geht es im nächsten Abschnitt.

3. Schulinterne Lehrerfortbildung: SCHILF

Charakteristika

SCHILF – Was ist das?
Kolleginnen und Kollegen antworten:
- Fortbildung an der Schule, Pädagogischer Tag,
- miteinander planen, arbeiten, kleine Schritte machen,
- Ärger bei der Vorbereitung, Freude bei der Durchführung, Erleichterung hinterher...,
- persönlich und fachlich in der Schule weiterlernen,
- Projekte planen und durchführen, Aktionen starten,
- gemeinsam Unterricht planen, durchführen, auswerten,
- auf breiter Ebene kollegial zusammenarbeiten...

SCHILF-Fachleute geben folgende Antworten:

Bestimmungen/Definitionen:	*Einzelmerkmale:*
„Die schulinterne Lehrerfortbildung stützt sich auf die aktive Mitarbeit aller Kollegen. Sie strebt eine Veränderung der Unterrichtswirklichkeit über aktives und problemlösendes Verhalten der Teilnehmer an und nicht durch Belehrungen eines Moderators" (Rühling 1983, S. 35).	aktive Mitarbeit Veränderung der Unterrichtswirklichkeit Problemlöseverhalten
„Unter Schulinterner Lehrerfortbildung sollen alle Aktivitäten des Kollegiums einer Schule verstanden werden, in denen sich die Lehrer selbst wieder als Lernende verstehen" (Meyer 1982, S. 7).	Lehrer als Lernende
SCHILF ist, strenger verstanden, „geplantes, zweckvolles, handlungsorientiertes Lernen von Lehrern im Zusammenhang ihres Kollegiums und ihrer Schule" (Krüger 1988, S. 16).	geplant, zweckvoll, handlungsorientiert
In der schulinternen LFB geht es „neben der thematisch orientierten Fortbildung zugleich um eine verbesserte kollegiale Kooperation und Koordination in Unterricht und Erziehung sowie um die gemeinsame pädagogische Verantwortung für die gesamte Arbeit der betreffenden Schule" (Hartmann 1986; S. 3).	Verbesserung der kollegialen Zusammenarbeit pädagogische Verantwortung
„Die Beziehungen der Kollegen untereinander, ihre Kommunikationsgewohnheiten, ihre offenen und ‚heimlichen' Lehrpläne, ihre Normen und Wertvorstellungen sowie ihre Alltagstheorien gilt es in die Fortbildung einzubeziehen, wenn die Arbeitsplatzsituation in der Fortbildung stärker berücksichtigt werden soll" (Rühling 1985, S. 7).	Beziehungen im Kollegium Kommunikationsgewohnheiten offene/heimliche Lehrpläne Normen/Wertvorstellungen Alltagstheorien Berücksichtigung der Arbeitsplatzsituation

„Weil das Arbeits- und Fortbildungsfeld der Pädagogen in der schulinternen Lehrerfortbildung identisch sind, ist sie wie keine andere Form der Fortbildung problemorientiert, schulbezogen und personennah. Denn im unmittelbaren Entstehungskontext von Schwierigkeiten und Problemen können mit allen Beteiligten und Betroffenen Lösungen erarbeitet, erprobt und konkretisiert werden. Die schulinterne Lehrerfortbildung dient – wie die Lehrerfortbildung allgemein – der Erhaltung, Aktualisierung und Verbesserung der bereits erworbenen Qualifikationen" (Knapp/Priebe 1983, S. 10).

Arbeits- und Fortbildungsfeld sind in der SCHILF identisch.

problemorientiert, schulbezogen, personennah

Kooperation aller Beteiligten

Erhaltung, Aktualisierung, Verbesserung bereits erworbener Qualifikationen

Wir sprechen dann von „schulinterner Lehrerfortbildung, wenn die beteiligten LehrerInnen ihre Arbeitssituation didaktisch definieren, d. h., wenn sie sich über Ziele, Ergebnisse und Produkte des gemeinsamen Arbeitsprozesses verständigen, über Inhalte und Themen sowie über Methoden, mit denen die Ziele erreicht und Themen realisiert werden sollen, wenn Materialfragen geklärt werden und bedacht wird, worin sich die Wirksamkeit der gemeinsamen Arbeitsprozesse erweisen soll" (Priebe 1989, S. 161).

Arbeitssituation didaktisch definieren

Verständigung über Ziele, Inhalte/Themen, Methoden, Medien, Materialien

Reflexion der Wirksamkeit der Arbeitsprozesse

In der schulinternen Lehrerfortbildung geht es um „gemeinsame Lern- und Arbeitsprozesse (Information und Orientierung), die Suche nach Übereinstimmung bei der Lösung der Probleme aus dem Schulalltag und um die Erfüllung eigener Wünsche (Konsens), Lösungsversuche mit eigenen Mitteln (Selbsthilfe), Begegnungsmöglichkeiten und Spaß (Kontakt), eine breite Beteiligung der Betroffenen" (Meyer 1982, S. 8).

Information und Orientierung

Konsens
Selbsthilfe
Kontakt
Beteiligung der Betroffenen

„Ausgangspunkt der Fortbildung sind Probleme, die sich in einer konkreten Schule im fachlich-didaktischen, sozialen, institutionellen oder persönlichen Kontext entwickelt haben und zur Lösung drängen“ (Schönig 1988, S. 404f.).

Probleme innerhalb des fachlich-didaktischen, sozialen, institutionellen und persönlichen Kontextes

Einige Fachleute verwenden auch den Begriff der *kollegiums*internen Lehrerfortbildung (KILFO):

„Kollegiumsinterne Lehrerfortbildung ist... nicht primär die Anwendung von Theorie auf Praxis, sondern sie konstituiert sich erst in der Auseinandersetzung mit der Praxis“ (Gampe 1983, S. 21).

Auseinandersetzung mit der Praxis

„Kollegiumsinterne Lehrerfortbildung hat das Ziel, die Arbeits-, Lehr- und Lernprozesse in der Schule zu verbessern. Sie ist eine Form der Lehrerfortbildung, in der sich die Lehrer eines Kollegiums mit dem befassen, was sie gemeinsam angeht. Die kollegiumsinterne Lehrerfortbildung... wird also durch die in der Schule handelnden Personen und Probleme bestimmt... Kollegiumsintern – übrigens genauer als schulintern – sind Fortbildungsveranstaltungen, die sich auf ein Kollegium insgesamt zu beziehen“ (Ant 1983, S. 36).

Verbesserung der Arbeits-, Lehr- und Lernprozesse

Gemeinsame Probleme

Fortbildungsveranstaltungen auf ein Kollegium bezogen

„Man sollte nicht jede Zusammenarbeit von Lehrern, ... kollegiumsinterne Lehrerfortbildung nennen. Der Begriff ‚Fortbildung‘ sollte für intentionale Lernprozesse in einem bestimmten Organisationsrahmen reserviert bleiben“ (Ant 1983, S. 36).

intentionale Lernprozesse
Organisationsrahmen

● Blicken Sie – nach der Fülle dieser SCHILF-KILFO-Bestimmungen/Definitionen – überhaupt noch durch?
Mein Vorschlag: Gönnen Sie sich eine SCHILF-Pause...
Ich versuche in der Zwischenzeit, die wichtigsten Merkmale zusammenzufassen und in eine Ordnung zu bringen:

Resümee aus den Bestimmungen und Definitionen:

1. Die schulinterne Lehrerfortbildung hat, schwerpunktmäßig, zum Ziel:

   - die Förderung von Demokratisierung, Dezentralisierung und Humanisierung der Schule als Beitrag zur inneren Schulreform,
   - die Rückbesinnung auf Werte und Normen, auf Sinnfragen und auf pädagogische Grundgedanken,
   - die Erhaltung, Aktualisierung und Verbesserung bereits erworbener Qualifikationen,
   - die Reflexion/Verbesserung der Arbeits-, Lehr- und Lernprozesse und eine Veränderung der Unterrichtswirklichkeit,
   - die Verbesserung der Kommunikation und Kooperation im Kollegium,
   - die praxisbezogene Konkretisierung des Bildungs- und Erziehungsauftrags der Schule,
   - die Entwicklung eines Bildungs- und Erziehungskonzepts der jeweiligen Schule (pädagogisches Konzept!),
   - die Bewältigung schulischer/erzieherischer Schwierigkeiten und Probleme,
   - den konstruktiven Umgang mit Normen und Wertvorstellungen, mit subjektiven Theorien und Alltagsbelastungen,
   - die Koordination von Erziehung und Unterricht,
   - die gezielte Gestaltung eines breitgefächerten Schullebens.

2. Bei der Verwirklichung der Ziele und bei der *Umsetzung der Vorhaben* ist zu beachten:

   - die Verständigung über Ziele, Inhalte, Themen, Methoden, Medien und Materialien,
   - die Berücksichtigung der Arbeitsplatzsituation,
   - die Freiwilligkeit und das selbstbestimmte Arbeiten und gemeinsame Lernen des Kollegiums oder Teilkollegiums,
   - die Kontinuität und Längerfristigkeit der kollegialen Zusammenarbeit,
   - die Ausrichtung auf Kompromiß und Konsens, auf Hilfe zur Selbsthilfe, auf Kontakt und Integration,

– die Entscheidung darüber, ob und welche Fortbildungseinrichtungen und externen Berater für die schulinterne Arbeit hinzugezogen werden.

3. Schulinterne Lehrerfortbildung *ist*

– zielgerichtet, geplant, zweckvoll,
– problem-, handlungs- und prozeßorientiert,
– teilnehmerorientiert, adressatenbezogen und praxisnah,
– schul-, sach- und situationsbezogen, personenorientiert,
– letztlich didaktisch und schülerorientiert...

Wenn SCHILF so verstanden und realisiert wird, dann hat dies (nach Ant 1983, S. 37) zur Folge:

„– eine hohe Lernmotivation der Teilnehmer, weil die Einigung über Ziele und Thematiken der Fortbildung leicht möglich ist und weil die eigene berufliche Praxis thematisiert werden kann;
– schnelles Aufkommen befriedigender und angstfreier Kommunikation, weil gruppendynamische Prozesse – anders als bei ‚neuen' Fortbildungsgruppen – ‚schon gelaufen' sind;
– großer Transfer der Fortbildungsergebnisse, weil die Lernsituation (Fortbildung) und die Anwendungssituation (Alltagsarbeit) viele Gemeinsamkeiten aufweisen;
– längerfristiges Behalten der Ergebnisse, wenn die Kollegen wiederholt über ihre Erfahrungen miteinander sprechen;
– hohe Akzeptanz der Fortbildungsergebnisse, weil die Lehrer selbst in den Prozeß der Problemlösung (Themenfindung, Zielsetzung, Vorbereitung, Durchführung, Umsetzung, Auswertung) einbezogen sind".

Aus dem bisher Gesagten wird auch deutlich, was SCHILF *nicht* ist:
– informeller Erfahrungsaustausch über berufliche Belange, sei es von einigen wenigen oder von allen Kolleginnen und Kollegen;
– spontane und sporadische, ungeplante und mehr oder weniger zufällige Aktivitäten;
– Gespräche und Konferenzen, Projekte und Feste, Interaktionen und Kontakte, die nicht *intentional* auf Fort- und Weiterbildung ausgerichtet sind.

Einige der o. g. Elemente treffen auch auf die überregionale und regionale Fortbildung zu. Das *Spezifische* der schulinternen Lehrerfortbildung ist, gebündelt formuliert:

- zielgerichtetes, kooperatives Lernen eines Kollegiums oder Teilkollegiums;
- thematische Arbeit an fachlichen und überfachlichen (z. B. erzieherischen) Fragestellungen und Problemen der „konkreten Schule vor Ort";
- Erhaltung, Aktualisierung und Verbesserung derjenigen (bereits erworbenen) Qualifikationen, die an der eigenen Schule *und* im Kollegium „lernrelevant" sind.

● Welche Gedanken, Teilaspekte ... sind Ihnen aus Ihrer eigenen schulinternen Lehrerfortbildung vertraut?

SCHILF-Struktur

Einzelne Elemente der schulinternen Lehrerfortbildung können zueinander in Beziehung gesetzt werden, so daß sich folgende Struktur ergibt:

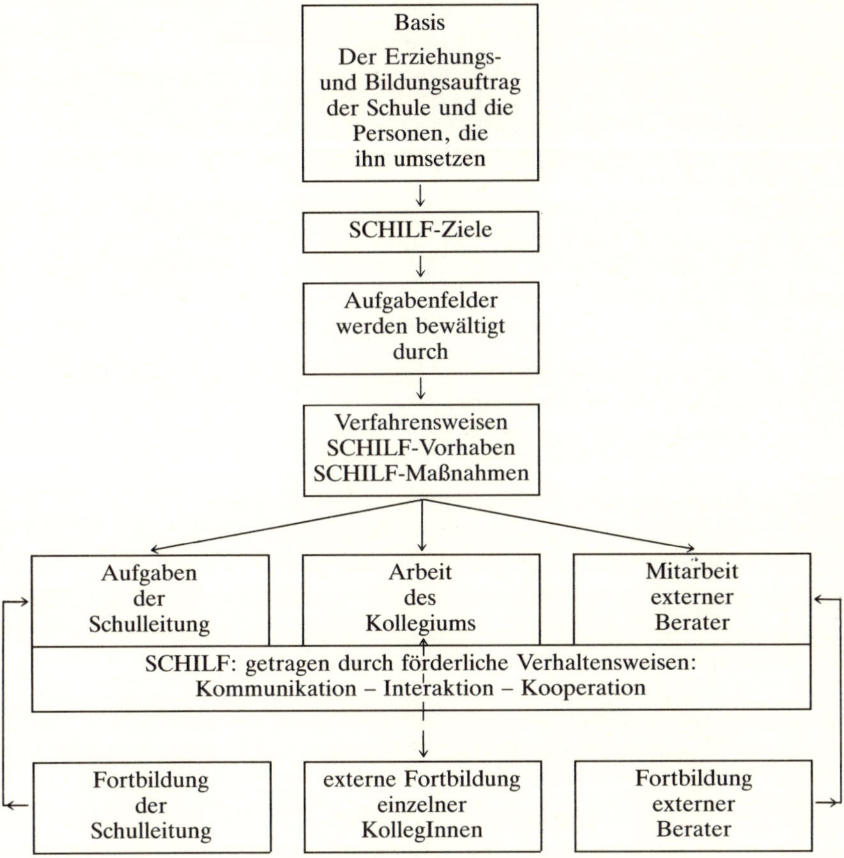

Inhalte der formalen Struktur:

1. Die Basis der schulinternen Lehrerfortbildung sind
   a) der Erziehungs- und Bildungsauftrag der Schule und
   b) die Personen, die ihn realisieren.

2. Ziele:

- Stärkung der LehrerInnenpersönlichkeit
- Verbesserung der Kommunikation und Kooperation im Kollegium
- Vertiefung des Verantwortungsbewußtseins und der Verantwortlichkeit
- Verbesserung der Arbeits-, Lehr- und Lernprozesse
- Förderung des Schullebens und des Schulklimas
- Bewältigung schulischer und erzieherischer Probleme
- Erweiterung der Erziehungskompetenzen
- Förderung der didaktischen Qualifikationen
- Förderung der Motivations- und Innovationsfähigkeit
- Auf- und Ausbau der schulinternen Organisation
- Integration verschiedener Handlungsfelder

3. Verwirklichung der Ziele in bestimmten Handlungsfeldern:

○ Nach- bzw. Vorausdenken über pädagogische Grundsatzfragen, z. B.
  - Wirkung der beteiligten Personen
  - Bildung, Erziehung, Unterricht
  - pädagogische Richtungen und Strömungen
  - Erziehung im Kontext der Gesellschaft

○ Entwicklung eines pädagogischen Konzepts, z. B.
  - Werte, Normen, pädagogische Atmosphäre
  - „Für die Schule – für die SchülerInnen“
  - ganzheitliches Leben und Lernen
  - Integration pädagogischer Aktivitäten

○ Pädagogische Gestaltung des Schullebens, z. B.
  - pädagogische Freiräume
  - Veranstaltungen, Projekte, Feste
  - SMV, Elternbeirat, Förderverein u. ä.
  - Schule, Schulräume, Klassenzimmer

○ Bewältigung von Erziehungsproblemen, z. B.
  - pädagogisch-psychologische Kenntnisse
  - Störungen, Konflikte, Schwierigkeiten
  - Kontakte: Eltern – SchülerInnen – LehrerInnen
  - erzieherische Alternativen u. ä.

○ Bearbeitung fächerübergreifender Probleme, z. B.
  - Koordination/Integration verschiedener Bereiche
  - Kontakte: FachlehrerInnen – KlassenlehrerInnen
  - Projektarbeit, Exkursionen
  - Kooperation verschiedener Gruppen

○ Erörterung fachlicher Probleme, z. B.
  - Hospitationen: Planung, Durchführung, Auswertung
  - Kontakte der Fachgruppen, FachlehrerInnen
  - fachspezifische Weiterbildung
  - „Blick über den Zaun“: andere Schulen...

○ Austausch von Erfahrungen und Sichtweisen, z. B.
  - Kommunikation und Kooperation im Kollegium
  - Informationen, Vermittlung, Weitergabe
  - Supervision und personenzentrierte Lerngruppen
  - außerunterrichtliche Aktivitäten

○ Realisierung konkreter SCHILF-Maßnahmen und -vorhaben, z. B.
  - Anwendung verschiedener Formen der schulinternen LFB
  - Planung, Durchführung, Auswertung von Vorhaben
  - Integration überregionaler und regionaler LFB
  - Aspekte der Organisationsentwicklung

4. Bewährte Verfahrenweisen helfen, die entsprechenden Ziele in den jeweiligen Aufgabenfeldern zu realisieren, z. B. die Ausrichtung auf Ziel-, Handlungs- und Prozeßorientierung; die Anwendung von Gesprächsformen unter pädagogischen Gesichtspunkten; die Berücksichtigung der Leitung von Gruppen und der Analyse von Gruppenprozessen; die Beachtung erwachsenendidaktischer Prinzipien und die Gestaltung kommunikativer Abläufe; die Visualisierung und Moderation in Gruppen; die Transparenz verschiedener Maßnahmen und Handlungsweisen.

5. An der schulinternen Lehrerfortbildung sind drei Gruppen beteiligt:

a) SchulleiterInnen als InitiatorInnen, OrganisatorInnen und BeraterInnen,
SchulleiterInnen in Einzel- und Gruppengesprächen, in Konferenzen und SCHILF-Vorhaben,
SchulleiterInnen mit Führungsqualitäten, Autorität und Kompetenzen, mit Integrationsfähigkeiten und Realitätssinn;

b) KollegInnen im Dialog, in Kommunikation und Kooperation, im Plenum und in Gruppen, in Kontroversen und Konsens,
KollegInnen in Fachgruppen und Fächergruppen, in überfachlichen Gruppen und in verschiedenen Aktionen;

c) externe BeraterInnen als Einzelpersonen oder im Team, als ReferentInnen oder GruppenleiterInnen, als Diskussionsteil-

nehmerInnen oder ModeratorInnen, als MitarbeiterInnen nach Bedarf...
Externe BeraterInnen können Schulpädagogen, Schulpsychologen, BeratungslehrerInnen, FachberaterInnen, HochschullehrerInnen, Personen der Schulverwaltung... sein.

6. Die schulinterne Lehrerfortbildung profitiert auch von der externen Fort- und Weiterbildung der Beteiligten:
a) Fortbildung für SchulleiterInnen z. B. zum Thema „Pädagogische Aufgaben“ oder „SCHILF“;
b) Fortbildung für KollegInnen in verschiedenen fachlichen und überfachlichen Bereichen;
c) Fortbildung für externe BeraterInnen zum Thema „SCHILF“...

● Jetzt haben Sie sich durch Struktur und SCHILF-Inhalte durchgearbeitet: Haben Sie sich in Teilen der Auflistung wiedergefunden?
Was ist Ihnen bekannt, neu, fremd...?
Was würden Sie jetzt gerne aufgreifen?
Welche Inhalte, welche Methoden machen Sie neugierig?

SCHILF-Grenzen

Mag die schulinterne Lehrerfortbildung für manche KollegInnen der „Königsweg“ (Priebe) sein, so möchte ich dennoch auf „spitze Steine“, auf Gefahren und Grenzen aufmerksam machen:
Fortbildung außerhalb der Schule schafft eine wohltuende Distanz zum Schulalltag, die in der SCHILF-Arbeit fehlt: „Die Übereinstimmung von schulalltäglichem Arbeitsfeld und Problemfeld eröffnet die Chance konkreter Verbesserung und Erneuerung der Schule, birgt aber auch die Gefahr, daß ein Kollegium in seinen als übermächtig erlebten Problemstrukturen steckenbleibt“ (Priebe 1989, S. 161).
Kolleginnen und Kollegen sind also permanent und unmittelbar ihren eigenen Konflikten ausgesetzt, und es bedarf großer Anstrengungen und hoher Lernmotivation, sich diesen zu stellen und gemeinsam Lösungsansätze und -wege zu suchen. Die Erfahrung hat immer wieder gezeigt: Wenn es an diesen Punkten bereits Schwierigkeiten gibt, kann über Jahre hinaus SCHILF-Arbeit scheitern. Der „SCHILF-Schock“ sitzt dann so tief, daß es lange dauert, bis wieder Innovationen in Gang kommen.
Es ist nicht immer leicht, gegenseitige Abhängigkeiten offenzu-

legen, Schwierigkeiten zuzugeben, die eigene Unterrichtstür zu öffnen. Zu groß sind die Erfahrungen, verletzt worden zu sein, bzw. die Angst, erneut verletzt zu werden. Die Öffnung ist außerhalb der Schule oft leichter, weil „man ja nicht jeden Tag zusammenarbeiten muß".

Das „Schmoren im eigenen Saft" bedeutet Stillstand. SCHILF-Arbeit braucht den „Blick über den Zaun" (siehe auch 6. Kapitel, S. 289ff.), braucht Risikobereitschaft, sich auf Erneuerungen einzulassen...

Nicht unbedeutend sind auch Faktoren wie Schulgröße, Kollegiumsgröße, Schulart, Zusammensetzung des Kollegiums (z.B. Alter, Geschlecht), Struktur der Schule (z.B. städtisch, ländlich).

Und schließlich: Schulinterne Lehrerfortbildung appelliert – in den meisten Fällen – an die Bereitwilligkeit von LehrerInnen, für Innovationen aufgeschlossen und motiviert zu sein und für SCHILF Zeit zu investieren. SCHILF bedeutet häufig auch, zur ohnehin schon beträchtlichen Unterrichtsverpflichtung zusätzliche Zeit aufzuwenden. So kann nicht von vornherein erwartet werden, daß großer Jubel ausbricht, wenn schulinterne Lehrerfortbildung angesagt ist. Aber: nicht nur Freizeit ist Lebens-Zeit, sondern auch Arbeits-Zeit und somit ein hoher Wert in sich.

● Wie groß ist Ihr Jubel, Ihre Skepsis im Hinblick auf Mehrarbeit durch die schulinterne Lehrerfortbildung?
SCHILF freiwillig – verpflichtend?
Was haben Sie bisher von SCHILF profitiert?
Was war für Sie erfreulich, hilfreich, lohnend?

Während meiner SCHILF-Arbeit habe ich immer wieder KollegInnen gefragt, was sie sich für die schulinterne Lehrerfortbildung wünschen. Sehr häufig wurden genannt:

- Begegnungen, Gespräche, Erfahrungsaustausch,
- Zuversicht, Bestätigung, Hilfen, Entlastung,
- Gemeinschaft, Angenommensein, Vertrauen, Offenheit,
- Achtsamkeit, gegenseitiges Verständnis,
- Klarheit und Klärung, Ehrlichkeit, kein „Hintenherum",
- fachliche Informationen („Was gibt's Neues?").

Noch ist aber auch, hie und da, Skepsis vorhanden: „Lehrer scheinen immer weniger daran zu glauben, daß es sich lohnt, durch mehr Anstrengungen, Investitionen von Zeit und Mühe, den Sinn ihrer Arbeit zu steigern und die Qualität ihres Arbeits-

platzes zu verbessern“ (Daublebsky/Petry 1987, S. 12). Eine Schülerin (Realschule) wünscht sich: „Lehrer sollen nicht nur Objekte des Arbeitsplatzes sein, sondern Lehrer und Schüler sollten sich gegenseitig als Menschen wahrnehmen.“ Sie wünscht sich außerdem, daß Lehrer „ihre Arbeit gern machen wollen“ (ebd. S. 12). SCHILF – gut gemacht – lohnt sich!
Der Personalchef eines Industriekonzerns drückt m.E. aus, was Schulen nicht fremd sein sollte: „*Interne Weiterbildung* und hohe Investitionen in die Erstausbildung unserer Mitarbeiter heißt unser Geheimnis... Ein Hochschulpraktikant hat viele Chancen bei Digital, und es ist uns daran gelegen, daß er sich hier *wohlfühlt*...“ Und entscheidend ist für ihn auch der Aspekt, „durch *Zusammenarbeit Synergien* zu schaffen“ (Süddeutsche Zeitung vom 19.8.1989, S. 54; Hervorhebungen R.M.).
Wenn Lehrerfortbildung bei der Persönlichkeit ansetzt und wenn sie Lehrerinnen und Lehrern „Erfahrungs- und Übungsräume auf der Beziehungsebene“ (Ruddies 1982, S. 13f.) ermöglichen soll, dann könnte dies gut in der schulinternen Lehrerfortbildung geschehen. Dort geht es um Klärung von Sachen *und* Beziehungen, um Bewältigung von Stoffen *und* Konflikten, um den Umgang mit Menschen *und* Dingen.

- Nach diesem langen SCHILF-Abschnitt:
  Wie motiviert sind Sie für Ihre schulinterne Lehrerfortbildung?
  Was überzeugt Sie, was weniger und was nicht?
  Wo sehen Sie Ihre Möglichkeiten und Ihre Grenzen?
  Wo sind Chancen und Risiken, Freiräume und Mauern?

Vielleicht beschäftigt Sie jetzt die Frage, als SchulleiterIn oder als LehrerIn: Wo und wie finde ich den Anfang des SCHILF-Weges? Meiner Erfahrung nach lassen sich in den meisten Schulen Bausteine finden, die als *Ausgangspunkt* dienen, z.B. Gespräche über erzieherische Fragen, Unterrichtshospitationen, pädagogische Konferenzen, Aktionen in Klassenzimmer und Schule... Es kommt etwas in Bewegung. Zunächst gilt es aber, diese Einzelelemente in einen Gesamtzusammenhang und miteinander in Verbindung zu bringen. Dies sehe ich z.B. in der Entwicklung eines Pädagogischen Konzepts gegeben:

4. Pädagogisches Konzept einer Schule

Notwendigkeit

Lehrerinnen und Lehrer klagen über SchülerInnen:
Unkonzentriert und desinteressiert, rücksichtslos und schlampig, faul und frech, unkontrolliert und böswillig; sie stören den Unterricht, fehlen unentschuldigt, machen keine Hausaufgaben, vergessen Materialien, zerstören Sachen, verletzen Personen. Sie betrachten die Schule als „Scheißhaus", den Unterricht als „Frustladen" und sind froh, wenn sie dem Betonbunker entfliehen können...
Schülerinnen und Schüler beschweren sich über LehrerInnen:
Zu gereizt und empfindlich, zu unausgeglichen; zynisch und brutal, autoritär und rücksichtslos, unehrlich und unsicher; sie machen Druck, sehen nur die Leistungen und Noten, langweilen im Unterricht, wirken lustlos und resigniert. Sie sind zu viel „Pauker" und zu wenig Menschen...
SchulleiterInnen fühlen sich überfordert:
Zu viele Verwaltungsaufgaben, zu wenig Pädagogik, zu viele Problemfälle und zu wenig Hilfen; keine Ordnung, keine Strukturen, keine Kooperation; verschlossene Klassenzimmertüren, flüchtende KollegInnen; zu viel Unterrichtsausfall und zu wenig Erziehung, zu viel Gleichgültigkeit und zu wenig Motivation und Interesse...
Eltern jammern über die Schule:
Zu streng und zu locker, zu eng und zu großzügig, zu kontrolliert und zu freiheitlich, zu viele Vorschriften und Paragraphen, zu wenig Lehrerinnen und Lehrer, zu viel Stoff und zu wenig Hausaufgaben, zu viele Ausländerkinder und zu wenig Aufsicht, kaputte Kinder und Jugendliche (von *anderen* Eltern); Disziplinlosigkeit, Kriminalität, Chaos...

- Es wäre schon ein großer Schritt, wenn wir ohne die vielen „zu's" auskämen, meinen Sie nicht?
  Was sind Ihre Erfahrungen?

Viele KollegInnen meinen immer noch, angesichts o.g. Schwierigkeiten als *Einzel*kämpferInnen mit *Einzel*maßnahmen *über*leben zu können. Manche flüchten sich in ihre Klassenzimmer, sperren diese und sich zu, verleugnen und verdrängen Probleme: Wenn es in einer Klasse mit etwa 30 Personen, deren unterschiedlichen Bedürfnissen und Wünschen, Interessen und Nei-

gungen, Begabungen und Intelligenzgraden, Lebensgeschichten und Erziehungserfahrungen, Einflüssen und Prägungen keine (pädagogischen) Probleme und Konflikte gäbe, dann wäre „etwas faul“ an Schule und Unterricht, an LehrerInnen und SchülerInnen! Die *Normalität* ist „Probleme haben“. Es geht darum, wie wir mit ihnen – und damit mit uns – umgehen.
Wir verbringen 30 bis 40 Berufsjahre in der Schule – und für unsere Kinder und Jugendlichen sind es bis zu 13/14 Lebensjahre. Daß Schule ein Ort ist oder zum Ort wird, in dem Wohlfühlen, gerne dort sein, lebendige Erfahrungen machen möglich ist..., dies sollte nicht *diskutiert* werden, sondern eine Selbstverständlichkeit sein! (Miller 1990/3, S. 17) Die pädagogische Arbeit an den Schulen gewinnt wieder an Bedeutung. Die Zeit des Einzelkämpfertums und der Blick nur auf Sachen und Stoff, nur auf Klassenzimmer und Unterricht sind vorbei; deshalb:

Gemeinsam statt einsam

Ein pädagogisches Konzept entwickeln und ausbauen heißt, unter die Determinanten „Schulleben, Schulethos, Zufriedenheit, Wohlfühlen, gute Schulen“ die entsprechenden Einzelelemente in Zusammenhang bringen, verbinden, vernetzen, in ein System integrieren. Ein pädagogisches Konzept erhält seinen Sinn aus folgenden Perspektiven:

- Schule als Modell pädagogischen Handelns sehen,
- der Schule und dem Schulleben wieder Bedeutung verleihen,
- gemeinsam Haltestellen suchen,
- wieder für die Schule be-geistern,
- Erziehung als Be-ziehung und Begegnung sehen,
- Schule als Lebensort entfalten und realisieren,
- Freiräume für LehrerInnen und SchülerInnen schaffen,
- das Verantwortungsbewußtsein für die Schule stärken,
- ins Gespräch kommen, im Dialog bleiben,
- zu Minimalkonsens und Kompromiß finden,
- Erfahrungen machen (lassen),
- die Schule nach außen öffnen.

Ein pädagogisches Konzept kann ein wichtiger Schritt zur Verbesserung des Klimas in der Schule sein; Ausdruck eines intensiveren Miteinanders; Umsetzung des Willens, Schwierigkeiten zu sehen, sie nicht zu verdrängen und Möglichkeiten zu finden, sie – von innen und außen – zu bewältigen: Schule als lebendiger Organismus!

- Wie haben Sie sich bisher erlebt? Als EinzelkämpferIn?
  Pädagogisches Konzept: Welche Möglichkeiten sehen Sie an Ihrer Schule, es zu initiieren, zu realisieren...?
  Welche Gefühle verbinden Sie mit der Vorstellung: „Teamarbeit an meiner Schule?“ (Unsicherheit, Offenheit, Abwehr, Hoffnung, Erleichterung...?)

Realisierung

Beispiel I:

Ein Pädagogisches Konzept (oder, „bescheidener“ formuliert, ein pädagogisches Profil) einer Schule wird von folgenden Stützpfeilern getragen:

1. Pädagogische Vorstellungen: Sie basieren auf Werten und Normen, die u. a. in Schulverfassungen und Bildungsplänen, Rahmenrichtlinien und Erziehungskatalogen zum Ausdruck kommen: Menschenbild, Ethos, Haltungen, Einstellungen... Darüber nachzudenken, sie zum „Thema“ in der Schule zu machen, ist ein erster Schritt zur Entwicklung eines Pädagogischen Konzepts.

2. Pädagogischer Konsens: „Es geht darum, die Spannbreite der verschiedenen Erziehungsstile produktiv zu nutzen. 80 Lehrer können kein collegium pädagogicum werden, wenn der eine die Zigaretten der Schüler für Zeichen ihrer Selbstbestimmung hält und ein anderer darüber in Harnisch gerät. Ohne Minimalkonsens sind Lehrer isolierte Einzelkämpfer und Schüler desorientierte Erziehungsobjekte“ (Winkel 1983, S. 33). Unabdingbar sind also Vereinbarungen und Absprachen über Gemeinsamkeiten und Freiräume.

3. Pädagogische Verhaltensweisen: Sie werden überprüft und gemessen an unseren pädagogischen Vorstellungen. Stimmen sie miteinander überein? Wie stark sind die Divergenzen und wie-

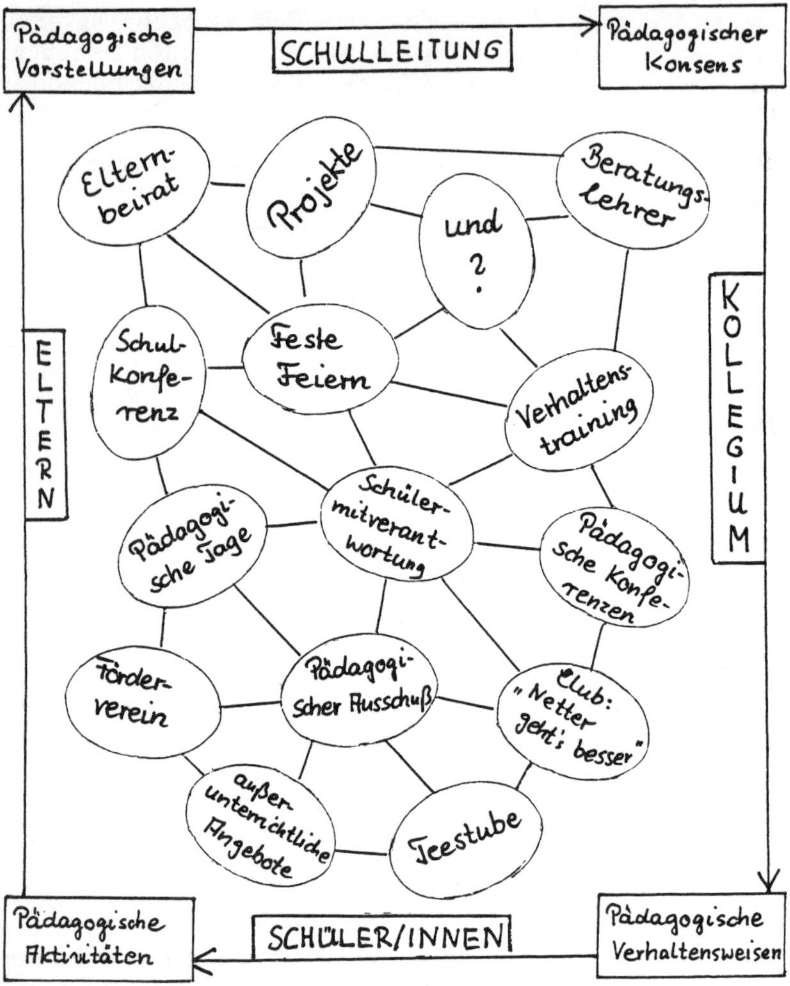

viel davon können wir uns und den SchülerInnen zumuten? (Sie sind hellhörig geworden und merken rasch die Unterschiede zwischen Denken und Handeln, zwischen Reden und Tun!) Wie hoch sind unsere pädagogischen Ziele und wie „stimmig" dazu unser Vollzug im Alltag?

4. Pädagogische Aktivitäten: Sind unsere Angebote geeignet, unsere Vorstellungen und Ziele zu realisieren? Treffen sie die Wirklichkeit von SchülerInnen und LehrerInnen? Sind sie ins „wirkliche Leben" eingebettet?

Die vier Stützpfeiler sind aufeinander bezogen und müssen aufeinander abgestimmt werden: Wer bestimmt die Höhe? Wie groß „dürfen“ die Unterschiede sein (ohne, daß das Konzept völlig schief wird und umkippt!)? So kann es auch sein, daß manches modifiziert, ergänzt oder eliminiert werden muß, anderes aber auch belassen werden kann.
Es ergibt sich ein „Regelkreis“ von Vorstellungen/Zielen, (Minimal-)Konsens, Verhaltensweisen und Aktivitäten, der ständig Veränderungen unterliegt und in dem vier Personengruppen die „Hauptrolle“ spielen: SchulleiterInnen, KollegInnen, SchülerInnen und Eltern... und mittendrin pädagogische Angebote. Als Einzelelemente sind sie sinnvoll, weitaus wirkungsvoller aber als vernetztes und verknüpftes Ganzes (siehe Grafik S. 48):

Beispiel II:

Hier werden Pädagogik und Fächer integriert:

Schulleben findet statt:

außerhalb des Klassenzimmers	im „offenen“ Klassenzimmer	im Klassenzimmer
pädagogisch Umsetzung des Bildungs- und Erziehungsauftrages der Schule durch ↓ pädagogische Aktivitäten, z. B: – Pädagogische Konferenzen – Pägagogische Tage – Pädagogischer Ausschuß – Schülermitverantwortung – Kooperative Modifikation; Gestaltungsmöglichkeiten – Förderverein – Arbeitskreise – Veranstaltungen – Elternkontakte usw.	*fächerübergreifend* Umsetzung der verbindlichen fächerübergreifenden Lehrplaneinheiten durch ↓ kooperative Aktivitäten, z. B.: – fächerübergreifende Themen – fächerverbindender Unterricht – handlungsorientiertes/ganzheitliches Lernen – zusätzliche Bildungsangebote/AG – Exkursionen – Erkundigungen usw.	*fachlich* Umsetzung des Bildungs- und Erziehungsauftrages eines Faches durch ↓ fachliche Aktivitäten, z. B.: – fachwissenschaftliche Kompetenzen – fachdidaktische Kompetenzen – fachpraktische Kompetenzen – methodische Kompetenzen – integrativer Unterrichtsstil – Zielorientierung usw.

Erste Schritte sind getan: Die „Elemente fangen zu gehen an", Verkrustungen lösen sich, die Schule kommt (wieder) in Bewegung, entwickelt sich ... Weitere Impulse vermittelt uns die sog. Organisationsentwicklung:

5. Organisationsentwicklung in der Schule

Der Begriff Organisationsentwicklung (OE) taucht in letzter Zeit immer häufiger auf, wenn von SCHILF und Schulentwicklung die Rede ist. Lassen Sie sich zunächst von Fachleuten informieren, was sie unter OE verstehen:

Definitionen, Merkmale, Ziele

„Das Wort ‚Organisationsentwicklung' geht auf den amerikanischen Ausdruck ‚Organization Development' zurück und enthält streng genommen zwei Bedeutungen: Erstens kennzeichnet es den *Prozeß* der Veränderung einer Organisation von einem bestimmten Entwicklungsstand zu einem anderen; zweitens ist es Ausdruck für einen *gezielten Impuls,* mit dem einer Organisation dazu verholfen wird, einen reiferen und anpassungsfähigeren Entwicklungsstand als System zu erreichen. Zum einen wird also nur die Tatsache einer Veränderung benannt (Eine Organisation entwickelt *sich!*), zum anderen jedoch auch die aktive Beeinflussung und Gestaltung dieses Veränderungsprozesses (Eine Organisation *wird* entwickelt!)" (Pieper 1986b, S. 83).
„Organisationsentwicklung zielt auf der Basis sozialpsychologischer Erkenntnisse auf die Verbesserung der sozialen Beziehungen in einer Organisation, um auf diesem Wege gleichzeitig sowohl besser die Ziele der Organisation zu erreichen als auch die Mitarbeiterzufriedenheit zu erhöhen" (Wenzel 1990, S. 1).
Nachfolgende Aussagen sind stärker auf die Schule bezogen, ausgehend von Modellen aus den USA:
„Organisationsentwicklung in Schulen oder Schuldistrikten wird darin verstanden als ein zusammenhängendes, systematisch geplantes und über einen längeren Zeitraum aufrechterhaltenes Bemühen zur Selbst-Erkundung und Verbesserung der eigenen Organisation mit der ausdrücklichen Betonung der Veränderung formaler und informeller Prozeduren, Prozesse, Normen und Strukturen unter Benutzung wissenschaftlicher Konzepte. Ziele

dieses Bemühens sind sowohl die Verbesserung des auf Zielerreichung bezogenen Funktionsablaufs als auch die Erhöhung der Lebensqualität der Individuen in einer Organisation. In der schulischen Organisationsentwicklung stehen dabei direkt oder indirekt *Erziehungsfragen und -aufgaben im Mittelpunkt*... Es geht um die Entwicklung der Fähigkeit des schulischen Sozialsystems, sich den *veränderten Anforderungen und neuartigen Problemen zu stellen und möglichst diese zu bewältigen*..." (Wenzel 1990, S. 2 u. S. 5; Hervorhebungen R. M.).

„OE in Schulen ist eine zusammenhängende, systematische geplante Anstrengung zum Zwecke der Selbstanalyse und Erneuerung. Die Maßnahmen sind vor allem auf Änderung formaler und informeller Verfahren, Prozesse, Normen und Strukturen gerichtet und bedienen sich haltungsbildender Begriffe und Methoden" (Dalin 1986, S. 114).

„OE ist ein offenes, planmäßiges, zielorientiertes und langfristiges Vorgehen im Umgang mit Veränderungsformen und Veränderungsabsichten in sozialen Systemen... Insgesamt verstehen wir OE als einen erfahrungswissenschaftlichen Ansatz, der

- in der Lage ist, Theorie und Praxis systematisch zu verknüpfen;
- nicht dazu verführt, den Schulen vorfabrizierte Lösungen ‚aufzudrücken', sondern die Betroffenen trainiert, ihre eigenen Probleme selbst zu lösen und
- die Erneuerung/Weiterentwicklung der Schule hinsichtlich ihrer Funktionstüchtigkeit *und* des Wohlbefindens der beteiligten Personen zum Ziele hat;
- Planung nicht als abstrakt-technisches Problem, sondern als eines der Verbesserung von Beziehungen mündig handelnder Menschen versteht" (Rolff 1986, S. 13 u. 15).

Charakteristische Merkmale von Organisationsentwicklungen sind demnach

- die Selbststeuerung der Adressaten und Beteiligten,
- geplante, zielgerichtete und langfristige Vorgehensweisen,
- alltags-, praxis- und handlungsbezogene Ansätze,
- „Hier- und Jetztereignisse" (Gegenwartsprobleme),
- ganzheitliche (systematische) Betrachtungsweisen,
- Veränderungen von Prozessen und Strukturen,
- Selbstuntersuchungen und gemeinsame Interpretationen,
- offene Kommunikation, Transparenz,
- Supervision, Metakommunikation, Reflexion.

Organisationsentwicklungen haben zum Ziel:

a) die Verbesserung der Arbeitsbedingungen, um erhöhte Arbeitszufriedenheit, Freude und innere Beteiligung zu erreichen *(humane Organisation)* und
b) die Verbesserung der Strukturen, um die Funktionsfähigkeit und die Resultate zu erhöhen *(effiziente Organisation).*

Auf die Schule bezogen heißt das, sich dort wohlfühlen *und* Leistungen erbringen...

Aus den o.g. Zielen ergeben sich Teilziele:

- Selbstentwicklung und Stärkung der Mitglieder,
- Verbesserung der sozialen Beziehungen,
- Erweiterung der Selbststeuerungskapazität der Beteiligten,
- Erhöhung der Fähigkeiten zur Selbstanalyse,
- Integration der technisch-organisatorischen und menschlichen Aspekte,
- Ausgewogenheit von Freiheit und Verantwortung, von Bindung und Öffnung,
- Förderung von Kommunikation und Kooperation,
- Nutzung der Stärken der Beteiligten, Förderung der Synergie,
- Schaffung von gezielten Lernsituationen für die einzelnen, die Gruppen und das ganze System,
- Gleichberechtigung der Bedürfnisse der Mitglieder,
- Verbesserung der Lebensqualität der einzelnen.

OE ist also ein durch und durch *demokratischer Ansatz,* hochkomplex und differenziert zugleich, in dem die Betroffenen zu Beteiligten werden. Ihr gemeinsames Handeln ist auf Werte und Normen ausgerichtet mit dem Ziel, Ergebnisverbesserung und Wohlfühlen zu erreichen.

● Wenn Sie die genannten Definitionen, Merkmale und Ziele nochmals Revue passieren lassen: Was kommt Ihnen in den Sinn, wenn Sie in diesem Zusammenhang an Ihre Schule, Ihre KollegInnen denken?
Vermuten Sie: Was wäre auf Ihre konkrete Schule/Schulsituation übertragbar?

Dieser Frage gehe ich auf den nächsten Seiten nach:

Bedeutsamkeit für die Schule

Impulse für die OE in Schulen bekommen wir u. a. aus Wirtschaft und Industrie:
„Ich lehne es ab, meine Mitarbeiter zu bloßen Befehlsempfängern zu degradieren. Damit würde ich die Chancen unternehmerischer Zusammenarbeit zunichte machen. Ich wäre ein Dummkopf, wenn ich die Fähigkeiten, die Kreativität und das Engagement früherer Landwirte, ehemals selbständiger Handwerker oder von Hausfrauen – die doch alle wie Unternehmer denken und handeln – mit einem System ‚Befehl und Gehorsam' untergraben würde. Es geht mir darum, *das Unternehmerpotential meiner Mitarbeiter freizusetzen.* Mitarbeiter-Unternehmer sind an ihrer Firma und ihrer Entwicklung weitaus stärker interessiert als Arbeitnehmer im traditionellen Rollenverständnis zwischen Arbeitgeber und Arbeitnehmer... *Ich fordere den selbständigen, gestaltenden Mitarbeiter. Den bevormundeten und umsorgten Mitarbeiter lehne ich ab.*" (Robert Wolff, gelernter Werkzeugmacher, Gründer und Leiter der Wolfcraft GmbH & Co. KG in Weibern in der Eifel, 1989, S. VII; Hervorhebungen R.M.)

- Ist dies ein anregender Gedanke für Sie?
  Welche Erfahrungen haben Sie zum Thema „Mitarbeit und Kreativität in der Schule" gemacht – als SchulleiterIn, als LehrerIn?
  Inwieweit wird in Ihrer „Firma Schule" auf Ihr „Unternehmerpotential" zurückgegriffen? Empfinden Sie sich eher als „BefehlsempfängerIn" oder als „selbständige, gestaltende MitarbeiterInnen"?

Vermutlich sind viele von uns noch im „traditionellen Rollenverständnis" verhaftet. Es wird höchste Zeit, daß wir beginnen, auf die umfassenden Herausforderungen zu antworten und selbst tätig zu werden. „Schulen verändern sich von unten oder gar nicht", meint P. Dalin, einer der Väter der Organisationsentwicklung, und er stellt fest: „Eine Tendenz geht dahin, daß pädagogische Fragen mehr und mehr lokal geregelt werden, vorzugsweise vom einzelnen Lehrer. Zentrale Verordnungen auf pädagogischem Gebiet gibt es immer seltener. Zum Teil ist das eine Auswirkung der Tatsache, daß eine zentrale Distanz in solchen Fragen nicht viel allgemeine Empfehlungen geben kann" (Dalin 1986, S. 64).

Ein Schulleiter klagte „an höherer Stelle" über die steigende Kriminalität an seiner Schule und bekam die Antwort: „Da geben wir einen Erlaß heraus, und dann bekommen wir die Sache schon in den Griff." Jedoch: Die Zeit ist vorbei, in der Erlasse (Beziehungs-)Probleme „lösen" und in der LehrerInnen diesbezüglich bloße BefehlsempfängerInnen sind. Ihnen wird immer mehr bewußt, daß der „neue Stil" von Dialog und Partnerschaft, von Mitsprache und aktiver Mitarbeit, von Eigenverantwortung und Kooperation, von Transparenz und Kreativität geprägt ist: Die Schule als *gestaltete* und nicht nur als *verwaltete* Schule! Dem widerspricht nicht die Tatsache, daß es im „Haus Schule" Räume gibt, die auch von Anweisungen, Direktiven, Verordnungen und notfalls sogar von Disziplinierung gekennzeichnet sind.

Die Schule braucht die OE, weil sie – nach Miles, zitiert in Dalin 1986, S. 58 – in folgendem Dilemma steckt:

- *Fachliche Ziele versus soziale Ziele:* Werden die sozialen Ziele zu wenig beachtet, weil die Prioritäten zugunsten von Fächern und Stoff, von Leistung und Abnehmerinteressen gesetzt werden?
- *Standardisierung versus Individualisierung:* Überwiegen die Standards derart, daß sie auf Kosten der Individualisierung von LehrerInnen und SchülerInnen gehen?
- *Administration versus Autonomie:* Wie hemmend sind administrative Anordnungen von außen für autonome und selbstverantwortete Bestrebungen in der Schule?
- *Abhängigkeit versus Unabhängigkeit:* Inwieweit gelingt es, sich von Außeneinflüssen freizumachen, aber dennoch mit ihnen zu kooperieren?
- *Abgrenzung versus Einbeziehung:* Wieviel Abgrenzung vor zu vielem „Dreinreden" ist notwendig, und wieviel Öffnung nach außen ist für die Schulentwicklung förderlich?
- *Information versus Intuition:* Wieviele Informationen braucht die Schule, und wieviel Intuition, Spontaneität und Kreativität kann sie sich bewahren?
- *Außenhilfe versus Selbsthilfe:* Welches Maß an Hilfen von außen stützt die Schule, und welche Möglichkeiten zur Selbsthilfe nimmt sie wahr?

- *Zentralisierung versus Dezentralisierung:* Wo, wie und von wem werden Beschlüsse gefaßt: Schule, Gemeinde, regional, landesweit...?
- *Status quo versus Veränderung:* Wie wird das „dynamische Gleichgewicht" zwischen Homöostase (Stabilität) und Transformation (Flexibilität) hergestellt?

So betrachtet stellt sich Schule polar und in einem vielfältigen Spannungsverhältnis dar. Die beteiligten Personen sehen sich dadurch häufig Zwangslagen ausgesetzt. OE führt aus dem Gesamtdilemma heraus, denn sie „liefert einen theoretischen Rahmen und zugleich eine Praxisstrategie für geplanten Wandel in Organisationen. OE-Maßnahmen führen dazu, in Institutionen/Organisationen systematisch und über längere Zeit kooperative Arbeits- und Kommunikationsstrukturen aufzubauen" (Pieper 1986b, S. 25).
Schule wird als System und als komplexer Organismus betrachtet und nicht nur als eine „Organisation", die technisch zu verwalten ist, und die nur zu funktionieren hat. Schule besitzt ein dynamisches Eigenleben. Durch OE-Maßnahmen kann dieser lebendige Organismus wieder stärker in das Blickfeld rücken.

● „Systemisches" Sehen und Denken ist neu. Wir haben es (noch) nicht gelernt...

Das Besondere an der Organisationsentwicklung – in Abgrenzung zu SCHILF-Maßnahmen und -Vorhaben – besteht in der intensiven und umfassenden Diagnose, der Kontinuität und Langfristigkeit von Planung und Durchführung und schließlich in der Mitarbeit von externen Beratern (Schönig 1988, S. 415). OE ist also nicht gleichzusetzen mit schulinterner Lehrerfortbildung, aber OE-Elemente sind in SCHILF enthalten, wie nachfolgendes Realisierungsbeispiel zeigt:

Realisierung

Es gibt viele Formen und Möglichkeiten schulinterner Lehrerfortbildung. Wenn sie als ein zielgerichtetes und langfristiges „Unternehmen“ apostrophiert wird, dann haben OE und SCHILF hohe Übereinstimmungen (vgl. Priebe 1989, S. 162 und Schley 1988, S. 11ff.):

1. Der Einstieg besteht aus Vorgesprächen mit möglichst allen Beteiligten: „Wir wollen..., haben vor... Uns belastet...“ d.h. also eine „differenzierte Ermittlung des Ist-Zustandes einer Schule“ (Priebe).
2. In der „kooperativen Diagnose“ (Schley) wird ermittelt, welche(s) der angeführten Probleme bearbeitet werden soll(en).
3. Meist bereitet eine Gruppe des Kollegiums – zusammen mit externen Beratern – die weiteren Schritte vor: differenzierte Planung... (siehe 2. Kapitel: SCHILF-Vorhaben, S. 71ff.)
4. Es erfolgen kollegiale Vereinbarungen über Themen und Inhalte, über Organisationspläne und Terminierungen, über Methoden und Medien... Das gemeinsame Ziel wird als „Soll-Zustand“ definiert.
5. Das Kollegium, die Gruppe, macht sich auf den Weg: Durchführung der OE, eine lange Strecke... Fachleute meinen, eine effektive OE benötigt ca. zwei bis fünf Jahre...
6. Stabilisierung (Wie geht's weiter, was bleibt...?) und Institutionalisierung (Was wird festgelegt, vereinbart...?) sind die letzten beiden Phasen der OE in Schulen.

- In deutschen Schulen ist OE ein ganz junges Pflänzchen. Welche Erfahrungen haben Sie bisher mit ihr gemacht?
  Gibt es „Spuren“, Ansätze oder entsprechende Maßnahmen, SCHILF als Kontinuum und nicht nur als „pädagogische Eintagsfliege“ zu erleben?
  Wo stoßen Sie auf Schwierigkeiten, Hindernisse, Grenzen?

Es gibt sicher Widerstände gegen OE-Ansätze in Schulen. Sie werden sich reduzieren, wenn auf Transparenz und Mitsprache, auf Einbeziehung der Betroffenen, auf Autonomie der Beteiligten, auf Akzeptanz und Vertrauen geachtet wird und wenn gewährleistet ist, daß durch OE Aussicht auf *Erleichterung der Arbeit* und *Verbesserung des Arbeitsklimas* besteht. Erst dann

werden sich viele KollegInnen mit OE-Zielen identifizieren können und bereit sein, an Organisationsentwicklungen in ihrer Schule mitzuarbeiten.
Es mag vielleicht der Eindruck entstanden sein, OE würde sich zu wenig um Unterricht und Unterrichtsbelange kümmern. Dem ist nicht so. Unterricht nimmt nach wie vor einen wichtigen Stellenwert ein, aber SCHILF und OE „bleiben nicht bei den Unterrichtsbelangen stehen, sondern sind auf das Gesamtfeld einer Schule gerichtet" (Priebe 1989, S. 166).
OE ist ein langwieriger Weg der kleinen, aber kontinuierlichen Schritte. Forderungen, alles müsse sich auf einmal – und möglichst schnell – ändern, lassen sich durch die OE nicht erfüllen. OE ist zum Scheitern verurteilt, wenn Lösungen von außen aufgezwungen werden und wenn administrative Bevormundung die Oberhand behält (vgl. Schönig 1988, S. 412f.). Zentralsteuerung von außen widerspricht grundsätzlich der Organisationsentwicklung: „Kollegiumsprobleme haben... *systemischen* Charakter. Daraus folgt, daß nur integrative Problemlösungsversuche erfolgreich sein können" (Pieper 1986b, S. 80).
Auf der anderen Seite: Es wäre vermessen und unrealistisch, im Rahmen der schulinternen Lehrerfortbildung nur noch den Blick auf OE zu richten und alle anderen Möglichkeiten zu vernachlässigen oder gar außer acht zu lassen. OE ist – unter dem Aspekt der Verwirklichung in Schulen – durchaus auch kritisch zu betrachten:
Wenn Schulen, SchulleiterInnen und LehrerInnen erst am Anfang ihrer SCHILF-Wanderung stehen, so wäre es schlichtweg eine Überforderung für die Beteiligten, OE anzubieten und einzuleiten. Vor der OE kommen andere, weniger komplexe und differenzierte Vorhaben, und es bedarf langer und behutsamer Vorbereitungen, damit OE-Maßnahmen möglich werden.
Zudem ist die staatliche Schule weitaus stärker an Bedingungen gebunden als beispielsweise Betriebe und Wirtschaftsunternehmen (die allerdings auch stärker und unmittelbarer unter Erfolgszwang stehen!). Bildungspläne und Schulgesetze, Verwaltungsvorschriften und Verordnungen, Paragraphen und Direktiven beschneiden und begrenzen die OE. Es fehlen häufig finanzielle Mittel, organisatorische Rahmenbedingungen und (Arbeits-)Freiräume für die KollegInnen. Die umfangreiche, sich über Jahre hinweg erstreckende Organisationsentwicklung kann nicht nur in den Freizeitbereich der LehrerInnen hinein verlagert werden. Auf einem *gangbaren* Weg sind diese Fragen

von Bedeutung: Was können, dürfen Schulen? Was ist rechtlich möglich? Welche vorbereitenden kleinen Schritte müssen getan werden? Wie sieht der Weg aus von einem „problematischen Pädagogischen Nachmittag“ (SCHILF) einmal im Schuljahr bis hin zu einer effektiven Veränderung von Prozessen und Strukturen über mehrere Jahre hinweg (OE)?
Es wird deutlich: Schulinterne Lehrer*fort*bildung ist das eine, Organisationsentwicklung das andere. Beide sind nicht identisch, aber sie haben Gemeinsamkeiten, z. B. Ist-Soll-Vergleich, Planungsschritte, Diagnose und Prozeßanalyse, interaktionelle und kooperative Methoden u. ä. Grafisch dargestellt sieht das dann so aus:

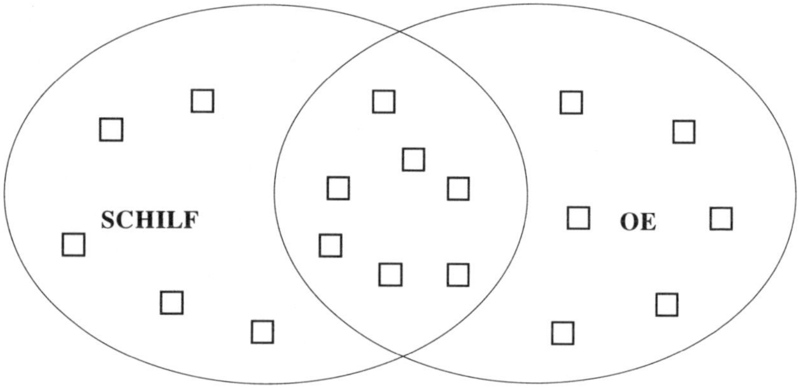

□ = einzelne SCHILF- bzw. OE-Elemente

6. „Schlüsselstellung“ Schulleitung

Führung

In der schulinternen Lehrerfortbildung und schulischen Organisationsentwicklung nimmt die Schulleitung eine Schlüsselstellung ein. Rolff (1986) spricht vom Schulleiter als dem „Pförtner von Erneuerungen“ und weist auf amerikanische Untersuchungen hin, die Fullan zusammengetragen hat: „Danach ist die typische Schulleitertätigkeit Kommunikation, vor allem im direkten Zweiergespräch, aber auch in Besprechungen, Sitzungen

und Telefonaten... Ihm bleiben nur 15 Prozent seiner Zeit für ungebundene Tätigkeiten... Seine Haupttätigkeit ist Krisenmanagement. Er antwortet täglich auf Notfälle, ist immer erreichbar und sieht alle Probleme als wichtig an... Der Alltag des Schulleiters erscheint in den Studien als sporadischer, der gleichermaßen gekennzeichnet ist durch Kurzatmigkeit, Vielfalt und Bruchstückhaftigkeit“ (S. 12). Baumert (1989, S. 26ff.) weist auf ähnliche Tendenzen hin: 70% aller Interaktionen werden von Schulleitern initiiert; sie wollen „das Heft in der Hand behalten“; ihre Tätigkeiten werden oft unterbrochen; sie werden mit unvorhergesehenen Ereignissen konfrontiert und müssen des öfteren mehrere Handlungen gleichzeitig durchführen.
Schulleiter haben anscheinend Schwierigkeiten zu delegieren. Das heißt aber auch: „Je mehr die Verantwortung fürs Funktionieren der Schule beim Schulleiter monopolisiert wird, desto mehr muß angewiesen, kontrolliert, gemahnt und belehrt werden. Die hierzu nötigen Anstrengungen wachsen quantitativ stark an und geraten qualitativ in ein immer größeres Mißverhältnis zu den Versäumnissen, die dabei vermieden werden sollen“ (Daschner 1989, S. 8f.): Der Schulleiter als „Pförtner für Erneuerungen“? – Ja! – Aber nicht als „Alles-an-sich-Reißer“! Schulleiter können Wegweiser sein, aber Wegweiser stehen bekanntlich am Rande (Stecher 1987, S. 45).

- Wie erleben Sie sich als SchulleiterIn?
  Wie erleben Sie – als LehrerIn – Ihre Schulleitung?

Die Frage nach Führung und Geführtwerden ist im Rahmen der SCHILF-Arbeit von hoher Bedeutung. Allerdings wehren sich KollegInnen häufig gegen „hierarchische Führungsabsichten“. Verstärkt wird der Argwohn noch durch die Tatsache, daß „Führung“ ein „schillernder“ Begriff und nicht eindeutig ist: „Das, was man in unserem Jahrhundert jeweils unter Führung verstand, hängt eng zusammen mit dem Bild, das man vom Menschen und von Organisationen hatte, und mit der Haltung, die man zu Veränderungen einnahm“ (Dalin 1986, S. 140).

- Vielleicht haben Sie „Führen und Geführtwerden“ mit dem Verlust von Selbständigkeit oder mit Erfahrungen von Macht und Machtmißbrauch, von Einengung und Unterdrückung, von Manipulation oder Niederlage verbunden?

In der schulinternen Lehrerfortbildung bekommen Führen und Geführtwerden eine „eigene Farbe“: „Führen heißt nicht mehr

kommandieren und kontrollieren, korrigieren, sondern initiieren, beraten, Probleme lösen, entscheiden und durch symbolische Handlungen den Mitarbeitern die eigene Vision verständlich und einprägsam nahe bringen“ (Osswald 1988, S. 14).
Ob SchulleiterInnen dem Anspruch gewachsen sind, den Daschner (1989, S. 9) fordert? „Der Schulleiter darf die Kollegen nicht führen, er soll sie *zusammen*führen, ihre Kooperationsbereitschaft begünstigen, das Interesse füreinander fördern, ein Klima der Zugewandtheit pflegen. Er soll sich bewußt sein, daß jegliches Verwaltungshandeln, also auch Anweisen, Kontrollieren, Hospitieren usw., im Grunde als *dienend* ausgewiesen ist und von den Betroffenen auch so erkannt werden kann.“ Damit diese Funktionen in diesem Sinne erkannt werden können, bedarf es der *Transparenz,* die alle Funktionen durchwirkt. Durch diese „gelebte transparente Haltung“ werden noch weitere Führungsmerkmale deutlich. (vgl. auch Winkel 1989, S. 18):

- Wertschätzung, Akzeptanz, Echtheit/Stimmigkeit,
- Ideologie- und Dogmatikferne, Offenheit,
- positive Grundhaltungen, ganzheitliche Sichtweisen,
- Dialogfähigkeit, Vertrauenswürdigkeit,
- Klarheit in der Kommunikation,
- Konflikt- und Kompromißfähigkeit, Antinomiefähigkeit,
- Zielstrebigkeit, Entschlußkraft, Orientierungsfähigkeit.

Die Bedeutung der Führungskompetenz liegt im „Prozeß der gemeinsamen Auseinandersetzung mit gemeinsamen Problemen unter Einbeziehung von Außenimpulsen“ (Niermann 1989, S. 40). Nicht *Schulung* heißt die Devise, sondern die Ermöglichung der freien Entscheidung des Kollegiums, mit welchen Problemen es sich auseinandersetzen will (vgl. Niermann ebd., S. 41).

Führungsstile

Bei der Klärung der Frage, welcher Führungsstil innerhalb von SCHILF angemessen und förderlich ist, bin ich auf zwei Antworten gestoßen. Die eine stammt von Dalin (1986, S. 144), der – in Anlehnung an das Management-Raster von Blake und Mouton – vier Stile nennt:

Stil ①: Der Leiter ist weder an der Produktion noch an den Menschen interessiert; sein Bestreben ist es, das Ganze einfach schleifen zu lassen (Nähe zum Laissez-faire-Stil).
Stil ②: Der Leiter ist stark humanistisch orientiert; die Bedürfnisse der einzelnen stehen über denen der gesamten Organisation.
Stil ③: Der Leiter ist „konsensorientiert" und will sowohl die Menschen als auch die Produktion berücksichtigen.
Stil ④: Der Leiter ist ausgesprochen ziel- und produktorientiert und kümmert sich wenig um seine Mitarbeiter.

Die Positionen im Raster:

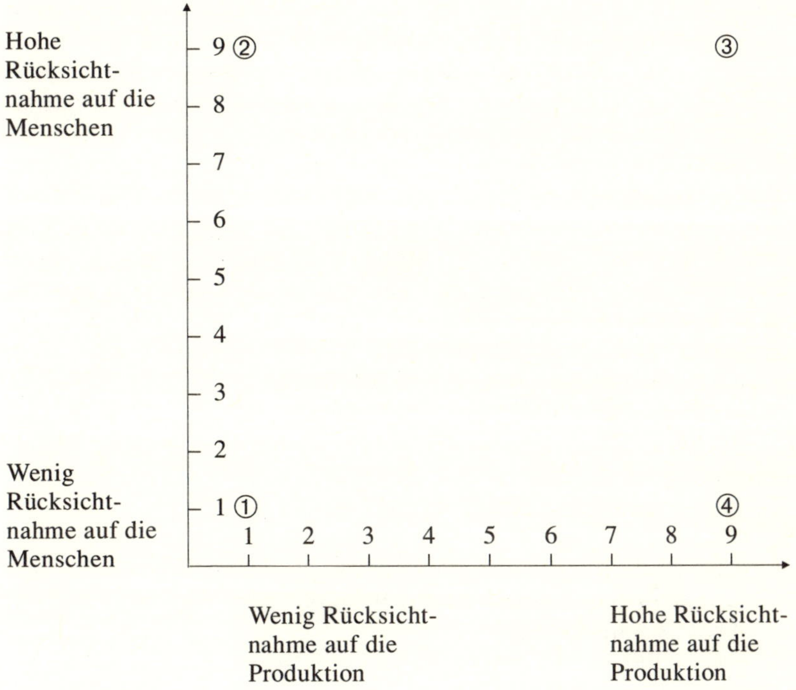

Die andere Antwort stammt von Rolff (1983, S. 31), aus dessen Thesen zum Führungsstil des Schulleiters folgende Merkmale deutlich werden:

- partizipativer Führungsstil, vermehrte Delegation,
- Klärung der Ziele und der „Philosophie" einer Schule (Erziehungs- und Bildungsauftrag, Erziehungsziele...),
- Verbesserung des Kooperationsverhaltens, Aufbau und Förderung von arbeitsteiligen Teams,
- Echtheit und klar erkennbare Linie (Transparenz), personen- und sachbezogenes Handeln.

Diese Merkmale stimmen mit der Position ③ überein (Dalin), ein Führungsstil, der beide „Pole" im Auge hat und sowohl die beteiligten Personen als auch die Aufgaben und Ziele berücksichtigt. Dieser integrative Führungsstil wäre nahezu „ideal", wenn..., ja wenn SchulleiterInnen so handeln könnten wie sie wollten:
Nach Rolff (1983, S. 29) steht der Schulleiter in einem Koordinatensystem zwischen „individuellem Handeln" und der „organisatorischen Struktur". Rolff kommt zu dem Schluß, „daß individuelles Handeln und bürokratische Organisation wechselseitig aufeinander bezogen sind oder mit anderen Worten in einem dialektischen Verhältnis zueinander stehen. Dies bedeutet für ‚Führungslehren', daß sie nicht individuell-psychologisch oder eigenschaftstheoretisch begründet werden können. Es gibt den geborenen Führer nicht, führen muß gelernt werden... Eine angemessene Führungslehre kann meiner Ansicht nach nur aus dem Ernstnehmen des Wechselverhältnisses von individuellem Handeln und organisatorischen Strukturen entwickelt werden..." Wenn die bürokratische Struktur als hierarchische Struktur gesehen wird, dann widerspricht dies dem Ansatz und Verständnis von schulinterner Lehrerfortbildung, und der Schulleiter steht nicht nur im o.g. Sinn in einem dialektischen Verhältnis, sondern im „Fadenkreuz" zweier Rollen:

1. Als SchulleiterIn außerhalb pädagogischer Aufgaben und außerhalb von SCHILF: häufig weisungsgebunden, anweisend, direktiv, direktoral...
2. Als SchulleiterIn innerhalb pädagogischer Aufgaben und innerhalb von SCHILF: partizipativ, integrativ, kollegial...

Schaffen sie diesen Rollenwechsel und „kauft" ihnen das Kollegium diesen Rollenwechsel ab? Nicht selten wurde erlebt: SCHILF-Vorhaben und andere entsprechende pädagogische Vorhaben waren über Gebühr belastet und scheiterten sogar, weil SchulleiterInnen ihre „Anweisungs- und Durchsetzungsfunktion“ nicht abgaben und auch während der kollegiumsinternen Arbeit „Chef“ blieben (vgl. auch Schönig 1988, S. 413).

- Wie gehen Sie – als SchulleiterIn, als LehrerIn – mit den beiden Rollen um?

Das Dilemma: SchulleiterInnen werden häufig „hierarchisch-direktoral“ erfahren, während innerhalb der schulinternen/kollegiumsinternen Arbeit in erster Linie eine *kollegiale Struktur* gefragt ist:

SchulleiterInnen außerhalb pädagogischer Aufgaben und schulinterner Lehrerfortbildung: direktoral, weisungsgebunden, direktiv ...

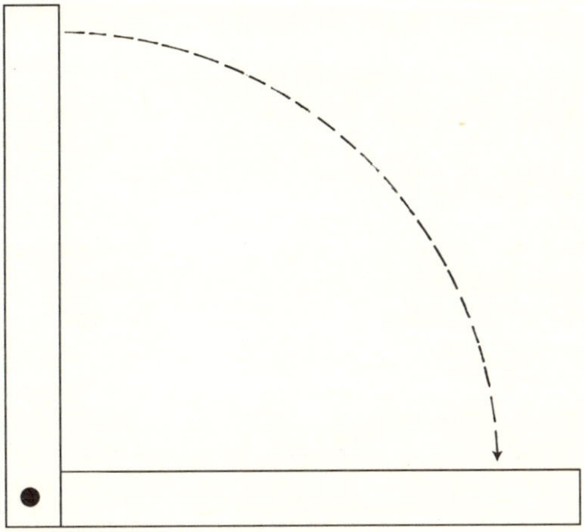

SchulleiterInnen innerhalb pädagogischer Aufgaben und schulinterner Lehrerfortbildung: kollegial, integrativ, nichtdirektiv ...

- Schaffen SchulleiterInnen den „Dreh“ und gibt ihnen das Kollegium die Chancen dazu...?
  Was müßten Sie leisten, um den Dreh zu schaffen?

Führungsaufgaben

Unter Berücksichtigung des bisher Gesagten und unter Einbeziehung verschiedener Forschungen und Untersuchungsergebnisse gibt es für die Schulleitung – im Rahmen der schulinternen Lehrerfortbildung – folgende *zentrale* Führungsaufgaben:

- den Bildungs- und Erziehungsauftrag der Schule immer wieder ins Gespräch bringen (normativer Aspekt);
- mit dem Kollegium die entsprechenden Aufgaben deutlich machen und Arbeitsprozesse initiieren (pädagogischer Aspekt);
- sich im Kollegium einbringen und auf die vielfältigen Beziehungsprozesse achten (kommunikativer Aspekt);
- Prozeßanalyse, Prozeßorientierung und Prozeßergebnisse in Einklang bringen (struktureller Aspekt).

Die Umsetzung dieser Aufgaben verlangt vielfältige Qualitäten:

1. Umgang mit sich selbst

(persönliche Qualitäten)

Selbstwahrnehmung
Selbstwertgefühl
Selbsteinschätzung
Selbstakzeptanz
Selbstmanagement
Einfühlung/Echtheit
Belastbarkeit
Ausgeglichenheit
Selbstkonzept

2. Umgang mit einzelnen Personen

(kommunikative Qualitäten)

Wahrnehmungsfähigkeit
Wertschätzung/Akzeptanz
Fremdeinschätzung
Achtung der Person
Problemlöseverhalten
Einfühlung/Offenheit
Kritikfähigkeit
Konfliktfähigkeit
Dialogfähigkeit

3. Umgang mit Gruppen

(soziale Qualitäten)

Analyse von Gruppenprozessen
Nicht-Wertung der Personen
Fremdeinschätzung
Stärkung der Gr.-Potentiale
Kompromiß-/Konsensfähigkeit
Einfühlung/Offenheit
Vermittlung von Prozessen
Prozeßorientierung
Gruppenleitung

4. Umgang mit Vorgaben und Inhalten

(sachbezogene Qualitäten)

Pädagogische Kultur
Pädagogisches Konzept
Profil einer Schule
Bedürfniserstellung
Pädagogischer Freiraum
Ideen, Phantasie, Kreativität
Werte und Normen
Pädagogische Strömungen
Erziehung und Erziehungsprobleme

● Sollten Sie SchulleiterIn sein: Sind Sie erschlagen, werfen Sie das Handtuch oder freuen Sie sich über so viele Qualitäten?

Sollten Sie LehrerIn sein: Freuen Sie sich, daß Sie einen Schulleiter/eine Schulleiterin haben, der/die so viele Qualitäten aufweist?

Für beide Seiten: (Dazu-)Lernen kann phantastisch sein!

Schönig (1989, S. 35) spricht mir aus dem Herzen, wenn er schreibt: „Schulen von heute brauchen Schulleiter mit einem Aufgabenverständnis, das weit über traditionelle Tätigkeiten wie etwa die Schule verwalten, organisieren und repräsentieren hinausreicht. Vielmehr ist es wesentlich, Schulleiter durch Fortbildung und Beratung die Erfahrung machen zu lassen, daß Schulen empfindliche soziale Systeme sind, in denen geschicktes Management und Organisationsentwicklung sich wechselseitig einschließen. Entscheidend dürfte es sein, daß er in ständigem Erfahrungsaustausch mit seinem Kollegium steht, Spannungen zwischen Kollegen abbauen hilft und Verantwortungsgefühl für die Schule sowie Experimentierfreude weckt."

Zum Schluß: Bennis/Nanus (S. 199ff.) empfehlen, mit folgenden „Legenden" aufzuräumen:

1. Führungsqualitäten sind selten.
2. Zum Führen wird man geboren.
3. Führer sind charismatisch.
4. Führung existiert nur an der Spitze.
5. Der Führer herrscht, verfügt, drängt, manipuliert...

- Ich wünsche Ihnen die Erfahrung, daß diese fünf Aussagen wirklich nur „Legenden" sind!

Im Zusammenhang mit Führen und Geführtwerden, mit Macht und Machtausübung, mit Autorität und Autoritätsgläubigkeit habe ich bei Pechtl (1989, S. 168ff.) Gedanken gefunden, die mich sehr beeindrucken:
„Natürliche Autorität beruht... nicht allein auf der Fähigkeit, eine bestimmte gesellschaftliche Funktion zu erfüllen, sondern ist in der Persönlichkeit des Menschen begründet. Wer ein hohes Niveau an wertschätzender Akzeptanz und Integration erreicht hat, kann auch ohne Machtausübung wirkungsvoll und erfolgreich sein. Die Frage, wie man eine natürliche Autorität wird, ist falsch gestellt, denn es kommt nicht auf einstudierte äußerliche Verhaltensweisen an, sondern auf die innere Haltung. An folgenden Merkmalen erkennt man eine natürliche Autorität:

1) Akzeptanz von IST-Werten
(das Geltenlassen, wie es ist, und nicht, wie es sein sollte)
2) Wertschätzen der eigenen Person und anderer Personen, ohne zu harmonisieren
3) Fähigkeit, verschiedene Ebenen zu entmischen
(z. B. Leistungsebene, Beziehungsebene, Ebene der Ideale...)
4) Kenntnis seiner Bedürftigkeit, Interessen, Wünsche, Ziele und Motive, Informiertheit über die Bedürfnisse und Ziele von anderen Personen
5) Fähigkeit der Zeitstrukturierung
6) Sinnliche Wahrnehmung
7) Reflexionsvermögen
8) Konfliktbewußtsein und im Konfliktgeschehen handlungsfähig bleiben
9) Mit Unsicherheiten den eigenen Weg gehen
10) Situationsgerecht geduldig oder ungeduldig sein
11) Gelassenheit, die sich zwischen Weisheit und Unwissenheit bewegt
12) Ausdrucksfähigkeit
13) Mut zu Risiko und Experiment
14) Wagnis der Abweichung von der Norm
15) Verfügbare Erfahrungen haben
16) Eher finden als suchen
17) Vision haben
18) Körperbewußt sein
19) Kontaktfähig sein – von der Zuwendung bis zur Anerkennung
20) Folgen und führen können
21) Ausstrahlung von Kraft, Dynamik und Energie
22) Ein Mensch mit der Bewußtheit eines ganz gewöhnlichen Lebens, aber dem Wissen von außergewöhnlichen, wirkungsvollen Plätzen.

Leider gehen die Menschen lieber den bequemen, äußerlichen Weg des Machterwerbs, statt in ihrem Inneren auf dem abgesteckten Pfad ihrer persönlichen Fähigkeiten zu einer Autorität zu reifen."

7. Literaturhinweise

Ich habe die nachfolgenden Literaturangaben unter dem Gesichtspunkt der Praxisorientierung und der konkreten SCHILF-Arbeit ausgewählt. Dabei verweise ich besonders auf die Zeitschriften „Schulmanagement" (1983, Heft 2, 3, 4) und „Westermanns Pädagogische Beiträge" (1986, Heft 7–8):

Schulinterne Lehrerfortbildung

Schulmanagement 1983/2: Schulinterne Fortbildung
S. 10: Rudolf Knapp/Botho Priebe: Schulinterne Lehrerfortbildung (Auseinandersetzung mit der Praxis; Problemlösung aus der konkreten Situation; Hilfen von außen)
S. 16: Harald Gampe: Fortbildung in Lehrer- und Fachkonferenzen.
S. 22: Engelbert Zimmer: Kooperation in der Schule – am Beispiel: Kindgerechter Schulanfang
S. 27: Heinz Schirp: Lehrpläne als Bezugsrahmen für kollegiumsinterne Zusammenarbeit
S. 31: Hans Bernd Rühling: Probleme mit ausländischen Schülern – Erfahrungen mit der schulinternen Lehrerfortbildung
S. 36: Peter Ant/Werner Fornasier/Heiner Wichterich: Der Moderator als Prozeßhelfer bei der kollegiumsinternen Lehrerfortbildung

Lehrerjournal 1985/1: Kollegiumsinterne Fortbildung/Konferenzen
S. 2: Hans Bernd Rühling: Kollegiumsinterne Fortbildung
S. 9: Horst Bartnitzky: Kollegiumsinterne Fortbildung an Grundschulen
S. 13: Ulrike Schwarz: Erfahrungsbericht einer kollegiumsexternen Moderatorin
S. 17: Günter Huhn/Werner Hillekamp: Moderatorenfortbildung zum Thema „Innere Differenzierung in der Grundschule“
S. 21: Manfred Kluth/Helmut Witte: Fortbildung der Fortbildner
S. 25: Brigitta Kleffken: Kollegiumsumfassende Lehrerfortbildung an der Sonderschule für Lernbehinderte
S. 29: Karl Platzer: Unterricht ist Interaktion. Eine Fortbildungsveranstaltung mit dem Kollegium.
S. 33: Barbara Schlotmann: Beispiele kollegiumsinterner Fortbildung
S. 37: Friedhelm Zöllner: Studientag an der Gesamtschule

Akademieberichte Dillingen: Schulinterne Lehrerfortbildung: Pädagogische Konferenzen – Pädagogische Klausursitzungen, Dillingen 1988
S. 6: Grundlagen
S. 12: Realisierungsbeispiele aus verschiedenen Schularten
S. 65: Chancen und Probleme der schulinternen Lehrerfortbildung
S. 70: Praxishilfen

Schulleitung und Pädagogische Führung

Schulmanagement 1983/3: Pädagogische Führung

S. 16: Ingeborg Wirries: Zum Selbstverständnis des Schulleiters (Berufsbeschreibung, Führungsaufgaben)

S. 26: Klaus Häcker: Der Schulleiter als pädagogischer Berater (Bedingungsfelder – pädagogische Betreuung des Kollegiums)
S. 28: Hans-Günter Rolff: Schulleitung und Schulklima („Die wichtigste Führungsaufgabe des Schulleiters besteht darin, das Organisationsklima, oder besser: das Schulklima zu verbessern.“)
S. 32: Reinhard Fischer: Vor welchen Aufgaben steht die humane Schule?
S. 35: Peter Dassau: Zur Humanisierung des Unterrichts

Schulmanagement 1983/4: Schulleiteraufgaben
S. 14: Ingeborg Wirries: Schulleben. (Praxisbericht aus einer Hauptschule: Möglichkeiten der Initiierung durch den Schulleiter)
S. 19: Waltraud Heinze: Der Schulleiter als Berater
S. 22: Udo Jakat: Spielregeln und Methoden bei der kollegiumsinternen Lehrerfortbildung
S. 32: Rudolf Krüger: Was tut der Rektor? Zum Berufsbild und Selbstverständnis des Schulleiters
S. 37: Adalbert Sigulla: „Ferienarrest für Schulleiter“ – aufgehoben: Chronik eines Erfolgs
S. 40: Helmut Meyer: Der Schulleiter-Stellvertreter

Pädagogik 1989/11: Die Schule leiten
S. 8: Peter Daschner: Die Schulleitung stärken
S. 17: Rainer Winkel: Eher Beispiel als Vorbild. Ergebnisse eines Seminars mit Schulleitern und Schulaufsichtsbeamten
S. 20: Marion Lührig: Schulleitung als Frauenberuf
S. 26: Jürgen Baumert: Wodurch wirken Schulleiter? Forschungsergebnisse zu Schulleitung und Schulkultur
S. 31: Günter Hermann: Zusammenarbeit zwischen Schulleiter und Personalrat
S. 33: Ellen Dietrich u. a.: Der Schulleiter aus Schülerinnen-Sicht
S. 39: Fortbildung für Schulleiter. Richard Cassmann: Beispiel Hessen – Werner Niermann: Beispiel Niedersachsen.

Rudolf Krüger: Das Kollegium ist das Seminar – Schulinterne Lehrerfortbildung aus Schulleitersicht (Schulleiter-Handbuch Bd. 47), Braunschweig 1988

Einzelaspekte

Westermanns Pädagogische Beiträge 1986/7–8: Was ist eine gute Schule?

S. 8: Helmut Fend: Was ist eine gute Schule? 15 Merkmale
S. 18: Hans Haenisch: Gute und schlechte Schulen im Spiegel der empirischen Schulforschung
S. 24: Ursula Dörger/Ulrich Steffens: Die eigene Gesamtschule weiterentwickeln. Erfahrungen aus einem hessischen Projekt
S. 30: Peter Martin Roeder: Lehrerkooperation und Schulqualität. Beobachtungen an einer Berliner Hauptschule
S. 36 Arnulf Wein: Wir gestalten unsere Schule gemeinsam. Wege zur Kooperation
S. 42: Botho Priebe: Fortbildung für das ganze Kollegium. Durch gemeinsames Lernen die eigene Schule weiterentwickeln
S. 46: Anne Ratzki: Am Gängelband der Bürokratie. Oder: Was kann die Schulaufsicht zur Verbesserung der Schule tun?
S. 50: Rainer Winkel: Was macht eine Schule zu (k)einer guten Schule? 10 beschreibbare Eigenschaften

Schulmanagement 1986/3: Selbsterneuerung durch Organisationsentwicklung

S. 12: Hans-Günter Rolff: Selbsterneuerung durch Organisationsentwicklung
S. 16: Herbert Buchen: Organisationsentwicklung als Gegenstand von Schulleiterfortbildung
S. 25: Wilhelm Schuldt: Pädagogische Arbeit und Schulprogramm
S. 29: Ludger Drunkemühle: OE-Training für Schulleiter – am Beispiel „Schulprogramm"
S. 32: Elmar Philipp: Verbesserung der Kooperation von Sekundarschulen – Erfahrungen mit der Organisationsentwicklung
S. 39: Rudolf Knapp/Heiner Wichterich: Zusammenarbeit von Schule und Elternhaus – auch ein konkreter Fall von Organisationsentwicklung

Per Dalin: Organisationsentwicklung als Beitrag zur Schulentwicklung – Innovationsstrategien für die Schule. Paderborn 1986: Schulentwicklung in historischer Perspektive – Veränderungs- und Organisationstheorien – Die Schule als Organisation – systembezogene, personenbezogene und organisationsbezogene Strategien – Führung und Schulentwicklung

Andreas Pieper: Verbesserung der Zusammenarbeit im Lehrerkollegium als Aufgabe einer systembezogenen schulpsychologischen Beratung, Frankfurt 1986: Schule als System – Organisationsentwicklung – schulpsychologische Kollegiumsberatung

Botho Priebe: Wie LehrerInnen gemeinsam lernen und ihre Schulen entwickeln können. In: Forum Pädagogik 1989/4, S. 160–167: Ein geglückter Versuch, schulinterne Lehrerfortbildung und Organisationsentwicklung miteinander zu verbinden

● zu viel zum Lesen?
Zu wenig Zeit zum Lesen?
Vielleicht fangen Sie einfach mal – irgendwo – an! Schon eine kleine Auswahl kann viel bewirken!

Nach diesen intensiven – und für manche von Ihnen möglicherweise anstrengenden – Vorbereitungen können wir die erste Wegstrecke in Angriff nehmen:

2. Kapitel: SCHILF-Vorhaben: Sich auf den Weg machen

Eine Lehrerin bittet mich, bei der Vorbereitung des (ersten!) Pädagogischen Tages ihrer Schule mitzuhelfen: Mit ihr zusammen macht sich eine Planungsgruppe auf den Weg, engagiert und tastend, zuversichtlich und mit viel zeitlichem Aufwand. Die Schulleitung gibt – nach Rücksprache mit dem Oberschulamt – „grünes Licht". Das Kollegium reagiert teils erwartungsvoll, teils skeptisch. Rückmeldebogen kommen anfangs ziemlich spärlich zurück. Ein schweres Stück Arbeit steht bevor...

Am Abend des Pädagogischen Tages erreicht mich der Anruf der Lehrerin, die den Tag leitete. Überglücklich und erschöpft zugleich berichtet sie mir, das Kollegium habe sich für diesen Tag immer mehr begeistert, die Gespräche und die Arbeit in Gruppen seien sehr fruchtbar und hilfreich gewesen. Von ca. 80 KollegInnen wollen über 20 als ständige Gruppe weiterarbeiten, Erfahrungen austauschen und an schulischen/pädagogischen Problemen arbeiten unter dem Motto: Wie bewältigen wir unseren Schulalltag?

Ein Kollegium hat sich – entgegen mancher Befürchtungen und trotz einiger Hürden – auf den Weg gemacht. Es geht weiter. Der nächste Pädagogische Tag ist bereits ins Auge gefaßt...

In diesem Kapitel ist von Möglichkeiten die Rede, schulinterne Lehrerfortbildung zu initiieren, zu planen, durchzuführen und auszuwerten. Vier Beispiele zeigen, wie SCHILF-Vorhaben realisiert werden können: Eine Kollegin und ein Kollege arbeiten als „Tandem“ mit dem Konstanzer Trainingsmodell; eine kleine Lehrergruppe hospitiert gegenseitig im Unterricht, um fachlich und didaktisch-methodisch weiterzulernen; ein ganzes Kollegium erlebt einen Pädagogischen Tag; und schließlich, als Intervallseminar: Ein Kollegium drückt wieder die Schulbank! Vier Beispiele, jedes spricht für sich. Viele Wege führen nach...

1. Anfänge, Formen, Themen

Anfänge

Nicht alle außerunterrichtlichen Aktivitäten von KollegInnen an einer Schule sind mit schulinterner Fortbildung gleichzusetzen. Im 1. Kapitel wurden wichtige Merkmale genannt: didaktisch begründete, zielgerichtete, geplante... Vorhaben.
Es wäre unklug, gleich ins (kalte?) „SCHILF-Wasser“ zu springen oder sich untrainiert auf den langen (Marathon?-)Marsch zu machen. Es gibt einige Möglichkeiten, sich *aufzuwärmen:*
Sporadische Schulgespräche, kurz mal in den Pausen oder im Anschluß an einen Vormittag, sind ebenso Brücken zu größeren Vorhaben wie Lehrerzimmergespräche über pädagogische Fragen und Probleme: SchülerInnen machen Schwierigkeiten, didaktische Diskussionen werden lebhaft geführt, methodische Kniffe ausgetauscht, Organisatorisches wird besprochen. Solche Gespräche sind Bestandteil schulischen Alltags, nicht im Sinne von „Klatschspalten“, sondern als Hilfe für die tägliche Arbeit. Es wird spürbar, daß Schule mehr ist als nur „Unterricht hinter verschlossener Klassenzimmertür“. Sie muß nicht mehr aufgesperrt werden, sie ist bereits offen...

- Welche „Aufwärmphasen“ für die schulinterne Fortbildung gibt es bei Ihnen?

Aus den informellen Kontakten und Gesprächen verdichten sich Fragestellungen und Probleme, die allmählich immer mehr an Bedeutung zunehmen: „Das Problem müßten wir mal näher beleuchten.“ – „Das ist aber eine interessante Frage.“ – „Der Gedanke ist mir neu. Darüber möchte ich noch mehr wissen.“ – „Ich komme hier nicht zurecht...“ Schulinterne Lehrerfortbildung erwächst also aus dem Kollegium (und nicht, „weil es die Schulleitung will“ oder „weil man wieder einen Studientag machen müßte“). Es entscheidet sich vor Ort und auf Grund verschiedener Impulse von KollegInnen, welche Formen der Fortbildung zum entsprechenden Zeitpunkt angebracht sind.

Formen

SCHILF kann von einer kleinen Gruppe, einem Teilkollegium oder dem Gesamtkollegium realisiert werden. Je nach Bedürfnislage gibt es verschiedene Möglichkeiten dazu:

① *Die Pädagogische Konferenz*[1]: Sie ist eine Sonderform der Lehrerkonferenz und geht über die Grenzen einer bloßen Besprechungskonferenz hinaus. Erörtert werden Themen, die für die Beteiligten *pädagogisch* bedeutsam und notwendig sind. Dabei ist zu bedenken: In einer nachmittäglichen Veranstaltung von maximal drei bis vier Stunden können nur Fortbildungswege *eingeleitet,* nicht aber abgeschlossen werden. So liegt es in der Natur der Sache, mehrere Pädagogische Konferenzen anzubieten oder auch sog. Ganztagskonferenzen durchzuführen.
Nach meinen Erfahrungen bewirken Pädagogische Konferenzen – wenn sie gut geplant und durchgeführt werden – ein spürbares Interesse an weiterer schulinterner Fortbildungsarbeit. Allerdings: Kein umfangreiches Referat mit Aussprache, keine ausführlichen SchulleiterInnenmonologe, kein bloßer Erfahrungsaustausch im Sinne eines Abgesangs an der pädagogischen Klagemauer, keine Disziplinarverfahren gegen SchülerInnen, sondern – im SCHILF-Sinn: gezielte Fragestellungen, reflektierter Erfahrungsaustausch, Aktivitäten in kleinen Arbeitsgruppen, praxisnahe Methoden, Absprachen über Konsequenzen...

1 Vgl. auch: Bielefeldt (1982, S. 356ff.): Pkt. 3 TO: Disziplinprobleme. Wiederbelebungsversuche pädagogischer Konferenzen.
Pieper (1986, S. 16ff.): Managen oder kooperieren? Konferenzverbesserung als gemeinsame Aufgabe aller Beteiligten.
„Hamburg macht Schule“, Heft I/1989, Hauptthema: „Die Pädagogische Konferenz“.

Aus der Erfahrung heraus, daß Pädagogische Konferenzen effektiv und sinnvoll waren und sind, kann dann ein

② *Pädagogischer Tag*[2] oder Studientag erwachsen. Sie sind derzeit in den meisten Bundesländern (siehe 6. Kapitel) die Hauptformen schulinterner Lehrerfortbildung. Ein Kollegium hat sich in einer Gesamtlehrerkonferenz für ein oder mehrere Themen entschieden. Ein Team bereitet normalerweise den Tag inhaltlich und organisatorisch vor. Den Tag selbst kann das Kollegium allein oder zusammen mit einem externen Berater gestalten. Auch hier gilt wieder, wie bereits bei Pädagogischen Konferenzen: Es geht um bedeutsame Themen und Inhalte, gezielte Fragestellungen (z.B.: Was wollen wir ändern/verändern?), Ergebnisse, Absprachen, Konsequenzen (z.B.: Was wird in Zukunft getan? Wie geht es weiter...?). Die Gestaltung eines Pädagogischen Tages oder eines Studientages sieht meist so aus: Ausgangspunkt sind Erfahrungen, Probleme und Fragestellungen der KollegInnen; hinzu kommen Informationsteile, Erarbeitungsphasen, deren Reflexion, Ergebnissicherung, -dokumentation und „Veröffentlichung". Weitere Pädagogische Tage können folgen, so daß sich eine sog. „Pädagogische Reihe" ergibt oder sog.

③ *Intervallseminare*[3]: Die einzelnen Arbeitstage sind keine lose Abfolge, sondern geplant und aufeinander abgestimmt. Dazwischen liegen Erprobungsphasen, d.h.: Aus den Tagungen erwachsen Aufgaben und Aufträge, die in der Praxis ausgeführt werden. Die Ergebnisse münden wieder in die darauffolgende Tagung ein. Somit ergibt sich folgende Ordnung: 1. Arbeitstag – Praxiserprobung – 2. Arbeitstag – Praxiserprobung – 3. Arbeitstag – Praxiserprobung usw. Themen solcher Intervallseminare sind in erster Linie Unterrichtsvorhaben/Hospitationen, Projekte, Lehrerverhaltenstraining, also meist langfristige Konzepte. Aus solch intensiver Arbeit erwächst des öfteren die Erkenntnis, die auftauchenden Probleme noch umfassender anzugehen, vor allem mit Hilfe von externen BeraterInnen. Die Erweiterung und Fortführung der Intervallseminare kann dann darin bestehen, die ganze Schule oder das gesamte Kollegium in den

2 Vgl. auch: Stern (1988, Beilage).
3 Vgl. auch: Hagstedt/Nilshon (1980, S. 652 ff.): Das Intervallseminar als Modell unterrichtsbezogener Lehrerfortbildung.

Mittelpunkt der SCHILF-Arbeit zu stellen. Wir sprechen dann von der sogenannten

④ *Systemberatung*: Fragen und Probleme können nicht immer „aus dem System heraus" (Schley) geklärt werden: „Klärungshilfe von außen unterstützt Problemlösungen, kann erstarrte Konstellationen durch Verständigung und Sichtweisenänderung in Bewegung bringen" (Schley 1988, S. 17). Entscheidend ist also hier, daß ein Kollegium mit einem oder mehreren externen Berater(n) bestimmte Probleme bearbeiten will (siehe auch 6. Kapitel, S. 300f., „Das Hamburger Modell").
Die Schule als System oder das Kollegium als Teilsystem steht im Mittelpunkt der Beratung: intensive Analyse der Schwierigkeiten – umfassende und vielfältige Interventionen – Selbsterneuerung der Schule/des Kollegiums.

Und schließlich kann sich die Systemberatung ausweiten zur

⑤ *Organisationsentwicklung*[4]: Sie ist nicht identisch mit schulinternen Lehrerfortbildungsmaßnahmen und -vorhaben, aber wesentliche Teile von ihr bestimmen auch SCHILF. Ziel ist die Verbesserung der humanen Arbeitsbedingungen (Beziehungsarbeit) und die Erhöhung der Effizienz schulischer Leistungen (Sachklärung). Charakteristische Merkmale der OE sind die Langfristigkeit und die gezielte und geplante Abfolge bestimmter Phasen: Grobplanung, Detailplanung, Situationsanalyse, Zielbestimmungen, Erprobung/Durchführung, Reflexion, Auswertung, Weiterführung... (vgl. Priebe 1989, S. 163). Die Organisationsentwicklung ist also ein „hochkomplexes Instrument" und hat einen bedeutsamen Einfluß auf die schulinterne Lehrerfortbildung.

- Welche SCHILF-Formen haben Sie bisher bereits kennengelernt bzw. durchgeführt? Welche Erfahrungen haben Sie damit gemacht, welche Erfolge erzielt, welche „Einbrüche" erlebt?
  Was ist derzeit in und mit Ihrem Kollegium möglich?

Neben diesen SCHILF-Hauptstraßen gibt es noch eine Reihe von Wegen und Gäßchen, die auch ihren Reiz und ihre Wirkung haben:

4 Siehe auch 1. Kapitel, S. 50ff.

⑥ *Fachkonferenzen:* LehrerInnen, die gleiche Fächer unterrichten, bilden Arbeitsgruppen, um fachspezifische Themen zu erörtern, Informationen zu vermitteln, Probleme zu reflektieren und zu bewältigen.

⑦ *Unterrichtsbesuche/Hospitationen:* KollegInnen besuchen sich gegenseitig im Unterricht, beobachten ihn unter bestimmten Fragestellungen, werten ihn gemeinsam aus und planen, entsprechend den Auswertungsergebnissen, weitere Unterrichtsstunden.

⑧ *Schulerkundungen:* Im Mittelpunkt stehen Befragungen und Recherchen an der eigenen Schule, z. B. über Lehrer- oder Schülerverhalten oder über bestimmte Situationen. Die Ergebnisse haben Bedeutung und Konsequenzen für die Lehrer-Schüler-Beziehung, die Schulatmosphäre, das Schulleben.

⑨ *Exkursionen:* Sie betreffen das ganze Kollegium oder einen Teil davon. Außerhalb des eigenen Schulorts werden Erfahrungen gemacht, Informationen eingeholt, Wissen erworben; der „Blick über den Zaun" und das Erleben anderer Schulwirklichkeiten weiten den eigenen Unterrichts- und Schulhorizont.

⑩ *Pädagogischer Arbeitskreis:* In gewissen Abständen (ca. einmal im Monat) treffen sich Kolleginnen und Kollegen, um pädagogische Fragen und Probleme in den Mittelpunkt ihrer Arbeit zu stellen, um die pädagogische Kompetenz zu verbessern und die Lehrer-Schüler-Beziehung zu fördern. So befaßte sich beispielsweise ein Pädagogischer Arbeitskreis an einem Gymnasium mit folgenden Themen: Soziales Lernen auf Klassenfahrten – Störungen und Aggressionen im Unterricht – Pflichtverletzungen und Ordnungsmaßnahmen – Kommunikation in der Schule – Einführung einer Supervisionsgruppe.

⑪ *Trainingsgruppen:* Immer mehr in den Vordergrund rücken Trainingsgruppen (oder Supervisionsgruppen, siehe 4. Kapitel, S. 224ff.): Als feste Teilgruppe eines Kollegiums treffen sich in gewissen Abständen (wöchentlich, 14tägig) Lehrerinnen und Lehrer, um im Verhaltensbereich Änderungen zu erreichen (Mutzeck/Pallasch 1983, Tennstädt 1987): In Rollenspielen, Interaktionsübungen und anderen handlungsorientierten Verfahrensweisen wird Lehrerverhalten beobachtet, analysiert, ausgewertet und verbessert. Des öfteren werden in diesen Gruppen auch Themen angesprochen, die von der berufsbezogenen Problematik in personenbezogene Bereiche hineingehen. So erwachsen aus berufsorientierten Trainingsgruppen

⑫ *Personenzentrierte Lerngruppen,* in denen die einzelnen TeilnehmerInnen, deren persönliche Schwierigkeiten und deren Beziehungen zueinander im Mittelpunkt stehen. Die Erfahrungen in der Gruppe, im „Hier und Jetzt", sind „Gegenstand der Arbeit". Da der Lehrerberuf in hohem Maße ein personenzentrierter Beruf ist, sind die Erfahrungen und das Lernen in Gruppen eine große Bereicherung für die beruflichen Kompetenzen (siehe auch 4. Kapitel S. 224ff.).

- Wie fühlen Sie sich auf diesen zuletzt genannten SCHILF-Wegen? Welche Wege würden Sie sofort begehen – und vor welchen haben Sie (noch) etwas Scheu?

Die großen Hauptstraßen, die kleinen Gäßchen, die breiten Promenaden und die engen Pfade, sie bilden ein großes „SCHILF-Straßennetz":

Themen und Inhalte

Sie ergeben sich aus der täglichen Arbeit in der Schule, aus den Erfahrungen, Begegnungen und Gesprächen, aus den erlebten Schwierigkeiten und konkreten Problemen. Sie sind gleichsam die Häuser an unseren SCHILF-Straßen und -Wegen. Nachfolgend eine Auswahl auf dem „schulinternen Themenmarkt":

Lernen und Lehren im Unterricht

Erkenntnisse der Lernpsychologie
ganzheitliches Lernen
Sozialformen, Differenzierung und Individualisierung
Hausaufgabenprobleme
Ergebnissicherung und Leistungsbeurteilung
Medien und Materialien im Unterricht
das Lernen lehren, das Lernen lernen
Konzentrations- und Lernschwierigkeiten
fächerübergreifende Konzeptionen
Motivation und Leistungsverweigerung
offener Unterricht und Freies Arbeiten
Epochenunterricht und Projekte
Teamarbeit im Unterricht

Erziehung und Erziehungsprobleme

Umgang mit schwierigen SchülerInnen
gestörte und störende SchülerInnen
Erziehungskonzepte an unserer Schule
der Erziehungsauftrag der Schule
die erzieherische Dimension im Unterricht
Werterziehung und Erziehungsziele
Erziehung als Beziehung und Begegnung
Erziehungs- und Ordnungsmaßnahmen
Alternativen zu Strafmaßnahmen
SchülerInnenängste und Leistungsverweigerung
Erziehung und Elternhaus, Gespräche mit Eltern

Kommunikation, Interaktion, Kooperation

förderliche Verhaltensweisen im Umgang miteinander
Konfliktbewältigung in Schule und Unterricht
die kooperative Verhaltensmodifikation
die vier Seiten der Kommunikation
SchülerInnen- und LehrerInnenängste
Gespräche und Gesprächsführung
LehrerInnenverhalten: Brücken und Blockaden

Kommunikation und Kooperation im Klassenzimmer
LehrerInnen: Beispiel und/oder Vorbild?
Kooperation: Klassenlehrer- und FachlehrerInnen
Entspannung und Streßbewältigung

Schule, Schulleben, Kollegium

Alltagsbewältigung in der Schule
die Schule als Erfahrungsraum
Gestaltung von Schulhaus und Klassenzimmern
Spiel, Lied, Tanz, Feste und Feiern
Schulleben und Gemeinde
Verbesserung des Schulklimas
Hausordnung, Pausengestaltung, Ordnungsdienste
Beziehungen und Probleme im Kollegium
Wir sind/werden eine „gute" Schule

- Vermutlich haben Sie noch weitere Vorschläge...
  Die Fülle der Themen halten Sie hoffentlich nicht davon ab weiterzulesen, um zu erfahren, wie's denn nun mit der konkreten Planung und Durchführung von SCHILF-Maßnahmen und -Vorhaben weitergeht!

2. Vorbereitung und Planung

Phasen der Vorbereitung

Zitate aus Briefen an mich:
„Wir möchten einen Pädagogischen Tag veranstalten und bitten Sie um nähere Hinweise..."
„Nach Absprache mit meinem Kollegium haben wir uns für folgendes Thema entschieden: Verhaltensauffällige Schüler – Wie verhalte ich mich als Lehrer?... Wir erhoffen uns von Ihnen nähere Angaben zur Vorbereitung..."
„Die Gesamtlehrerkonferenz hat sich übereinstimmend für das Thema ‚Sich in der Schule wohlfühlen' entschieden. Zur Vorbereitung möchten wir Sie zu einem Gespräch einladen..."
„Wir planen eine Fortbildungsreihe zum Thema ‚Lehrer lernen' und bitten Sie um Mitarbeit bei der Vorbereitung und Planung..."
Diese Beispiele verdeutlichen, daß es Schulen gibt, die erst am Anfang in der schulinternen Lehrerfortbildung stehen, andere

brauchen Beratung und Hilfe von außen, andere führen bereits sehr selbständig Fortbildungsmaßnahmen durch.
Unabhängig von der jeweiligen *Form* und den *verschiedenen* Möglichkeiten schulinterner Lehrerfortbildung ist folgendes Verlaufsmuster praktikabel:

1. Ausgangspunkt
Erfahrungen der TeilnehmerInnen, subjektive Theorien, aktuelle Probleme, „Leidensdruck", Fortbildungswünsche

↓

2. Vorbereitung
durch ein Team bzw. durch die TeilnehmerInnen, ggf. Mitarbeit externer BeraterInnen

↓

3. Durchführung
mit Protokollierung/Ergebnissicherung, Absprachen/Vereinbarungen, Konsequenzen ...

↓

4. Auswertung
Diskussion der Ergebnisse, Bilanzierung, Konsequenzen, Fortsetzung des Arbeitsprozesses ...

Dieses Grundmuster kann je nach Art der Fortbildungsmaßnahme modifiziert werden, wie nachfolgendes Beispiel eines Pädagogischen Tages/Studientages zeigt:

① Aus den Erfahrungen einzelner, aus informellen Gesprächen im Kollegium, auf Grund bestimmter Erlebnisse im Schulalltag und/oder durch Impulse seitens der Schulleitung ergeben sich Hinweise und Wünsche für Maßnahmen und Vorhaben der schulinternen Lehrerfortbildung: Eigentlich sollten wir... Wir bräuchten... Es wäre sinnvoll, wenn...
② In einer Gesamtkonferenz werden die Wünsche und Bedürfnisse angesprochen, diskutiert, geordnet, strukturiert. Im Anschluß daran und als Ergebnis der Diskussion kann sich hier bereits ein Arbeitsthema für die SCHILF ergeben oder:

③ Es bildet sich ein Vorbereitungsteam, das den Auftrag bekommt, weitere Erkundungen und Befragungen durchzuführen, ggf. nach externen Beratern Ausschau zu halten, weitere Vorschläge zu erarbeiten und bestimmte Themen zu formulieren.

④ In einer Gesamtlehrerkonferenz wird nun endgültig festgelegt, welches Thema bzw. welche Themen erarbeitet werden sollen, ob externe Berater hinzugezogen werden und wann der Fortbildungstag stattfinden soll.

⑤ Das Team, mit oder ohne Schulleitung (je nach Absprache), bereitet den Pädagogischen Tag/Studientag konkret vor:
- präzise Ausarbeitung des Themas und der Folgethemen,
- Bestimmung des Grobziels, der Ziele und Teilziele,
- ggf. Kontakte mit dem externen Berater oder dem Beraterteam,
- Kontakte zur Schulbehörde (Mitteilung, Einladung, ggf. Genehmigung, Rückmeldung...),
- Einbeziehung weiterer Informationen, Hilfen u.ä. (z.B. Literatur),
- Organisation des Vorhabens (Ort, Räume, Medien...),
- Erarbeitung eines Struktur- und Verlaufsplanes (Themen, Ziele, Inhalte, Methoden, Medien, Zeit...).

⑥ Die Ergebnisse der Teamarbeit werden dem Kollegium mitgeteilt; ggf. werden Änderungen/Korrekturen vorgenommen; abschließend Zustimmung der Gesamtlehrerkonferenz.

⑦ Gemäß den Vorplanungen erfolgt die Durchführung der SCHILF-Maßnahmen/Vorhaben. Die Arbeit des Tages wird protokolliert, Ergebnisse werden fixiert und Konsequenzen aus der Arbeit gezogen: Wie geht's weiter?

⑧ Ein Team (meist identisch mit dem Vorbereitungsteam) wertet die Arbeit des Kollegiums aus (Befragung, Rückmeldungen...).

⑨ Das Ergebnis wird dem Kollegium mitgeteilt:
Erfolg, Mißerfolg, Bewertung, Eindrücke...
Erwünschte Änderungen, Weiterführung
Pausen, andere Maßnahmen: Eine weitere Fortbildung kann beginnen...

⑩ Zurück an den Anfang...

Je nach Komplexität und Intensität der verschiedenen SCHILF-Vorhaben sind Erhebungen und Analysen notwendig: Welche

Personen(-gruppen) haben welche Wünsche, Schwierigkeiten...? Wie ist der Ist-Zustand und welche Ziele (Soll) werden angestrebt? Wie soll verfahren werden? .... Erhebungsbogen sind meist hilfreich für den Einstieg in die SCHILF-Arbeit, ersetzen aber nicht den weiterführenden Dialog und weitere Analysen:

Beispiel eines Erhebungsbogens

1. Welche – persönlichen und/oder fachlichen – Fragen, Probleme, Schwierigkeiten hinsichtlich Ihres *Schulalltags* beschäftigen/belasten Sie derzeit am meisten?
2. Äußern Sie bitte Ihr Unbehagen, Ihre Bedenken und Widerstände, Ihre Ängste... bezüglich
   a) allgemein der Schule gegenüber,
   b) der Schulleitung gegenüber,
   c) dem Kollegium gegenüber,
   d) den SchülerInnen gegenüber.
3. Welche Art der schulinternen Lehrerfortbildung ist Ihrer Meinung nach geeignet und hilfreich, o. g. Probleme zu klären und Entlastungen im Schulalltag herbeizuführen?

   a) Pädagogische Konferenzen
   b) Pädagogischer Tag
   c) Pädagogische Reihen
   d) Externe Beratung
   e) Gegenseitige Unterrichtsbesuche
   f) Angebote für ein Lehrertraining
   g) Fachkonferenzen
   h) Oder:

4. Wie hoch schätzen Sie Ihr Interesse/Ihre Motivation für die schulinterne Lehrerfortbildung ein und wieviel Zeit können Sie investieren?
5. Bitte äußern Sie konkrete Vorschläge – falls vorhanden – für die Arbeit in Gruppen!
6. Welche Sozialformen bevorzugen Sie?

   a) Gesamtkollegium
   b) Untergruppen
   c) Kleingruppen
   d) Partnerarbeit

7. Welche Schwierigkeiten sehen Sie auf sich zukommen, wenn Sie an die schulinterne Fortbildung denken?
8. Ihre Wünsche und Anregungen ...

- Wenn Sie sich an Ihre bisherige SCHILF-Arbeit erinnern: Welche Maßnahmen/Vorhaben wurden durchgeführt? Wie sahen die Vorbereitungen und Planungsschritte aus? Welche Schwierigkeiten ergaben sich? (Themenfindung, Konsens, Kompromiß im Kollegium, Teambildung, Vorbereitungsprozeß, zeitliche Probleme, Freiwilligkeit der Fortbildung, Auswertung und Weiterführung...)

Es wird deutlich:
Zum einen gibt es für die unterschiedlichen Fortbildungsmaßnahmen, z.B. von der Pädagogischen Konferenz bis zur umfassenden Systemberatung im Kollegium, auch unterschiedliche Arten und Vorgehensweisen in der Vorbereitung und Planung. Zum anderen sind bereits Elemente der Vorbereitung/Planung Teile der schulinternen Lehrerfortbildung, z.B.: Erarbeitung von Themen, Zielen und Inhalten; Teambildung und Kooperation in Gruppen und Gesamtkollegium; Gesprächsführung und Konsensbildung u.a.m.: SCHILF als Prozeß!
Dieser wird sichtbar in den nachfolgenden Verlaufsplänen verschiedener SCHILF-Maßnahmen:

Strukturen und Verlaufspläne

Sie stellen *Grundmuster* dar und geben Schwerpunkte und Richtungen an. Sie können je nach Bedarf, Situationen, Rahmenbedingungen, Zielen u.ä. verkürzt, erweitert, umgestellt werden (s. S. 84–87).

- Ich hoffe, Sie „blicken noch durch" nach so vielen SCHILF-Projekten, Grundstrukturen, Verlaufsplänen und Einzelschritten! Mit welchen Maßnahmen würden Sie gerne beginnen?
  Wenn Sie an Ihr Kollegium denken: Mit welchem Vorhaben könnte – ohne größere Schwierigkeiten – begonnen werden?
  Phantasieren Sie: Welche Sätze kämen von der Schulleitung, welche von den einzelnen Kolleginnen und Kollegen?

	Pädagogische Konferenz (Nachmittagsveranstaltung)	*Pädagogischer Tag[6]/ Studientag*
1	Ausgangspunkt: Problemdruck, Schwierigkeiten, Wunsch nach Lösungen; subjektive Theorien, Ideen, Vorschläge.	Ausgangspunkt: Problemdruck, Schwierigkeiten, Wunsch nach Lösungen; subjektive Theorien, Ideen, Vorschläge.
2	Vorbereitung durch ein Team: Themenvorschläge, Planung der Konferenz nach Inhalt und Verlauf	Lehrerkonferenz: Sammlung und Strukturierung der Probleme, Veränderungswünsche … Themenfindung
3	Vorstellung in einer Plenumskonferenz; Modifizierung/Korrekturen, Zustimmung des Kollegiums	Vorbereitungsteam: Erkundungen und Befragungen, Ausarbeitung der Themen, Zielfindung; ggf. Suche nach externen Beratern; Ausarbeitung eines detaillierten Struktur- und Verlaufsplanes (Ziele, Inhalte, Methoden, Medien, Zeit, Organisatorisches) Mitteilung/Einladung an die Schulbehörde
4	Durchführungsbausteine[5]: – Erfahrungsaustausch – Meinungsbilder – Impulsreferat/Informationen, Sachklärung – Arbeitsgruppen – Interaktionen – Dokumentation und Präsentation der Ergebnisse – Diskussion/Aussprachen	Gesamtlehrerkonferenz: Endgültige Fixierung der Vorschläge, letzte Absprachen; Organisatorisches …
5	Phase der Absprachen: – Vereinbarungen – Konsequenzen – Weiterführung der Arbeit	Durchführung des Pädagogischen Tages/Studientages: Durchführungsbausteine siehe „Pädagogische Konferenz", Phase 4/5
6	Abschluß: Feedbackrunde (z. B. Blitzlicht) Zusammenfassung	Nacharbeitung durch ein Team: schriftliche Rückmeldung (mit Vereinbarungen/Weiterführung) an das Kollegium
7	post festum: schriftliches Protokoll (mit Vereinbarungen) an alle Beteiligten	Fortsetzung der Arbeit gemäß der Absprachen …

5 Siehe auch 5. Kapitel: Auf verschiedenen Wegen …, S. 235 ff.
6 Vgl. auch SCHILF-Beispiel III: Der pädagogische Tag, S. 107 ff.

Intervallseminar[7]

1 Ausgangspunkt: Problemdruck, Schwierigkeiten, Bedürfnis nach Lösungen ...

↓

2 Lehrerkonferenz: Entscheidung für längerfristige Arbeit und Fortbildung ..., Themenfindung, Zielformulierung ...

↓

3 Weiterführung: Siehe „Pädagogischer Tag/Studientag“: Phasen 3–7

↓

4 Zusätzlich: Vereinbarung über Tätigkeiten *zwischen* den einzelnen Arbeitstagen; Absprachen über
- den zeitlichen Verlauf
- Kooperation und Teamarbeit
- Maßnahmen/Vorhaben

↓

5 Abschluß: Rückblick auf die gesamte Arbeit; umfassendes Feedback; schriftliche Fixierung der Ergebnisse, Absprachen und Konsequenzen ...

↓

6 Entscheidung:
- Fortsetzung der Arbeit
- Weiterführung durch Alternativen
- Kreative Pausen ...

Exkursionen

1 Ausgangspunkt: Wunsch nach Fortbildung in außerschulischen Bereichen

↓

2 Konferenz: Problemstellung, Zielvorstellungen, Möglichkeiten der Realisierung

↓

3 Vorbereitung durch ein Team: Präzisierung der Ziele, Vorhaben und Maßnahmen; Organisation

↓

4 Konferenz: Rückmeldung an das (Teil-)Kollegium; ggf. Modifikation, Korrektur; Vereinbarungen und Absprachen, Terminierung ...

↓

5 Durchführung der Exkursion unter bestimmten Fragestellungen, Zielvorstellungen; Informationen, Besichtigungen, Aktionen ... Protokollierung

↓

6 Auswertung durch ein Team

↓

7 Konferenz: Rückmeldung an das Kollegium; schriftlicher Abschlußbericht; Beratung über weitere Maßnahmen, eventuell weitere Exkursionen ...

7 Vgl. auch SCHILF-Beispiel IV: Intervallseminar, S. 113ff.

SCHILF als Organisationsentwicklung
(Vgl. Priebe 1989, S. 163)

1 *Initiative:* Problemdruck, aktuelle Konflikte, Schwierigkeiten, Vorschläge, Anregungen

↓

2 *Beauftragung* einer schulinternen Arbeitsgruppe: Personen, Aufgaben

↓

3 *Pädagogische Konferenz:* Sammlung von Problemen und Interessen

↓

4 *SCHILF-AG:* Vorbereitung der Selbstuntersuchung; Interessenliste und Fragebogen

↓

5 *Kollegiumsbefragung:* Ausfüllen und Rückgabe der Fragebogen

↓

6 *SCHILF-AG:* Auswertung; Vorbereitung der Rückmeldung an das Kollegium

↓

7 *Pädagogische Konferenz:* Interpretation der Auswertung; Vereinbarungen, Handlungspläne, Arbeitsschritte ...

↓

8 *Arbeitsgruppen:* Durchführung der Vorhaben und Maßnahmen
SCHILF-AG: Beratung und Unterstützung der Arbeitsgruppen ...

↓

9 *SCHILF-AG:* Vorbereitung der Pädagogischen Konferenz: Erhebung des Gesamtarbeitsstandes

↓

10 *Pädagogische Konferenz:* Rückmeldung des Arbeitsstandes, der Ergebnisse und Folgen; Vereinbarungen hinsichtlich der Weiterarbeit ...

↓

11 *SCHILF-AG und Kollegium:* Fortsetzung der Arbeitsprozesse ...

Unterrichtshospitation[8]

1 Ausgangspunkt: Unterrichtsprobleme; Wunsch nach Verbesserung des Unterrichts; didaktisch-methodisches Weiterlernen ...

↓

2 Team- und Kleingruppenbildung: Wunsch nach Zusammenarbeit, Erfahrungsaustausch, Hilfen ...

↓

3 Vorbereitung: Absprachen/Konsens über Form und Inhalte der Unterrichtsbeobachtung:
- didaktisch-methodische Klärung
- Beobachtungskriterien
- Absprachen ...
- Zieldefinitionen

↓

4 Unterrichtshospitationen: Beobachtung, Beschreibung, Protokollierung ...

↓

5 Auswertung: Darstellung, Reflexion, Feedback durch die Beobachtenden, Beurteilung, Bewertung, Einordnung

↓

6 Konsequenzen, Absprachen über Änderungsvorhaben, Verbesserungsvorschläge, Trainingsvorhaben ...

↓

7 Vereinbarungen über Weiterarbeit, Modifikationen, Erfolge, Lernzuwachs ...

↓

Fachkonferenzen

1 Ausgangspunkt: Wunsch nach fachlicher Klärung/Fortbildung ...

↓

2 Team- und Gruppenbildung: Vereinbarungen über Form und Inhalt der Arbeit; Befragungen, Ziele ...

↓

3 Vorbereitung: einzeln oder im Team, Informationsbeschaffung, Zeitabsprachen, Termine ...

↓

4 Durchführung der Konferenzen:
- Erfahrungsaustausch, Reflexion, Zielbestimmungen
- Impulsreferate, Informationsaustausch
- Einzel-, Partner-, Kleingruppenarbeit
- fachliche Aufarbeitung, Klärung
- Darstellung der verschiedenen Ergebnisse, Zusammenfassung
- Feedback
- Absprachen über die Weiterarbeit
- ggf. Aufgabenverteilung

↓

5 Fortsetzung der Arbeit: Konferenzfolge 1 – 2 – 3 ...

↓

6 Rückblick: Reflexion, Feedback, Resümee, Erfolge, Lernzuwachs, Klärungsprozeß Vereinbarungen über Weiterarbeit, kreative Pausen oder Beendigung

8 Vgl. auch SCHILF-Beispiel II: Unterrichtsbesuche, S. 101ff.

Die Vorbereitungs- und Planungsphase kann durch die Erstellung einer Checkliste abgeschlossen werden. Bei der Vielzahl der Vorhaben und Maßnahmen ist es unmöglich, eine Einheitsliste zu erstellen. Da die häufigste SCHILF-Maßnahme derzeit die sog. Klausurtagung (Pädagogischer Tag, Studientag) ist, habe ich für diese Form eine Überprüfungsliste erstellt. Sie kann für die anderen Projekte je nach Bedarf modifiziert werden:

Checkliste

① *Personelles:*

☐ Anzahl der TeilnehmerInnen: ____________________

☐ Namen der Referenten/externen Berater: ____________________

____

☐ Name der Gesamtleitung: ____________________

☐ Name der Tagesleitung: ____________________

☐ Namen der Gruppenleitung: ____________________

____

☐ Name des Vertreters der Schulbehörde: ____________________

② *Dienstliches:*

☐ Klärung der Reisekosten: ____________________

☐ Klärung der finanziellen Mittel: ____________________

☐ Nebenkosten für: ____________________

☐ Honorar, Fahrtkosten für: ____________________

☐ Sonstige Unterlagen: ____________________

☐ Mitteilung an die Schulbehörde: ____________________

③ *Sonstiges:*

☐ Beiprogramm, Kulturelles: ____________________

☐ ggf. Abendveranstaltung: ____________________

☐ Spiele, Unterhaltung: ____________________

☐ Pausen, Spaziergänge: ____________________

☐ Vereinbarungen (z. B. Raucherregelung): ____________

☐ Getränkeversorgung: ____________________

☐ Abholung des/der Referenten (Bahn): ____________

④ *Durchführung in der Schule:*

☐ Raumeinteilung (Plenumsraum, Gruppenräume): ______
____

☐ Medien und Materialien:

☐ Videorecorder
☐ Cassettenrecorder
☐ Flipchart
☐ Overheadprojektor
☐ Filmapparat
☐ Stellwände

☐ Folien
☐ Filzschreiber
☐ Plakate
☐ Packpapier o. ä.
☐ Karten
☐ Klebepunkte

⑤ *Durchführung außerhalb der Schule:*

☐ Gemeinschaftsfahrt: ____________________

☐ Öffentliche Verkehrsmittel: ____________________

☐ Busfahrt: ______________________________

☐ Unterkunft:

Einzelzimmer, Doppelzimmer,

Zimmereinteilung: ______________________________

____

☐ Adresse, Telephonnummer der Tagesstätte: ____________

____

☐ Unterbringung der Referenten: ________________

☐ Essenszeiten: ______________________________

☐ Verpflegung/Sonderwünsche: __________________

____

☐ Aufenthalt für Partner, Gäste, Kinder: __________

____

☐ Freizeitangebote: ___________________________

☐ Anreise______________ – Abreise: ______________

⑥ *Tagesverlauf:*

☐ Begrüßung: _______________________________

☐ Vorstellung der Gäste: _____________________

☐ Bekanntgabe Zeitplan: _____________________

☐ Hinweise Arbeitsformen: ___________________

☐ Rolle des Schulleiters: ____________________

☐ Rolle des Moderators/Referenten: ______________________

☐ Kontrolle Medien/Materialien: ______________________

☐ Ergebnissicherung: ______________________

☐ Name des/der Protokollanten: ______________________

⑦ *Nachbereitung:*

☐ Teambildung und Aufgabenverteilung ______________________

____

☐ Protokollauswertung und Zusammenfassung: ____________

☐ Mitteilung an das Kollegium: ______________________

☐ Weitere Vereinbarungen: ______________________

☐ Fortführung der Arbeit ... ______________________

⑧ *Notizen:*

____

____

____

____

____

____

Nachdem Sie sich über die Vorbereitungs- und Planungsphasen informieren konnten, folgen nun vier Beispiele der Durchführung schulinterner Lehrerfortbildung:

Beispiel 1: Fortbildung als Tandem

Jeweils zwei KollegInnen arbeiten anhand des Konstanzer Trainingsmodells, um Änderung im Lehrerverhalten und den Abbau von Störungen/Aggressionen im Unterricht herbeizuführen (3. Abschnitt, S. 93ff.).

Beispiel 2: Fortbildung in der Kleingruppe

Drei bis fünf KollegInnen hospitieren gegenseitig im Unterricht, um die Qualität ihres Unterrichts fachlich, didaktisch, methodisch und in der Lehrer-Schüler-Beziehung zu verbessern (4. Abschnitt, S. 101ff.).

Beispiel 3: Fortbildung eines Kollegiums (Pädagogischer Tag)

Ein ganzes Kollegium arbeitet einen Tag lang unter bestimmten, vorher ausgesuchten Themenstellungen, um die Qualität von Schule und Unterricht zu erhöhen (5. Abschnitt, S. 107ff.).

Beispiel 4: Fortbildung eines Kollegiums (Intervallseminar/Päd. Reihe)

Ein ganzes Kollegium arbeitet über ein Schuljahr hinweg – insgesamt acht Tage – an bestimmten, vorher ausgesuchten Themenstellungen, um langfristig die Qualität von Schule und Unterricht zu erhöhen (6. Abschnitt, S. 113ff.).
Durch diese vier ausgewählten Beispiele sind die SCHILF-Möglichkeiten lange nicht erschöpft, aber es ist eine Bandbreite aufgezeigt, innerhalb derer (und auch noch außerhalb) es viele Varianten gibt. Deshalb:

- Suchen Sie sich die „Bausteine“ heraus, die für Sie wichtig sind. Verändern Sie nach Belieben: Was ist für unsere Schule möglich, was nicht? Was ist übertragbar, was nicht?
  Wo muß ich, wo müssen wir ansetzen, einsteigen, vorsichtig und behutsam sein? Wo wird es Widerstände geben und wo rennen wir offene Türen ein?
- Wenn Sie noch andere Beispiele kennenlernen wollen, so blättern Sie bitte im 6. Kapitel: „Über die Zäune blicken“!
  Und nun wünsche ich Ihnen eine gute Orientierung auf Ihrem Weg durch die vier SCHILF-Beispiele:

3. Fortbildung als Tandem: Das Konstanzer Trainingsmodell[9]

KTM – Keiner trainiert mit? – Erfahrungsbericht eines Lehrers

KTM?! – Noch nie gehört... Skeptisch betrachte ich den dicken Wälzer, der mir in die Hände gefallen ist. Nun weiß ich auch, daß KTM „Konstanzer Trainingsmodell“ heißt und nicht – wie im Lehrerkollegium vermutet – „Keiner trainiert mit!“ Ich blättere und lese: „Ein integratives Selbsthilfeprogramm für Lehrkräfte zur Bewältigung von Aggressionen und Störungen im Unterricht“. Integrativ? Was soll denn hier integriert werden? Gar die Störungen? Das wäre ja noch schöner... Selbsthilfeprogramm? Wer hilft sich denn da selbst? Der Lehrer, die Schüler? Vermutlich wieder ein Psychologenmodell, das den SchülerInnen nützt und LehrerInnen im Stich läßt... Aggressionen? Geht es um meine eigenen oder um die der SchülerInnen? Störungen? – O ja, jede Menge; wenn ich da an meine 8b denke...
Halb gedankenverloren, halb bewußt lese ich weiter: „Sind Sie in Ihrer jetzigen Klasse angesichts von Störung und Aggression manchmal an die Grenzen ihrer pädagogischen Möglichkeiten gestoßen? Suchen Sie nach neuen Wegen und alternativen Maßnahmen, um in solchen Unterrichtssituationen besser reagieren zu können?“ Und die Autoren schreiben weiter: „Wir sind sicher, Ihnen mit dem KTM eine Fülle durchdachter Anregungen, Handreichungen und Hilfestellungen für eine von Ihnen selbst gesteuerte, bewußte Veränderung Ihres Umgangs mit störendem oder aggressivem Schülerverhalten zu bieten.“ Und vielversprechend klingt für mich auch: „Verminderung aggressiver oder störender Interaktionen im Unterricht; Erhöhung der eigenen Kompetenz im Umgang mit derartigen Unterrichtskonflikten; Verminderung extremer Unterrichtsstile...“
Ich lese aber auch: „*Gemeinsame* Bearbeitung der schriftlich vorliegenden Trainingsmaterialien durch zwei Kollegen: Trainer und Trainingspartner; *gemeinsame* Diagnose und Planung des Trainingsverlaufes; Unterrichtshospitation des Trainingspartners;

9 Der erste Teil besteht aus einem Erfahrungsbericht, der zweite Teil aus Informationen zur Entwicklung und Realisierung; vgl. auch Miller 1987, S. 1ff.

einüben wenig vertrauter oder neu erlernter Reaktionen und Maßnahmen".
Mir wird bewußt: Ich selbst muß etwas tun... Bisher ließ ich mich eher treiben oder habe dem Zufall manches überlassen. Vermutlich ist es meine eigene Unzufriedenheit, die mich den Entschluß fassen läßt, am Montag mit Kollegin K zu sprechen, die den Ordner von einer Tagung aus Konstanz mitgebracht hat...
An einem der nächsten Nachmittage treffe ich mich mit K. Gemeinsam gehen wir an die Arbeit. Da ich eine Menge Fragen habe, lese ich für mich zuerst die weißen und gelben Seiten der Einführung. Nun ist mir klar geworden:

- Schülerverhalten/Störungen können verschieden wahrgenommen werden. Ich muß also zuerst meine eigene Wahrnehmung vertiefen.
- Sodann ist für mich wichtig: Wie habe ich bisher auf Schülerstörungen reagiert? Warum so und nicht anders?
- Welche Erfolge hatten meine Maßnahmen?

Schrecken bereitet mir noch der dicke Ordner. Ich fühle mich nicht in der Lage, alles durchzuackern (hauptsächlich ein Zeitproblem!). Beim weiteren Lesen wird mir aber auch klar, daß dies gar nicht nötig ist: Entscheidend wird die *Auswahl* der Trainingsangebote sein.
Und weiterhin stelle ich fest: Wichtig ist die diagnostische Rekonstruktion (die Psychologen könnten es aber auch einfacher ausdrücken!), d.h. die Diagnose einer ausgewählten, bisher schwierigen Unterrichtssituation. Hilfe ist mir dabei meine Gesprächspartnerin, Kollegin K. Aufgrund der Diagnose und durch ihre Unterrichtsbesuche stellen wir zusammen, welche Trainingselemente für mich und für sie notwendig sind. Insgesamt sind zehn angegeben; ich bin schon sehr gespannt, welche für mich in Frage kommen werden.
Gemeinsam betrachten wir unseren „Verlaufsplan"; bisher haben wir bereits folgende Arbeit hinter uns gebracht:

- Wir haben ein Tandem gebildet.
- Die diagnostische Rekonstruktion haben wir doppelt durchgeführt: die meine und die der Kollegin K.
- Nun sind wir dabei zu planen, wie die gegenseitige Unterrichtsbeobachtung aussehen soll. Unser Schulleiter hat uns grünes

Licht dafür gegeben. Wir können uns je einmal in der Woche besuchen. (Bei meiner Kollegin wird eine Stunde verlegt, und ich verwende eine Hohlstunde.)...

Inzwischen sind vier Wochen vergangen: Die ersten beiden Unterrichtsbesuche waren für uns ungewohnt (auch für die SchülerInnen, denen wir gesagt haben, was wir vorhaben). Da wir beide aber Vertrauen zueinander haben, verschwinden die Barrieren schnell. Wichtig war für uns, die beobachteten Stunden immer gemeinsam nachzubesprechen und zu reflektieren. Uns wurde dadurch sehr viel über unser eigenes Verhalten bewußt...
Unsere „Trainingsstrichliste" macht sehr eindeutige Aussagen. Für meine Kollegin ergeben sich folgende Trainingselemente:

- A: Erkennen der Störung
- E: Formulierung von Zielen
- F: Maßnahmen (Kommunikation)

Für mich kommen ebenfalls die Elemente A und F in Frage, dazu das Trainingselement G: Sofortige Reaktion auf Störungen und Aggressionen.
Wir beginnen mit den beiden gemeinsamen Elementen. Die Arbeit macht uns sichtlich Freude. Einzig schwieriger Punkt ist der Zeitfaktor: Zeit nehmen/haben und Zeit koordinieren...
Drei Monate später: Wir blicken zurück auf unsere Trainingszeit. Unsere Erfahrungen decken sich nahezu:

- Wir sind den Störungen nicht mehr so ausgeliefert und erleben uns zufriedener.
- Wir gehen bewußter mit uns und den SchülerInnen um.
- Wir haben nicht alle Störungen beseitigt, doch sie treten weniger häufig auf; wir fühlen uns stabiler.
- Unsere Maßnahmen, unsere Aktionen und Reaktionen sind vielfältiger und wir selbst flexibler geworden.
- Arbeitsklima, Aktivität und Mitarbeit der SchülerInnen haben sich wesentlich verbessert.
- Unser Unterrichten macht uns mehr Freude.

Freilich: Wir haben auch eine Menge investiert, aber es hat sich gelohnt: Wir sind sensibler für uns und unsere SchülerInnen geworden, auch fürs Kollegium. Die Reaktionen der Kolleginnen

und Kollegen von Bewunderung über Beachtung bis hin zu Ablehnung unserer Arbeit sind uns nicht entgangen!
P.S.: Inzwischen, nach einem Jahr, gibt es schon drei Tandems an unserer Schule!
Im nachhinein: Der anfangs angstmachende Ordner mit den vielen Seiten ist uns sehr vertraut geworden. Immer wieder blättern wir in ihm und holen uns Anregungen. Jetzt heißt es allerdings erst einmal: Ohne KTM-Ordner leben; mal sehen, wie „frei" wir laufen können. Und außerdem: Wir sind ja inzwischen ein Tandem, quasi eine pädagogische Nachbarschaftshilfe geworden...
KTM: Keiner trainiert mit??? – Nein: Komm, trainier mit!!!

KTM – Informationen zur Realisierung

1. Entstehung und Entwicklung:

Das Konstanzer Trainingsmodell (KTM) wurde von 1978 bis 1987 als Forschungsprojekt einiger Psychologen unter der Leitung von Prof. Dr. H.-D. Dann an der Universität Konstanz entwickelt. Hauptanliegen war die Grundlagenforschung über das Problemfeld „Aggression in der Schule" mit dem Ziel, Anregungen für die Praxis zu geben, um mit Unterrichtsstörungen besser umgehen zu können. Das KTM wurde angeboten als ein „integratives Selbsthilfeprogramm für Lehrkräfte zur Bewältigung von Aggressionen und Störungen im Unterricht".

2. Grundlagen und Grundideen:

Das KTM baut auf den bestehenden Kenntnissen der einzelnen Lehrerinnen und Lehrer über den Umgang mit Störungen/Aggressionen im Unterricht sowie auf den bisher gemachten Erfahrungen mit derartigen Schülerverhaltensweisen auf. Wichtig sind die subjektive Betroffenheit und die Belastungen der LehrerInnen, verbunden mit dem Wunsch: Ich möchte etwas/mich verändern; ich möchte mit Störungen besser umgehen können.
Hinter dem KTM stehen folgende Grundideen:

- selbstbestimmtes und selbstverantwortetes Arbeiten,
- Aufbau auf bestehendem Wissen und vorhandenen Fähigkeiten,

- Integration verschiedener Inhalte und Fortbildungsansätze,
- Arbeit im Dialog mit dem/den Trainingspartner/n unter Einbeziehung der SchülerInnen,
- Abbau von Störungen und Aggressionen in der Klasse, Steigerung des subjektiven Wohlbefindens von SchülerInnen und LehrerInnen,
- Aufbau eines umfassenden und angemessenen Verhaltensrepertoires,
- Beherrschung konstruktiver/förderlicher Verhaltensweisen,
- Aufbau eines sozialintegrativen Kommunikationsstils.

3. Realisierung und Verlauf:

Das KTM vollzieht sich in folgenden Stufen:

a) Reflexion bisheriger Verhaltensweisen,
b) Überprüfung eigener Wissensbestände,
c) Reflexion der Gefühle und Empfindungen,
d) Analyse des bisherigen Kommunikationsstils,
e) Auswahl bestimmter Trainingselemente,
f) Durchführung/Training der ausgewählten Elemente,
g) Reflexion: Erfolg–Mißerfolg/Alternativen.

Mindestens zwei KollegInnen arbeiten als sog. „Tandem" zusammen: Nach der Analyse der Wissensbestände und des bisherigen Handlungsrepertoires (mit Hilfe von Unterrichtshospitationen, Gesprächen und Bearbeitung von Materialien aus dem KTM-Ordner – einem Sammelband bestehend aus Fragebögen, Übungsangeboten, Unterrichtsbeispielen, Informationen u. a. m.) werden bestimmte Trainingselemente (siehe Ziffer 4) ausgewählt und durchgeführt.
Notwendig sind die Unterstützung der Schulleitung und des Kollegiums, organisatorische Maßnahmen (z. B. bei Unterrichtshospitationen) und die Bereitschaft des Tandems, Veränderungen in Gang setzen zu wollen. (Für Baden-Württemberg, wo das KTM seit einigen Jahren an Hauptschulen „mit erschwerten Bedingungen" angeboten wird, gilt: Die Tandems der einzelnen Schulen treffen sich, nach Schulamtsbezirken aufgeteilt, sechs- bis achtmal im Schuljahr zum Austausch ihrer Erfahrungen, zur Aufarbeitung von Problemen, die sich bei der KTM-Arbeit ergeben. Sie werden dabei von den KTM-AG-Leitern betreut, die selbst

zweimal im Schuljahr an einer KTM-Fortbildungsveranstaltung teilnehmen.)
Ein zentraler Bestandteil des KTM ist die sog. *„Diagnostische Rekonstruktion“*. Sie besteht aus der Diagnose einer aktuellen problematischen Unterrichtssituation und der Rekonstruktion der in dieser Situation beim Lehrer/der Lehrerin und bei den betreffenden SchülerInnen ablaufenden Prozesse. Dadurch hat die diagnostische Rekonstruktion folgende bedeutsame Auswirkungen:

- Durch die notwendige Zusammenarbeit der beiden Trainingspartner wird eine Vertrauensbasis hergestellt.
- Alle an den Verhaltensweisen und Reaktionen im Unterricht beteiligten Vorgänge (Gefühle, Überlegungen, Ziele, äußere Bedingungen...) werden offenbar.
- Diese Vorgänge werden geordnet und grafisch dargestellt, so daß die eigenen Reaktionen bei Unterrichtskonflikten und die dahinterliegenden Gründe des Lehrerverhaltens transparent und nachvollziehbar werden.
- Dadurch ist die Möglichkeit gegeben, eine vernünftige, individuelle Auswahl der Trainingsinhalte zu treffen. Eine erfolgversprechende Arbeit mit dem KTM setzt also eine gewissenhafte diagnostische Rekonstruktion voraus.

4. Die Struktur des KTM und die Zuordnung der Trainingselemente:

Der Reaktionsprozeß auf störendes oder aggressives Schülerverhalten wird in vier Phasen unterteilt:

1. Phase: Situationsauffassung: Wahrnehmung und Interpretation des auffälligen Schülers durch den Lehrer,
2. Phase: Handlungsauffassung: Auswahl der Reaktionen oder Maßnahmen durch den Lehrer,
3. Phase: Handlungsausführung: Bestimmung einer oder mehrerer Maßnahmen und deren Durchführung,
4. Phase: Handlungsergebnisauffassung: Bewertung des Erfolges/Mißerfolges im Vergleich mit dem angestrebten Ziel.

Auf Grund der Vorarbeit und der gewonnenen Erkenntnisse (Welches Wissen fehlt mir, welche Phasen möchte ich erarbeiten, welche Handlungsdefizite habe ich festgestellt?) wählt das Tandem gleiche oder unterschiedliche Trainingselemente aus. Innerhalb der vier Phasen werden insgesamt zehn Elemente angeboten:

1. Phase: Situationsauffassung:

① Veränderung der Wahrnehmungsstrategie:
„Wann und woran erkenne ich eine Störung oder Aggression?"
② Veränderung der Erklärungsmuster:
„Wie erkläre ich mir das Zustandekommen?"
③ Veränderung der Zuordnungsstrategien:
„Welche Störungs- oder Aggressionsarten unterscheide ich?"
④ Veränderung der Zielvorstellungen:
„Welche Ziele setze ich mir?"
⑤ Veränderung der Zuordnung von Zielen und Situationen:
„Habe ich je nach Situation unterschiedliche Ziele?"

2. Phase: Handlungsauffassung:

⑥ Veränderung der Wissensbestände:
„Welche Reaktionen oder Maßnahmen sind sinnvoll?"
⑦ Veränderung des Umgangs mit Handlungsdruck:
„Wie kann ich mir Zeit zur Analyse verschaffen?"
⑧ Veränderung der Zuordnungsstrategien von Handlungsplänen zu den Zielen und Situationen:
„Wonach entscheide ich mich für eine Reaktion/Maßnahme?"

3. Phase: Handlungsausführung:

⑨ Veränderung der aktuellen Ausführung:
„Wie kann ich den Erfolg sicherstellen?"

4. Phase: Handlungsergebnisauffassung:

⑩ Veränderung der Wahrnehmung und Bewertung der Schülerreaktion in der Folge einer Lehrermaßnahme:
„Wie beurteile ich den Erfolg meiner Maßnahme?"

5. Auswirkungen des KTM:

Nach einigen Jahren der Erprobung an ausgewählten Hauptschulen[10] und nach zwei Jahren offizieller KTM-Arbeit an vielen Schulen kann folgendes Fazit gezogen werden:

a) Lehrerinnen und Lehrer
- gewinnen eine grundsätzlich andere Einstellung zu den beteiligten Personen,
- werden sensibler im Umgang mit sich selbst, mit den KollegInnen und den SchülerInnen,
- akzeptieren die SchülerInnen als eigenständige Personen,
- reagieren angemessener, bewußter, gelassener, selbstsicherer,
- vermeiden strafende und herabsetzende Maßnahmen,
- werden offener, „großzügiger", verständnisvoller,
- setzen Grenzen und sorgen für deren Beachtung,
- werden flexibler und schätzen Situationen schneller und besser ein,
- haben ein „besseres Handlungswerkzeug" parat,
- erreichen positive Sichtweisen und Einstellungen,
- bemühen sich um besseren Unterricht.

b) Schülerinnen und Schüler
- werden in die Lösung von Problemen miteinbezogen,
- verringern ihr störendes und aggressives Verhalten,
- erleben mehr Verständnis und den „persönlichen Bezug" und reagieren dadurch offener, störungsfreier, verständnisvoller,
- bekommen verstärkt Zugang zu ihren Verhaltensweisen und Gefühlen,
- verringern ihr Desinteresse, steigern ihre Leistungsbereitschaft,
- erfahren ein stärkeres „Wir-Gefühl",
- gewinnen wieder mehr Freude an der Schule und am Unterricht.

c) Im Kollegium
- steigt die Bereitschaft zur Zusammenarbeit,

10 in Baden-Württemberg.

- sinkt die Hemmschwelle, „nichts von sich preisgeben zu wollen", d.h., es steigen Offenheit und Vertrauen,
- ergeben sich positive „Reibungspunkte",
- kommt „Bewegung" zustande...

Die KTM-Arbeit hat viele Kolleginnen und Kollegen motiviert, sich im persönlichen und zwischenmenschlichen Bereich weiterzuentwickeln und sich nicht nur als „VermittlerIn von Wissensgebieten" zu sehen. Somit weist das KTM als intensive schulinterne Lehrerfortbildung über die eigenen Grenzen hinaus, und es ist zu einem wichtigen Bestandteil im förderlichen Umgang zwischen LehrerInnen und SchülerInnen geworden.

KTM-Literatur:

Bd. 1: Trainingshandbuch, 324 A4-Blätter (Ordner), DM 65,–
Bd. 2: Theoretische Grundlagen, 276 S., kart. DM 58,–
Bd. 3: Evaluation des Trainingserfolgs, 104 S., kart. DM 34,–
Bd. 4: Einführung, 59 S. + Anhang, kart. DM 5,–
(Alle Huber-Verlag, Bern – Stuttgart 1987)

4. Fortbildung in der Kleingruppe: Gegenseitige Unterrichtsbesuche

Zur Vorgeschichte

Zwei LehrerInnen einer Grund- und Hauptschule hatten es sich zur Gewohnheit gemacht, einmal in der Woche Unterrichtsstunden gemeinsam vorzubereiten. Sie tauschten auch ihre Erfahrungen über die gehaltenen Stunden aus und kamen dadurch auf die Idee, sich im Unterricht gegenseitig zu besuchen[11]. Im Laufe der Zeit gesellten sich noch einige KollegInnen dazu, so daß die Unterrichtshospitationen zur ständigen Einrichtung wurden. Um sich auch Anregungen von außen zu holen, bat die Lerngruppe einen externen Berater um Mitarbeit. *Das gemeinsame Ziel war die Verbesserung des Unterrichts durch gezielte Wahr-*

11 Die gegenseitigen Besuche wurden (durch Änderung des Stundenplans) in Freistunden der KollegInnen nach Absprache mit dem Schulleiter möglich.

nehmung, präzise Beschreibung und vertiefte Reflexion und Bewertung.
Im Vorfeld wurde über einen didaktischen Minimalkonsens diskutiert (z. B. Zielorientierung, Schülerorientierung, Strukturierung des Unterrichts, Differenzierung und Individualisierung, sozialintegrativer Unterrichtsstil u. ä.). So hatte die Gruppe eine didaktische Basis, die für die weitere Arbeit tragfähig war.
In Alleinarbeit, Partnerarbeit oder in der Kleingruppe wurden die Stunden vorbereitet. Aus organisatorischen Gründen konnten nicht immer alle KollegInnen an den Hospitationen teilnehmen. So ergab sich eine „rollierende Arbeitsgruppe“.

Unterrichtsbeobachtung[12] und -beschreibung

Zu Beginn fanden Absprachen darüber statt, wer was beobachten sollte. Unterrichtliches Geschehen ist so komplex und differenziert, daß „alles sehen und alles verbessern wollen“ nicht möglich ist und lediglich zu pauschalen Ergebnissen oder Verwirrungen führt. Deshalb wurde auf die Beobachtung und Beschreibung kleiner Einheiten Wert gelegt, z. B.:

Impulstechnik
Aufgabenstellung
verbales Verhalten
nonverbales Verhalten
Lernhilfen
Problemdarstellung

Unterrichtsorganisation
Medieneinsatz
Lehrer-Schüler-Beziehung
Fachkompetenz
Tafeltexte/-zeichnungen
u. ä.

Ein grobes Beobachtungsraster diente dazu, die Beobachtungen einzuordnen:

Zeit	Lehreraktivitäten	Schüleraktivitäten	Bemerkungen

Da das erste Ziel die Verbesserung der Wahrnehmung/Beobachtung war, wurde auf die *Trennung von Unterrichtsbeobachtung, Interpretation und Bewertung* geachtet: Der Beobachter ist eine (reduzierte) Filmkamera oder – was z. B. die Gesprächsanteile

12 Videoaufzeichnungen konnten aus organisatorischen und technischen Gründen nicht gemacht werden. (Die Beobachtung durch Personen entsprach somit auch stärker dem schulischen Alltag.)

betrifft – ein (reduziertes) Tonbandgerät: Ich nehme auf, was ich sehe und höre, wobei ich mir bewußt bin, daß mein Sehen und Hören selektiv sind und Wahrnehmungsfehlern unterliegen. (Deshalb war es auch sehr hilfreich, daß jeweils mehrere Personen beobachteten.) Die Beschreibung sollte dann der Beobachtung entsprechen:

Richtig notiert:	*Falsch notiert:*
– Zwei Schüler reden miteinander, während der Lehrer erklärt.	– Die zwei da vorne passen aber auch nicht auf!
– Alle SchülerInnen schreiben den Text von der Tafel ab.	– Das ist aber eine brave Klasse; die Lehrerin hat sie im Griff.
– Zwei Schüler schlagen mit Fäusten aufeinander ein.	– Zwei Schüler sind besonders aggressiv.
– L: „Jetzt seid doch endlich mal ruhig!" (6mal)	– Ziemliches Chaos in der Klasse
– Einige SchülerInnen arbeiten in den Gruppen nicht mit.	– Die Gruppenarbeit klappt auch nicht so recht.
– Deutliche Aussprache, gegliederter Text, verständliche Sprache…	– Toller Lehrervortrag
– Fünf Minuten vor Schluß: Hausaufgabenbesprechung	– Gute Einteilung der Stunde
– Schrift gut lesbar, Text strukturiert, Hervorhebungen farbig	– Ausgezeichnetes Tafelbild

usw.

Und schließlich galt es, die Einzelbeobachtungen in Zusammenhänge zu bringen, z.B. (s. S. 104)
Der Lernprozeß wurde deutlich:
Wahrnehmung/Beobachtung → Beschreibung → Einzelelemente in Zusammenhänge bringen…

- Welche Erfahrungen haben Sie bisher mit gegenseitigen Unterrichtsbesuchen gemacht? Überwiegend offene oder verschlossene Klassenzimmertüren? Welche Wünsche, Befürchtungen, Hoffnungen, Erwartungen haben Sie?
  Wie könnte Ihr erster Schritt zur Unterrichtshospitation aussehen? (Vielleicht in der gemeinsamen Unterrichtsvorbereitung…?)

Zeit	Lehreraktivitäten	Schüleraktivitäten	Bemerkungen: Thema, Ziel, Stoff/Sache
8.39	– erklärt Stromkreis an der Tafel ⟷	hören zu	
	– verfertigt eine Zeichnung ⟷	zeichnen ab ⟷	Zeichnung besprechen: einige Unklarheiten
7’			
	– häufig mit dem Rücken zu den Schülern ⟷	einige gehen zum Papierkorb	
8.46	⟷	Gruppentisch 3: dauerndes Getuschel	
Oder:			
9.45	– Lehrer holt Tageslichtprojektor, funktioniert nicht.	– Schüler beobachten Lehrer …	
8’	… holt einen anderen ⟷	Zunahme der Unruhe: lautes Reden, Herumlaufen … ⟷	Unterrichtsorganition: Medieneinsatz
		⟷	Zusammenhang von Lehrer und Schülerverhalten (8 Minuten Leerlauf!)
9.53	– Unterricht wird fortgesetzt ⟷	etwa die Hälfte der Schüler beteiligt sich … immer noch große Unruhe ⟷	Kaum mehr Konzentration!
Oder:			
9.03	– erklärt Aufgabe ⟷	alle hören zu ⟷	klare Aufgabenstellung
4’	für die Gruppen: Notierung an der Tafel ⟷	einige Rückfragen	entsprechende schriftliche Fixierung
9.07			
18’	– vermittelt, hilft klärt … ⟷	arbeiten in vier Gruppen, arbeitsteilig ⟷	Aufgabe für die Schüler motivierend: arbeiten konzentriert/keinerlei Störungen!

Reflexion und Bewertung

Die genauen Beschreibungen der einzelnen BeobachterInnen bildeten die Grundlage für die gemeinsame Reflexion und Bewertung, die sich in drei Schritten vollzogen:

1. Im ersten Schritt äußerten sich alle Beteiligten, vornweg der-/diejenige, der/die Stunden gehalten hatte, dann alle anderen über Eindrücke und Einzelbeobachtungen, Wirkungen und Zusammenhänge, sachliche Schwerpunkte und Probleme. Die Unterrichtsstunde lief gleichsam nochmals wie ein Film ab, und die Perspektiven der ZuschauerInnen wurden deutlich.
2. Die Auswertung des so erhaltenen „Materials" und die Bewertung ergaben sich auf Grund der vorher vereinbarten Auswahlentscheidungen und Gütekriterien: Was/welche Bereiche sollten beobachtet werden?...
   Die unterschiedlichen Wahrnehmungen und Sichtweisen wurden nun einer genaueren Reflexion unterzogen, miteinander und mit den Vorgaben verglichen. Aus dem Ist-Soll-Vergleich ergab sich die Bewertung. Dabei hat sich häufig gezeigt, daß die *Selbst*bewertung um so leichter fiel, je intensiver die Rückmeldung der anderen über die gehaltene Stunde war. Meist erübrigten sich lange Diskussionen, weil die Beteiligten deutlich sehen konnten, was sich während des Unterrichts abspielte.
3. Der dritte Schritt bestand aus Absprachen, die sich aus Besprechung und Bewertung ergaben: Was ist nun zu tun, was zu verändern, was zu belassen, was zu vertiefen...? (s. S. 106)

- Mein Vorschlag: Nehmen Sie ein Auswertungsgespräch auf Band auf und analysieren Sie es anschließend gemeinsam. (Metakommunikation!)
  Diskutieren Sie miteinander: Was verstehen Sie unter einer „guten Unterrichtsstunde", einem „vorzüglichen Unterricht", einer „schiefgelaufenen Stunde"?

Resümee

Die „Hospitationsphase" der kollegialen Kleingruppe hat für jede einzelne Person Gewinn gebracht und die Qualität des Unterrichts verbessert:

Stunde	Inhalte der Besprechung	Absprachen/Empfehlungen
28. 9. 5. Kl.	– Unterrichtseinstieg/ Motivation – Gesprächsführung – Tafelanschrieb	–––– – weniger lehrerzentriert, auf Vermittlung zwischen Schülerbeiträgen achten – Text deutlicher strukturieren (siehe Zeichnung)
5. 10. 5. Kl.	– Gesprächsführung – Tafelanschrieb – Methodenwechsel	– Lehrerzentrierung hat deutlich abgenommen – Text einwandfrei – Partnerarbeit verstärken – mit Gruppenarbeit beginnen
12. 10. 5. Kl.	– Methodenwechsel – Lernzielkontrollen (mündlich) – Hausaufgaben	– Gruppenarbeit: Weiterführung der bisherigen Übungen – Fragetechnik verbessern (siehe beiliegendes Buch) – an die Tafel schreiben/ nicht nur mündlich mitteilen

- Das „Wahrnehmungs- und Beobachtungstraining“ brachte bereits einen hohen Lerneffekt. Die Fähigkeit zur Selbstwahrnehmung im Unterricht verstärkte sich.
- Die vielfältigen Rückmeldungen der Beteiligten verhalfen zu Einsichten, Sichtwechseln und Änderungen der Sichtweisen.
- Durch die Arbeit entstanden Solidarität, Entlastungen im Schulalltag und größere Sicherheit während des Unterrichts. Die eigene Unterrichtsfähigkeit konnte besser eingeschätzt werden.
- Das gegenseitige Vertrauen war sowohl Voraussetzung als auch Folge im Miteinanderarbeiten. Die Tatsache, daß die Bewertung in hohem Maße von den Unterrichtenden selbst kommen konnte – auf Grund des deutlichen Feedbacks der anderen – wurde als besonders hilfreich empfunden.
- Und schließlich: Die Motivation, sich didaktisch-methodisch und fachlich-sachlich weiterzubilden, erhöhte sich: Unterricht hat (wieder) Freude gemacht!

5. Fortbildung im Kollegium: Der Pädagogische Tag

Hervorgerufen durch immer wiederkehrende Probleme mit KollegInnen und SchülerInnen und in mehrfachen Gesprächen ermutigt, begannen einige Lehrerinnen und Lehrer einer beruflichen Schule (mit annähernd 80 Lehrkräften), sich Gedanken zur Durchführung eines Pädagogischen Tages zu machen. Hier sind die „Stationen eines Protokolls“:

Herbst 1988: Eine Idee kommt ans Tageslicht

Fragen im Kollegium: Wie nehmen wir eigentlich unseren Erziehungsauftrag wahr? Wie sehen wir uns als LehrerInnen? Wie bewußt sind uns Erziehungsauftrag und Erziehungsziele? Welche Möglichkeiten haben wir, auf diese Fragen Antworten zu geben?

7.11.1988: Zettel am Schwarzen Brett

„Liebe Kolleginnen und Kollegen! Ich erinnere an unseren Beschluß in der letzten Personalversammlung, einen Pädagogischen Tag durchzuführen. Wer hat Interesse, bei der Vorbereitung mitzuarbeiten? Bitte eintragen: ...“

21.11.1988: Schreiben an das Vorbereitungsteam

„Liebe Kolleginnen und Kollegen! Wir wollen uns zu unserer ersten Sitzung zur Vorbereitung des Pädagogischen Tages am 6.12.1988 um 13.00 in der Lehrerbibliothek treffen. Inhalt der Besprechung:
- Sammlung der Themenvorschläge,
- Literaturhinweise, Medien- und Materialbeschaffung,
- Methoden für den Pädagogischen Tag,
- Verteilung der einzelnen Aufgaben.“

6.12.1988: Sitzung des Vorbereitungsteams

Es wurde ein Hauptthema mit fünf Einzelthemen fixiert: „Erlebnisort Schule: Wie kann Schule für Lehrer und Schüler zu einem gemeinsamen Ort werden, an dem das Lernen, Lehren und Leben wieder mehr Freude macht?“
Einzelthemen:

1. Verständnisvollere Begegnung zwischen Lehrern und Jugendlichen
2. Verwirklichung der Erziehungsziele der beruflichen Schule
3. Lehrer unter Lehrern: Zusammenarbeit im Kollegium
4. Lehrerfrust – Schülerreaktionen / Schülerfrust – Lehrerreaktionen
5. Lehrerrolle und pädagogisches Handeln

17. 1. 1989: Sitzung des Vorbereitungsteams

Nochmalige Erörterung der fünf Themen und Fixierung einer Verlaufsplanung als Vorschlag für die Gesamtlehrerkonferenz

4. 4. 1989: Gesamtlehrerkonferenz

Der Pädagogische Tag wurde auf den 14. 11. 1989 festgesetzt. Das Hauptthema der Vorbereitungsgruppe wurde einstimmig mit folgenden vier Unterthemen angenommen:

1. Verständnisvollere Begegnung zwischen Lehrern und Jugendlichen im Schulalltag (Grundlage: Shell-Studie: Jugendliche und Erwachsene 1985);
2. Schüler/Lehrer: Chancen und Störungen zwischenmenschlicher Kommunikation (Grundlage: Die vier Seiten der Kommunikation);
3. Lehrerrolle und pädagogisches Handeln in der Schule (Lehrerpersönlichkeit und Lehrerrolle, Rollenkonflikte, LehrerInnen im Spannungsfeld einer erziehenden und verwalteten Schule);
4. Lehrerfrust – Schülerreaktion/Schülerfrust – Lehrerreaktion (Anzeichen, Ursachen, Analysen, Maßnahmen).

Ende April 1989: Aushang am Schwarzen Brett:

„Liebe Kolleginnen und Kollegen! Wie in der GLK vom 4. 4. 1989 beschlossen wurde, findet der PT am 14. 11. 1989 in unserer Schule statt. Bitte tragen Sie sich in die Liste ein, bei welchem Thema Sie mitarbeiten wollen!“

April, Mai, Juni 1989: Arbeit der Vorbereitungsgruppe

Die Vorbereitungsgruppe bestand aus neun Personen; jeweils zwei bis drei Personen waren für ein Gruppenthema zuständig und bereiteten sich darauf vor; einige Male traf sich die gesamte Vorbereitungsgruppe zu Besprechungen. Während dieser Zeit wurden auch Umfragen bei SchülerInnen gemacht (als Grundlage für die Vorbereitung). Die meisten LehrerInnen standen dieser Umfrage positiv gegenüber:

Einige Auszüge:

a) Frage an die SchülerInnen: „Welche Sätze von LehrerInnen lösen bei Euch/bei Ihnen unangenehme Empfindungen aus?"
Sie sitzen doch wohl nur hier die Zeit ab! – Wenn Sie das nicht können, so sind Sie eine Mißgeburt. – Sie kommen wohl von X. Ja, da wohnen sowieso die Schlauen! – Stellen Sie sich doch nicht so doof an! – Faules Pack – Ihr seid ja gehirnamputiert!...
b) Schülermeinungen über LehrerInnen: „Was belastet Euch/Sie?"
Arroganz, von oben herab, gelangweilt, ohne Interesse – Die Machtposition wird ausgenützt. – Die Schüler sind nur eine Nummer. – Manche werden nicht als Individuen ernstgenommen. – Hektik, Streß; sie fordern und drillen. – Bei manchen könnte man meinen, wir wären Dreck. – Lehrer wissen, daß sie am längeren Hebel sitzen und lassen uns das fühlen. – Lehrer sind Könige und Schüler ihre Untertanen...
c) Wünsche von SchülerInnen an die LehrerInnen:
Unterricht mit mehr Lust und Freude durchführen – mehr Rücksicht auf Schüler nehmen – mit Namen angesprochen werden – freundliche und heitere Lehrer – in Ruhe lassen und keine dummen Sprüche über uns machen – loben, Mut machen, unterstützen – Gerechtigkeit für jeden – persönlicher, freundlicher, einfach lieb – Lehrer sollten denselben Ton einschlagen, den sie von den Schülern erwarten...
d) „Welche Sätze lösen bei Ihnen ein angenehmes Empfinden aus?"
Heute haben Sie aber gut mitgemacht. – Wie geht's Euch? – Sie werden immer besser! – Toll, das hätte ich Ihnen gar nicht zugetraut! – Könnt Ihr mir mal behilflich sein? – Das werden Sie schon schaffen. – Fragen Sie ruhig, wenn Sie etwas nicht verstanden haben. – Ich werde Ihnen die Stelle noch einmal erklären. – Die Fehler kriegen wir schon noch in den Griff. – Viel Erfolg! – Besser hätte ich es auch nicht machen können...
e) „Welche Schüleraussagen machen Ihnen als LehrerInnen Schwierigkeiten?"
Sollen wir das aufschreiben? – Sie machen viel zu schnell! – Warum müssen wir das lernen? – Ist das wichtig? – Was Sie da

machen, ist zu hoch für uns. – Brauchen wir das für die Prüfung? – Können Sie Ihren Unterricht nicht interessanter machen? – So ein blödes Thema! – Das können wir ja doch nie brauchen! – Was ich hier lerne, ist ja alles Schwachsinn! – Das mache ich nicht; ich hab' keine Lust. – Das ist aber öde! – Kommt das in der Arbeit dran? – Da komm' ich doch nicht mit...
Die vielfältigen Rückmeldungen der SchülerInnen und LehrerInnen der einzelnen Arbeitsgruppen wurden als sehr offen und *hilfreich* für die Vorbereitung empfunden.

22.8.1989 (nach den großen Ferien): Kontakt des Vorbereitungsteams mit einem externen SCHILF-Berater

Das Team bat ihn, bei der Vorbereitung mitzuhelfen; am Pädagogischen Tag selbst war der Berater nicht anwesend. Während dieser Sitzung stellten die einzelnen GruppenleiterInnen ihre Themen vor, dazu die entsprechenden Methoden, Medien und den geplanten Tagesablauf: Diskussion, Aussprache, Änderungen...

23.10.1989: Letzte Sitzung des Teams vor dem PT

Besprechung des genauen Tagesablaufs – Endgültige Einteilung der Gruppen und Gruppenräume – Formulierung der Einführungsrede – Organisatorisches (Verpflegung, Materialien) – Gestaltung der Plenumsphasen – Modus eines Kurzberichts an das Oberschulamt.

Anfang November 1989: Gedicht einer Gruppenleiterin, kurz vor dem PT:

Hinter meinem Wort stehe ich

meine Zärtlichkeit, mein Haß
meine Interesselosigkeit, meine Zuneigung
meine Aggression, meine Angst
mein Vertrauen, mein Ehrgeiz
mein...

Hinter meinem Wort stehe ich

Wer aber steht hinter mir,
wenn ich rede?

Wer aber steht vor mir,
wenn ich rede?

14. 11. 1989: Durchführung des Pädagogischen Tages

8.00: Begrüßung und Einführung
8.30: Beginn der Gruppenarbeit
10.00: Pause
10.30: Weiterarbeit in Gruppen
12.30: Mittagessen
14.00: Erarbeitung der Dokumentation der Gruppenergebnisse
15.00: Berichte der einzelnen Gruppensprecher über die Arbeit und Ergebnisse in den Gruppen – Aussprache, Diskussion, Konsequenzen...
17.00: Ende des Pädagogischen Tages

Noch am selben Abend Stichworte einer Gruppenleiterin:

- morgens: Spannung, Neugierde, Erwartung, Unsicherheit, gegenseitiges Mutmachen in der Vorbereitungsgruppe;
- Kaffeepause: gelockerte Stimmung, Spannung und Erwartung auf das Kommende, es scheint gut zu laufen...;
- Mittagspause: gute Rückmeldungen; die Zeit für die einzelnen Gruppenthemen reicht vermutlich nicht aus; neu: über *pädagogische* Fragen zu reden...;
- Plenum: etwas langatmig, keine große Diskussion, dennoch: Erfahrungsaustausch und Gespräche. Es war ein Tag für uns LehrerInnen. Das gesammelte Schülermaterial wurde mit großem Interesse aufgenommen, ebenso die Literaturvorschläge.

16. 11. 1989: Nachbesprechung der Arbeitsgruppe

Fertigstellung des Berichts an das Oberschulamt – Rückblick, Eindrücke, Austausch – Gruppe „Frust“ will Gespräch mit der Schulleitung und dem Personalrat – weitere PT sind geplant – Aushang am Schwarzen Brett: Gründung einer AG: Bewältigung von Alltagsproblemen in der Schule (Leitung: R.M., externer SCHILF-Berater)
Hinweis: Die Schulleitung war immer über den Stand der Arbeitsgruppe informiert. Formalitäten mit dem Oberschulamt erledigte die Direktion. Das Vorbereitungsteam hatte in Planung und Verlauf des PT völlig freie Hand.

Dezember 1989: Auszüge aus dem Protokoll an das Oberschulamt über die Arbeit in den vier Gruppen:

Gruppe I: Verständnisvollere Begegnung...
Aus zehn vorgegebenen Themen wählten die Teilnehmer vier aus: Ursachen für Spannungen zwischen Jugendlichen und Erwachsenen – alte und neue Werte – Probleme und Schwierigkeiten von Jugendlichen und Erwachsenen – Lebensformen: Vergleich Jugendliche – Erwachsene.
Die Ergebnisse der Shell-Studie wurde mit eigenen Erfahrungen konfrontiert, und für konkrete Situationen im Schulalltag wurden Lösungsansätze gefunden.

Gruppe II: Zwischenmenschliche Kommunikation...
Grundlage der Arbeit waren die „Vier Seiten der Kommunikation" (Schulz von Thun). Auf dieser Theorie basierten die Übungen in der Gruppe (Wahrnehmung, Sensibilisierung, Auswertung der Schülerfragebogen, Gesprächsübungen, Reflexion der Lehrersprache).

Gruppe III: Lehrerrolle...
In zwei Gruppen wurden die Rollen des Lehrers beschrieben und reflektiert, bevor in einem zweiten Schritt über die Vielzahl der daraus entstehenden Probleme gesprochen wurde. Eine Bearbeitung von Lösungsmöglichkeiten bildete den Abschluß.

Gruppe IV: Lehrerfrust/Schülerfrust...
Es wurde gesammelt, was den Schulalltag belastet, einschließlich der Auswertung der Schülerfragebogen. Die Gruppe kam zur Aussage, daß es im „System Schule" zwar viel Belastendes gibt, daß aber vom „Burnout-Syndrom" an der Schule keine Rede sein kann. Es wurden Lösungsmöglichkeiten erarbeitet, um dem „Lehrer-Schüler-Frust" besser begegnen zu können.

23. 1. 1990: Erstes Treffen mit dem externen Berater: Bewältigung von Alltagsproblemen in der Schule (ca. 25 TeilnehmerInnen):

Geplant ist eine AG mit 8 Veranstaltungen bis zum Sommer 1990...

6. Fortbildungsreihe im Kollegium: Intervallseminar

Vorgeschichte

Hervorgerufen durch täglichen Ärger und manche Enttäuschungen, aber auch Hoffnungen, Vorsätze und Planungen, stand der Pädagogische Tag einer Hauptschule unter dem Thema „Störungen der Bildungs- und Erziehungsarbeit“ (siehe Auberle/Miller 1987).
Im Laufe des Tages wurde deutlich, daß die tagtäglich auftretenden Probleme handlungsorientiert angegangen werden müßten, und zwar auf drei Seiten: auf Schüler-, Lehrer- und Elternseite.
Nach Abwägung verschiedener Argumente entschied sich das Kollegium, bei sich selbst zu beginnen. Dabei wurde auch klar, daß diese Arbeit nicht allein vom Kollegium geleistet werden kann, sondern unter der Leitung eines erfahrenen Lehrerfortbildners stehen sollte. So ging es nach dem Pädagogischen Tag an die Planung einer schulinternen Lehrerfortbildung, die sich *über ein Schuljahr hinweg* erstrecken sollte.

Zielsetzung und Planung

Da dem Kollegium mein Buch „Lehrer lernen“ als Lernhilfe geeignet erschien, wandte es sich an mich um Mitarbeit bei der Planung und Durchführung der Fortbildungsreihe. In mehreren Gesprächen zwischen dem Schulleiter und mir wurden Zielsetzungen und Verlaufsplanung – auf Grund der Vorgespräche zwischen Schulleiter und Kollegium – erstellt, anschließend wiederum mit dem Kollegium besprochen und angenommen. Als Ziele wurden genannt:

- theoretische Weiterbildung für das gesamte Kollegium; Auffrischung didaktischer, pädagogischer und psychologischer Wissensbestände und Aufarbeitung bisheriger Erfahrungen;
- Anleitung des Kollegiums bei der Bewältigung von Einzel- und Klassenproblemen; Planung und Durchführung von Unterricht; Planung und Durchführung von fächerübergreifenden Unterrichtseinheiten, Projekten u. ä.; Kooperation im Kollegium;

– Prophylaxe gegen zunehmende Enttäuschung und Interesselosigkeit der LehrerInnen am Bildungs- und Erziehungsauftrag der Schule;

Das Kollegium entschied sich für folgende acht Themen (in der Reihenfolge ihrer Bearbeitung):

1. Lehrerpersönlichkeit und Lehrerverhalten
2. Wechselwirkungen: Lehrer-Schüler-Verhalten
3. Lehrer und Schüler: Störungsbewältigung und Kooperation
4. Übungen und Spiele zur Störungsbewältigung
5. Das Lernen lehren/das Lernen lernen
6. Aspekte der Unterrichtsvorbereitung
7. Unterrichtsdurchführung/Hospitation
8. Unterrichtsreflexion und Auswertung

Das Kollegium hatte zwei Pädagogische Tage zur Verfügung: einen aus dem Schuljahr 1986/87 und einen (vorweggenommenen) aus dem Schuljahr 1987/88, also insgesamt 18 Stunden. Diese wurden auf acht SCHILF-Tage verteilt; die Kolleginnen und Kollegen „opferten" acht freie Nachmittage. Die Arbeitstage erfolgten in den Monaten September bis November und Januar bis Mai, jeweils am Montag. Diese Arbeitstage hatten jeweils folgende Struktur:

7.45 Unterricht (bis 10.30)
10.45 Beginn des Pädagogischen Tages:
Informationen zum Thema/Impulsreferat
Oder: Einstieg durch Erfahrungsaustausch/Fallbeispiele...
11.15 Gruppenarbeit
12.00 Darstellung der Ergebnisse
12.30 Mittagspause
14.00 Weitere Informationen
Übungen im Plenum/Demonstrationen
Arbeit in Kleingruppen
16.00 Auswertung der Ergebnisse/Feedback-Runde
Besprechung der Aufgaben für die Zeit bis zum nächsten Pädagogischen Tag[13]
17.00 Ende des Pädagogischen Tages

13 Es ist nicht immer gelungen, auf Grund der großen zeitlichen Belastung, die „Zwischenaufgaben" zu bewältigen. Des öfteren blieb es „nur" bei gedanklicher Weiterverarbeitung...

Durchführung der einzelnen Tage

Es würde den Rahmen dieser Darstellung sprengen, wenn alle acht Arbeitstage in Verlauf und Inhalt beschrieben würden. Ich beschränke mich auf Angaben der Arbeitsschwerpunkte und auf Bemerkungen zu Details:

I. Lehrerpersönlichkeit und Lehrerverhalten

Arbeitsschwerpunkte:

- sich wahrnehmen und weiterentwickeln
- Grundhaltungen und Einstellungen reflektieren
- förderlich mit sich selbst umgehen

Bemerkungen:

Es mag zwar logisch richtig sein, die Reflexion eigenen Verhaltens vor die Erörterung des Schülerverhaltens zu stellen. Im nachhinein aber hat es sich gezeigt, daß das Thema „Lehrerpersönlichkeit" als Anfang einer pädagogischen Arbeitsreihe zumindest problematisch ist. Für einen Teil des Kollegiums war es nicht einfach, sich für persönliche, wenn auch schulisch orientierte Bereiche zu öffnen. Diese Öffnung geschah erst allmählich im Verlauf der gemeinsamen Arbeit. Manche Aufgaben wurden zu Beginn noch sehr vorsichtig angegangen, und „heiße Eisen" sparte man sich für eine spätere Zeit auf.

II. Wechselwirkungen: Lehrerverhalten–Schülerverhalten

Arbeitsschwerpunkte:

- Schüler wahrnehmen und verstehen
- Wechselwirkungen/Kreisläufe erkennen
- Schuldzuweisungen vermeiden/Verhaltensweisen beschreiben

Bemerkungen:

Die Zusammenhänge und Wechselwirkungen wurden rasch erkannt und sehr realistisch betrachtet. Bisher häufiges Verhaltensmuster: Grund der Ursache (bzw. Schuld) beim anderen suchen: LehrerInnen bei SchülerInnen und umgekehrt... Es ist nicht immer leicht, auf Schuldzuweisungen zu verzichten und mit dem ersten Schritt, der Verhaltens*beschreibung*, zu beginnen.

III. Störungsbewältigung und Kooperation

Arbeitsschwerpunkte:

- Störungen wahrnehmen und differenzieren
- Verhaltensziele erarbeiten
- Maßnahmen differenziert anwenden
- mit Schülern kooperativ arbeiten

Bemerkungen:

Da Störungen im Unterricht immer auch Belastungen bedeuten, ist es der (sehr verständliche) Wunsch des Lehrers, sie möglichst rasch abzubauen (= loszuwerden). Allzu schnell werden dann (häufig nicht wirksame) Strafmaßnahmen ergriffen, des öfteren auch als Ausdruck der eigenen Hilflosigkeit. Es hat sich während der Arbeit gezeigt, wie wichtig und notwendig die Kooperation der Kolleginnen und Kollegen ist, vor allem die Zusammenarbeit der KlassenlehrerInnen mit den FachlehrerInnen.

IV. Übungen und Spiele zur Störungsbewältigung

Arbeitsschwerpunkte:

- Verhalten erfahren und reflektieren
- Kommunikation und Kooperation bewußt erleben
- Übungen und Spiele bewußt einsetzen

Bemerkungen:

Vom Kollegium kam der Wunsch, noch stärker die Kommunikation und Kooperation mit den SchülerInnen zu vertiefen; deshalb bestand der vierte Arbeitstag hauptsächlich aus Verhaltensübungen und Spielangeboten zur Reduzierung von Störungen.
Nach jeder Übung/jedem Spiel wurden Erfahrungen und Meinungen geäußert und darüber reflektiert, in welchen Klassen und Situationen die einzelnen Spiele/Übungen angewendet werden könnten. Dabei wurde auch deutlich, daß gerade in der Hauptschule spielerische und kreative Bereiche zu kurz kommen – daß auf der anderen Seite aber auch nicht jede(r) in der Lage ist, „spielerisch" mit Problemen umzugehen.

V. Das Lernen lehren, das Lernen lernen

Arbeitsschwerpunkte:

- über Lernvorgänge Bescheid wissen
- Lerntechniken vermitteln
- Lernblockaden abbauen/Lernhilfen geben

Bemerkungen:

Der Arbeitstag pendelte zwischen zwei Bereichen, dem der Erarbeitung von Lerntechniken, Lernhilfen und Lernanregungen für *SchülerInnen* und der Erfahrung *eigenen* Lernens: Welcher Lerntyp bin ich, wie lerne ich, was blockiert mich?
Besonders deutlich wurde, daß LehrerInnen – fälschlicherweise – häufig bereits Lernfähigkeit und die Beherrschung von Lerntechniken bei den SchülerInnen voraussetzen. Viele müssen aber erst das Lernen lernen. Leider, so wurde festgestellt, fehlt es auch hier an Freiräumen im Unterricht.

VI. Unterrichtsvorbereitung

Arbeitsschwerpunkte:

- Bildungspläne und didaktische Modelle reflektieren
- sich an Lernzielen orientieren
- Unterricht strukturieren und skizzieren

Bemerkungen:

Es mag verwundern, daß erfahrene Lehrerinnen und Lehrer sich mit sog. „Anfängerübungen" beschäftigten. Daß dem nicht so war, zeigte der Arbeitstag:
Zum einen ging es um die Bestimmung des eigenen didaktischen Standpunkts und zum anderen um die Auffrischung von Wissensbeständen (nach 10- bis 15jährigem Abstand zur pädagogischen Hochschule). Es wurde sehr kritisch die Brauchbarkeit didaktischer Modelle diskutiert und deren Anwendbarkeit in der Praxis überprüft.
Und schließlich wurde die – erfreuliche – Erfahrung gemacht, didaktisch doch nicht „hinter dem Berg" zu sein. So war dieser Tag auch eine Bestätigung bisherigen didaktischen Tuns.

VII. Unterrichtsdurchführung

Arbeitsschwerpunkte:

- motiviert sein und motivieren
- Aktions- und Sozialformen anwenden
- differenziert unterrichten

Bemerkungen:

Die stärkste Diskussion ergab sich beim Thema *Motivation,* gerade in der Hauptschule ein Problem, das die LehrerInnen angesichts des vielfachen Desinteresses der SchülerInnen sehr tangiert.
Das Thema *Unterrichtsdurchführung* brachte das Kollegium verstärkt auf den Gedanken gegenseitiger Unterrichtsbesuche. Eine schriftliche

Umfrage zeigte folgende Tendenz (bei vereinzelten Abweichungen): Gewinnbringend – neue Erkenntnisse – empfehlenswert – hilfreich – notwendig – erwünscht...

VIII. Unterrichtsreflexion

Arbeitsschwerpunkte:

- Beobachtungskriterien erarbeiten
- Unterrichtsprozesse beobachten und beschreiben
- Erfolge/Mißerfolge erkennen

Bemerkungen:

Zwischen dem 7. und 8. Arbeitstag wurden zwei Unterrichtsstunden (Englisch und Mathematik) gehalten und auf ein Videoband aufgezeichnet. Am 8. Arbeitstag wurden die beiden Stunden analysiert. Erfreulich waren sowohl die Offenheit, in der über die beiden Stunden diskutiert wurde, als auch die Vermeidung jeglicher Besserwisserei und unsachlicher Kritik. So wurde auch hier dazu beigetragen, die mögliche Scheu vor Unterrichtsbesuchen zu nehmen.

Fazit

Die Rückmeldung aller Beteiligten zeigte, daß sich der Versuch dieser schulinternen Lehrerfortbildung innerhalb eines Schuljahres gelohnt hat:

1. Es sind gemeinsam längerfristig und fundiert Probleme bearbeitet und pädagogische, didaktische und psychologische Wissensbestände aufgefrischt, revidiert und ergänzt worden.
2. Es ergab sich eine höhere Effizienz von Maßnahmen in der Bildungs- und Erziehungsarbeit; die weiterführende Arbeit des Kollegiums wird zeigen, inwieweit die Maßnahmen auch in späterer Zeit wirksam sind; ebenfalls wird sich zeigen, welche prophylaktischen Maßnahmen gegen die Schulmüdigkeit sinnvoll sind.
3. Auch die Anregungen durch den pädagogischen Berater in den verschiedenen Bereichen wurden als sehr hilfreich empfunden und mit Engagement in den eigenen Lernprozeß integriert.
4. Verstärkt hat sich die Kommunikation und Kooperation im Kollegium. Spürbar ist ein zunehmender Prozeß der Offenheit, der Zusammenarbeit und der Diskussionsfreudigkeit. Dabei ist die Rolle des Schulleiters noch stärker zu reflektieren: Wieviel Leitung ist notwendig und wieviel kollegiales

Arbeiten möglich? Wo sind Direktiven erforderlich und wo stören sie kollegiales Arbeiten? Wie geht das Kollegium mit Autoritäten um? (Hinweis: Personen der Schulaufsicht waren an den Arbeitstagen nicht anwesend, obwohl sie von dem schulinternen Fortbildungsversuch wußten.)

5. Die Kommunikation und Kooperation mit den SchülerInnen hat sich ebenfalls verbessert, auch wenn nicht alle Probleme gelöst wurden.
6. Die Einsichten der Kolleginnen und Kollegen haben sich in zunehmendem Maße positiv auf die Lehrer-Schüler-Beziehung ausgewirkt.
7. Um noch effektiver und kooperativer arbeiten zu können, muß die gemeinsame SCHILF-Planung verstärkt werden. Sinnvoll ist die Bildung eines Teams, das auch zwischen den einzelnen Arbeitstagen arbeitet und die Rückmeldungen aus dem Kollegium in die weitere Planung miteinbezieht.
8. Eine Blockbildung der Arbeitstage ist zu bevorzugen. Sie lagen bis zu acht Wochen auseinander. Zusammenhänge sind dann sehr schwer wieder herstellbar. Ferner ist es sinnvoll, auch im Themenangebot zu differenzieren bzw. den einzelnen KollegInnen und Kollegen Möglichkeiten der Auswahl zu geben. Angewandte innere Differenzierung: Nicht jede(r) muß jedes Thema bearbeiten.
9. Zur Reihenfolge der acht Arbeitstage: Es ist förderlicher, solche Themen und Inhalte an den Anfang zu setzen, die nicht so sehr personenzentriert und dem Kollegium „zu nahe“ sind. Die anfänglichen Barrieren werden dann leichter überwunden.
10. Angesichts der Tatsache, daß derzeit (und vermutlich auf Jahre hinaus) keine oder kaum junge Lehrerinnen und Lehrer in die einzelnen Kollegien kommen, ist es dringend notwendig, daß dort, in den einzelnen Schulen, der Erfahrungsaustausch, die Auffrischung von Wissensbeständen und das persönliche Weiterlernen gefördert werden. Welcher Ort wäre geeigneter als die eigene Schule, und welches Lernen wäre hier sinnvoller als die *schulinterne* Fortbildung[14] eines gesamten Kollegiums?

14 Dieser Versuch startete im September 1986, also ziemlich am Anfang der SCHILF-Entwicklung in Baden-Württemberg. In der Zwischenzeit ist die SCHILF-Arbeit den Kinderschuhen entwachsen, und die Erfahrungen und Ergebnisse aus diesem Versuch haben die Weiterentwicklung gefördert.

- Sie haben gelesen, wie ein Kollegium während eines Schuljahres wieder „die Schulbank drückte“: Ist dies auch für Sie und an Ihrer Schule möglich? Wenn ja! – Was müßte modifiziert werden?

7. Auswertung und Weiterführung

Auswertung

Nach Ihrem „SCHILF-Wandertag“ durch die vier Beispiele geht es um Möglichkeiten der Auswertung von SCHILF unter folgenden Fragestellungen:

- Wie sah die Fortbildungsmaßnahme aus meiner persönlichen Sicht aus? Was hat sie mir gebracht? Wie habe ich mich dabei gefühlt? Was habe ich gelernt? Was war mein persönlicher und sachlicher Zugewinn?
- Wie sah die Fortbildungsmaßnahme aus unserer Sicht aus? Was haben wir als Gruppe persönlich und sachlich gelernt? Wie waren unsere Beziehungen und Interaktionen? Wie war die Kommunikation und Kooperation?

Die Auswertung vollzieht sich dabei in folgenden Schritten:

- Erarbeitung von Rückmeldebogen und anderen Feedback-Methoden (siehe auch 5. Kapitel, S. 276ff.).
- Bearbeitung des Feedbackmaterials
- Rückgabe und Auswertung durch ein Team
- Schriftliche Rückmeldung der Auswertungsergebnisse an alle Beteiligten

Form und Inhalt der Fragebogen/des *schriftlichen* Feedbackmaterials richten sich nach der Art der Fortbildungsmaßnahmen. Ich stelle Ihnen hier vier Möglichkeiten vor, die sich auf die Arbeit von Gruppen und Gesamtkollegien beziehen:

Offener Fragebogen

1. Was war für Sie *persönlich* gewinnbringend? ____________
2. Was war für Sie *sachlich* gewinnbringend? ____________
3. Wie empfanden Sie die Arbeit im Kollegium? ____________
4. Wie fühlten Sie sich
   a) in der Großgruppe/im Kollegium ____________
   b) in der Kleingruppe? ____________
5. Was hat Ihnen nicht gefallen? Was hat Sie gestört? ______

____

6. Wie empfanden Sie die Leitung? (persönlich, fachlich) ___

____

7. Wie schätzten Sie Ihre Mitarbeit ein? ____________
8. Was möchten Sie ändern/verbessern? ____________
9. Plädieren Sie für weitere SCHILF-Vorhaben? ____________
10. Haben Sie zusätzliche Vorschläge? ____________

Gesteuerter Aussagebogen

1. Meine Motivation
   a) zu Beginn der Tagung: ____________
   b) am Ende der Tagung: ____________

2. Meine Erwartungen
   a) zu Beginn der Tagung: ____________
   b) am Ende der Tagung: ____________

3. Mein Gewinn: ____________________

4. Meine Bewertung

   a) der Planung: ____________________

   b) der Durchführung: ____________________

   c) der Arbeit der Leitung: ____________________

   d) der Arbeit in der Gruppe: ____________________

   e) der Arbeit im Plenum: ____________________

5. Mein Befinden während der Tagung: ____________________

6. Einschätzung meiner Mitarbeit: ____________________

7. Meine Vorschläge für künftige Fortbildung: ____________________

8. Meine Gesamtbewertung: ____________________

Bewertungsbogen durch Einschätzungsskala

(Skalen ermitteln lediglich Einschätzungen/Werte/Positionen, sagen aber nichts über die dahinterliegenden Gründe aus; diese sind zusätzlich zu erfragen.):

		3 2 1 0 1 2 3	
1. Ich fühlte mich in der Gruppe:	sehr wohl	____________	gar nicht wohl
2. Ich empfand das Gesamtklima	sehr gut	____________	schlecht
3. Meine eigene Mitarbeit war	aktiv	____________	passiv
4. Ich habe persönlich	viel gelernt	____________	nichts gelernt

5. Ich habe sachlich/fachlich	viel gelernt	________	nichts gelernt
6. Ich empfand die Leitung als	kompetent	________	nicht kompetent
7. Planung und Organisation waren	sehr gut	________	schlecht
8. Die Fortbildungsmaßnahme war insgesamt	sehr gut	________	schlecht

Rückmeldung mit Begründungen/Erläuterungen:

1. Meine Erwartungen waren hoch/mittel/gering, weil ______

____

2. Ich habe mich während der Fortbildungsveranstaltung wohl/nicht wohl gefühlt, weil ______________________

____

3. Folgende Teile waren für mich nicht gewinnbringend, weil

____

4. Ich war aktiv/passiv, weil ______________________

5. Den Verlauf der Tagung fand ich geglückt, weil ________

____

6. Den Verlauf der Tagung fand ich nicht/teilweise geglückt, weil ______________________________________

7. Die Themen/Inhalte sprachen mich an/nicht an, weil ____

____

8. Die Leitung empfand ich als kompetent/teilweise/nicht kompetent, weil ______________________________

9. Die Gesamtveranstaltung war für mich zufriedenstellend/ nicht zufriedenstellend, weil ______________________

____

10. Ich bin für eine Weiterführung, weil ______________

____

11. Ich möchte mich nicht mehr beteiligen, weil ________

____

12. Ich habe für mich erkannt, daß _________________

____

- Welche Form(en) der Rückmeldung sagt/sagen Ihnen am meisten zu? Welche Form(en) halten Sie für am aussagekräftigsten?

Sie können auch noch andere Formen der Rückmeldung wählen, z.B. Bilder, Zeichnungen und Collagen, Gedichte, Sketche oder Lieder. Der Phantasie sind keine Grenzen gesetzt, z.B.:

- den Gesamteindruck durch ein Bild oder eine Zeichnung darstellen,
- einen Sketch über die Situation X oder Y spielen,
- eine Collage über den Gruppenprozeß anfertigen,
- durch ein Gedicht/ein Lied die Stimmung des Tages wiedergeben
- u.a.m.

Die o.g. vier Beispiele beziehen sich auf Gesamtveranstaltungen und bilden die Grundlage für die Gesamtauswertung. Es ist allerdings sinnvoll, vor allem bei längeren SCHILF-Maßnahmen, Zwischenauswertungen vorzunehmen und dabei verschiedene Feedbackmethoden anzuwenden (siehe auch 5. Kapitel, S. 276ff.).
Das Feedback-Material wird ausgewertet und das Ergebnis allen Beteiligten schriftlich ausgehändigt. Den Abschluß bildet dann ein Gespräch über das Gesamtergebnis.
Es kann sein, daß auch Außenstehende (nichtbeteiligte KollegInnen, Schulbehörde...) informiert sein wollen und Wert auf

einen Erfahrungsbericht legen. Er sollte folgende Angaben enthalten:

- Schulanschrift, Name der Leitung der Veranstaltung,
- Termin, Beginn und Ende der Veranstaltung(en), Tagungsort,
- TeilnehmerInnen: Zahl, Zusammensetzung, Vergleich mit dem Gesamtkollegium
- ggf. Namen der externen BeraterInnen,
- Thema/Themen, Inhalte, Schwerpunkte,
- Verlaufsplanung/Durchführung,
- Auswertung/Ergebnisse/Konsequenzen,
- Angaben über Umsetzung, Weiterführung, andere Vorhaben, Anregungen,
- ggf. Unterlagen, Materialien, Dokumentationen, Fotos...

Weiterführung

Schon während der SCHILF-Arbeit zeigt sich durch die Botschaften der TeilnehmerInnen (Aktivität, Passivität, Lust, Unlust, Zufriedenheit, Unzufriedenheit, Vorschläge, Kritik, Freude, Begeisterung...), ob und wie es vermutlich weitergehen wird.
Nach Auswertung der Rückmeldungen können in der abschließenden Konferenz folgende Fragen hinsichtlich der Weiterführung im Vordergrund stehen:

- Welche Konsequenzen ergeben sich für einzelne, für das Kollegium, für andere Personen in der Schule, für die gesamte Schule?
- Was können wir tun, um die Ergebnisse der Fortbildungsmaßnahme in der Schule weiterhin fruchtbar zu machen?
- In welchen Gruppen werden die entsprechenden Vereinbarungen/Absprachen realisiert?
- Wird es weitere Fortbildungsangebote in der Schule geben, und in welcher zeitlichen Folge sollten sie sein?
- Wie sehen die, nicht nur zeitlichen, Belastungen im Rahmen der SCHILF-Arbeit aus?
- Wer macht weiter, wer scheidet aus, wer kommt hinzu?
- Welche Konsequenzen haben die Ergebnisse der schulinternen Lehrerfortbildung für die regionale und überregionale (zentrale) Lehrerfortbildung?

Je mehr die Bedürfnisse der TeilnehmerInnen in der schulinternen Lehrerfortbildung zum Tragen kommen und je besser die SCHILF-Vorhaben geplant, durchgeführt und ausgewertet werden, desto größer ist die Chance, daß SCHILF weitergeführt wird und nicht einschläft oder versandet!

- Welche Erfahrungen haben Sie am Ende einer schulinternen Fortbildungsveranstaltung gemacht?
  „Hochmotiviert ging's weiter…"
  „Müde und frustriert…"
  „Jetzt tut eine Pause gut…"
  „Die Bedeutung und Notwendigkeit schulinterner Lehrerfortbildung ist mir jetzt erst bewußt geworden."
  Oder: …

Hier ist auch der Ort, an dem die Frage nach schulischer Organisationsentwicklung zu stellen ist (Siehe auch S. 53ff.): Wie geht die Arbeit, der Prozeß weiter? Was kann ein Kollegium tun, um die Schule „von innen heraus" zu verändern und sich den neuen, stets verändernden Herausforderungen zu stellen?
So kann aus der SCHILF-Wanderung eines Kollegiums eine Weiterentwicklung der ganzen Schule werden …

3. Kapitel: Kommunikation und Interaktion: Gemeinsam auf dem Weg sein

Es gibt Lehrerinnen und Lehrer, die gerne in die Schule gehen, die sich dort wohl und im Kollegium angenommen fühlen. Es wird miteinander geredet, Klärungen sind erwünscht, und „heiße Eisen" werden angepackt. Die SchulleiterInnen sind integriert; es herrscht ein positives Klima in der Schule...

Es gibt aber auch Lehrerinnen und Lehrer, die mit Unbehagen Lehrer- und Klassenzimmer betreten, offene Gespräche scheuen, sachliche und persönliche Auseinandersetzung meiden. SchulleiterInnen verschanzen sich hinter Verordnungen, pochen auf ihren Status...

Die einen gehen förderlich miteinander um, die anderen nicht. Die besten SCHILF-Vorhaben können allein daran scheitern, weil Beziehungen im Kollegium so belastet, blockiert und verhärtet sind, daß ein Miteinander kaum oder nicht (mehr) möglich ist oder nur noch in kleinen Gruppen stattfindet.

Für bessere Kommunikation und Interaktion biete ich in diesem Kapitel Hilfen an:

Aus der Fülle der Angebote der Kommunikationstheorie und -praxis greife ich auf die Bereiche zurück, die im Rahmen der SCHILF-Arbeit relevant sind: Nach einem Einblick in Erfahrungen, Hintergründe und Auswirkungen verschiedener Verhaltensweisen gehe ich auf Grundhaltungen und Einstellungen ein, die die Basis für ein förderliches Miteinander bilden. Anschließend werden Erkenntnisse der Kommunikationsforschung beleuchtet, wobei bedeutsame Aussagen von Watzlawick, Schulz von Thun und Rogers im Mittelpunkt stehen. Aus deren Ergebnissen und aus eigenen Erfahrungen entstehen dann Kommunikationsbrücken, über die wir in der schulinternen Lehrerfortbildung leichter zueinander kommen können. Und schließlich wandere ich mit Ihnen durch die Gesprächslandschaft, um Strukturen, Prozesse und Verhaltensweisen zu betrachten, immer mit dem Ziel, auf unserem SCHILF-Weg *mit*einander zu reden und im Dialog zu bleiben...

1. Erfahrungen, Hintergründe, Auswirkungen

Erfahrungen von KollegInnen: Wie gehen wir miteinander um?

– Gar nicht:

„Eine Kollegin war über mich verärgert bzw. unzufrieden über eine Situation. Der Vorgang wurde mir nicht persönlich gesagt, aber von Schülern und Kollegen wurde ich (hinter meinem Rükken) übelst durch den Kakao gezogen. Daraufhin sprach ich die Kollegin an, ob sie mir etwas zu sagen hätte und ob sie mit mir reden wolle. Sie antwortete aber, daß sie mit mir nicht mehr zu sprechen wünsche... Diese Situation hat mich wütend gemacht; Haßgefühle entwickelten sich... Seit dieser Zeit reden wir wirklich nicht mehr miteinander..."

– *Verletzend:*

„Kurz nach der zweiten Dienstprüfung unterrichtete ich fachfremd Physik und Chemie in drei achten Klassen: Hilflosigkeit bei mir, Chaos bei den Schülern. An einem Montag, mitten im Schuljahr, eröffnete mir der Schulleiter ohne vorherige Absprache und Information, daß ich ab heute die drei Klassen abzugeben habe und daß ich eine fünfte Klasse bekäme... Am gleichen Tag trat die Änderung auch wirklich in Kraft. Geärgert hat mich, daß von dieser Änderung offensichtlich alle Kolleginnen und Kollegen wußten, ich aber vor vollendete Tatsachen gestellt wurde. Mich störte und verletzte die Art und Weise, wie man mit mir umgegangen ist."

– *Achtsam und hilfreich:*

„In unserem Kollegium kann ich zu jedem einzelnen gehen, wenn ich etwas brauche, wenn ich meinen Frust loswerden will oder aus dem Unterricht berichte, was mich belastet. Ich finde ein offenes Ohr. Diese freundschaftliche Atmosphäre tut uns allen gut und trägt wesentlich dazu bei, daß wir uns in unserer Schule sehr wohlfühlen."
„Vor ein paar Tagen kam eine Kollegin auf mich zu und fragte mich, was mit mir los sei und warum ich so ein verstörtes Gesicht mache. Ich war froh, daß sie mich ansprach, und ich konnte ihr erzählen, daß ich in meiner Klasse überhaupt nicht zurechtkomme... Im weiteren Verlauf haben mir dann auch noch andere Kollegen geholfen."

Die Palette des Umgangs miteinander ist groß und reicht von Ablehnung/Nichtbeachtung bis hin zu kollegialer Hilfe und freundschaftlichem Miteinander.

● Welche Erfahrungen haben Sie an Ihrer Schule gemacht? Wie erleben Sie Ihre „Umgangswirklichkeit"?

In Gesprächen erfahre ich immer wieder: *Eigentlich* wollen wir förderlich miteinander umgehen, aber es klappt häufig nicht. *Eigentlich* bemühen wir uns, wissen aber nicht, warum es nicht klappt... Fragen wir also nach den Hintergründen.

Hintergründe nichtförderlichen Umgangs miteinander

Einige bedeutsame Faktoren machen unsere Beziehungsschwierigkeiten verständlicher:
Wir bringen unsere eigene *Lebens*geschichte und damit unsere gleiche, ähnliche oder sehr unterschiedliche *Erziehungs*geschichte mit, und unsere gespeicherten Erfahrungen sind häufig negativ:

„Ach, stell dich nicht so an!"
„Solange du die Füße unter meinen Tisch steckst..."
„Halt den Mund und mach, was ich dir sage!"
„Spiel was Vernünftiges!"
„Du sollst nicht..., du darfst nicht..., du mußt..."
„Du bist ja nur ein Mädchen."
„Wir meinen es doch gut mit dir."

„Jetzt störst du schon wieder.“
„Geh weg, das kannst du sowieso nicht!“
„Mach ein anständiges Gesicht!“
usw.

Die *Fremdbestimmung* drückt sich u. a. in solchen Abwertungen, Bloßstellungen und Befehlen aus.
Mit Erschrecken stellen manche KollegInnen fest, wie sie immer noch blockierende Beziehungsmuster aus der eigenen Erziehung praktizieren und zwar nicht nur im Klassenzimmer, sondern auch im Lehrerzimmer und anderswo. Es ist sehr schwer und in keiner Weise selbstverständlich, gelernte autoritäre Verhaltensmuster abzulegen und sich dafür förderliche anzueignen.
Wir haben Bedürfnisse nach Anerkennung und Liebe. Um sie befriedigt zu bekommen, passen sich Menschen häufig an, unterwerfen sich Zwängen, erleben Abhängigkeit und Unfreiheit aus Angst vor Anerkennungs- und Liebesentzug. Versteckte Kommunikation anstelle offener wird bevorzugt; dies ist weniger gefährlich. „Man“ spricht lieber mit Dritten über andere, weil man dadurch keinen direkten Reaktionen und Konfrontationen ausgesetzt ist. Wir haben auch gelernt, keine Kommunikationsrisiken einzugehen, weil unsere Offenheit und Direktheit häufig mit Ablehnung und Bestrafung geahndet wurden. (Das denkt, sagt, tut man nicht.) Nähe und Liebe können aber durch Anpassung nicht erkauft werden! Sie entstehen nur durch Offenheit und Echtsein. Jedoch, wir hüten uns davor: Gebranntes Kind, verunsicherte Jugendliche, verletzte Erwachsene... Noch immer sind Spuren in uns.
Menschen haben im Laufe ihrer frühen Kindheit auch die Erfahrung gemacht: Wenn ich meine Bedürfnisse äußerte, wenn ich mich mitteilte, wenn ich Wünsche hatte, wurde ich nicht oder nicht immer gehört. So begann in manchen Fällen *das eigene Selbst zu verstummen.* Weil es nicht mehr wahrgenommen, nicht mehr gehört wurde, begann das grausame „Spiel“ des Kampfes um Zuwendung: Weil mein Selbst nicht wahrgenommen oder zu wenig beachtet wurde, bezahlte ich den Preis fürs Überleben, indem ich zum Angriff überging und selbst verletzte. Und siehe da: nun wurde ich gehört. (Aggressive, bockige, beleidigte... Kinder bekommen „Zuwendung“ – auch Strafe ist Beachtung...) Die Tragik nahm damals ihren Lauf: Gerade das, was ich wollte, nämlich förderliche Beziehungen, zerstörte ich... Auch von solchen Verhaltensmustern sind heute noch Spuren in uns.

Deshalb ist es wichtig, den *Nachholbedarf im Beziehungslernen* ernst zu nehmen. An manchen Ecken und Enden ist es spürbar, daß wir unseren Blick vorwiegend auf das Lernen von Sachen gerichtet haben und meinten, der förderliche Umgang miteinander sei uns in die Wiege gelegt worden und würde sich kontinuierlich weiterentwickeln. Förderliche Kommunikation und Interaktion werden durch beispielgebende Muster gelernt.
Für die Schule kommt noch hinzu: Als System, das funktionieren muß, erschwert es Kommunikation und zwischenmenschliche Beziehungen: Fremd- und Außensteuerung versus Selbst- und Mitbestimmung. Wir bewegen uns zwischen den Polen des Durchsetzungsvermögens auf der einen und partnerschaftlicher Verhaltensweisen auf der anderen Seite. (Wo sind Anweisungen legitim, und wo haben Partnerschaft und Dialog ihren Platz?) So müssen wir auch hier um Autonomie ringen und uns ein förderliches Miteinander erarbeiten.

- Denken Sie an Ihre Lebensgeschichte:
  Welche Erfahrungen haben Sie bezüglich des *Mit*einanders gemacht? (In Ihrer Kindheit, Jugend... in Ihrem Erwachsenenleben?)
  Gab es in Ihrem (LehrerInnen-)Leben „Stationen des Verstummens" oder des „Aufschreiens", damit Sie überleben konnten?
  Welche förderlichen und/oder blockierenden Verhaltensmuster haben Sie bisher bei sich entdeckt? Wie geht es Ihnen damit in der Schule?

Etwa so:	*Oder so:*
Wenn ich nicht bekomme, was ich will (z. B. günstigen Stundenplan), – dann reagiere ich beleidigt.	– dann akzeptiere ich die Realität.
Wenn ich angegriffen werde (z. B. verbale Attacken durch KollegInnen) – dann „schieße" ich zurück.	– dann teile ich mein Verletztsein mit.
Wenn ich mich nicht durchsetzen kann (z. B. in Diskussionen) – dann werde ich aggressiv.	– dann verstärke ich meine Äußerungswünsche.

Wenn ich Probleme habe (z. B. in meinem Unterricht)	
– dann suche ich nach Schuldigen.	– dann suche ich nach Zusammenhängen und Ursachen.

Auswirkungen

Nicht förderlich miteinander umgehen (können) – in der Schule und anderswo – hat Auswirkungen:
Die Zahl der KollegInnen, die aus schulischen Gründen unter ihren Belastungen leiden (z. B. psychosomatische Beschwerden) nimmt zu. Im Miteinanderumgehen[1]

belasten sie	*entlasten/erfreut sie*
– die Angst, nicht anerkannt zu sein,	– Anerkennung und Bestätigung, Vertrauen in ihre Arbeit,
– Vorurteile, Ironie, Bewertungen der Person,	– Ermutigung ihres Tuns und Respektierung ihrer Person,
– die Macht des Schulleiters und die eigene Ohnmacht,	– Offenheit, Gesprächsbereitschaft und Dialogfähigkeit,
– der angstmachende Weg ins Lehrerzimmer,	– wertschätzende Akzeptanz der Kolleginnen und Kollegen,
– die verschlossenen Klassenzimmertüren,	– Kooperation, Teamarbeit und Austausch auch schwieriger Situationen,
– die verschlossenen KollegInnen.	– Offenheit und Echtheit, persönliche Kontakte.

Manchmal strömen unsere Energien in falsche Richtungen, nämlich in Abwehr- und Vermeidungsverhalten, in Fassadenbau und Fassadenaufrechterhaltung, in Kämpfe und Durchhaltestrategien. Eine Lehrerin: „Inzwischen ist es schon so weit gekommen, daß ich mich im Klassenzimmer wohler fühle als im Lehrerzimmer. Ich flüchte ..." Wie schön wäre es, wenn sie die „Fluchtenergien" in „Dableib-Energien" umwandeln könnte!
Ohne uns in die „Mimosenecke" zu stellen, darf gesagt werden: Schule wird auch und teilweise als Frustladen oder Jammertal erfahren: „Wie soll ich mich wohlfühlen", schreibt ein Lehrer,

1 Aus einer Befragung von über 200 LehrerInnen.

„wenn der Schulleiter autoritär, das Kollegium heillos zerstritten und die Schüler in der Mehrzahl Problemfälle sind"?
Der 12jährige Sohn einer Kollegin sah mein Buch „Sich in der Schule wohlfühlen" und fragte seine Mutter allen Ernstes: „Mama, ist das ein Science-Fiction-Roman?" Förderlich miteinander umgehen soll keine Utopie sein, sondern Realität.
Um diese zu erreichen bzw. zu erhalten und um unsere berufsspezifischen Belastungen und Zumutungen aushalten bzw. bewältigen zu können, bedarf es konstruktiver Beziehungen. Wir können es uns nicht leisten, uns gegenseitig in den Rücken zu fallen, Dissens zu verbreiten und unnötig Energien zu verpuffen.
Wenn wir im Kollegium – und nicht nur dort – die Beziehungsarbeit verstärken wollen, dann hat dies Rückwirkungen auf die Lehreraus- und -fortbildung. Wir brauchen dann auch Lernangebote im Beziehungsbereich, beginnend in den Pädagogischen Hochschulen und Universitäten über die Ausbildungsseminare bis hin zur schulinternen Lehrerfortbildung.
Ein Beispiel aus dem *Trainingsprogramm* des Instituts für Unterrichtsfragen und Lehrerfortbildung Basel, 1990 (siehe auch 6. Kapitel, S. 322ff.): „Kommunikation und Menschenkenntnis – Gesprächsführung – Streßbewältigung – Methode: Themenzentrierte Interaktion – Krisen in Gruppen – Organisationsentwicklung." Hier wird deutlich, daß es am *Arbeitsplatz Schule* nicht nur um Stoff, Sachen und Dinge geht, sondern um den Menschen, um seine Kommunikation und Interaktion. So werden Veränderungen in Gang gesetzt, die sich förderlich auf das Miteinander auswirken.
Auf dem Weg der Veränderung gibt es aber auch Hindernisse:

die Macht der Gewohnheit,
noch zu wenig Leidensdruck,
alte, festgefahrene Lernmuster,
Bequemlichkeit und Sattheit,
Anpassung aus Angst,
gewohnte Fremdbestimmtheit,
Verhärtung und Verkrustung,
fehlende Übung in...

Das Dilemma: Häufig werden Wünsche gestellt, aber die Veränderung von anderen erwartet. Und weil viele darauf warten, daß *andere* sich ändern und daß „sich" etwas tut, geschieht zu wenig und verändert sich kaum etwas. Deshalb: Fangen wir bei uns selbst an!

- Wie gehen Sie mit sich selbst um (körperlich, seelisch)?
  Wie gehen Sie mit anderen um?
  Welche unangenehmen und angenehmen Seiten entdecken Sie dabei?

Im Schul-Haus „Zum lebendigen Miteinander“ gibt es viele Räume, und alle haben verschiedene Funktionen. Störungen treten allerdings dann auf, wenn sie verwechselt und falsch benutzt werden. Deshalb: Achtsamkeit beim Bewohnen der Zimmer!

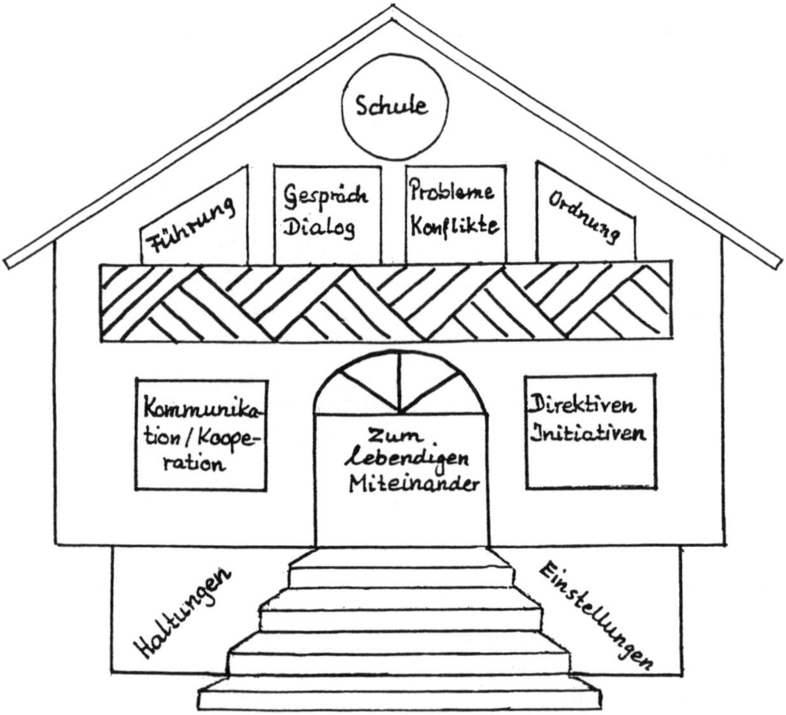

Fangen wir mit dem Fundament, den Haltungen und Einstellungen, an:

2. Haltungen und Einstellungen

Die Würde des Menschen

ist unantastbar. (Grundgesetz Art. 1)
Und dennoch wird sie vielfach und vielfältig angetastet, indem sich Menschen bewerten, bloßstellen, beleidigen, verletzen, töten...
„Die am häufigsten verletzte Grenze ist die zwischen Feststellung und Bewertung, zwischen Beobachtung und Urteil" (S. Graff). D.h., Menschen beobachten *Verhaltensweisen* und bewerten die *Person*.
Mit welchem Recht?
In ihren Köpfen stimmen Menschen der „Philosophie" des Artikels 1 des Grundgesetzes zu, mißachten aber im konkreten Alltag die Würde der Personen, mit denen sie es zu tun haben, teils beabsichtigt, teils unbeabsichtigt, teils aus Unwissenheit, teils aus Hilflosigkeit, Unachtsamkeit oder Gewohnheit... Dies drückt sich auch in der Art und Weise aus, wie Menschen sich mitteilen, z.B.:
Seit Jahren reden KollegInnen nicht mehr miteinander und meiden jeden Kontakt.
Körperhaltung, Mimik und Gestik drücken Drohungen, Verachtung, Ablehnung, Macht oder Überheblichkeit... aus.
SchulleiterInnen betrachten weitaus mehr ihre Verordnungen als den Kummer und die Nöte ihrer LehrerInnen.
KollegInnen brüllen sich gegenseitig an, verbieten sich das Wort und den Mund.
In Kollegien wird geheuchelt und geschmeichelt, gelogen und gemieden, ausgetrickst und verleumdet, verheimlicht und verfälscht.
SchulleiterInnen werden von Kollegien isoliert, in die Ecke gedrängt... Entwürdigende Sätze aus der Kindheit werden in die Erwachsenenwelt mitgebracht und nehmen dort, verändert, wieder Gestalt an:

„Ihre Meinung zählt hier nicht."
„So können Sie das nicht sagen."
„Solch' ein Chaot wie Sie ist mir noch nicht begegnet."
„Wo haben Sie Pädagogik gelernt, wenn Sie keine Ruhe in die Klasse bringen?" Usw.

Die o. g. Verhaltensweisen und verbalen Äußerungen sind keinesfalls ausschließlich in Schulen anzutreffen, sondern ebenso anderswo wahrzunehmen, sie sind also weder lehrer- noch schulspezifisch. Alle Personen haben ihre „guten Gründe", warum sie diese blockierenden Verhaltensweisen in ihren Beziehungen an den Tag legen. Es gibt für sie Ursachen und Erklärungen, Entschuldigungen und Interpretationen. Es gibt aber auch Möglichkeiten, die Kluft zwischen Anspruch (Würde) und Wirklichkeit (Mißachtung) zu verringern.

- Wo fühlen Sie sich – in der Schule und anderswo – in Ihrer Würde verletzt? Wo verletzten Sie (im Kollegium, im Klassenzimmer...)? In welchem Kontext erleben Sie Verletzungen, Mißachtung Ihrer Würde, Achtung Ihrer Person, Behutsamkeit...?

Gleichwertigkeit und Selbstbestimmung

Wenn wir postulieren, daß alle Menschen den gleichen *Wert* haben (nicht die gleichen Rechte und Pflichten!), so hat dies für die Kommunikation und für ein förderliches Miteinander entscheidende Konsequenzen. Es kann dann keine Ab-Wertung und Be-Wertung der Person, des Menschen geben. Dann gibt es auch nicht den guten oder bösen Menschen, den braven oder schlechten, sondern dann gibt es die Person, einzigartig, unantastbar, gleichwertig, und deren Verhaltensweisen und Handlungen. Die allerdings sind zu bewerten, einzuordnen, zu vergleichen...

- Ein Junge aus einer 1. Klasse, von einer Lehrerin befragt, was er denn angestellt habe und ob er sich bessern wolle, antwortet: „Nein, das nützt ja doch nichts; ich bin doch bös' geboren."
  Was geht in dem Jungen vor und was in Ihnen?

Es ist nicht immer einfach, gerade im Erziehungsbereich, diese Trennung von *Person* und *Verhaltensweisen* plausibel und verstehbar zu machen. Im verbalen Umgang miteinander wird allerdings deutlich, was gemeint ist. Denken Sie an Sätze aus Ihrer Kindheit:

– „Du bist ja nur ein Mädchen."
– „Mit Dir muß man sich nur schämen."

- „Hau bloß ab..."
- „Komm mir nicht mehr unter die Augen..."
- „Du bist... unmöglich, charakterlos, eine Null, ein Versager..."

War unseren Eltern *bewußt,* daß sie hier die Gleich*wertigkeit* verletzten? Oder waren diese Äußerungen selbst Ausdruck ihrer eigenen Hilflosigkeit? Wie viele Eltern hatten es doch „so gut gemeint"! Häufig aus Angst heraus waren sie nicht in der Lage, den ihnen anvertrauten Menschen einen Weg der Selbstbestimmung zuzugestehen:

- „Du machst, was ich dir sage!"
- „Ich sage dir, wo's lang geht."
- „Ich bestimme hier, was getan wird."
- „Deine Meinung ist hier nicht gefragt."
- „Mach die Hausaufgaben, räum das Zimmer auf, putze die Schuhe..."

Freilich ist es sehr schwer, von frühester Kindheit an die Selbstbestimmung zuzulassen und zu fördern:

- Kann ein 5jähriger Junge selbst bestimmen, wann er schlafen gehen möchte?
- Kann ein 10jähriges Mädchen selbst bestimmen, ob es die Hausaufgaben macht?
- Kann ein 15jähriger Junge selbst bestimmen, wann er abends nach Hause kommt?
- Kann ein 16jähriges Mädchen selbst bestimmen, ob es die Pille nimmt?

Beginnt die Selbstbestimmung erst mit der juristischen Volljährigkeit? Im Bereich der Erziehung ist das Hineinwachsen in die Selbstbestimmung und Mündigkeit immer eine Gratwanderung, sei es nun auf seiten der Eltern oder der Kinder und Jugendlichen.
Fatal ist, daß die Fremdbestimmung von frühester Kindheit an Auswirkungen auf das Erwachsenenleben hat und durch das Erreichen der Volljährigkeit nicht einfach abgestreift werden kann. Die gelernte und behaltene Unmündigkeit wirkt sich hemmend auf die eigene Entfaltung und Entwicklung aus, und die Fremdbestimmungsmechanismen wenden wir dann auch auf andere an:

Fremdbestimmung wird tradiert, und deren Spuren sind auch im kollegialen Umgang miteinander zu finden, z. B.:

„Ich rede hier so lange, wie es mir gefällt."
„Halten Sie gefälligst Ihren Mund."
„Kommen Sie bloß nicht mit solchen Argumenten."
„Ihre Wünsche sind mir egal."
„Sie wissen ja, wie wir hier über Sie denken."

- Selbstbestimmung und Fremdbestimmung im individuellen, zwischenmenschlichen und strukturellen Bereich: Wie sieht es damit in Ihrer Schule aus? Aber auch: Wo ist Fremdbestimmung notwendig? Wo gibt es Konflikt- und Grenzbereiche?
  Reiben sich für Sie die Begriffe Dialog und Hierarchie?

Jeder Mensch hat seine eigene Wirklichkeit

Dieser Satz von Watzlawick hat für den förderlichen Umgang miteinander bedeutsame Konsequenzen:
Was ist die „Wirklichkeit Schule" für die SchülerInnen, die LehrerInnen, die SchulleiterInnen, die Eltern? Je nach Erfahrung und Sichtweise: Lernschuppen, Ort der Selbstverwirklichung, Arbeitsplatz, Bildungsstätte, Sorgentempel...
(Was ist die „Wirklichkeit Rose" für den Biologen, den Gärtner, die Verkäuferin, das Liebespaar...?)
Jeder Mensch *hat* seine eigene Wirklichkeit und schafft sie sich. (*Ihre* Wirklichkeit stimmt und die der *anderen* auch. Es gibt viele Wirklichkeiten!) Unsere Wirklichkeit ist „unser Konstrukt", gestaltet, geprägt, geformt auf Grund unserer Wahrnehmungen und Erfahrungen, unserer Erlebnisse, Wünsche, Hoffnungen, unserer Enttäuschungen, Leiden, Freuden und Sehnsucht. Wirklichkeit ist antinomisch: Wo Sonne ist, da ist auch Schatten!
Das Dilemma beginnt dort, wo wir uns *gegenseitig die Wirklichkeit nehmen und verändern wollen* – und wo wir uns *gegenseitig die eigene Wirklichkeit aufdrängen* wollen:

„Wir meinen es doch so gut mit Dir."
„Das kannst Du nicht so sehen; das ist ganz anders."
„Das stimmt nicht, Du täuschst Dich."
„Verlaß Dich nicht auf Deine Erfahrung. Glaube mir!"
„Du hast ja keine Ahnung, Du spinnst ja..."

Um es deutlich zu sagen: Die Erfahrungen eines Menschen sind unantastbar in dem Sinne, daß sie zwar hinterfragbar und analysierbar, nicht aber als solche anzweifelbar und wegnehmbar sind: „Nimm mir nicht meine Wirklichkeit“ heißt: „Stelle mich nicht in meiner Person in Frage, nimm mir nicht meinen Boden, meinen Raum, meine Welt... Manipuliere nicht an meinem Lebenspuzzle herum, so daß es in das Deine paßt! Laß mich, so wie ich Dich sein lasse!“
Für das förderliche Miteinanderumgehen bedeutet dies: „Die subjektive Wirklichkeit wird erlaubt und wertschätzend akzeptiert“ (Pechtl 1989, S. 25). Aber damit ist es nicht getan. Es geht weiter, indem wir unsere Wahrnehmungen, Sichtweisen und Wirklichkeiten austauschen und absprechen: „Das abgesprochene ‚Wirkliche‘ ist das Ergebnis aus der Bereitschaft, sich zusammenzusetzen zur Auseinandersetzung und einer beachteten Vereinbarung. Ohne wertschätzende Akzeptanz und Beachtung von Absprachen leben Personen in verschiedenen Wirklichkeiten oder illusionär bestimmten Welten“ (Pechtl ebd., S. 25).
Gelernt haben wir – um „besser“ miteinander auszukommen –, sich selbst zu belassen und den anderen *zu verändern.* Dieser Schuß ging von jeher nach hinten los, ein Trugsch(l)uß, ein Bumerang:
„Wir können die Welt nicht ändern, wenn wir uns nicht selbst ändern... Aus jahrhundertelanger Erfahrung wissen wir: Missionierungen – so nannte man ja lange genug die Versuche, andere Menschen zu ändern – schlagen auf den zurück, der sie unternimmt.“ (Berendt 1985, S. 266f.) Deshalb (nach Cohn):

- Was mache ich mit *mir,* wenn der *andere* nicht so ist, wie ich ihn haben will?
- Was mache ich mit *mir,* wenn die *Sache* nicht so ist, wie ich sie haben will?
- Was mache ich mit *mir,* wenn die *Situation* nicht so ist, wie ich sie haben will?

Wie setze ich also Prioritäten in *meiner* Verantwortung? Der Weg beginnt bei mir!
Die Annahme meines Gegenübers wird mir erleichtert, wenn ich mir die Mühe mache, nicht nur dessen „Oberfläche“ wahrzunehmen, sondern wenn ich meine Einfühlung verstärke, um zu sehen, was *in* dem Menschen oder *hinter* seiner Fassade ist: Gibt es (doch noch) etwas Liebenswertes zu entdecken? Die Prinzessin in der Kröte, den König im Frosch?

Ich kann mich entscheiden, mich mit den Personen, die mir begegnen, einzulassen, mich mit ihnen auf den – streckenweise – gemeinsamen Weg zu begeben.
Ich kann mich entscheiden, mich zurückzuziehen, den anderen zu lassen und zu belassen; ich kann lernen, mich auf andere einzustellen – ohne mich zu verstellen. Ich kann – im positiven Sinne – lernen, mich zu arrangieren.
Ich kann mich entscheiden, aus meiner Sicht heraus Wünsche und Bedürfnisse zu äußern, Schwierigkeiten zu schildern, meine Belastungen darzulegen, meinen Schmerz zu verdeutlichen, meine Wut zu zeigen, meine Freude zum Ausdruck zu bringen.
Kommunikation bedeutet also: Ich teile mich mit, ich gebe Botschaften von mir…, während Interaktion meint: Wir tauschen unsere Botschaften aus, nehmen sie wahr, treten in Beziehung, beginnen den Dialog, in Achtung und Würde voreinander, gleichwertig und darauf bedacht, jedem seine Wirklichkeit zu belassen. Im Miteinander wird sie sich verändern, wird „es“ sich verändern:

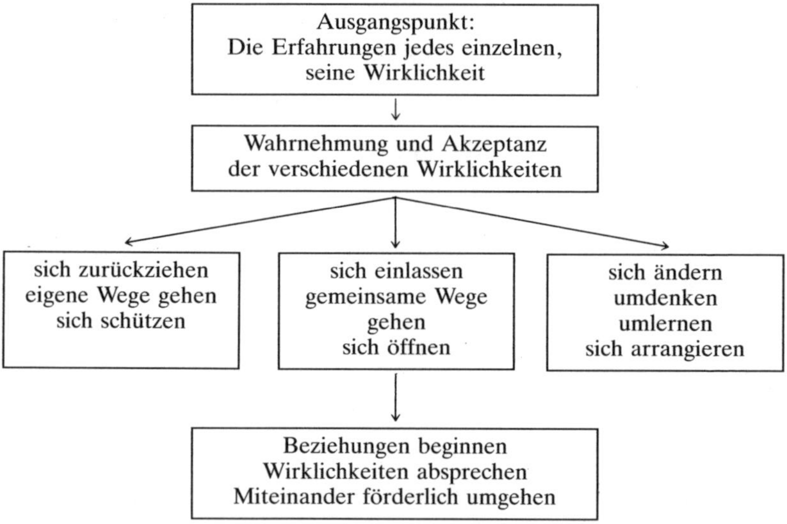

- Wie sehen Sie Ihre „Wirklichkeit Schule“?
  Tauschen Sie im Kollegium Ihre verschiedenen Wirklichkeiten, Ihre Wahrnehmungen und Sichtweisen aus – ohne sie sich gegenseitig wegzunehmen! Wie sind Ihre Erfahrungen im Belassen und Wegnehmen von Wirklichkeiten?

Vom *Ausgangspunkt* „Wirklichkeiten/Erfahrungen mitteilen" geht es weiter... Erkenntnisse der Kommunikationsforschung können uns beim Weiterwandern behilflich sein:

3. Erkenntnisse der Kommunikationsforschung

Im allgemeinen wird unter Kommunikation die Mitteilung und der Austausch von Nachrichten oder Botschaften verstanden. Genau genommen sollte aber unterschieden werden:
Kommunikation bedeutet die verschiedene Art und Weise der *Mitteilung,* Interaktion die verschiedene Art und Weise des *Austausches von Mitteilungen.* Unter Metakommunikation versteht man die Reflexion, das Nach-Denken über Kommunikation und Interaktion.
Im folgenden stelle ich drei zentrale Bereiche der Kommunikationsforschung dar, die für die SCHILF-Arbeit bedeutsam und hilfreich sind: a) die fünf Axiome der Kommunikation/Interaktion (Watzlawick), b) die vier Seiten der Kommunikation (Schulz von Thun) und c) die drei Variablen in menschlichen Beziehungen (Rogers).

a) Die fünf Axiome der Kommunikation und Interaktion (Watzlawick 1985/7)

Erstes Axiom: Es ist unmöglich, nicht zu kommunizieren (S. 50ff.).
D.h.: Menschen teilen sich immer mit, sei es durch Zuwendung oder Abwendung, durch Reden oder Schweigen, durch Depression oder Aggression. Sie teilen sich auch in Abwesenheit mit, z.B., wenn Dritte über eine Person reden: Sie ist in Gedanken, in der Phantasie anwesend. Wir können uns also der Kommunikation nicht entziehen und sind immer Kommunikationspartner.

- Als KommunikationspartnerInnen sitzen im Lehrerzimmer Personen, die initiieren oder sich verweigern, die eher aktiv oder mehr passiv agieren, die sich lautstark oder leise mitteilen, die engagiert oder zurückhaltend sind...
  Welche überwiegende Art und Weise der Mitteilung bevorzugen Sie? Stimmt Ihre Selbsteinschätzung mit der Wahrnehmung anderer überein?

Zweites Axiom: Jede Kommunikation hat einen Inhalts- und einen Beziehungsaspekt (S. 53ff.).
Kommunikationsprozesse haben zwei Seiten: Welche Botschaft mitgeteilt wird und wie sie mitgeteilt wird: „Der Inhaltsaspekt vermittelt die ‚Daten', der Beziehungsaspekt weist an, wie diese Daten aufzufassen sind" (S. 55). Für die Praxis bedeutet dies „herauszuhören", was Sache und was Beziehung ist. Somit sind viele Botschaften auch nicht eindeutig, weil das Heraushören im Ermessen des Gegenübers liegt: „Jede Botschaft ist das Machwerk des *Empfängers*" (Watzlawick; Hervorhebung R. M.).

- Denken Sie an Botschaften, die Sie bekommen haben: Was haben Sie mit (aus) ihnen „gemacht"?

Häufig werden *Beziehungs*mitteilungen in eine *Sache* verpackt, weil die Sender meinen, dies sei ungefährlicher für die Empfänger (siehe auch Schulz von Thun: Die vier Seiten..., S. 144f.).

- Filtrieren Sie die folgenden Botschaften nach dem Inhalts- und nach dem Beziehungsaspekt:
  SchulleiterIn: „Die Konferenz hat bereits vor 15 Minuten begonnen!"
  Kollegin: „Da muß man halt stärker durchgreifen."
  Kollege: „Solche methodischen Mätzchen bringen doch nichts ein."

Drittes Axiom: Jede Interaktion ist durch die Interpunktion seitens der Partner bedingt (S. 57ff.).
Der „Kommunikationskreislauf", die „Ursache-Wirkung-Zusammenhänge" werden *unterbrochen* und durch die Gesprächspartner interpretiert und bewertet, z. B.:

A: „Ich bin sauer, weil Sie mit mir nicht mehr reden."
B: „Ich rede nicht mehr mit Ihnen, weil Sie sauer sind."
A: „Ich bin verärgert, weil Sie schon wieder zu spät kommen."
B: „Ich komme doch nur deswegen zu spät, weil Sie dauernd verärgert sind." (Ich bin nicht gern bei verärgerten Menschen!)

Jeder sieht die Wirklichkeit *aus seiner Sicht.* Es wird deutlich, daß Kommunikationsprozesse/-abläufe nicht *linear,* sondern *kreisförmig* verlaufen. Die Frage „Wer hat angefangen?" erübrigt sich also. Es ist sinnvoller, nach den Zusammenhängen und den Wirkungsweisen zu fragen. (Fachleute sprechen hier von einer sog. „systemischen Sichtweise".)

- Erinnern Sie sich an Situationen mit kreisförmiger Kommunikation in der Schule? (Vorwürfe, Anschuldigungen seitens der SchülerInnen, Verteidigung Ihrerseits, Rechtfertigung der SchülerInnen usw. usw.)

Natürlich gibt es die Kreisläufe auch innerhalb angenehmer Beziehungen:

A: „Ich arbeite gerne mit Ihnen zusammen, weil Sie hilfsbereit sind."
B: „Ich bin hilfsbereit, weil Sie gerne mit mir zusammenarbeiten."

Wichtig ist dabei die Frage nach den eigenen Anteilen innerhalb der jeweiligen Interaktion.

Viertes Axiom: Jede Kommunikation ist digital und analog (S. 61 ff.). Im üblichen Sprachgebrauch heißt das: Es gibt verbale und nonverbale (z. B. Augenkontakt, Gesichtsausdruck, Bewegung der Hände...) Mitteilungen. Die digitale Mitteilung besteht aus Sprach- und Zahlensystemen, die analoge aus Mimik, Gesten, Körperhaltungen. Watzlawick betont, daß dort, „wo die Beziehung zum zentralen Thema der Kommunikation wird", sich „die digitale Kommunikation als fast bedeutungslos" erweist: „Eine Geste oder eine Miene sagt uns mehr darüber, wie ein anderer über uns denkt, als hundert Worte" (S. 64). Beziehungsprobleme sind häufig deshalb so schwer zu durchschauen und zu bewältigen, weil „sie eine Digitalisierung praktisch rein analoger Phänomene erfordern (S. 67): „Ich finde nicht die passenden *Worte.*" – „Ich weiß nicht, was ich *sagen* soll." – „Hier gibt es nichts mehr zu *reden.*" Das Dilemma verstärkt sich, weil wir gelernt haben, mehr auf verbale Mitteilungen als auf nonverbale zu achten. („Kopfschule": denken, hören, argumentieren...) Vertiefte Wahrnehmung im nonverbalen (analogen) Bereich fördert zugleich auch die Beziehungsfähigkeit.

- Übung: Geben Sie Ihrem Gegenüber *verbale* Rückmeldung über *nonverbales* Verhalten: „Ich nehme wahr... Du wirkst auf mich..."
  Anschließend tauschen Sie Ihre Wahrnehmungen, Wirkungen, Vermutungen aus.

Fünftes Axiom: Jede Interaktion ist symmetrisch oder komplementär (S. 68ff.).
„Symmetrische Beziehungen zeichnen sich... durch Streben nach Gleichheit und Verminderung von Unterschieden zwischen den Partnern aus, während komplementäre Interaktionen auf sich gegenseitig ergänzende Unterschiedlichkeiten basieren" (S. 69). Für die Schule bedeutet dies z. B.: Unterschiedlichkeit in der Lehrer-Schüler-Beziehung, im Verhältnis Schulleitung–Kollegium; Gleichheit zwischen den SchülerInnen und innerhalb des Kollegiums. „Eine ideale Kommunikationsstruktur ist dann gegeben, wenn sich die beteiligten Partner entweder in der Wahl der Kommunikationsmittel oder auf der Beziehungsebene als spiegelbildlich aufeinander bezogen gut ergänzen" (Döring 1989, S. 257). Für die Lehrer-Schüler-Aktion ist dies schwer herzustellen, aber für die *kollegiale Interaktion* tut sich hier ein weites Feld von Möglichkeiten auf.

- Welche Möglichkeiten sehen Sie?
  Mit welchen Personen im Kollegium kommunizieren Sie hauptsächlich *symmetrisch,* mit welchen *komplementär?*

b) Die vier Seiten einer Kommunikation (Schulz von Thun 1981)

Schulz von Thun hat das zweite Axiom von Watzlawick (Inhalts- und Beziehungsaspekt) auf vier Seiten erweitert. Eine Mitteilung, eine Botschaft, besteht demnach aus vier Aspekten:

- *Sachinhalt:* Worüber ich informiere
- *Selbstoffenbarung:* Was ich von mir selbst mitteile, kundgebe
- *Beziehung:* Was ich von dir halte, wie ich zu dir stehe
- *Appell:* Wozu ich dich veranlassen möchte

D. h. also: Es wird immer vierfach gesendet und vierfach empfangen. Entscheidend ist dabei, welche Seite(n) der Empfänger bevorzugt heraushört.

Beispiel: Sie kommen zu spät zu einer Konferenz. Der Schulleiter sieht auf die Uhr und sagt: „Es ist jetzt bereits 14.15 Uhr."

- *Die vier Seiten des Senders:*
  Sachinhalt: Es ist 14.15 Uhr.

Selbstoffenbarung: Ich ärgere mich über Ihr Zuspätkommen.
Beziehung: Ich, als Ihr Schulleiter, bin enttäuscht von Ihnen.
Appell: Kommen Sie in Zukunft bitte pünktlich!
Weil der Schulleiter seine Botschaft nicht aufschlüsselt und seine vier Seiten nicht klar ausspricht, sind Sie als Empfänger „gezwungen", seine vier Seiten herauszuhören,d. h. aber auch zu interpretieren, z. B.:

- *Die „Übersetzung/Interpretation" des Empfängers* (was ich „heraushöre"):
  Sachinhalt: Es ist 14.15 Uhr.
  Selbstoffenbarung: Ich lege Wert auf Pünktlichkeit.
  Beziehung: Sie sind eine unzuverlässige Person.
  Appell: Kommen Sie bitte pünktlich!
  Beide Seiten stimmen: Der eine hat dies (verschlüsselt) gesagt, der andere hat dies (interpretierend) gehört. Das Gesagte wird gehört und löst *beim Empfänger wiederum vier Seiten aus:*
- *Sachinhalt:* Es ist 14.15 Uhr.
  Selbstoffenbarung: Ihr Ärger ist mir gleichgültig.
  Beziehung: Ich kann auch nichts machen, wenn Sie enttäuscht sind.
  Appell: Seien Sie doch nicht so pingelig!

Hier wird der Kreislauf der Kommunikation deutlich: Nachricht des Senders, Entschlüsselung des Empfängers, Wirkung beim Empfänger, dann die Botschaft des Empfängers (nun Sender!), darauf die Entschlüsselung des Empfängers (früher Sender) usw...

● Ganz schön verwirrend, finden Sie nicht?!

Hilfreich beim „quadratischen Hin und Her" ist die Wahrnehmung meiner „inneren Seiten" (äußere Klarheit setzt immer *innere Klarheit* voraus!): Was geht in *mir* vor? Was will *ich*? Was ist *mir* wichtig? Aus dieser inneren Klarheit kommen dann meine Botschaften echt und stimmig als *meine* Botschaften, als sog. Ich-Botschaften.

● Sensibel sein für die vierfache Wahrnehmung in mir.
Die Botschaft auf die vier Seiten verteilen, sie vierfach äußern.
Sensibel sein für die vierfache Botschaft anderer Sender.
Fazit: Vierfach senden! – Vierfach hören!

c) Die drei Beziehungsvariablen (Rogers 1976)

Damit sind drei Grundhaltungen gemeint, nämlich Empathie (Einfühlung), Kongruenz (Stimmigkeit) und wertschätzende Akzeptanz. Sie sind innerhalb von Kommunikation und Interaktion bedeutsame Faktoren:
Unter dem *Aspekt der Kommunikation* gelten diese drei Variablen für mich:

- Einfühlung in mich selbst: Was nehme ich wahr, was empfinde ich, was spüre ich in mir, was entdecke ich, was denke ich...?
- Akzeptanz: Ich lehne meine Wahrnehmungen in mir nicht ab, sondern nehme sie an, denn „sie *sind*"! Sie gehören zu mir und sind Teil meines Selbst.
- Echtheit: Das, was ich entdecke und akzeptiere, teile ich mit; allerdings gilt hier die „selektive Authentizität" (R. Cohn): Nicht alles, was echt ist, muß gesagt werden – aber alles, was gesagt wird, soll echt sein!

Unter dem *Aspekt der Interaktion* gelten diese drei Variablen auch meinem Gegenüber:

- Einfühlung: Ich nehme seine Welt, seine Wirklichkeit wahr; ich versuche, mein Gegenüber zu verstehen.
- Akzeptanz: Ich nehme seine Wirklichkeit ernst; ich „schnitze" nicht an ihm herum. Ich akzeptiere seine Wirklichkeit.
- Echtheit: Ich teile echt und ehrlich mit, wie die Botschaft(en) meines Gegenübers auf mich wirken, was sie bei mir auslöst/auslösen...

Bei vielen Menschen ist die Fähigkeit zur Einfühlung in sich und in andere, zur Wertschätzung und Akzeptanz sich und anderen gegenüber entweder nicht gefördert oder verlernt worden. Meist sind die Wurzeln dafür in der Kindheit zu suchen. Folgende Erfahrungen mit anderen Menschen haben sich dabei blockierend für die Entwicklung und Förderung der drei Grundhaltungen ausgewirkt:

- Blockierend für die Fähigkeit zur Einfühlung:
  „Ach, Du mit Deinen Gefühlen!" – „Sei doch nicht so empfindlich!"

„Hör endlich auf zu weinen, Du gehst mir auf die Nerven!" – „Komm endlich zur Sache!" – „Sei nicht so zimperlich!" Usw.

- Blockierend für die Fähigkeit zur wertschätzenden Akzeptanz:
  „Ich finde das unmöglich, wie Du Dich heute benommen hast." – „Du glaubst doch selbst nicht, daß das richtig war." – „Heute hast Du Dich aber ganz schön blamiert." Usw.
- Blockierend für die Fähigkeit zur Echtheit:
  „Du machst jetzt sofort, was ich gesagt habe!" – „Reiß Dich zusammen, sonst..." – „Hör auf die anderen, die wissen es besser!" – „Ich weiß doch besser, was für Dich gut ist." Usw.

So wie wir diese Sätze als wenig hilfreich erfahren haben, so wenig hilfreich sind sie auch für andere Menschen, wenn wir uns ihnen gegenüber so verhalten. Bei dem Bemühen, andere Menschen immer besser zu verstehen, ermutigen mich folgende Sätze von C. Rogers (S. 33ff.):
„Ich habe es als äußerst wertvoll empfunden, wenn ich es mir erlauben kann, einen anderen Menschen zu verstehen... Unsere erste Reaktion auf die meisten Feststellungen, die wir von anderen Menschen hören, ist eine sofortige Bewertung und Beurteilung, aber kein Verständnis...
Es bereichert, Kanäle zu öffnen, durch die andere ihre Gefühle, ihre privaten Wahrnehmungen mir mitteilen können. Da es sich lohnt, andere zu verstehen, möchte ich die Barrieren zwischen anderen und mir abbauen, damit sie sich, wenn sie wollen, offener zeigen können...
Ich habe es als höchst lohnend empfunden, einen anderen Menschen akzeptieren zu können... Jeder Mensch ist in einem sehr realen Sinn eine Insel für sich, und er kann erst dann Brücken zu anderen Inseln bauen, wenn er zuallererst gewillt ist, er selbst zu sein, und wenn ihm das erlaubt wird. Wenn ich also einen anderen Menschen, genauer: die Gefühle, Einstellungen und Glaubensinhalte, die er als realen und vitalen Teil seines Selbst hat, akzeptieren kann, dann helfe ich ihm, ein Mensch zu werden..."

Mein Kommunikationshaus: Bitte eintreten!

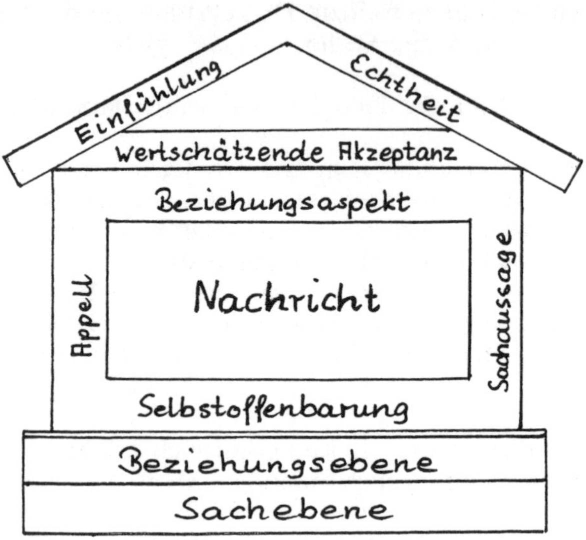

- Einfühlung, Echtheit, Akzeptanz nicht nur als Dachstuhl, sondern auch als Proviant auf der SCHILF-Wanderung? Wie denken Sie darüber?

4. Kommunikationsbrücken

Im „kommunikativen Miteinander (um-)gehen“ erfahren wir sowohl Brücken als auch Gräben. Die Erkenntnisse, die wir aus der Kommunikationsforschung gewonnen haben, ermöglichen es uns, Bausteine für Brücken zu sammeln.

Sich selbst wahrnehmen

Die Voraussetzung, mit anderen Menschen in konstruktive Beziehungen zu kommen, besteht in der Wahrnehmung meines Selbst. Ich bin mir am nächsten (bitte nicht zu verwechseln mit Egotrip und Egoismus!) und kann daher unmittelbarer von mir und meinen Wahrnehmungen etwas mitteilen. Die Einfühlung in mich selbst läßt mich meine Gefühle, Gedanken und Handlungen besser verstehen und läßt mich spüren, was Personen, Ereignisse und Dinge in mir auslösen.

Aus meiner Mitte heraus, von meinem *Stand*punkt aus, kann ich mich dann auf andere beziehen. Allerdings haben Menschen auch die Erfahrung gemacht, daß ihr Vertrauen und Zutrauen zu sich selbst erschüttert worden sind, indem andere Menschen ihre Wahrnehmungen und Erfahrungen in Frage stellten, bezweifelten, nicht gelten ließen: „Da täuschst Du Dich aber gewaltig." – „Das kann ja gar nicht sein." – „Das bildest Du Dir nur ein." u. ä. m. So kann es sein, daß manche Menschen erst wieder auf der Suche nach ihrem *Selbst* sind, auf der Suche nach *ihrer* Wirklichkeit. Es lohnt sich, sie (wieder)zu entdecken!
Die Sensibilisierung für sich selbst ist für die Kommunikation und Interaktion deshalb so wichtig, weil das, was wir mitteilen und mitgeteilt bekommen, Wirkungen in uns und bei unserem Gegenüber hat. Assoziationen, Gefühle, Gedanken, Wünsche... bilden eine Dynamik in uns, unabhängig davon, ob wir sie bewußt wahrnehmen oder nicht. Allerdings: Je bewußter wir sie wahrnehmen, desto besser können wir mit ihnen umgehen:
Von einem Kollegen bekommen Sie einen Vorwurf. Sofort „schießen" Sie mit einer ironischen Bemerkung zurück... Haben Sie wahrgenommen, daß dieser Vorwurf Sie eventuell verletzt, gekränkt, beleidigt... hat? Daß er, „übersetzt", einen wunden Punkt getroffen hat? Sehr häufig *übergehen wir die eigene Wahrnehmung* und das, was eine Mitteilung *in uns* auslöst. Es ist auf längere Sicht hilfreicher, das eigene Verletztsein wahrzunehmen als an den „Schuß zurück" zu denken.

- Was nehmen Sie jetzt wahr, nachdem Sie diese Zeilen gelesen haben?
  Welche Bilder aus Ihrer Vergangenheit sehen Sie?
  Welche Erfahrungen haben Sie mit dem „Zurückschießen" gemacht (oder mit dem Zuhilfekommen, dem Bestätigen, dem Aufmuntern...)?

Sich selbst akzeptieren

Auf dem Weg zu sich selbst kann es sein, daß Sie Entdeckungen machen, die für Sie nicht immer angenehm sind. Vielleicht bewerten Sie manches als gut und schlecht, als anständig oder unanständig. Ihr Inneres will aber nicht bewertet, sondern angenommen werden, so wie es ist: „Wenn du anders, besser,

perfekter sein willst, als du bist, spielst du ‚Bürgerkrieg' mit dir selbst" (Thomann 1988, S. 148).
Das, was Sie – wenn Sie den Deckel heben – ent-decke(l)n, ist nicht bewertbar, höchstens interpretierbar. Bewertbar sind Ihre Konsequenzen, Ihre Handlungen, die Sie bewußt ausführen. „Manche Menschen glauben, daß unter dem Deckel alles mögliche nur darauf lauert, die Stimme erheben zu können und Ansprüche zu stellen. Sie haben Angst, dadurch hin- und hergerissen und erdrückt zu werden, und das würde sie noch mehr belasten" (Satir 1988, S. 13). Das Gegenteil aber ist letztlich der Fall: Ich muß mich nicht mehr vor mir verstecken und fühle mich freier, da ich versuche, ohne Fassade zu leben. Ich nörgle nicht mehr an mir herum und bin in größerem Einklang mit mir selbst. Der Frieden in mir überträgt sich als Frieden auf die anderen. Wir gehen miteinander so um, wie wir mit uns selbst umgehen: Innen ist außen und außen ist innen!
Das, was ich in mir erspüre, gehört zu mir. Vielleicht habe ich erst wieder lernen müssen, es anzunehmen, weil andere es mir „austreiben" wollten: „Das ist nicht gut." – „Das darfst Du nicht tun." – „Das gehört sich nicht." Usw. Die Versuche der anderen, mir das Meine nicht zu belassen, rühren daher, weil sie *meinen,* damit nicht leben zu können. Z. B.: „Erst, wenn Du so bist, wie *ich* will (wie ich denke, fühle, handle), dann erst kann ich mit Dir auskommen." Das Wegnehmen des Selbst zieht Gräben, das Akzeptieren baut Brücken.

- Versuchen Sie, Ihre Wahrnehmungen nicht zu bewerten, sondern zu beschreiben und anzunehmen: Was spüre ich? Was erlebe ich? Was kommt mir in den Sinn? Was ist angenehm, was ist unangenehm (und nicht: Was ist gut oder schlecht)?

Die Wahrnehmungen beziehen sich nicht auf „objektive Tatbestände", können also weder verifiziert noch falsifiziert werden. Als „Wahrnehmungen von mir oder über mich" *sind* sie! „Unsere Wahrnehmung ist niemals objektiv, sie ist immer subjektiv gefärbt durch unsere Erziehung, Einstellung und Panzerungen, durch unsere Erlebnis- und Gefühlswelt, durch unser Vorverständnis und unsere Deutungsschemata" (Pechtl 1989, S. 23).

Mit sich übereinstimmen/Fassaden abbauen

Ein Lehrer: „Am meisten Kraft verbrauchte ich, weil ich anders lebte als ich eigentlich wollte. Aus Angst, nicht akzeptiert zu werden, verhielt ich mich so, wie es die anderen wollten: Immer unecht, immer Fassade. Schließlich hatte ich auch dafür keine Kraft mehr."
Eine Lehrerin: „Niemand weiß in der Schule von meinem Innenleben. Ich lebe mit einer Fassade, mit einer Maske, die ich nur zu Hause, wenn ich alleine bin, abnehme... Ich lebe ständig in einem Zwiespalt."
Fassadenbau kostet Kraft, und wir erfahren Energieverlust durch deren Aufrechterhaltung. Stimmigkeit und Echtheit einer Person jedoch bringen Klarheit für sie und die Interaktion mit anderen. Erlauben wir uns, so zu sein, wie wir wirklich sind? Erlauben wir es uns selbst und erlauben es uns die anderen?
„In meinen Beziehungen zu Menschen habe ich herausgefunden, daß es auf lange Sicht nicht hilft, so zu tun, als wäre ich jemand, der ich nicht bin... Es erwies sich als nicht hilfreich oder wirksam, in meinen Beziehungen zu anderen Leuten eine Fassade aufrechtzuerhalten, an der Oberfläche anders zu reagieren, als ich darunter empfinde... Mir scheint, ich erreiche mehr, wenn ich ganz ich selbst sein kann. Ich glaube, ich habe im Laufe der Jahre gelernt, mir selbst angemessener zuzuhören... Ich spüre, daß ich den Umständen gerechter werde, wenn ich mir erlaube, so zu sein wie ich bin" (Rogers 1976, S. 32f.).
Wer sich wahrnimmt, das Wahrgenommene akzeptiert, also mit sich intensiven Kontakt hat und mit sich übereinstimmt (*auch* mit seinen Schattenseiten, die am meisten Zuwendung brauchen...), der kann sich auch am bewußtesten mitteilen (= kommunizieren). Wir haben es dann nicht mehr nötig, andere in ihrem Selbstsein zu beschneiden und zu verändern oder gar Macht anzuwenden. („Nur kraftvolle Menschen können auf Macht verzichten." [Pechtl 1989, S. 78])

- Sie haben jetzt von Selbstwahrnehmung, Selbstakzeptanz und Stimmigkeit/Echtheit gelesen – mit welchen Gedanken, Gefühlen? (Ja, aber... Zweifel, Zustimmung, Fragezeichen, Abwehr, Offenheit, Seufzer...)

Innerhalb des Kommunikationsaustausches haben wir häufig gelernt, zu sehr auf unser Gegenüber zu sehen. Der Ausgangspunkt

jedoch liegt bei uns selbst: Was möchte ich von mir mitteilen, und was erlebe ich in mir durch die Mitteilungen anderer?
Aus der *Einheit* von *Wahrnehmung, Akzeptanz, Echtheit* in bezug auf mich bin ich dann in der Lage, mich entsprechend den anderen *mitzuteilen:*

Sich mitteilen

In menschlichen Beziehungen kann ich mitteilen, wie es *mir* geht, was *mir* wichtig ist, welche Wünsche *ich* habe, was *ich* denke, meine und was *mich* bewegt. Ich kann auch mitteilen, wie andere auf *mich* wirken, welchen Eindruck sie bei *mir* hinterlassen und welche Sichtweisen *ich* über sie habe (nicht: „Du bist...", sondern: „Ich erlebe Dich so, Du wirkst auf mich..."). Die verschiedenen Botschaften sind also *meine* Botschaften, sog. Ich-Botschaften (Gordon 1981):

Nicht:	*Sondern:*
– „*Sie* ziehen sich ja doch nur wieder auf Formalien zurück."	– „*Ich* möchte auf mein persönliches Anliegen keine ausweichende Antwort."
– „*Die anderen* beachten mich ja doch nicht."	– „*Ich* möchte beachtet und ernstgenommen werden."

Es geht hier nicht um eine *Technik* dieser Ich-Botschaften, sondern um konsequente Verhaltensweisen aus einer dahinterliegenden Einstellung, daß jeder Mensch für *sich* und sein *Tun Verantwortung* hat und auf die eigene *Autonomie* wie auch auf die der anderen achtet:

Aussagen über mein Gegenüber	*Aussagen über mich/von mir*
– „Schon wieder kommen Sie unpünktlich!" (Versteckter Vorwurf)	– „Ich fühle mich durch Ihr Zuspätkommen aus dem Konzept gebracht."
– „Sie hören mir ja sowieso nicht zu!" (Anschuldigung)	– „Ich möchte jetzt etwas sagen, komme aber nicht zu Wort."
– „Das ist doch völliger Blödsinn, was Sie da sagen." (Bewertung)	– „Ich verstehe nicht, was Sie sagen; erklären Sie mir bitte nochmal..."

In realen oder in Trainingssituationen erfahre ich immer wieder:
Wenn Menschen in entspanntem Zustand sind, sich nicht angegriffen, sondern wohl und geborgen fühlen, dann fällt es ihnen leichter, bei sich zu bleiben und von sich etwas mitzuteilen: „Ich fühle mich verletzt, alleingelassen, hilflos..." Sobald sie sich jedoch angespannt, bedroht und angegriffen fühlen, „springen" sie von sich weg und sind sofort, meist selbst angreifend, beim Gegenüber: „Warum hast du nicht... Du bist... Du hättest..." (Vorwürfe, Anschuldigungen, Bewertungen, Verletzungen...).
Bei *angenehmen* Botschaften (Erfahrungen) gelingt es uns weitaus mehr, bei uns selbst zu bleiben: „Ich freue mich, ich bin glücklich, ich fühle mich hier wohl..." Bei erlittenen Verletzungen „überspringen" wir häufiger unsere eigenen Empfindungen und wenden uns vorschnell den Verletzern zu.

Wahrnehmung und Phantasie trennen

Meine Wahrnehmung	*Meine Phantasie*
Ich habe jetzt das *Bedürfnis,* im Kollegium etwas zu sagen.	Ich sage lieber nichts, denn ich *könnte* mich ja blamieren.
Ich habe den *Wunsch,* Kollegin A etwas Freundliches zu sagen.	Ich sage lieber nichts, denn was *könnte* sie über mich denken.
Ich würde gerne Kollegen B um *Hilfe* bitten.	Ich schweige lieber, denn er *könnte* mich ja als Schwächling bezeichnen.

Solche Phantasien verhindern/blockieren meine Kommunikation und mein Handeln und haben größeren Einfluß auf mich als meine innere Wahrnehmung. Ähnliches geschieht, wenn es um sinnliche Wahrnehmungen von *außen* geht, z.B.:

Meine Wahrnehmung	*Meine Phantasie*
Ich *sehe,* daß alle in der Gruppe sehr beschäftigt sind und mich nicht beachten.	Ich bin wohl in der Gruppe nicht erwünscht.
Ich *sehe,* daß zwei KollegInnen miteinander reden und verstummen, als ich näher komme.	Die haben jetzt bestimmt (negativ) über mich geredet.

Solche Phantasien (oder auch Interpretationen, siehe weiter unten) verhindern/blockieren die Interaktion.
Auf der anderen Seite: Phantasien sind hilfreich, wenn sie *Freiräume* eröffnen. Sie sind innerhalb von Kommunikation und Interaktion nicht hinderlich, wenn sie als unsere Phantasien deklariert werden: Was sagt meine Phantasie über die Person A, das Ergebnis B, die Situation C? Phantasie als Fixierung im Sinne von „Was könnte... was wäre, wenn..." ist jedoch nicht hilfreich. Die Menschen bleiben dann im Wartezimmer ihrer Phantasie (= Fixierung) und gehen nicht in die Wirklichkeit ihrer Wahrnehmung. Klare Unterscheidung zwischen Wahrnehmung und Phantasie ist also bedeutsam.
Ähnlichen Phänomenen begegnen wir, wenn wir *Erfahrung* und *Phantasie* in Verbindung bringen: Menschen sagen z.B.: „Ich kann das nicht; ich trau' mir das nicht zu; das geht doch nicht, das schaffe ich nicht" usw. Haben sie die *Erfahrung* gemacht, dies oder das nicht zu können oder *meinen* sie dies nur? Beziehen sich also ihre Sätze auf ihre (zurückliegende) Erfahrung oder auf ihre Phantasie? Vertrauen sie ihrer Erfahrung oder überlassen sie sich ihren vorgefaßten Meinungen?
Wahrnehmung und *Erfahrung* sind zwei sehr verläßliche Lebenspartner, wenn wir auf sie entsprechend sensibel hören. Phantasien und fixierte Meinungen im Sinne des „Was könnte..." blockieren dagegen ein Weitergehen, ein Ausprobieren, ein Entfalten der Möglichkeiten.

- Überprüfen Sie bitte in der nächsten Zeit, wann und bei welchen Gelegenheiten Sie sich auf Ihre Wahrnehmung und Erfahrung verlassen und wann Sie sich Ihrer (blockierenden) Phantasie überlassen.

Wahrnehmung, Wirkung und Interpretation unterscheiden

Vor einer Gruppe von LehrerInnen sitzt eine Person. Sie wird etwa eine Minute unter der Frage an die Gruppe: „Was sehen Sie/was seht Ihr?" beobachtet. Anschließend äußern sich die TeilnehmerInnen. Sie tragen vor, was sie notiert haben: Traurig, gelangweilt, frustriert, konzentriert, verschränkte Arme, müde... In der Reflexion wird den meisten bewußt, daß sie nicht notierten, was sie *sahen,* sondern wie die Person auf sie wirkte, und/oder daß sie das Gesehene sofort interpretierten. Innerhalb von Kommunikation und Interaktion sind Wahrnehmungen, Wirkungen und Interpretationen völlig normal und sinnvoll. Allerdings müssen sie als solche gekennzeichnet sein und dürfen nicht vermischt werden:

- *Wahrnehmung:* Blondes Haar, Kinn aufgestützt, Augen halb geschlossen, vornüber gebeugt...
- *Wirkung:* Die Person wirkt auf mich nachdenklich, grübelnd, gedankenversunken, überlegend...
- *Interpretation:* Ich vermute, sie ist dabei, ein Problem zu lösen – oder über ein Ereignis nachzudenken – oder sich eine Frage zu überlegen...

Das eine ist meine *sinnliche Wahrnehmung,* das andere die *Wirkung,* die vom Verhalten meines Gegenübers ausgeht, und das dritte, was ich *vermute,* daraus *schließe, interpretiere.* Das eine ist die Wahrnehmung, das andere das Gedankenlesen/Interpretieren...

Alle drei Arten sind legitim: Es kann mir niemand meine Wahrnehmungen rauben; ich kann den anderen mitteilen, wie sie auf mich wirken – und wir können uns über die verschiedenen Wirkungsweisen austauschen. Ich kann auch Verhaltensweisen interpretieren, wenn ich meine Äußerung als Interpretation ausweise. Denn dann hat mein Gegenüber die Chance, sie zu bestätigen, zu relativieren oder zu verneinen. Entscheidend ist also die Unterscheidung *und* Transparenz von Wahrnehmung, Wirkung und Interpretation.

Interpretationen haben immer etwas mit unserer eigenen Lebensgeschichte zu tun. Die Informationen, die wir bekommen, werden nämlich „von uns mit den bekannten Mustern, Erfahrungen, Kenntnissen und Theorien verglichen und, wenn immer möglich, ihnen zugeordnet. Es wird gewissermaßen innerlich nachgeschaut, ob die Informationen in irgendein bekanntes Raster passen. Mitunter werden sie so ergänzt oder beschnitten, daß sie passend werden" (Langmaack 1985, S. 112).

Wichtig ist, sich bewußt zu werden, daß es um *Informationsaufnahme,* um *Selektion* und um *Interpretation* geht. Dem anderen die „Chance zu seiner eigenen Wirklichkeit lassen" heißt, die *Verknüpfungen* zu vermeiden:

- Anzug, weißes Hemd, Krawatte: Aha, korrekter Typ, verklemmt, spießig...

- legere Kleidung, ungeordnete Haare: Aha, lockerer Typ
- Oberstudienrat, Mathematik: ...?
- Lehramtsanwärterin: ...?

Sollte sich herausstellen, daß wir mit unseren Interpretationen falsch und daneben liegen, so ist die Enttäuschung groß: „Viele Enttäuschungen entstehen in dem Moment, in dem wir erkennen, daß der andere nicht der ist, den wir in ihn hineingesehen haben“ (Langmaack 1985, S. 118). Und unsere Enttäuschung produziert vielleicht noch weitere Kommunikations- und Interpretationsfehler:

- Während einer Konferenz korrigiert ein Kollege SchülerInnenarbeiten.
  Interpretation: Dem ist wohl langweilig. – Na, der hat keine Lust hier zu sein. – Ganz schön faul; korrigiert hier, anstatt zu Hause...
- Eine Kollegin äußert sich nicht während einer Konferenz.
  Interpretation: Ganz schön arrogant. – Läßt uns alleine machen. – Traut sich wohl nicht. – In der Klasse wird sie nicht so still sein...

(Da die Interpretationen etwas mit mir zu tun haben, „verraten“ sie auch Anteile von mir, z.B. Neid auf den Kollegen, der Mut hat, während der Konferenz zu korrigieren.)

● Übung: Beobachten Sie Personen und unterscheiden Sie ganz bewußt: Was nehme ich mit meinen Sinnen wahr? – Wie wirkt diese Person auf mich? – Wie interpretiere ich ihr Äußeres, ihre Haltung, ihr Verhalten?
  Übung: Setzen Sie sich einer Person gegenüber und äußern Sie sich in diesen drei Stufen: Ich sehe bei/an Ihnen... Das wirkt auf mich... Daraus folgere, interpretiere ich...

Die Trennung und Unterscheidung dieser drei Bereiche ist deshalb so wichtig, weil die Kommunikationspartner dadurch angemessen, gerecht und ehrlich miteinander umgehen, wogegen (gedankliche) Interpretationen des öfteren die kommunikativen Zugangswege versperren.

Übertragungen (Projektionen) erkennen[2]

Was mich am anderen ärgert oder stört, sind häufig Störungen *in mir* oder mit mir selbst, die ich nicht spüren, wahrnehmen und akzeptieren will. Die Wahrnehmungen von außen sind des öfteren nichts anderes als die Befindlichkeiten meines Inneren oder Erinnerungen an Personen und Ereignisse von früher. Meine inneren Wahrnehmungen, meine Erinnerungen werden durch Personen und Ereignisse von außen und im Jetzt ausgelöst: „Wir sehen plötzlich im anderen auch die entsprechende frühere Person und *verhalten* uns ihr gegenüber so, wie wir uns jener Person gegenüber verhalten haben. Subjektive Erfahrungen werden in das aktuelle, objektive Geschehen *hineingesehen,* ohne daß es bewußt wäre. Diesen Vorgang nennen wir *Übertragung.* Dabei werden nicht nur negative Erinnerungen, Gefühle und Handlungsmuster aus der Vergangenheit in die momentane Situation hineingenommen, sondern auch positive. Beides ist gleich störend. Eine Übertragung ist immer ein ‚Irrtum' in Zeit, Ort und Person!" (Langmaack 1985, S. 118).
Die Folge: Unangemessenes Handeln, Enttäuschungen, Fixierungen, Überschätzungen: Der andere soll..., er wird wahrscheinlich..., er hätte doch... Wenn also Kommunikationsstörungen auftauchen, ist es förderlich, auch dem Gedanken nachzugehen, ob es sich um Projektionen handeln könnte:
Was sind *meine* Anteile aus *meinem* Ich und/oder aus *meiner* Vergangenheit, *meiner* Erinnerung (an Personen, Situationen, Ereignissen) an den wahrgenommenen Störungen bei *anderen* Menschen? Gehen wir auf die Suche, das Unangenehme im anderen auch in uns und unserer Lebensgeschichte zu finden. Und gehen wir auf die Suche, auch das Angenehme im anderen und in uns zu entdecken!

- Welche Person im Kollegium erinnert Sie an bestimmte Personen, Situationen, Ereignisse?
  Welche Person Ihres näheren Umkreises erinnert Sie an Sie selbst? (Teile Ihres Gegenübers entdecken Sie als Teile von sich selbst: die Freundlichkeit von Frau A, die Hektik von Herrn B, die Empfindsamkeit von Frau C, die Ironie von Herrn D...!?)

2 Siehe auch 4. Kapitel, S. 202ff.

Emotionen den Vorrang lassen

Gespräche sind nicht förderlich, wenn die in ihnen zum Ausdruck (Ausbruch!) kommenden Emotionen unterdrückt oder in den Hintergrund geschoben werden. (Sie melden sich immer wieder, so oder so!) Solange in einem Gespräch Gefühle/Empfindungen angesprochen werden, solange sind sie auch Thema. Deshalb: Emotionen vor Sachen! – Oder: Beziehungsebene vor Sachebene! Es kann nur sehr schlecht sachlich gearbeitet werden, wenn, beispielsweise in einer Gruppe, Menschen sehr verärgert, traurig, wütend, aggressiv, verletzt... sind. *Ziel* ist zunächst die *positive emotionale Beziehung,* erst dann kann sachlich gearbeitet werden. R. Cohn sagt es überdeutlich: Solange keine ausreichend positiven Beziehungen in einer Lerngruppe... vorhanden sind, kann ein Inhalt, eine Sache, können Themen nicht bearbeitet werden.
Deshalb wirken sich folgende Sätze als Beziehungsgräben aus: „Bleiben Sie bei der Sache, das gehört nicht hierher!" – „Wir wollen aber doch sachlich bleiben." – „In meiner Klasse kommen keine Gefühle vor; ich unterrichte Englisch." – „Sie mit Ihren Gefühlsäußerungen stören doch nur den Arbeitsprozeß."
Gefühle melden sich so lange, bis sie gehört, akzeptiert und „bearbeitet" werden. Wenn unsere Traurigkeit, unsere Wut, unser Ärger, unsere Freude, unsere Begeisterung nicht zum Ausdruck kommen dürfen, dann gehen diese Gefühle in die Untergrundarbeit. Die Besitzer dieser Gefühle reagieren dann beleidigt, ziehen sich zurück, ironisieren oder bagatellisieren, machen Blödsinn, verhalten sich destruktiv und aggressiv...
Vielleicht haben es manche Menschen auch verlernt, ihre Gefühle zu äußern oder sie meinen, sie müßten sie „im Griff" haben (Gefühle erwürgen heißt, Gefühlsleichen in sich tragen!):
- „Darüber möchte ich nicht sprechen, sonst platze ich." (Wut)
- „Das schaff' ich schon, damit muß ich halt leben." (Traurigkeit)
- „Jetzt sage ich gar nichts mehr." (Verletztsein, Schmerz)

● Trauen Sie sich zu – sofern Sie es *wollen* –, Ihre Gefühle mitzuteilen, ohne daß Sie „versteckte Botschaften" benützen müssen (z.B. Ironie, Sarkasmus, Zynismus...)?

Nicht immer kommunizieren Menschen offen und direkt, sondern versteckt, so daß wir „übersetzen" müssen:

Botschaften übersetzen

Wenn ich mit Menschen ins Gespräch komme, so kann ich nicht erwarten, daß sie die gleichen kommunikativen Erfahrungen und Fähigkeiten aufweisen wie ich; es kann also ein „Kommunikationsgefälle" vorhanden sein. Die einen sind in der Lage, sehr offen, klar und unmißverständlich Mitteilungen über ihre Person, Gedanken, Gefühle, Handlungen ... zu geben. Die anderen verschanzen sich hinter Fassaden, machen Vorwürfe, klagen an, senden versteckte Botschaften. Die einen sprechen sehr dezidiert die „vier Seiten einer Nachricht" an, bei anderen Menschen müssen wir sehr danach suchen, was sie „wirklich" meinen.
Wir müssen im letzteren Fall häufig *übersetzen,* selbst auf die Gefahr hin, „falsch" zu übersetzen, wobei auch hier wieder Rückfragen und Vergewisserungen hilfreich sind:

Versteckte Botschaften:	*Meine „Übersetzung":*
– Schulleiter: „Sie benehmen sich ja hier wie Ihre eigenen SchülerInnen."	– Er meint wohl: Ich hätte viel lieber Ruhe, um gehört zu werden und um beginnen zu können. (Ich höre seine Bitte, vielleicht auch seine Verärgerung heraus.)
– Kollege: „Das hätte ich nie und nimmer von Dir erwartet..."	– Er meint wohl: Ich bin sehr enttäuscht von Dir. (Ich erkenne sein Gefühl der Enttäuschung.)
– Kollegin: „Sie meinen wohl, Sie können sich hier aufspielen...!?"	– Sie möchte sagen: Ich komme mit meiner Meinung nicht durch. Ich fühle mich unterlegen. (Ich spüre ihr Unterlegenheitsgefühl.)

Übersetzungen bedürfen der Rückfrage und der Vergewisserung, denn es sind ja „meine Übersetzungen" mit allen möglichen Übersetzungsfehlern, Gratwanderungen und Vermutungen. Die Lösung (= die „ideale Kommunikation") besteht deshalb darin, möglichst wenig versteckt zu kommunizieren und beispielsweise die vier Seiten der Kommunikation in der Reihenfolge der Bedeutsamkeit anzusprechen (siehe S. 144f.).
Wenn ich die Botschaften als *bare Münze* nehme (Anschuldigung, Vorwurf, Beleidigung), dann reagiere ich auf sie anders als

bei den von mir übersetzten Botschaften: Aus einem Vorwurf höre ich eine Bitte heraus, aus einer Anschuldigung einen Hilferuf, aus der Anklage eine Wut. Mit Bitte, Hilferuf und Gefühl (Wut) ist aber besser umzugehen als mit Anschuldigungen und Vorwürfen.
„Sag etwas über Dich oder von Dir!“ ist also auch eine Art Kommunikationsbrücke:

- „Bist *Du* aber komisch“ kann heißen: „*Ich* komme mit Dir nicht zurecht.“
- „Bist *Du* arrogant“ kann heißen: „*Ich* fühle mich minderwertig.“
- „Bist *Du* empfindlich“ kann heißen: „*Ich* vertrage mehr als Du.“
- „Sei nicht so stur“ kann heißen: „*Ich* möchte auch mitmischen.“

● Gehen Sie auf Entdeckungsfahrt: Was teilen Ihnen Menschen von oder über sich mit, wenn sie über Sie reden?
Wie ist Ihnen zumute, wenn Sie KollegInnen auffordern/bitten, von sich selbst etwas mitzuteilen, also von der „Du-Botschaft“ in die „Ich-Botschaft“ zu wechseln?

„Die Klasse ist für meinen Unterricht viel zu blöd“, meinte ein Hochschullehrer nach einer Geschichtsstunde (die danebenging) in einer Hauptschulklasse. Ob er wohl meinte: „Ich habe es nicht geschafft. Ich bin gescheitert. Ich hatte zu hohe Erwartungen. Ich bin enttäuscht.“?

Auf nonverbale Signale achten

Die Kommunikationswissenschaft hat inzwischen festgestellt, daß in menschlichen Beziehungen die analoge Kommunikation (also die nonverbalen Botschaften) eine wesentlichere Rolle spielt als die digitale (verbale). Wir sollten unser Augenmerk also noch stärker auf die Körpersprache richten, wenn wir ein förderliches Miteinanderumgehen anstreben wollen.
„Keine Bewegung ist zufällig, sondern Ergebnis bewußten oder unbewußten Denkens“ (Molcho 1988, S. 14). Aus der Sicht der *Einheit von Körper und Geist* wird deutlich: Der Körper beeinflußt unsere Gedanken, unsere Gedanken beeinflussen unseren Körper; Gedanken und Körper sind untrennbar miteinander ver-

bunden. Dieser Satz hat Konsequenzen für unsere sprachliche und nichtsprachliche Mitteilung!
Es geht nicht um ein voyeurhaftes Betrachten der Körpersignale, sondern um ein tieferes und ganzheitliches Verstehen von Mitteilungen: Äußerungen werden verständlicher, Widersprüche klarer erkannt, Hilferufe deutlicher wahrgenommen, Begeisterung unmittelbarer gespürt... Körpersignale zu verstehen und zu entschlüsseln ist oft eine schwere Aufgabe. Ein *Buch* über Körpersprache kann höchstens eröffnend wirken, ein Erfahrungsseminar aber gibt meinem Wissen eine andere, auf das Erleben gegründete Dimension.

- Übung: Sprechen Sie Sätze und versuchen Sie bewußt, Ihre Körpersprache entgegengesetzt auszudrücken; z. B.: Sie hüpfen vor Freude und sagen dauernd: „Ich bin traurig..." Sie kauern sich in die Ecke eines Raumes und sagen: „Ich bin der Mittelpunkt der ganzen Gesellschaft hier..." usw.
  Finden Sie das komisch?
  Viele Menschen sprechen entgegengesetzt ihrer Körpersprache, und oft ist ihnen dies gar nicht bewußt.
  Und Ihnen?

Ein Kollege geht schon seit Jahren nicht mehr auf Beerdigungen, nachdem er – in sich voller Trauer – dort einige Male schallend lachen mußte: „Ich kann meine echten Gefühle nicht zulassen. Ich fühle mich so verkrampft, daß ich ‚nur' lachen kann."
Körper, Gedanken, Gefühle sind eine Einheit und wollen sich als Einheit auch mitteilen. Wenn sie daran gehindert werden, suchen sie sich andere Kanäle...

Sich gegenseitig Rückmeldungen geben[3]

„Was ich gesagt habe, weiß ich erst, wenn ich die Antwort darauf kenne." N. Wiener weist sehr deutlich auf die Kreisförmigkeit jeder Kommunikation hin und betont, wie wichtig Rückmeldungen sind. In einer autoritären Beziehungsstruktur ist sie zur Bedeutungslosigkeit degradiert, weil es den Befehlenden gleichgültig ist, was die Gehorchenden außerdem sonst noch machen und wie sie sich fühlen. In gleichwertigen Beziehungen sind Rückmeldungen unabdingbar: Sag mir, wie meine Botschaft bei dir

3 Ausführliche Darstellung siehe 5. Kapitel S. 276ff.

ankommt, damit ich weiß, wie ich in der Kommunikation fortfahren kann.
Es ist förderlich, wenn die Rückmeldungen entweder Verhaltensbeschreibungen oder Wirkungen sind:

Blockierend	*Förderlich*
– „Ich finde dich einfach unmöglich." (Bewertung)	– „In der letzten halben Stunde hast Du ununterbrochen geredet. Ich bin überhaupt nicht zum Zuge gekommen."
– „Sie stehen so gelangweilt herum. Sie haben wohl keine Lust mitzuarbeiten!?" (Interpretation)	– „Sie wirken auf mich heute sehr lustlos. Wollen Sie in der Gruppe heute nicht mitarbeiten?"

Meist geben wir uns indirekte Rückmeldungen, vor allem nonverbale: Wegsehen, auf die Uhr blicken, Gähnen, zum Fenster hinausschauen... (bei einer Rede, die uns langweilt) usw. Rückmeldungen sprechen beide Partner in der Interaktion an: Ich sage dir, wie deine Botschaft bei mir ankommt und was ich von dir gerne hätte:

- „Ich verstehe Deine Sätze nicht. Bitte erkläre mir den Sachverhalt noch einmal."
- „Ich fühle mich nicht beachtet. Bitte sprich mit mir."
- „Ich finde Deine Ausführungen sehr interessant. Bitte weiter so!"

Botschaften leben vom Hin und Her, vom konstruktiven Ping-Pong der Beteiligten.

● Wie sind Ihre Botschaften (beschreibend, bewertend, kritisierend, über Dritte, versteckt, direkt, verbal, nonverbal, offen...)?

Kommunikationsprozesse reflektieren/analysieren

Kommunikationsprozesse beinhalten auch Störungen, Ungereimtheiten, Mißverständnisse usw. Deshalb ist es wichtig, die Störungen zu erkennen, die Ursachen zu durchschauen, die Zusammenhänge zu beachten. Die zwischenmenschliche Kommunikation wird also selbst zum Gegenstand der Betrachtung, zum Mittelpunkt des Gesprächs. Diese Art nennen wir Metakommunikation: Wie ging es mir in dem Gespräch? Warum habe ich mich so und nicht so verhalten? Was ist der Hintergrund für mein Verhalten, was sind die Ursachen? Gibt es Zusammenhänge? Z.B.: Immer, wenn... dann... Gibt es stereotype Verhaltensmuster? Wo fanden Interpretationen und Übertragungen statt? Was war förderlich, was war blockierend? Was hat uns weitergebracht, was hat den Kommunikationsweg versperrt? U.a.m. Kommunikation und Interaktion: *Wir* gehen miteinander um! Metakommunikation: *Wie* gehen wir miteinander um?

- Welche Antworten bekommen Sie für sich und von denjenigen, mit denen Sie kommunizieren und interagieren?

Ich wünsche Ihnen in der „Hohen Schule der Kommunikation", daß Sie immer weniger vom Kommunikationspferd fallen und immer sattelfester werden! Im nächsten Abschnitt wird sich zeigen, wie „haltbar" Ihre Kommunikations*brücken* in Gesprächen sind.

5. Gesprächsprozesse und Gesprächsverhalten

Gleichwertigkeit der GesprächsteilnehmerInnen

In Gesprächstrainingskursen frage ich immer wieder die TeilnehmerInnen, was sie denn von den anderen erwarten. Häufig erhalte ich folgende Antworten:

„Ich erwarte Ehrlichkeit, Offenheit und Transparenz."
„Ich möchte wissen, woran ich bin."
„Ich möchte nicht über den Tisch gezogen werden."
„Ich möchte nicht ausgetrickst werden."
„Ich möchte als PartnerIn ernstgenommen werden."

D.h. also: keine Gesprächsmanöver, keine Taktik, keine Manipulation, keine sog. Diplomatie, kein kommunikatives Tauziehen, keine Durchsetzungsstrategie, keine Verhandlungstechniken!

- Sie werden sich fragen: Was bleibt dann noch?

Dann bleiben in *Gesprächen* die PartnerInnen gleichwertig in der Person, und die Art und Weise, wie sie Gespräche führen, entspricht ihrer partnerschaftlichen Einstellung: „Eine wertschätzende Akzeptanz, das Respektieren der Person und der Anliegen der Verhandlungspartner, macht aus Gegnern Partner und mit der Zeit Freunde“ (Pechtl 1989, S. 210). Es gibt dann keine Gesprächsstörer wie Bagatellisieren, Ausfragen, Vorwürfe machen, Überreden, Drohen, Bewerten u. ä. (vgl. Weisbach u. a. 1984, S. 37 ff.). Strategien haben Fixierung, Durchsetzung und Ergebnisse zum Inhalt, Gespräche und Verständigungen aber Offenheit, Interesse, gemeinsame Wege, transparente Ziele (Redlich 1986, S. 1 ff.).
Wenn GesprächsteilnehmerInnen sich ihrer Gleichwertigkeit bewußt sind, sich als „Personen im Dialog“ verstehen und Vertrauen zueinander entwickeln, dann werden sie, behutsam und Schritt für Schritt, in der Lage sein, z. B.

- nicht über andere, sondern zu anderen etwas zu sagen,
- zu akzeptieren, daß es verschiedene und unterschiedliche Wahrnehmungen, Sichtweisen, Einstellungen ... gibt,
- Gefühle anzusprechen und Empfindungen auszudrücken,
- Wünsche, Befürchtungen, Sorgen ... zu äußern,
- Standpunkte zu vertreten, Kompromisse zu schließen, Konsens zu finden,
- sich nicht zu verstecken, sondern Position zu beziehen,
- u. ä. m.

In Gesprächen wollen Menschen meist auch etwas erreichen, bezwecken, d. h., es gibt Ziele der einzelnen Partner. Ziel kann aber nicht sein, daß mein Ziel *erreicht* wird, sondern daß ich es als mein *Ziel deklariere.* Was daraus wird, weiß ich zu Beginn des Gesprächs nicht. Um es klar zu sagen: Wenn Gespräch und Dialog, dann Offenheit und Transparenz! Wer dies nicht zu leisten vermag, sondern etwas durchsetzen will (muß), soll dies dann auch zum Ausdruck bringen. Verhandlungsgespräche sind also etwas anderes als beispielsweise dialogische Gespräche (vgl. Bollnow 1979, S. 22 ff.: Formen des Gesprächs).

● Wie fühlen Sie sich bei folgenden „Grundregeln bei der Durchführung von Verhandlungen“?

„– Stellen Sie hohe Anfangsforderungen!
– Machen Sie nach Möglichkeit nicht als erster Zugeständnisse! Beharren Sie auf der Ausgangsforderung!

– Machen Sie Zugeständnisse nur in Situationen, in denen Sie nicht unter Druck stehen!
– Reagieren Sie auf große Zugeständnisse der anderen Seite nur mit kleinen Reduzierungen der Ausgangsforderung!" (Ritter 1987, S. 119)

Es häufen sich: Anfangsforderungen, Ausgangsforderungen, Zugeständnisse, unter Druck stehen... In solchen Verhandlungstaktiken geht es um folgende Fragen:
Wer ist stärker und hat die schlagkräftigeren Argumente?
Wer zieht wen über den Tisch?
Wer bestimmt die Höhe der Anfangsforderungen?
Wer hat die besseren Waffen, wer gewinnt?
Aber: Wie geht es dem Sieger, dem Verlierer hinterher?
Ich würde gern stiller Beobachter bei einem Verhandlungs*gespräch* sein, in dem *jeder der beiden Teilnehmer* die o.g. Grundregeln beherrscht. Was dann? Wie hoch setzen z.B. beide die Anfangsforderungen? (Ich male mir aus, was passiert, wenn beide wissen, daß beide die Grundregeln beherrschen...)

● Was meinen Sie: Wie gehen wohl folgende Gesprächssituationen aus? SchulleiterIn will einen Kollegen/eine Kollegin *überreden,* bei einer freiwilligen SCHILF-Maßnahme mitzumachen.
Ein Kollege will einen Kollegen *überreden,* sich für die Wahl zum Vertrauenslehrer aufstellen zu lassen.
Eine Kollegin will eine andere *überreden,* ins Schullandheim mitzukommen.

Wie geht es Menschen, die überredet, gezwungen, unter Druck gesetzt, manipuliert werden? Wie geht es Menschen, wenn sie wissen, der andere „hat noch Karten unter dem Tisch", hat noch etwas „gegen mich in der Hand", könnte mich vielleicht doch noch „über den Tisch ziehen", meint es vielleicht doch anders, als er redet...?
Den taktierenden Grundregeln stelle ich entgegen:

– Offenheit und Ehrlichkeit von Anfang an praktizieren,
– Ziele und Vorhaben transparent machen,
– eigene Bedürfnisse und die der PartnerInnen wahrnehmen,
– mit den anderen so umgehen, wie ich haben möchte, daß sie mit mir umgehen!

- Ist Ihnen dieser Anspruch zu hoch?
  Erscheint Ihnen diese Art von Gespräch zu unrealistisch?

Zugegeben: Weit verbreitet ist diese Art, Gespräche zu führen, (noch) nicht. Aber sie entspricht weit mehr den o. g. Grundhaltungen, die die Gleichwertigkeit der Gesprächsteilnehmer zum Ausdruck bringen. Fangen wir an, die Kluft zwischen Anspruch und Wirklichkeit zu verringern. In der SCHILF-Arbeit haben wir dazu vielfach Gelegenheit.

Gesprächsbeispiele

Lassen Sie Ihrer Phantasie freien Lauf und spielen Sie bitte mit:
Beispiel I: Ein Schulleiter will eine Kollegin dazu bringen, an einer freiwilligen SCHILF-Maßnahme teilzunehmen. (Beide beherrschen die Grundregeln des Verhandlungsgeschicks.):

	Äußerungen	*Dahinterliegende Gedanken*
SchL:	„Sie wissen, ich schätze Sie sehr als Kollegin und weiß Ihre schulische Arbeit zu würdigen."	(Ich muß sie zuerst mal loben; dann kann sie meine Forderung nicht so leicht ablehnen.)
K:	„Das freut mich zu hören. Ich tu' ja auch mein Bestes."	(Was will der nur von mir? Sonst ist er doch auch nicht so freundlich. Ich werde auf der Hut sein.)
SchL:	„Eben. Und von meinen besten Lehrerinnen und Lehrern erwarte ich natürlich auch besondere Anstrengungen."	(Fein, genau an dem Punkt kann ich sie packen: Wenn sie schon dieser Meinung ist, dann kann ich auch fordern, noch besser zu werden...)
K:	„Sie haben doch nicht den Eindruck, ich würde mich nicht genug anstrengen!?"	(Was will der bloß? Ich tu' doch sowieso schon genug. Ich baue gleich mal vor: Sich nur nicht herumkriegen lassen...)
SchL:	„Aber nein doch. Deshalb war ich ja so verwundert, daß Sie sich nicht für die Fortbildungsmaßnahme gemeldet haben."	(Die will mich bestimmt nicht enttäuschen. Jetzt fahr' ich mal diesen Köder aus. Ob sie wohl anbeißt?)

K:	„Ach, Sie meinen, ich hätte die nötig?“	(Jetzt bin ich mal gespannt, was er darauf sagen wird.)
SchL:	„Nein, so habe ich das nicht gemeint. Ich kenne ja Ihr Fortbildungsinteresse. Und gerade deshalb sollten Sie auch diesmal dabei sein.“	(Verdammt, beinahe hätte sie mich gekriegt. Jetzt schnell die Forderung auf den Tisch, sonst entwischt sie mir.)
K:	„Ich sehe das gerade umgekehrt: Gerade weil ich so oft dabei war, kann ich diesmal ja wohl eine Pause machen!“	(Aha, jetzt weiß ich, worauf er hinauswill: Der will mich bei der Maßnahme mit dabei haben; braucht mich wohl als Zugpferd. Also: Diesmal laß' ich mich nicht rumkriegen.)
SchL:	„Ich sehe überhaupt keinen Grund, warum Sie diesmal nicht mitmachen sollten. Sie wissen ja selbst, wie aktiv Sie bisher immer dabei waren.“	(So, nun nicht locker lassen; ich appelliere an ihre Aktivität und daran, daß sie ja bisher auch immer dabei war.)
K:	„Ich bin der Meinung, nun sollen sich auch mal andere einsetzen und aktiv werden, warum immer nur ich?“	(Ich werde mal von mir ablenken und auf die anderen verweisen. Vielleicht geht er darauf ein; ich jedenfalls bleib' diesmal fest!)
SchL:	„Also, ich finde, Sie sollten da keine Ausnahme machen und mit gutem Beispiel vorangehen...“	(Warum weigert die sich denn? Hat doch keinen Grund dafür!)
usw.		usw.
SchL:	„Zwingen kann ich Sie nicht. Aber Ihre Entscheidung wird natürlich in meinem Gedächtnis bleiben.“	(So, wenn sie nicht will, dann soll sie mich von einer anderen Seite kennenlernen: Ich werde ihr das nicht vergessen!)
K:	„Da kann ich auch nichts machen, obwohl ich das ungerecht finde. Sie sollten dann aber auch nicht vergessen, was ich schon alles für die Schule getan habe.“	(Jetzt droht er mir auch noch. So, und jetzt will ich erst recht nicht...)

usw.

Beide gehen auseinander.
Der Schulleiter denkt: Ist die aber stur; typisch...
Die Lehrerin denkt: Ist der aber stur; typisch...
Verärgerung auf beiden Seiten!
Beide sprechen nicht ihre ehrlichen/echten Absichten, Wünsche, Gefühle, Besorgnisse aus, sondern sie achten vor allem darauf, sich ja keine Blöße zu geben, um jeweils ihr eigenes Ziel zu erreichen.

- So oder so ähnlich könnte es sich abgespielt haben.
  Wie denken Sie darüber?
  Welche Erfahrungen haben Sie in solchen Gesprächen gemacht?

Ich kann mir dieses Gespräch aber auch anders vorstellen:
Beispiel II: Eine Schulleiterin will mit einem Kollegen über eine vorgesehene SCHILF-Maßnahme sprechen:

	Äußerungen	*Beteiligte Gedanken/Empfindungen*
SchL:	„Ich danke Ihnen, daß Sie meiner Bitte um ein Gespräch nachgekommen sind. Ich möchte mit Ihnen über die bevorstehende SCHILF-Maßnahme sprechen."	(Ich bin wirklich froh, daß ich mit ihm reden kann. Ich werde ihm mitteilen, um was es geht, damit er Bescheid weiß und nicht lange herumrätseln muß.)
K:	„Kein Problem; ich habe gerade Zeit. Ich bin gespannt, was Sie mir sagen möchten."	(Die redet nicht um den Brei herum, sondern legt gleich die Karten auf den Tisch. Ich bin „ganz Ohr".)
Schl:	„Ich bereite gerade die Fortbildungsmaßnahme vor und habe gesehen, daß Sie nicht auf der Liste stehen. Ich hätte Sie gerne bei der Maßnahme dabei. Ihre Aktivität vom letzten Mal empfand ich als sehr hilfreich."	(Ich sage ihm, was ich vorhabe und was ich mir von ihm wünsche; ich brauche ihn und habe ihn bisher als sehr hilfreich empfunden.)
K:	„Das freut mich, daß dies so ist. Ich hätte auch diesmal gerne wieder mitgemacht, aber ich fühle mich	(Ich freu' mich, daß sie mich als hilfreich empfindet. Ich möchte mich auch nicht drücken. Ich glaub', ich kann ihr sagen, warum

	derzeit sehr überlastet und möchte eine Pause einlegen.“	ich diesmal nicht dabei sein möchte.)
SchL:	„Ich möchte auf keinen Fall über Ihre derzeitigen Belastungen hinwegsehen. Kann ich von meiner Seite aus zu Ihrer Entlastung etwas tun?“	(Er hat selbst schon genug zu tun, und jetzt komme ich auch noch mit einer Bitte auf ihn zu.)
K:	„Nein, vielen Dank für Ihre Nachfrage, ich komme schon zurecht. Auf der anderen Seite: Ich möchte Sie ja auch nicht im Stich lassen, zumal ich wirklich Interesse an der Maßnahme habe.“	(Das empfinde ich jetzt aber als sehr rücksichtsvoll. Sie bittet mich um Teilnahme, sieht aber auch meine Belastungen und will mir helfen. Ich möchte ihr aber auch entgegenkommen. Was ist zu tun?)
SchL:	„Lieber Herr A, ich sehe, daß wir beide Belastungen haben: Ich möchte ohne Sie nicht die Fortbildung machen, und Sie brauchen dringend eine Pause.“	(Ich sehe meine Belastung und meine Wünsche und gleichzeitig aber auch seine Belastungen und seine Wünsche. Wie können wir uns entgegenkommen?)
K:	„Ja, das sehe ich auch so. Ich mache Ihnen einen Vorschlag: Ich arbeite in der Vorbereitungsgruppe mit – das ist nicht so zeitraubend, und während der Maßnahme mache ich eine Pause. Ich steige dann das nächste Mal wieder ein...“	(Ist schon toll, daß die über ihre Belastungen und Wünsche die meinen auch noch wahrnimmt. Ich werde ihr einen Vorschlag machen; mal sehen, was dann daraus wird...)
SchL:	„Ich bin über Ihr Angebot froh: Zum einen sehe ich, daß Sie mir durch Ihre Mitarbeit helfen, zum anderen habe ich auch das Gefühl, daß Sie sich selbst nicht überfordern; das wäre mir ja auch nicht recht.“	(Es erleichtert mich, daß er sich nicht einfach weigert und davonstiehlt, sondern auch meine Belastungen und Wünsche sieht. Ich empfinde seinen Vorschlag als sehr hilfreich.)

● Könnte es so gewesen sein? (Zu „schwarz-weiß“ gemalt?)

Jedenfalls: Beide äußern sich offen und klar, beide reden nicht um den heißen Brei herum, beide äußern ihre Belastungen und

Wünsche – und beide sind achtsam für sich selbst und füreinander! Im „Hin- und Herpendeln" beider Interessen kommen sie zu einer Lösung; es gibt keine Siegerin und keinen Verlierer. Gewonnen haben beide!
In förderlichen Gesprächen gibt es also keinen Streit und kein Tauziehen, keine Grenzüberschreitungen, wohl aber unterschiedliche Interessen, Bedürfnisse, Erwartungen, somit auch Konfrontationen und Einwände. Aber: „Der Einwand ist kein Angriff, und er wird nicht als Bestreitung, sondern als Bereicherung der eigenen Meinung aufgenommen. Es geht ja nicht um Positionen, die der eine dem anderen streitig macht, sondern *um sich wechselseitig ergänzende Aspekte einer gemeinsamen Sache.* Der andere fügt einen neuen Gesichtspunkt hinzu, führt einen weiterführenden Gedanken an, ihm fällt etwas ein, was dem Gespräch eine neue Wendung gibt, *und so nimmt das Gespräch seinen grundsätzlich nicht vorauszusehenden Verlauf*" (Bollnow 1979, S. 52; Hervorhebungen R.M.).
Unterschiedlichkeiten werden also sehr wohl wahrgenommen und geachtet, weil sich beide Seiten in ihrer Person und als Individuen (in ihrer Einzigartigkeit!) achten und ihre Autonomie respektieren. So muß es auch kein Angreifen, sich Widersetzen, kein Beleidigtsein und keine Gleichgültigkeit, keine Diplomatie und keine „Szenen", kein Drohen und kein „schlechtes Gewissen machen" geben (vgl. auch Weisbach u.a. 1985, S. 209ff.).
Gespräche dieser Art gibt es auch in hierarchischen Strukturen und Beziehungen; hier ist allerdings genauso Transparenz nötig wie anderswo. Anweisungen, Anordnungen u.ä. sind Realität. Sie müssen aber als solche gekennzeichnet werden. Fehl am Platze sind hier Verschleierungen. Je klarer kommuniziert wird, desto leichter haben es beide Seiten!
Bei aller Entschiedenheit, mit der die eigene Auffassung vertreten wird, ist „das Gelten-lassen auch der fremden Meinung die unerläßliche Voraussetzung eines solchen Gesprächs. *Wo einer für seine eigene Meinung unbedingte Gültigkeit beansprucht, da muß das Gespräch notwendig abbrechen.* Da gibt es nichts mehr zu besprechen, da gibt es nur das nackte Bekenntnis, dem nichts mehr hinzuzufügen ist... Das Aussprechen und für sich Beanspruchen eines Unbedingten bedeutet eine Grenze des Gesprächs... Das ist der Fall, wo das Absolute in Gestalt letzter Überzeugungen im Menschen durchbricht. Das wird auch der Mitunterredende in aller Bescheidenheit zur Kenntnis nehmen müssen, es respektieren, auch wo er selbst nicht mitgehen kann.

Und der Bekennende wird ebenso auf ein Durchsetzen des von ihm als wahr Erkannten verzichten“ (Bollnow 1979, S. 53; Hervorhebung R. M.).

- Gespräche: Mich wahrnehmen, Dich wahrnehmen, unsere Wahrnehmungen austauschen und dann weitergehen... Eigentlich sehr einfach – und des öfteren doch so schwer!
  Was meinen Sie: Wie wirksam sind o.g. Gespräche für Ihre SCHILF-Arbeit?

Das Gesprächsbeispiel II hat uns zwei Menschen gezeigt, die förderlich und achtsam mit sich und miteinander umgehen. Häufig ist es aber der Fall, daß nur *ein* Gesprächsteilnehmer diese Achtsamkeit an den Tag legt. Was dann? Ist der Achtsame dann der Geprellte? Derjenige, der vielleicht doch ins Hintertreffen gerät und schließlich über den Tisch gezogen wird? Viele Gespräche mit Menschen haben mir gezeigt, daß dies nicht der Fall ist, sondern daß Fronten aufgebrochen werden. Aber wesentlich entscheidender ist für mich, die Versteckspiele, die Fassadenkletterei, das Drumherumreden, das diplomatische Geplänkel nicht mehr mitzumachen und die taktischen Gesprächswaffen zu vernichten. (Auch auf der Gesprächsebene gibt es Auf- und Abrüstung!)
Ich habe aber auch gelernt, mich – ohne Waffen – zu schützen. Z.B. entscheide ich, wie lange ich mich an Gesprächen beteilige oder wann ich mich bei „Kriegsgeplänkel“ innerlich und/oder äußerlich „ausklinke“ und wie lange ich belastende „Verhandlungen“ aushalte. Ich habe aber auch gelernt, Botschaften meiner GesprächspartnerInnen zu übersetzen und hinter „geballten Fäusten“ noch die „zitternden Hände“ zu sehen.

- Wie geht es Ihnen auf dem Schlachtfeld des Gesprächskampfes?
  Erinnern Sie sich bitte an *gute* Gespräche, in denen Sie sich wohlfühlten: Was ist da „abgelaufen“?

Struktur und Verlauf

Es mag den Anschein haben, als hätten Gespräche, in denen niemand führt, keine Form, keine Struktur oder keinen geplanten Verlauf. Durch die Analyse vieler solcher „führungsloser“ Gespräche hat sich aber dennoch gezeigt, daß eine Struktur vorhanden ist und daß es gewisse Gesetzmäßigkeiten gibt. Sie sind allerdings nicht das Machwerk nur einer Partei, sondern sie ergeben sich aus dem Gespräch heraus und sind somit das Werk aller Beteiligten, die gemeinsam für die Ziele, die Inhalte, den Verlauf, für ihre Absichten, ihr Handeln und für die Ergebnisse verantwortlich sind. Ausgangspunkt ist die Feststellung des Ist-Zustandes: Was bringt jede Person mit, wie sieht die Wirklichkeit aus, welche Belastungen, Schwierigkeiten sind vorhanden? Es geht weiter mit der Feststellung von Zielen, Wünschen, Bedürfnissen, Vorhaben... (Soll): Was soll erreicht werden? Daran schließt sich der Austausch an, wie das Gespräch weitergeführt werden soll. An dieser Stelle beginnt auch schon der gemeinsame Gesprächsweg, gleichsam das Herzstück des Dialogs mit Durchleuchtung des Problems, Vertiefung, Klärung... mit sich daraus entwickelnden (Teil-)Ergebnissen. Am Ende steht der Ausblick mit ggf. Zusammenfassung, Vereinbarung, Terminierung. Bevor es zum konkreten Handeln nach einem Gespräch kommt, kann die Phase der Metakommunikation eingeschoben werden: Wie geht es den TeilnehmerInnen im Gespräch, wie haben sie sich gefühlt, was haben sie erlebt, wo waren Brücken oder Barrieren, was war hilfreich, was war belastend? So ergibt sich folgende Verlaufsstruktur (s. S. 173):

- Denken Sie bitte wieder an gute Gespräche, die Sie hatten: Können Sie im nachhinein in etwa solch eine Verlaufsstruktur entdecken? Fühlen Sie sich zu sehr in eine Form gepreßt? Für mich sind diese Gesprächsetappen (Schritte) eine Hilfe, quasi ein Geländer, an das ich mich – vor allem in schwierigen Gesprächen – halten kann. Wie ist es für Sie?

In dieser Gesprächsstruktur wird die Ausgewogenheit der Erwartungen, Bedürfnisse und Ansprüche der Beteiligten deutlich. Diese Ausgewogenheit verändert sich notgedrungen bei sog. Beratungs- oder Klärungsgesprächen, in denen die PartnerInnen bei einem Berater oder Klärungshelfer (Thomann 1988) Rat, Hilfe oder Klärung von Problemen suchen. In der schulinternen Lehrerfortbildung sind nicht nur die (professionellen) externen BeraterInnen als Klärungshelfer gefragt, sondern auch SchulleiterInnen und KollegInnen. (s. S. 174ff.: Beratende Einzelgespräche)

Verlaufsstruktur:

Ist	1. Ausgangspunkt: Selbstwahrnehmung; eigene Erfahrungen/Sichtweisen	← bei sich bleiben, auf das eigene Erleben achten, sich mitteilen;
Ist	2. Weiterführung: Fremdwahrnehmung; Erfahrungen/Sichtweisen der PartnerInnen	← aktiv zuhören, anderen die Erfahrungen und Sichtweisen belassen;
Soll	3. Reflexion der Erfahrungen und Sichtweisen; Zielsuche/Zielfindung	← auf die Beziehung achten und auf die Ausgewogenheit in den Zielbestimmungen;
Planung	4. Ggf. Vereinbarungen über die Art der Weiterführung des Gesprächs	← den Gesprächsverlauf gemeinsam planen;
Weg	5. Pendelung im „quadratischen Hin und Her“ (vier Seiten der Kommunikation!)	← Pendeln braucht Zeit, Ergebnisse können nicht erzwungen werden;
Ergebnis	6. Ergebnisfindung auf der Basis gegenseitiger Zustimmung (Reduzierung, Kompromiß, Konsens)	← kein Zwang, kein Druck! Gegenseitige Autonomie beachten!
Ausblick	7. Vergewisserung bezüglich der Realisierbarkeit der Vorhaben/Vereinbarungen	← Ausblick, Weiterführung, Terminierung …

↓

ggf. Metakommunikation

↓

Phase der Realisierung der Ziele und Inhalte außerhalb des Gesprächs

↓

1. Ausgangspunkt: s.o.	s.o.

6. Beratende Einzelgespräche

Notwendigkeit schulischer Beratung

„In den zur Zeit vorliegenden Empfehlungen zur schulinternen Lehrerfortbildung kommt der Beratungsaspekt zu kurz. Kollegiumsinterne Fortbildung bedeutet, unabhängig von ihren jeweiligen Themen, immer auch Konfrontation..." mit dem „Subsystem Lehrerkollegium". Bei der Realisierung schulnaher Vorhaben „stellen sich doch überraschende Hürden in den Weg: Fortbildungsenthusiasmus und konkrete Neuerungen fallen der Trägheit des Systems Kollegium zum Opfer. Gezielte Vorhaben bleiben im Dickicht von Kollegiumsgruppen, hierarchischen Zuständigkeiten und persönlichen Interessen hängen. Der oft herbeigewünschte neue Schwung verliert sich im Geschäft alltäglicher Routine" (Pieper 1986b, S. 118).
Pieper spricht hier die Rolle und Funktion des externen Beraters an, die uns ausführlich im 4. Kapitel (S. 209ff.) beschäftigen sollen.
Deutlich wird hier bereits, wie wichtig Beratung des Systems Schule und des Teilsystems Kollegium ist: „Wenn die schulnahe Fortbildung nicht zugleich auch als *Beratung* des Kollegiums betrachtet und gestaltet wird, haben im Rahmen von schulinterner Lehrerfortbildung initiierte Innovationen kaum Überlebenschancen." (Pieper ebd., S. 118; vgl. auch das „Hamburger Modell der Organisationsentwicklung an Schulen" – kollegiale Systemberatung; 6. Kapitel, S. 300f.)
Diese *System*beratung wird ergänzt durch *Einzel*gespräche und *Einzel*beratung, die sich mehr auf die individuellen Problemlöseaufgaben beziehen, vor allem dann, wenn eigene Erkenntnisse nicht ausreichen, Hilfen für Entscheidungsprozesse nötig sind, Hilfe zur Selbsthilfe angebracht ist, Konflikte zwischen KollegInnen deutlich werden, Klärung von Sachverhalten anstehen und Innovationen gewünscht werden.

In solchen beratenden Einzelgesprächen geht es also um

- Hilfen zur eigenen Klärung und Einsichtgewinnung,
- Entscheidungshilfen und nicht um Entscheidungswegnahme,
- Aussprache und nicht um Verhandlungen und Diskussionen,

- Klarheit/Offenheit und nicht um „Beeinflussung durch die Hintertür“,
- Hilfen zur subjektiven Wahrheitsfindung,
- Wegbegleitung, Stärkung, Ermutigung…

● Wie wichtig halten Sie beratende Einzelgespräche innerhalb der schulinternen Lehrerfortbildung? Wie sind Ihre Erfahrungen?
Welche eigenen „Bordmittel“ haben Sie als BeraterIn im schulinternen Schiff geladen bzw. zur Verfügung?

Beratungsformen

Der Beratungsbegriff ist vielschichtig, und *die* Beratung schlechthin gibt es nicht. Vielmehr ist sie eingebettet in Formen des Gesprächs (vgl. Bollnow 1979, S. 22ff.), des Dialogs, fließend zwischen Auskunft und Empfehlung, zwischen Vorschlag und Ratschlag, Hinweis und Zuspruch, Ermutigung und Bestätigung, aber abgegrenzt zu den Formen der Verhandlung, Besprechung, Weisung und Anweisung. Das Wort *Rat* in Be*rat*ung kennen wir u.a. in Verbindung mit den Wörtern Vorrat oder Hausrat; damit sind Realien gemeint. Im Laufe der Zeit hat sich das Wort Rat als verbale Hilfe im Gegensatz zur Tat als materielle Hilfe herausgeschält (z.B.: mit Rat und Tat zur Seite stehen). Rat und Beratung sind heute Klärungs- und Entscheidungshilfen. Die Wege zu den entsprechenden Zielen können verschieden sein, von direktiven Formen über verschiedene Abstufungen und Mischformen bis hin zu nichtdirektiven Formen[4]:

① *Das direktive Beratungsgespräch*

B *als Lenkende(r)*

↓

R *als Geführte(r)*

Ratschlag
Direktiven

{ anordnen
vorschreiben
beeinflussen
bestimmen

4 In den nachfolgenden Beratungsgesprächsformen bedeuten: B = Beratende und R = Ratsuchende.

- Betonung der Sachkompetenz der Beratenden
- Respektierung der Positionen: Ratgebende – Ratsuchende
- Hervorhebung der sachlichen Klärung/der Sachebene
- Wunsch nach Geführtsein, nach Rezepten
- Tendenz der Abhängigkeit der Ratsuchenden
- hohe Fremdbestimmung, geringe Selbstbestimmung/Selbstverwirklichung
- Notwendigkeit: z. B. bei dringender Hilfe, unmittelbarer Gefahr, geringer Entscheidungsfähigkeit der Ratsuchenden (allerdings mit dem längerfristigen Ziel, sie zu erhöhen) oder bei kurzfristiger Änderung...

Die andere Seite des Beratungspols bildet

② *Das nichtdirektive Beratungsgespräch*

B ⟶		R
als HelferIn		*als Hilfesuchende(r)*
z. B.: aktiv zuhören, einfühlen, verstehen, echt, offen sein, Rückmeldungen geben.	Bedingungen schaffen, ⟶	die hilfreich sind für eigenes Wachsen und Reifen, für Klärungen; Ermöglichung von Selbsthilfen...

- Betonung der Sach- und Beziehungskompetenzen der HelferInnen
- Beachtung der Beziehungs- und Sachebene
- Respektierung der Selbstbestimmung und Selbstverantwortlichkeit
- Wunsch nach Selbstverwirklichung und Autonomie
- Tendenz zur Unabhängigkeit der Ratsuchenden
- hohe Eigenbestimmung, keine Fremdbestimmung
- Förderung des Selbst

In der kollegialen/schulinternen Lehrerfortbildung sind die Kompetenzen der einzelnen Personen meistens gleichmäßig, wenn auch mit unterschiedlichen Schwerpunkten, verteilt. Es gibt selten die ausgebildeten BeraterInnen oder die ausgesprochen Hilflosen, d.h., die beratenden Einzelgespräche verteilen sich weniger auf die beiden Pole, sondern häufiger dazwischen. Hinzu kommt, daß die Rollen wechseln können: Aus Beratenden werden, je nach Situation und Gegebenheit, nach Notwendigkeit und Bedürfnis, Ratsuchende und umgekehrt. So ergibt sich

③ *Das wechselseitige Beratungsgespräch*

B/R ⟵――――――――――――――――⟶ R/B
als PartnerIn *als PartnerIn*

gegenseitiges Zuhören,
Einfühlen, Verstehen,
Akzeptieren, Begleiten,
Helfen, Unterstützen.

- Ausgewogenheit von Beziehungs- und Sachebene
- Respektierung der (unterschiedlichen) Kompetenzen
- Respektierung der Selbstbestimmung und Selbstverantwortlichkeit
- Wunsch nach Selbstverwirklichung und Autonomie
- Wechsel der Beratenden- und Ratsuchendenpositionen
- B und R als „Lernpartner" (Beispiel „Tandem" beim Konstanzer Trainingsmodell – siehe 2. Kapitel, S. 93ff.)
- hohe Eigenbestimmung, keine Fremdbestimmung
- Wunsch nach persönlicher und sachlicher Hilfe (Klärung...)
- gegenseitige Förderung der persönlichen und sachlichen Kompetenzen
- gegenseitige Förderung der Entwicklung

Im Pendeln zwischen den Polen stoßen Sie aber auch auf

Grenzen der schulischen Beratungsgespräche

Beratende Einzelgespräche in der Schule, speziell innerhalb der schulinternen Lehrerfortbildung, sind zwischen den Polen von Direktiven auf der einen und Nichtdirektiven auf der anderen Seite, zwischen Anweisung und Selbstbestimmung angesiedelt.

Und damit sind auch die Grenzen beratender Gespräche abgesteckt:
Beratung hört da auf, wo Anordnungen und Anweisungen gegeben werden (müssen), wo sie notwendig und gefordert sind, z.B. wenn Vorschriften mißachtet, Regeln überschritten und Vereinbarungen nicht beachtet werden oder wo keine Freiräume für eigene Entscheidungen möglich sind. Beratung hört aber auch da auf, wo die Beratenden an ihre Grenzen stoßen, sei es in sachlichen oder in persönlichen Bereichen, oder wo die Ratsuchenden selbst die Grenze ziehen, sei es aus Schutz oder aus dem Bedürfnis heraus, ohne fremde Hilfe weiterzukommen...

Anordnungen Anweisungen keine Entscheidungsräume	←	schulische Beratung, beratende Einzelgespräche	→	Grenze der Beratenden Grenze der Ratsuchenden

Beratung als Hilfe zur Selbsthilfe in der Schule hat letztlich zum Ziel, sich selbst zu klären, die Kommunikation, Interaktion und Kooperation zu fördern und im System Schule auf individueller, interaktionell/sozialer und struktureller Ebene ein Klima zu schaffen, in dem sich alle Beteiligten wohlfühlen und auf dem Weg sind, eine gute Schule zu realisieren.

● Wie fühl(t)en Sie sich bei direktiven und nichtdirektiven Gesprächen? Fühlen Sie sich sicherer, wenn Sie geführt werden?
Wie erfahren Sie Fremdbestimmung in der Schule, und welche Möglichkeiten der Selbstbestimmung haben Sie?
An SCHILF gedacht: Wo haben beratende Einzelgespräche ihren Platz? Welche Eigenschaften gehören für Sie zu einem/einer „guten“ BeraterIn?

Ich wünsche Ihnen auf Ihrer SCHILF-Wanderung manche Gesprächswiesen,auf denen Sie sowohl beraten und helfen als auch Beratung und Hilfe bekommen.

7. Literaturhinweise

Die Großmarkthalle „Kommunikationsliteratur" ist übervoll. Auf meinem Streifzug sind mir in den letzten Jahren einige Bücher sehr wichtig geworden. Ich stelle sie Ihnen vor[5]:

Paul Watzlawick u. a.: Menschliche Kommunikation. Formen, Störungen, Paradoxien, Bern – Stuttgart – Toronto 1985/7 (1969).
Aus dem Inhalt:
Begriffliche Grundlagen – Pragmatische Axiome und Definitionsversuche – Gestörte Kommunikation (im Hinblick auf die fünf Axiome) – Die Organisation menschlicher Interaktion – Darstellung eines Beispiels: Kommunikationsstrukturen im Theaterstück „Wer hat Angst vor Virginia Woolf?" – Paradoxe Kommunikation und Paradoxien der Psychotherapie – Ausblick: Existentialismus und menschliche Kommunikationstheorie.
Mir hat dieses Buch sehr geholfen, Einsicht in die Vorgänge menschlicher Kommunikation zu gewinnen und zu sehen, wie vielfältig, unterschiedlich und komplex zugleich, wie einzigartig Kommunikationsvorgänge sind und wie jeder Mensch seine eigene Wirklichkeit hat, die er auf seine Art mitteilt. Ich habe gelernt, behutsamer, vorurteilsfreier und offener mit mir und anderen umzugehen.

Friedemann Schulz von Thun: Miteinander reden: Störungen und Klärungen. Psychologie der zwischenmenschlichen Kommunikation, Reinbek 1989 (1981).
Aus dem Inhalt:
Die Anatomie einer Nachricht – Mit vier Ohren empfangen – Feedback: Die Begegnung mit dem Empfangsresultat – Interaktion (oder: das gemeinsame Spiel von Sender und Empfänger) – Die vier Seiten der Nachricht: Selbstoffenbarung, Sache, Beziehung, Appell – Nachwort für Psychologen (u. a. „Bleiben Se Mensch, Herr Psychologe"!).
Die Entdeckung der *vier* Seiten war für mich sehr hilfreich, und ich habe gelernt, daß zwischenmenschliche Kommunikation wirklich nicht *einfach,* sondern – mindestens – vierfach ist. Für meine eigenen Mitteilungen bin ich sensibler geworden, und für

5 In den angeführten Büchern finden Sie noch zahlreiche Literaturhinweise. Die Zahlen in Klammern geben das Erscheinungsjahr der Erstauflage an.

die Botschaften anderer haben sich meine „Ohren vierfach“ erweitert. (Vom gleichen Autor erschien 1989 ein zweiter Band: Stile – Werte – Persönlichkeitsentwicklung, Reinbek 1989.)

Carl Rogers: Entwicklung der Persönlichkeit. Stuttgart 1976.
Aus dem Inhalt:
Biographisches – Hilfreiche Beziehungen – Der Prozeß der Persönlichkeitsentwicklung – Eine Philosophie der Persönlichkeit – Die Fakten: Forschung in der Psychotherapie – Implikationen für das Leben? – Die Verhaltenswissenschaft und der Mensch – Bibliographie.
Das Buch war für mich eine „Offenbarung“ und knüpfte an den Gedanken von Watzlawick an: Jeder Mensch hat seine eigene Wirklichkeit, seine eigenen Sichtweisen. Wie ein roter Faden durchzieht die Betonung der Einzigartigkeit der menschlichen *Erfahrung* diesen Sammelband von Aufsätzen Carl Rogers: „*Erfahrung* ist für mich die höchste Autorität. Der Prüfstein für Gültigkeit ist meine eigene Erfahrung. Keine Idee eines anderen und keine meiner eigenen Ideen ist so maßgeblich wie meine eigene Erfahrung. Ich muß immer wieder zur Erfahrung zurückkehren, um der Wahrheit, wie sie sich in mir als Prozeß des Werdens darstellt, ein Stück näherzukommen.“
Das Buch hat mich ermutigt, zu mir zu stehen, *ohne* den Hang zum Selbstverwirklichungs*trip* und auf die anderen zu achten, *ohne* in (angelerntes) altruistisches Gehabe (wieder) zurückzufallen.
„Einfühlung, Akzeptanz, Kongruenz“ sind für mich drei Lebensbegleiter geworden in der Entwicklung meines Selbst und im förderlichen Umgang mit anderen.

Bernd Fittkau u. a.: Kommunizieren lernen (und umlernen): Trainingskonzeptionen und Erfahrungen, Braunschweig 1980 (1977).
Aus dem Inhalt:
Psychologische Vorgänge in der zwischenmenschlichen Kommunikation – Grundzüge unseres Kommunikations- und Verhaltenstrainings für Berufspraktiker – Kooperationstraining für Lehrer – Kommunikations- und Interaktionstraining für Lehrer und Schüler – Elterntraining: Partnerschaftlich mit Kindern leben – Kommunikations- und Verhaltenstraining für Dozenten – Zur Bedeutung der Kommunikation für die psychische Gesundheit, auch im Betrieb – Anhang: Trainingsmaterialien.

Wie Sie der Inhaltsangabe entnehmen können, verweise ich hier auf ein Trainingsbuch. Was in den o. g. drei Büchern an Erkenntnissen gewonnen wurde, ist nicht immer einfach in die und in der Praxis umzusetzen. Für den „Kommunikations- und Interaktionsberuf LehrerIn" ist dieser Sammelband sehr hilfreich.

Christian Weisbach u. a.: Zuhören und Verstehen. Eine praktische Anleitung mit Übungen, Reinbek 1984 (1979).
Aus dem Inhalt:
Zuhören – Gesprächsstörer – Gesprächsförderer – Gefühle wahrnehmen und ausdrücken – Ich-Aussagen – Rückmeldung – Nichtsprachliche Mitteilung – Gesprächspausen – Gesprächsanfang/Gesprächsende – Gespräche in Gruppen – Meinungen darstellen – Konflikte und deren Bewältigung – Gesprächsanalyse.
Die AutorInnen gehen sehr ins Detail und verweisen auf viele Elemente der Gesprächsführung, auf Gesprächsstörer genauso wie auf Gesprächsförderer u. a. m. Die Übungsangebote sind in kleine Häppchen aufgeteilt, so daß Sie sich selbst aussuchen können, was Sie jeweils – gut proportioniert – trainieren wollen.

Christoph Thomann/Friedemann Schulz von Thun: Klärungshilfe. Handbuch für Therapeuten, Gesprächshelfer und Moderatoren in schwierigen Gesprächen (Theorien, Methoden, Beispiele), Reinbek 1988.
Aus dem Inhalt:
„Wie verhält sich ein Gesprächshelfer . . ., wenn zwei oder mehrere Personen erklärtermaßen in eine Sackgasse der Kommunikation und ihrer Beziehung zueinander geraten sind? . . . Um dann weiterzuhelfen und die Beteiligten miteinander in ein klärendes Gespräch zu führen, entwickelt dieses Handbuch Leitlinien und praktische Ratschläge aus kommunikationspsychologischen Einsichten mit vielen hilfreichen Beispielen. Keine Tricks oder Spielchen, sondern kundige Anleitungen, um Beziehungsstörungen zu erkennen und in gemeinsamer Anstrengung zu überwinden." (Selbst-, Kommunikations-, Persönlichkeits- und Systemklärung, Wertevermittlung)

Waldemar Pallasch: Pädagogisches Gesprächstraining. Lehr- und Trainingsprogramme zur Vermittlung pädagogischer Gesprächs- und Beratungskompetenz, Weinheim/München 1987.

Aus dem Inhalt:
Das Buch besteht aus 33 Grundbausteinen und 12 begleitenden Bausteinen als Trainingsprogramm für ein pädagogisches Gesprächstraining. Die zahlreichen Trainingselemente werden differenziert mit Anleitungen dargeboten; sie eignen sich vor allem als Grundlage für die Arbeit in Gruppen:

- Eine Auswahl aus den Grundbausteinen:
  Zuhören – Aspekte heraushören – emotionalen Bezug artikulieren – Hineinversetzen/Nachvollziehen – Nonverbale Signale/Körpersignale – Barrieren thematisieren – Lösungen anbieten/Vorschläge machen...
- Eine Auswahl aus den begleitenden Bausteinen:
  Kognitive Aufarbeitung – Pädagogische Information – Entspannungsübungen/Körperempfindungen – Innere Bilder/inneres Erleben...

Ergänzende Literatur:

Otto F. Bollnow: Sprache und Erziehung, Stuttgart 1979/3 (1966) 1. Teil: Formen des Gesprächs; 2. Teil: Welterfassung in der Sprache.
Arno Gruen: Der Verrat am Selbst. Die Angst vor Autonomie bei Mann und Frau, München 1986/2.
Carl Rogers: Die Kraft des Guten, Frankfurt 1986.
Virginia Satir: Meine vielen Gesichter. Wer bin ich wirklich?, München 1988.
Wolfgang Schmidbauer: Die hilflosen Helfer. Über die seelische Problematik der helfenden Berufe, Reinbek 1977.
John Stevens: Die Kunst der Wahrnehmung, München 1986/9 (1975).
Paul Watzlawick: Wie wirklich ist die Wirklichkeit? Wahn, Täuschung, Verstehen, München 1983/8 (1978).

4. Kapitel: In der Gruppe Steil- und Engpässe bewältigen

Schule X: Die Klassenzimmertüren sind offen. Auf meine Frage, ob denn kein Unterricht sei, antwortet der Schulleiter: „Doch. Während der Unterrichtszeit sind bei uns die Türen offen. Nur wenn ein Lehrer für sich arbeiten will (z.B. Korrekturen erledigen), dann schließt er die Tür."

Das Normale in dieser Schule sind also offene Türen, und diese symbolisieren vermutlich auch das dort spürbare Klima von Offenheit, Kollegialität und Kooperation. Im Kollegium wird miteinander gearbeitet und nicht hinter verschlossenen Türen agiert. Diese Art von „Schule halten" ist gar nicht so selbstverständlich, wenn man die *soziale* Biographie von LehrerInnen betrachtet. Grund genug also, unsere eigenen Erfahrungen in und mit Gruppen zu reflektieren und Gruppendynamik und Gruppenprozesse näher anzusehen, bevor wir unser Augenmerk auf die Gruppenleitung in der Schule und der schulinternen Lehrerfortbildung richten. Anschließend wird die „Themenzentrierte Interaktion" dargestellt, die sich seit geraumer Zeit vor allem in Schulen als sehr wirksam und hilfreich erwiesen hat. Bevor Ihnen Literaturhinweise die Möglichkeit geben, sich noch weiter mit dem Thema „Kollegium und Gruppe" zu befassen, gehe ich auf die Bedeutung von *Supervision und Selbsterfahrung* ein, ein Bereich, der in der Schule noch als Stiefkind behandelt, aber allmählich doch mehr und mehr beachtet wird.

Als „schulische Seilschaft“ sind wir im Kollegium nicht (an-)gebunden, sondern mit dem Gefühl *ver*bunden, uns zu brauchen, um miteinander die pädagogischen Steil- und Engpässe zu bewältigen: Hoffentlich ist die Zeit der EinzelkämpferInnen in unseren Schulen bald vorbei. „Gemeinsam statt einsam“ heißt die Devise der Zukunft! In diesem Sinne wünsche ich Ihnen im nächsten Kapitel viele Anregungen und Entdeckungen.

1. Erfahrungen, Impulse, Hindernisse

Schulbiographisches

Die Forderung nach kooperativen Arbeitsformen in der Schule und die tatsächliche Realisierung stehen in umgekehrtem Verhältnis zueinander. Das Normale ist immer noch Frontalunterricht, ist immer noch die Einzelarbeit der LehrerInnen in den Klassenzimmern: Teamarbeit weder auf SchülerInnen- noch auf LehrerInnenseite, weder im Klassenzimmer noch im Lehrerzimmer.
Mag sein, daß in der Grundschule noch am meisten Gruppenunterricht stattfindet; je höher es jedoch die Schulstufen hinaufgeht, desto geringer wird die Kooperation: In den vierten Klassen Kampf um die besten Noten für's Gymnasium, in den Leistungskursen Kampf um die meisten Punkte für den Numerus clausus, Kampf in den erziehungswissenschaftlichen Abteilungen um die besten Examensnoten, Kampf in den Ausbildungsseminaren um die vordersten Plätze... und dann hinein ins LehrerInnenleben! Konkurrenz gelernt..., jetzt Kooperation gewünscht! Allein oder gegeneinander zu arbeiten ist uns gewohnter als in der Gruppe und miteinander.
Auf Grund unserer eigenen gruppen*distanzierten* schulischen Erziehung als LehrerInnen fällt es uns sehr schwer, zum einen innerhalb des Klassenzimmers sozialintegrative und gruppenspezifische Lern- und Arbeitsformen anzubieten und durchzuführen und zum anderen, sie selbst im Kollegium zu praktizieren. So sind wir auf kooperative Formen in der Mehrzahl weder innerlich eingestellt noch didaktisch-methodisch darauf vorbereitet. Langsam spricht es sich herum, daß Unterricht nicht nur Informationsvermittlung ist und linear und einkanalig vom Sender (LehrerIn) zum Empfänger (SchülerIn) stattfindet, sondern daß Lernprozesse mehrkanalig und netzförmig verlaufen. Um nicht

ins pädagogische Abseits zu geraten, werden in der „Schule 2000“ kooperative Lern- und Arbeitsformen wesentlich stärker als bisher Einzug halten müssen. Die schulinterne Lehrerfortbildung bietet dazu Chancen.

- Wie sind Ihre Erfahrungen aus der eigenen Schulzeit hinsichtlich sozial-integrativer Arbeits- und Kooperationsformen? Welchen Unterrichtsstil „pflegen“ Sie?
  Welche Assoziationen haben Sie zum Thema „Gruppe, Teamarbeit, Kollegium“?

Wenn es um Kooperation geht, so können wir nur auf wenige Beispiele aus dem Schulbereich zurückgreifen, um zu zeigen, was nötig, möglich und wirksam ist. (Z.B. Ohrmann u.a. 1989: Ein Team macht Schule.) Andere Institutionen und Berufszweige sind uns ein paar Schritte auf der Gruppenwanderung voraus:

Beispiele und Impulse

In „Beiträge zur didacta 1989: Bildungsarbeit bei Daimler-Benz“ lese ich: „Innovation erfordert Kooperation. Leistung erfordert Zusammenarbeit.“ Aus diesen Erkenntnissen werden Grundsätze abgeleitet, die auch für Schule und Kollegium gelten können, auch wenn wir Innovation und Leistung unter anderen Vorzeichen sehen:
„Die Beteiligten arbeiten partnerschaftlich zusammen. Sie übernehmen die Verantwortung für Qualität und Kosten. Sie schaffen gemeinsame Gremien für die begleitende Steuerung.“ Der Weg hin zur Verwirklichung dieser Grundsätze besteht aus folgenden Schritten:
„Eigenverantwortlichkeit von einzelnen Gruppen fördern
Lern- und Entwicklungsschritte begleiten
Arbeits- und Gruppenprozesse gemeinsam auswerten.“
Mir fällt ins Auge: Kooperation, Partnerschaft, Eigenverantwortlichkeit, gemeinsames Auswerten...
Auf die Schule übertragen hieße das, in drei Bereichen gravierende (Ver-)Änderungen herbeizuführen und zwar im individuellen, im kommunikativ-interaktionellen und im strukturell-bürokratischen Bereich, z.B.:

- Eigenverantwortung statt Fremdbestimmung,
- Kooperation statt Einzelkämpfertum,
- Partnerschaft statt Isoliertheit,
- Teamarbeit statt Einzelgängerveranstaltungen,
- Dezentralisierung statt Zentralisierung,
- Gestalten statt (nur) Verwalten,
- u. a. m.

● Welche Konsequenzen hätte dies für Sie persönlich, für Sie als LehrerIn, für Ihr Kollegium, für Ihre Schule?

In der Süddeutschen Zeitung vom 11./12. 1989 (Beilage: Bildung und Beruf) lese ich: „Führungsmodell setzt unternehmerische Kräfte frei: Motivation durch Partnerschaft... Unternehmerische Kräfte werden nur dann frei, wenn man großzügig bemessene Freiräume gewährt" (S. VIII). Freiräume also auch in der Schule für Kreativität und Kooperation, für Verantwortlichkeit und „Unternehmergeist"!

● „Schule als Unternehmen" – klingt ganz schön fremd, finden Sie nicht? Sie, ich, wir als UnternehmerInnen in unseren Schulen...?
Gar nicht so schlecht!?
Was würden Sie als erstes unternehmen?

Ich vermute: Es würde sich in unseren Schulen manches schneller ändern, sinnvoller entwickeln und effektiver sein, wenn wir LehrerInnen die *Konsequenzen* unserer Produktion (= Lern- und Verhaltensleistungen unserer SchülerInnen) rascher, hautnaher und unmittelbarer zu spüren bekämen und wenn wir finanziell von unseren „Produkten" leben müßten. Für Wirtschaft und Industrie gelten: Schlechte Produkte = Finanzielle Einbußen bis hin zum Konkurs! Für schlechte Schulen gilt: – ??? – Ich weiß: Industrie/Wirtschaft und Schule kann man nicht in einen Topf werfen. Zu unterschiedlich sind Voraussetzungen, Ziele und Wege. Dennoch: Die Vergleiche geben zu denken, motivieren vielleicht die eine oder den anderen, Veränderungen in Gang zu setzen, für mehr Kooperation einzutreten und mit der SCHILF-Arbeit bis hin zur umfassenden Organisationsentwicklung zu beginnen, immer unter dem Gesichtspunkt, gute Schulen hervorzubringen, zu gestalten, anzustreben.
Weil der LehrerInnenberuf teilweise auch ein *Sozial*beruf ist – und die Anzeichen mehren sich, daß er sich in diese Richtung hin noch ausweiten wird – deshalb können uns auch andere Sozial-

berufe Beispiel geben, wie Kooperation aussehen und verwirklicht werden kann. In Einrichtungen wie Heimen, Kindergärten, Kinderhorten, Kliniken, Beratungsstellen u.ä. ist es in vielen Fällen zur Selbstverständlichkeit geworden, daß die lehrenden, betreuenden, helfenden Personen zusammenarbeiten, gemeinsame Besprechungszeiten – innerhalb ihrer Arbeitszeit – haben, sich über schwierige Fälle unterhalten, gemeinsam Interventionen ausarbeiten, und daß sich Supervisionsgruppen bilden (Siehe 4. Kapitel, S. 224ff.). Die Personen arbeiten innerhalb eines *Systems* und deswegen auch *systemisch,* d.h. in Verbindung mit allen Beteiligten. Die Schule ist ebenfalls solch ein System, das Kollegium ein Teilsystem. Wir werden – was Kooperation und die Arbeit in Gruppen betrifft – „nachziehen" *müssen,* und zwar nicht nur sporadisch, privatim und informell, sondern *professionell,* wenn wir den Aufgaben der Zukunft gewachsen sein wollen. Die Arbeit an unserem Arbeitsplatz Schule wird über das bloße Unterrichten hinausgehen.

- Welche Vorstellungen haben Sie über die Zukunft unserer Schulen? Phantasieren Sie: Wie wird wohl die „Schule 2000" aussehen? Voraussichtlich werden Sie mit 60 oder 65 Jahren in Pension gehen und demnach noch ... Jahre in der Schule sein: Sich im Kollegium als Gruppe wohlfühlen – Wie wichtig ist das für Sie?

Schwierigkeiten, Hindernisse

Für mich *ist* (m)ein Kollegium wichtig, nicht nur des Wohlfühlens wegen, sondern aus o.g. Gründen. Deshalb halte ich innerhalb der Schule die Arbeit in Gruppen, im Team für unabdingbar, für notwendig, für wünschenswert. Damit verbinde ich nicht den (Gruppen-)Zwang zum Mitmachen: Jeder hat seine eigenen Erfahrungen und Sichtweisen. Aber die *Einladung* zur kollegialen Gruppen-Wanderung gilt nach wie vor.
Einfach wird diese Wanderung allerdings nicht werden: In der Schule gibt es (noch) genügend Hindernisse, und die Beispiele aus anderen Sozialeinrichtungen, aus Industrie und Wirtschaft können nicht unmittelbar übernommen werden. Die Schule hat ihre eigenen Rahmenbedingungen, Strukturen, Möglichkeiten und Grenzen.
Im *individuellen Bereich* sind es unsere persönlichen Erfahrungen, Lern- und Verhaltensmuster, die es uns erschweren, offen

und fähig für Kooperation und Teamarbeit zu sein. Eine wichtige Position nimmt dabei die Schulleitung ein: Sie kann entweder Initiatorin, Förderin und Beispiel für beginnende und weiterführende Gruppenprozesse sein, aber auch genauso Hemmschuh, Blockade oder unüberwindbare Steilwand.
In der *zwischenmenschlichen Kommunikation* sind es ebenfalls in erster Linie unsere Erfahrungen, die sich fördernd oder blockierend auf unsere schulische Kooperation auswirken können: die positiven werden uns „beflügeln", von den negativen werden wir uns erst wieder befreien müssen, in der Hoffnung und Zuversicht, daß *neue* Gruppenerfahrungen als hilfreich und förderlich erlebt werden. Die „kommunikativen Brücken" und Bausteine (Siehe 3. Kapitel S. 148ff.) sind mögliche Garanten dafür. Was die angenehmen und unangenehmen Erfahrungen betrifft, so teilen wir sie mit Menschen aus anderen Berufen.
Die Unterschiedlichkeit in der Kooperation kommt wohl am stärksten im *strukturellen* und *schulorganisatorischen* Bereich zum Ausdruck. Derzeit bedarf es noch der Überwindung etlicher Hürden, um kollegiale Zusammenarbeit in der Schule zu ermöglichen:

- Klassen- und FachlehrerInnensystem; keine Angebote, als Team und im Team zu unterrichten;
- 45-Minuten-Takt, kaum freies Arbeiten, kaum offener Unterricht, nur sehr geringe Integration anderer LehrerInnen;
- noch zu wenig Projekt- und Epochenunterricht unter Einbeziehung mehrerer LehrerInnen als Fachleute;
- Arbeitsplatz Schule als „Teilarbeitsplatz": ein Teil in der Schule, der andere außerhalb der Schule;
- zu wenig Räume, Materialien, Angebote, Möglichkeiten, um im Team zu arbeiten: Stoffverteilungspläne, Unterrichtsvorbereitungen, Korrekturen, Gespräche über und mit SchülerInnen, Gespräche untereinander...;
- zu wenig organisatorische Planungen;
- keine Deputatsangebote für kooperatives Arbeiten: die Stundendeputate sind derzeit ausschließlich auf den *Unterricht* bezogen.

(Erfreuliche Anzeichen zur Verstärkung der Kooperation sind z.B. der fächerverbindende und fächerübergreifende Unterricht.)

● Was fällt Ihnen noch ein?

Die Wende zu mehr Kooperation im Kollegium sehe ich von mehreren Seiten:

- Die *Erfahrung,* daß das Lernen, Arbeiten, Leben ... in Gruppen förderlich, sinnvoll und erfreulich ist;
- die *Einsicht,* daß ein kollegiales Miteinander notwendig und unabdingbar ist;
- die *Fähigkeit,* mit kommunikativen Bausteinen immer besser umgehen zu können;
- die *Forderung* an Verwaltung und Bürokratie nach mehr Dezentralisierung, mehr Transparenz, mehr unbürokratischen Maßnahmen; mehr „Räume" für Teamarbeit, mehr Offenheit für Gruppenprozesse ...;
- die *Achtung* voreinander zu entscheiden, wann, wie und in welchen Formen jede einzelne Person mitarbeiten will;
- die *freie Pendelung* zwischen *allein sein* und *in der Gruppe sein,* zwischen *allein arbeiten* und *im Kollegium arbeiten;*
- die *Sichtweise* von Schule als einem Ort, an dem sich Chancen ergeben, sich auch an einem *Arbeitsplatz persönlich* in einer *Gruppe* weiterzuentwickeln;
- *ein Miteinander* statt ein Gegeneinander, sowohl in freudigen als auch in belastenden oder schmerzlichen Situationen;
- *Vertrauen* statt Angst.

Ziele

Als Kollegium sind wir eine Gruppe und/oder Teilgruppen, ob wir es wahrhaben wollen oder nicht. Wir können uns der Kommunikation im Kollegium nicht entziehen, d. h., es ist unmöglich, nicht zu kommunizieren (vgl. 3. Kapitel, S. 141. Watzlawick: 1. Axiom). Im schlimmsten Fall teilen wir uns mit durch Passivität, Verweigerung und dysfunktionales Verhalten.
Unter dem Gesichtspunkt der kollegialen Zusammenarbeit und des Kollegiums als Gruppe finden wir, je nach Schularten, gemeinsame und unterschiedliche Ziele. Aus der Sicht der Grundschule wird es andere Ziele geben als aus der Sicht der Gymnasien, Gesamtschulen oder der beruflichen Schulen. Der gemeinsame Nenner könnte jedoch aus folgenden grundsätzlichen Absichten bestehen:
- Möglichkeiten finden, wie Schule umgestaltet werden kann,
- herausfinden, welchen Beitrag das Kollegium dabei leisten kann,

- Freude finden, bewußt in einen Prozeß einzusteigen, in dem wir unbewußt bereits sind,
- offen miteinander reden und einander vertrauen,
- eigene und fremde Unzulänglichkeiten und Schwächen erkennen und dazu stehen,
- zusammenarbeiten, Kontrakte einhalten, agieren und reagieren,
- Kritik üben und ertragen, Feedback geben und aushalten,
- Initiative entwickeln und aus Routine ausbrechen,
- Gruppe als einen Ort sehen, sich mit anderen auf Neues einzulassen,
- Grenzen erfahren.

SCHILF-Arbeit ist u.a. auch Arbeit in der Gruppe. Werfen wir deshalb einen Blick hinter die „Kulissen von Gruppendynamik und Gruppenprozessen".

● Bevor Sie aber den Vorhang beiseite schieben: Was empfinden Sie? Neugier, Spannung, Erwartung, Freude, Zögern, Unsicherheiten, Zielstrebigkeit...?

2. Gruppendynamik und Gruppenprozesse

Lehrerkollegien als (Groß-)Gruppe unterscheiden sich von „Gruppen auf Zeit" (z.B. Wochenendgruppen, Wochengruppen, Langzeitgruppen für einige Stunden pro Woche). Ein Kollegium „besteht" schon und weist eine geringe Fluktuation auf: einige wenige gehen und kommen, das gegenseitige Kennenlernen ist fließend, es gibt Neue und Alte, einen „Stamm" („Hier im Lehrerzimmer gibt es keine festen Plätze – aber das ist mein Platz.") Dynamik und Prozesse finden statt, weil ein Kollegium aus Individuen besteht, von denen jedes seine eigene Lebensgeschichte, seine eigenen (Vor-)Erfahrungen mitbringt. Sehen wir uns also an, was sich in einer (LehrerInnen-)Gruppe bewegen kann:

Gruppendynamik

Jeder Mensch kommt mit bestimmten Erwartungen, Phantasien, Unsicherheiten, Ängsten... in die (Arbeits-)Gruppe. Es werden Gefühle berührt und Gedanken ausgesprochen, Kontakte ge-

knüpft, Beziehungen aufgenommen, Spannungen auf- und abgebaut. Der Wunsch nach Distanz und Nähe kann genauso vorhanden sein wie nach Akzeptanz, Produktivität oder Konfliktbearbeitung. Die Dynamik zeigt sich bereits hier in der Wechselwirkung zwischen den einzelnen und der Gruppe als Ganzes:
„Die Gruppe macht das Individuum von sich abhängig, damit sie als Gruppe existieren kann. Das Individuum seinerseits braucht wiederum die Gruppe zum Überleben“ (Molcho 1988, S. 30). Vom Standpunkt der Gruppe aus heißt das: Erfüllen wir die Erwartungen, sind wir gut, erfüllen wir sie nicht, so sind wir schlecht. Die andere Seite, ebenso bedeutsam: „Die Autonomie des Individuums, d.h. seine Eigenständigkeit als einzelner bleibt in der Gruppe voll erhalten“ (Brocher 1967, S. 30). Auch hier zeigt sich ein dynamischer Gesichtspunkt: Die Gruppe als ein soziales Gebilde zwischen den Bedürfnissen der einzelnen Mitglieder und den Bedürfnissen der Gruppe.
Gemeinsamkeit und Unterschiede ergeben sich z.B. durch den Grad der gegenseitigen Abhängigkeit, die Art der Interaktion, die Übereinstimmung (oder Nichtübereinstimmung) von Normen und Zielen, den Schwierigkeitsgrad der Aufgaben, die Verteilung der Rollen und durch die Art der Struktur (z.B. Lern-, Arbeits- oder Selbsterfahrungsgruppe...). Von psychoanalytischen Gesichtspunkten aus betrachtet, wird ebenfalls die Dynamik in Gruppen deutlich:
„Beim Eintritt in eine neue Gruppe wiederholt sich unbewußt das Modell der frühen Sozialbeziehungen so lange, bis eine befriedigende und angstfreie Kommunikationsmöglichkeit der Gruppenmitglieder untereinander und gegenüber dem Gruppenleiter gefunden ist“ (Brocher 1967, S. 32). D.h. also, daß frühere Objektbeziehungen ans Tageslicht kommen, z.B. Erwartungen an..., Befürchtungen von..., Hoffnungen auf..., Urvertrauen und Mißtrauen gegenüber..., oder noch deutlicher: „Die Entwicklung eines Individuums in einer Gruppe *wiederholt* seine Entwicklung in der Primärgruppe mit sämtlichen Erfahrungen“ (Brocher 1967, S. 96f.; Hervorhebung R.M.).
Ich begegne in der Gruppe möglicherweise meinem „Vater“ („Mich ärgert, daß Kollege A immer alles besser weiß und an allem etwas auszusetzen hat.“) oder meine „Mutter“ („Kollegin B soll mich doch endlich in Ruhe lassen und nicht immer so besorgt sein.“) oder meinem „Lehrer“ („Unmöglich, der Befehlston, in dem der Schulleiter mit uns umgeht.“) usw. Es ist

also völlig normal, daß es innerhalb von Gruppen zu Spannungen, heftigen Auseinandersetzungen und Konflikten kommen kann. Wichtig ist zu erkennen, daß es sich um Übertragungen handelt: Wer erinnert mich hier an Personen aus meiner (frühen) Kindheit oder Jugend? Umgekehrt werden manche KollegInnen wieder zu „Kindern“ oder „aggressiven SchülerInnen im Klassenverband“. (Sehnsucht nach der Kindheit: Endlich kann ich wieder...)

Allerdings: „Nicht bei jedem Ärger oder bei jedem anziehenden Gefühl handelt es sich gleich um eine Übertragung. Anzeichen dafür liegen vor, wenn ein Teilnehmer mit übertriebener Hartnäckigkeit und Intensität oder sehr plötzlich und unangemessen stark z.B. mit Enttäuschungsgefühlen reagiert“ (Langmaack 1985, S. 119).

Zwei Aspekte sollten bewußt sein: Die Personen in der Gruppe können Personen in meinem Leben sein, denen ich – von frühester Kindheit an – begegnet bin. Ich habe die Chance, durch die *Wiederholung der „Begegnung“* (Übertragung) Unerledigtes aufzuarbeiten. Und zweitens: Ich selbst kann in den anwesenden Personen „versteckt“ sein: Meine eigene Ungeduld sehe ich in der Kollegin A, meine Heftigkeit im Kollegen B, meine Herzlichkeit in der Kollegin C usw. Auch hier habe ich die Chance, mit diesen Personen in der Gruppe zu lernen, mit mir selbst besser umzugehen.

Fazit: Personen in der Gruppe sind in meinem Leben bereits aufgetaucht – und ich begegne Anteilen von mir in manchen Personen der Gruppe.

- Denken Sie bitte an Personen in Ihrem Kollegium:
  Welche erinnern Sie an Personen in Ihrem bisherigen Leben, vor allem aus Ihrer Kindheit?
  In welchen Personen finden Sie Verhaltensweisen (Teile) von sich selbst? („Wir haben gemeinsam...“)
  Können Sie bereits deutlicher Gründe für Konflikte mit bestimmten Personen erkennen?

Ich möchte (LehrerInnen-)Gruppen nicht zwangsläufig als Konfliktherde darstellen, sondern zeigen, was sich in Gruppen ereignen kann, wenn sich Menschen begegnen. So gesehen ist es dann wirklich normal, selbstverständlich und auch erleichternd, feststellen zu *dürfen,* daß es Schwierigkeiten gibt. Gründe dafür können in der Persönlichkeitsstruktur der einzelnen, in der Art der Zusammensetzung der Mitglieder, in den Rahmenbedingun-

gen, in den Zielen und Aufgabenstellungen oder in den gegenseitigen Erwartungen liegen. Und schließlich: Wenn die Kommunikation und Interaktion zwischen zwei Personen schon schwierig genug sein kann (Vgl. 3. Kapitel), so erst recht im Beziehungsgeflecht von Gruppen. (Übrigens, auch Ihre Klasse ist eine dynamische Gruppe!)
Die Dynamik in Gruppen bejahen heißt also, die Individualität der einzelnen Mitglieder, die Verschiedenheit der Lebensgeschichten, das Phänomen der Übertragung, die unterschiedlichen Bedürfnisse und Erwartungen, die zum Teil sehr divergierenden Erfahrungen der Mitglieder und deren Beziehungen untereinander bejahen. Diese *bejahende und akzeptierende Einstellung* bildet eine tragende Basis, um sich gemeinsam auf Prozesse einzulassen.

Gruppenprozesse

Auch wenn Kolleginnen und Kollegen schon über Jahre hinweg in einer Schule sind, so heißt das noch nicht, daß sie sich näher kennen oder innerhalb der Groß- oder Kleingruppen miteinander gearbeitet hätten. Es mögen Aversionen oder Sympathien aus der Entfernung entstanden sein; ein wirklich gemeinsamer Lern- und Arbeitsprozeß hat möglicherweise noch gar nicht stattgefunden.
Die schulinterne Lehrerfortbildung ist auch durch die Arbeit in Gruppen geprägt und unterliegt deshalb gleichen Prozessen wie andere Gruppen auch. „Stationen" (Elemente) von Gruppenprozessen können sein (vgl. auch Langmaack 1985 S. 134):

- *Ankommen und sich orientieren,* und zwar körperlich, geistig und seelisch: „Ein arabisches Sprichwort sagt, daß ‚die Seele meist zu Fuß geht', also am meisten Zeit zum Ankommen braucht." Sich und den anderen Zeit lassen und eine Atmosphäre schaffen, in der ich mich mit den anderen wohlfühle. Auch wenn Kolleginnen und Kollegen schon länger miteinander vertraut sind, so brauchen sie eine „Anwärmzeit" für gemeinsames Arbeiten.
- *Auf Gefühle und Empfindungen achten:* Die Gruppe der Lernenden kann nur dann vorwärtsschreiten, „wenn sie alle... angstbesetzten Teilaspekte der Objektbeziehungen untereinander und zum Gruppenleiter so weit aufgearbeitet hat, daß

sie sich relativ angstfrei der Realität zuwenden kann" (Brocher 1967 S. 73). Während der Arbeit mit Kollegien habe ich immer wieder erfahren, daß sich Lehrerinnen und Lehrer scheuen, in der Großgruppe „Gesamtkollegium" etwas zu sagen; daß sie Unsicherheiten und Ängste haben (etwas Falsches zu sagen oder sich zu blamieren, nicht ernstgenommen oder abgekanzelt zu werden), blockiert sind und sich bestenfalls in einer Kleingruppe öffnen und selbst da erst allmählich. Auch in Lehrerkollegien gilt: Achtsamkeit auf die gegenseitigen Gefühle. Emotionen haben Vorrang!

- *Eigene Bedürfnisse klären:* Äußere Klarheit setzt innere Klarheit voraus. Wenn mir bewußt ist, was mir wichtig ist und was ich will, dann kann ich auch meine Bedürfnisse besser, klarer artikulieren. Ich weiß aber auch, daß es *meine* Bedürfnisse sind und daß andere KollegInnen andere Bedürfnisse haben; gerade deswegen gibt es häufig Konflikte in der Gruppe.
- *Verantwortung übernehmen.* Jeder kennt sich selbst am besten und weiß, was für ihn gut ist: Was möchte ich, was gibt mir Sicherheit, was brauche ich, mit wem will ich zusammenarbeiten? Für das, was ich will und was ich mache, übernehme ich die Verantwortung. Ich stehe zu meinem Tun und Lernen. Möglicherweise hat das für die Gruppe Konsequenzen.
- *Kontakt mit anderen aufnehmen:* In der Gruppe, im Kollegium, gibt es zu Personen Zuneigung und Abneigung, Sympathie und Antipathie, Nähe und Distanz. Mit manchen komme ich zurecht, mit manchen nicht. Ich nehme wahr, mit welchen Menschen ich Kontakt aufnehmen möchte, welchen gegenüber ich noch abwartend eingestellt bin und welche ich (noch?) meide. Vielleicht wird mir im Laufe des (Arbeits-)Prozesses bewußt und deutlich, warum meine Beziehung zu einzelnen im Kollegium unterschiedlich ist. (Siehe oben, z.B. Übertragung)
- *„Spielregeln" erarbeiten:* Wenn wir noch keine haben: Wie kommen wir zu ihnen? Jede Gruppe braucht Absprachen, Übereinkünfte, Sicherheiten. Es ist oft sehr schwer, zu Gemeinsamkeiten zu kommen, die sich als tragfähige Basis erweisen. Das Ringen um Normen, Werte, Spielregeln... ist deshalb ein zentraler Bestandteil eines Gruppenprozesses.
- *(Arbeits-)Ziele finden:* „Man nehme" die Zielvorstellungen jeder Kollegin und jedes Kollegen, schütte sie in den Gruppentopf, rühre mehrmals kräftig um, lasse sie gären und garen und reiche sie der ganzen Gruppe zum Essen und Verdauen...

Schön wärs, wenn es so einfach ginge... Zielfindung ist ein (oft langer) Weg vom Sammeln der einzelnen Ziele, des Sichtens und Ordnens, der Diskussion über Brauchbarkeit und Realisierung bis hin zur gemeinsamen Festlegung mittels Klarheit, Argumentation, Einfühlung, Toleranz und Akzeptanz.

- *An die gemeinsame Arbeit gehen:* Auf der Basis der Spielregeln und der Arbeitsziele geht es weiter zum „Kern" der Gruppenaktivitäten, nämlich zur Planung und Durchführung der konkreten Arbeit: Wie sehen die Arbeitsschritte aus, wie werden die Aufgaben verteilt, wer übernimmt welche Aktivitäten? Dabei gilt es immer wieder, auf die Selbst- und Mitbestimmung, auf Einhaltung der Spielregeln, auf Wünsche und Bedürfnisse einzelner... und auf die Empfindungen und Empfindlichkeiten zu achten: Wie geht es mir/uns? Wie sehen unsere Beziehungen aus? Wie sehen Prozeß und Produkt aus? (vgl. auch: Themenzentrierte Interaktion, 4. Kapitel, S. 215ff.)
- *Auf Durchhänger und Tiefs achten:* Erwartungen werden enttäuscht, Beziehungen verhaken sich, Produkte werden nicht fertig, die Sachklärung ufert in endlose Diskussionen aus, der Gruppenleiter ist zu dominant, andere blockieren, die Meinungen klaffen weit auseinander... Schuldzuweisungen, Anklagen, Vorwürfe... Kommunikation und Interaktion scheinen zum Teufel zu gehen. Stop: Metakommunikation!!! Was ist los, was ist passiert? Bestandsaufnahme, Reflexion, Klärung, Beschreibung statt Schuldzuweisung, Blick zurück, nochmals die Ziele, die Spielregeln ins Auge fassen, Pausen machen, Nähe und Distanz auspendeln, Gefühle wahrnehmen, einige Schritte zurückgehen und neu „aufbauen"; vielleicht auch die Ziele ändern (waren sie zu hoch, falsch?), vielleicht neue Absprachen und Übereinkünfte treffen. Nach der Gärung die Klärung!
- *Dem Abschluß entgegen gehen:* Was haben wir noch vor, was muß noch erledigt werden, wie lange haben wir noch Zeit? Es erfolgt ein Rückblick auf die Ausgangssituation und auf die Zielvorgaben, also ein Ist-Soll-Vergleich. Von daher ergibt sich die Arbeit in dieser Abschlußphase: Sicherung der Ergebnisse, Dokumentation und ggf. Präsentation der Produkte und der Ergebnisse.
- *Den Prozeß beenden:* Wir haben *miteinander gearbeitet:* Was haben wir erreicht, wie sieht unser Produkt aus? Wie ist es uns dabei ergangen? Wie sah unser Lern- und Arbeitsprozeß aus

und wie geht es uns jetzt? (Umfrage, Blitzlicht, Meinungsbild). Mit welchen Wünschen, Bedürfnissen, Gefühlen gehen wir auseinander? Was ist an Mitteilung jetzt noch für jeden einzelnen wichtig, was kann aufgehoben/aufgeschoben werden? Und schließlich: Wie und wann und unter welchen Prämissen geht es weiter? Was soll in der Zwischenzeit gemacht werden...?

● Sie sind die einzelnen „Stationen" mitgegangen: Wie geht es Ihnen jetzt dabei? Welche Erfahrungen haben Sie bisher gemacht?
Wenn Sie an „Ecken und Kanten" im Gruppenprozeß, an die Steil- und Engpässe denken: Auf welche Stellen, glauben Sie, muß besonders geachtet werden?

Die einzelnen Phasen innerhalb eines Gruppenprozesses zeigen sich unterschiedlich intensiv. Dies hängt ab von der Zusammensetzung der Personen (Alter, Geschlecht, Interesse, Vorerfahrungen...), von der Dauer der Gruppenarbeit (Nachmittag, Tag, Woche...), von den Rahmenbedingungen (Schule, außerhalb der Schule, Aufgabenstellung, Leistungsdruck...) und von den Zielen, die sich eine Gruppe setzt. „Unterm Strich" aber gibt es immer wieder Gemeinsamkeiten, Übereinstimmungen und Ähnlichkeiten. Es gilt zwar: Keine Gruppe gleicht der anderen, aber dennoch zeichnen sich gemeinsame Phasen ab:

- Gruppenanfang und Anwärmphase:
  Entwicklung von Atmosphäre und Klima
- Erarbeitung von Zielen und Vorgehensweisen:
  Planung der Arbeitsschritte, Aufgabenstellung und -verteilung
- Durchführung der Vorhaben und Maßnahmen:
  Beachtung der Beziehungs- und Sachebene
- Abschluß: Ist-Soll-Vergleich, Reflexion:
  Rückblick, Metakommunikation, Prozeßanalyse

Der Gruppenprozeß ist immer ein Gemisch aus „Arbeit an der Sache" und „Arbeit in den Beziehungen", immer ein zwischenmenschliches Hin und Her. Diese Verflechtung ist nicht zu trennen, aber in der Reflexion und Analyse zu durchschauen. Dabei kann im Prozeß immer wieder Vergangenes, Gegenwärtiges und Zukünftiges auftauchen:

– Probleme des Dort und Damals,
– Probleme des Hier und Jetzt,
– Probleme des Dann und Später.

Alle drei Momente sind wichtig und sollen angesprochen werden: Was hat mein Jetzt-Zustand mit dem Damals (meiner Vergangenheit) und mit dem Dann (meiner Zukunft) zu tun? Was berührt und bewegt mich jetzt von meinen früheren Erfahrungen, Belastungen, Sorgen? Was kommt mir im Jetzt in den Sinn an Ängsten, Befürchtungen im Hinblick auf die Zukunft?

● Kennen Sie die „sechs Phasen eines Gruppenprozesses"? Nein?
Hier sind sie: 1. Phase der Begeisterung
2. Phase der Verwirrung
3. Phase der Ernüchterung
4. Phase der Suche nach Schuldigen
5. Phase der Bestrafung der Unschuldigen
6. Phase der Belobigung der Nichtbeteiligten
Es scheint etwas daran zu sein..., ein Körnchen Wahrheit. Oder?

Ich habe erfahren: Es gibt immer wieder Klippen und Mißerfolge, Erfolge und Euphorie, Höhen und Tiefen. Inzwischen weiß ich, daß das Oben und Unten zum Prozeß und Weg einer Gruppe gehören. Die Tiefen entmutigen mich nicht mehr, die Höhen lassen mich nicht mehr euphorisch werden. Über die Höhen freue ich mich, die Tiefen machen mir keine Angst.
Wichtig ist, daß ich über die „Normalkurve eines Gruppenprozesses" Bescheid weiß. Sie sieht in etwa so aus:

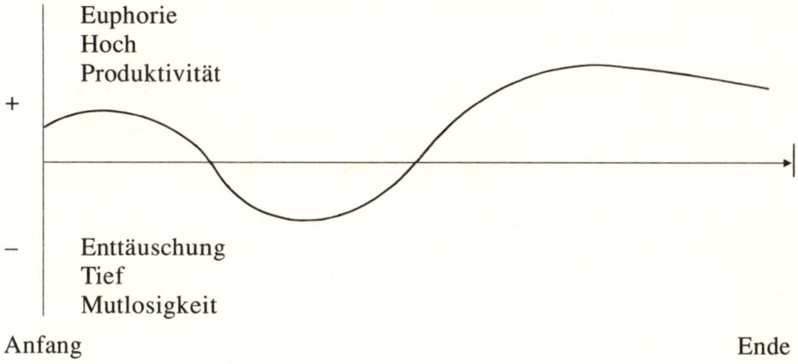

- Welche Erlebnisse verbinden Sie mit Hochs und Tiefs in Gruppen?

Rollen und Rollenfunktionen

- Wenn Sie an Ihre Erfahrungen in Gruppen denken: An welche Rollen (Typen) erinnern Sie sich? Z. B.: A tut sich hervor, B sagt gar nichts, C...

Idealtypisch gibt es vier Rollen in Gruppen: Trägerrollen (die Aktiven), ausgleichende Rollen (die Vermittler und Sowohl-als-auch-Typen), die passiven Rollen (die Schweiger) und die dysfunktionalen Rollen (die Störer und Querulanten). Alle Rollen sind wichtig und von Bedeutung für die Dynamik und Aufgaben in Gruppen; alle haben Vor- und Nachteile:

Vorteile	*Nachteile*
1. Trägerrollen	
– Der Prozeß kommt voran. Die Dynamik wird vorangetrieben.	– Dominanzfiguren: Zurückhaltende Personen kommen nicht zu Wort.
– Produktorientierung: Es wird etwas geleistet.	– Überforderung: Manche können in der Produkt- und Prozeßorientierung nicht mithalten.
– Prozeßorientierung: Es tut sich was.	– Möglicherweise Resignation oder Aggression...
2. Ausgleichende Rollen	
– Vermittlung, Harmonie	– Steckenbleiben im Sowohl-als-auch
– Ausgleichsbestreben	– Reduzierung der Leistung
– Besänftigung	– Nivellierung der Konflikte
– Aktivierung von Außenseitern	– Störung durch die Außenseiter
– Integration von dysfunktionalen Personen	– Unbehagen, Unruhe, Prozeßblockierung
3. Passive Rollen	
– Gegengewicht zu den Aktiven	– Reduzierung der Leistung

– Balancierung	– Hemmschuh und Blockierung
	– Unterforderung: Es geschieht zu wenig.

4. Dysfunktionale Rollen

– Impulse, konstruktive Unruhe	– Störung, Zerstörung
– Neuland, Öffnung	– Verunsicherung
– Richtungsänderung	– Verwirrung

Über die Idealtypen hinaus gibt es noch die Lagerbildung in zwei oder mehrere Gruppen, die Verbrüderung gegen ..., die Außenseiter und Randpersonen, Rivalität einzelner oder von Teilgruppen, Aussteiger oder Warner.
Brocher (1967, S. 137ff.) unterscheidet zwischen Aufgabenrollen, Erhaltungs- und Aufbaurollen und dysfunktionalen Rollen: „Diese Rollen sind keineswegs auf ein und dieselbe Person verteilt. Vielmehr wechseln sie ähnlich wie Führung, Aktivität und Widerstand. Sie jedoch zu *kennen,* zu *beobachten* und die jeweiligen *Rollenwechsel wahrzunehmen,* bedeutet rein handwerklich eine große Hilfe im Umgang mit Gruppen“ (S. 139; Hervorhebungen R.M.).

● Vielleicht ist Ihnen der Begriff der Rolle zu statisch?
Wichtig ist – jenseits vom Rollenbegriff – verschiedene Handlungsweisen zu kennen, die für die Gruppe förderlich sind, z.B.:

- Initiativen ergreifen, auf Informationssuche gehen, Meinungen erkunden,
- Informationen geben, Meinungen äußern, Vorschläge ausarbeiten,
- Vorschläge koordinieren und zusammenfassen,
- zur Aktivität ermutigen, bestätigen,
- Regeln bilden, Grenzen wahren, Absprachen einhalten,
- Konflikte erkennen und bearbeiten,
- auf die Gruppengefühle achten,
- Ergebnisse auswerten, analysieren,
- Spannungen erkennen und abbauen,
- den Gruppenprozeß weiterführen...

Dysfunktionale Verhaltensweisen können häufig als ernsthafte Störungen erlebt werden:

- aggressives Verhalten: dominieren, kritisieren, blamieren, ironisieren, andere herabsetzen und bloßstellen, sich feindselig äußern, zynische Bemerkungen machen,
- blockieren: hartnäckig argumentieren, Emotionales versachlichen, auf Randgebiete ausweichen, Ideen abweisen, Erfahrungen anderer nicht gelten lassen,
- rivalisieren: um die besten Ideen streiten, sich ins beste Licht setzen, am meisten sprechen, das Thema an sich reißen, die größte Rolle spielen, sich hervorheben, „Revierverhalten" zeigen, auf Statussymbole verweisen,
- sympathisieren: andere auf die eigene Seite ziehen, andere gegeneinander ausspielen, im Mittelpunkt stehen, Gunst erheischen, sich anbiedern, den Wehleidigen spielen, um Zuwendung zu bekommen,
- den Clown spielen: auffallen wollen, Witze machen, nachäffen, durch Blödeleien ausscheren, Aussagen ins Lächerliche ziehen, Schadenfreude zeigen,
- sich zurückziehen: sich passiv verhalten, vom Thema abweichen, mit anderen flüstern, keine Verantwortung übernehmen, sich nicht offen äußern, den Beleidigten spielen, sich auf regressives (frühkindliches) Verhalten zurückziehen.

„Natürlich" hat es seine „guten Gründe", wenn Menschen sich beispielsweise in dysfunktionale Rollen begeben. Nach diesen „guten" Gründen ist zu fragen: Was möchte das Gruppenmitglied durch sein Verhalten mitteilen? Welche versteckten Botschaften werden gesendet? (Z. B.: Ich werde zu wenig beachtet. – Ich bin nicht einverstanden, daß ... – Ich habe andere Ideen ...) Gelingt es einzelnen oder der ganzen Gruppe zu „übersetzen" und auch sog. „Störenfriede" zu integrieren, und gelingt es denen wiederum, sich echt und direkt zu äußern, ohne zum Hilfsmittel der Dysfunktionalität zu greifen?

● Welche dysfunktionalen Anteile entdecken Sie bisweilen in sich selbst (ob ausgelebt oder nicht)?
Mit welchen Verhaltensweisen/Rollen haben Sie die meisten Schwierigkeiten? In welchen Rollen fühlen Sie sich am wohlsten?
Wie können Sie lernen, mit diesen unterschiedlichen Rollenträgern umzugehen?

3. Leitung von Gruppen

Hintergründe

Wenn es schon für die einzelnen Gruppenmitglieder hilfreich und bedeutsam ist, über Gruppendynamik und -prozesse, über Rollen und Rollenverhalten Bescheid zu wissen, so gilt dies im besonderen natürlich für den Gruppenleiter selbst. Die Einbeziehung der Erkenntnisse beispielsweise der Entwicklungspsychologie ist für ihn deshalb so wichtig, weil „jeder Lernprozeß ursprünglich *entwicklungsgeschichtlich tieferliegende Lernmodelle wiederholt.* Der Kursleiter der Erwachsenenbildung steht deshalb beim Beginn seiner Arbeit meist vor zwei konkreten Problemen:

1. Er muß ausreichende *Kommunikationsmöglichkeiten* zwischen sich selbst und jedem Gruppenmitglied *herstellen,* wenn er seine Absicht verwirklichen will, angebotenen Lehrstoff zum selbständigen, dem einzelnen frei verfügbaren, neuen Wissensinhalt werden zu lassen.
2. Er muß *Kommunikationen der Gruppenmitglieder untereinander* herstellen können, die eine konstruktive Zusammenarbeit in der Bewältigung des jeweils vorliegenden Gegenstandes ermöglichen. Dabei kann es zu störenden Einflüssen in Form von Abwehr und Widerständen einerseits oder zu einer zu engen Anlehnung und Cliquenbildung innerhalb der Gruppe andererseits kommen. Beides kann die konkreten Lernmöglichkeiten erheblich behindern" (Brocher 1967, S. 106, Hervorhebungen R.M.).

Das Augenmerk richtet sich demnach auf drei Schwerpunkte:

- Kommunikationsmöglichkeiten herstellen zwischen sich und jedem Gruppenmitglied, aber auch zwischen den Beteiligten untereinander,
- Abwehrverhalten und Widerstände gegen den Gruppenleiter erkennen,
- Cliquenbildung wahrnehmen und damit umgehen können.

Das sich Vertrautmachen mit den Möglichkeiten und Zusammenhängen derartiger Vorgänge gibt dem Leiter vermehrt Sicherheit, angemessen handeln zu können, etwa bei Verweige-

rung und Widerstand, bei Cliquenbildung und Verbrüderung, bei Blockaden, Frust, Provokation und „Bremsverhalten“.
Es liegt wesentlich am Gruppenleiter, zunächst selbst für ein förderliches Gruppenklima zu sorgen; am besten geschieht dies durch beispielgebendes Verhalten:

- sich in andere einfühlen und ihnen zuhören,
- andere in ihrer Person akzeptieren und bejahen,
- Verständnis für die anderen haben und zeigen,
- andere Sichtweisen und Erfahrungen gelten lassen,
- Gefühle wahrnehmen und äußern,
- Mitteilungen „übersetzen“ und Rückmeldungen geben,
- zwischen den einzelnen Gruppenmitgliedern vermitteln.

Diese Verhaltensweisen sind Voraussetzungen für eine der Sache und den Personen angemessene Übernahme von Funktionen, z.B.:

- Lern- und Arbeitsprozesse in Gang setzen,
- Impulse, Anregungen, Hinweise geben,
- die Organisation in die Hand nehmen,
- delegieren, vermitteln, zusammenfassen,
- repräsentieren, Ansprechpartner sein...

Vor allem in seinen Funktionen wird die *Autorität* des Gruppenleiters sichtbar, spürbar, erlebbar, ein Schlüsselbegriff innerhalb der Gruppendynamik und der Problematik von Übertragung und Gegenübertragung:

Übertragung und Gegenübertragung

„Der Leiter selbst löst unvermeidlich Übertragungen aus, vor allem im Hinblick auf Personen, deren Autorität die Teilnehmer früher erlebt haben. An diese Übertragungen knüpfen sich... Erwartungen, die der Leiter enttäuschen muß, da er ein anderer ist. Er wird einen Teil dieser Übertragungen abbauen können durch Auskünfte über seine Wirklichkeit, durch Konsequenzen im Verhalten und ggf. durch das Thematisieren von Übertragungen in der Gruppe. Natürlich ist auch der Leiter nicht frei von Gegenübertragung in bezug auf die Teilnehmer. Von Gegenübertragungen spricht man, wenn Gefühlseinstellungen und Ver-

halten des Leiters als Gegenreaktion auf den Teilnehmer entstehen, die auch nicht der momentanen Situation entsprechen, sondern die in seiner eigenen Biographie begründet liegen und nun wiederholt erlebt werden“ (Langmaack 1985, S. 119).
Was bereits im vorigen Abschnitt innerhalb des Gruppenprozesses angeschnitten wurde, wird hier unter dem Gesichtspunkt der Gruppenleitung verdeutlicht:

a) Der Leiter löst unvermeidlich Übertragungen aus...
b) Der Leiter ist nicht frei von Gegenübertragungen...

Das heißt: Übertragung und Gegenübertragung sind normal innerhalb von Gruppenprozessen. Sie werden ausgelöst, sie ereignen sich, sie sind, einfach deshalb, weil jedes der Mitglieder seine eigene Lebens-, Beziehungs- und „Gruppengeschichte“ (Familie, Freundeskreis, Schule...) mitbringt.
LeiterInnen müssen sich bewußt sein, daß es Übertragungen und Gegenübertragungen geben kann und müssen das gruppendynamische Geschehen durchschauen können, um mit diesen beiden Phänomenen (und nicht nur mit diesen) konstruktiv umgehen zu können, z. B.: Aufgreifen der Äußerungen, Erklären der Situation und der Wirklichkeit, Analyse des Verhaltens, Richtigstellung der Tatsachen, Differenzierung der Erwartungen usw.

Beispiele von Übertragung und Gegenübertragung im Kollegium

Übertragung auf den/die LeiterIn	*Gegenübertragung*
a) Unmut einiger KollegInnen gegenüber dem Schulleiter, „weil er alles schleifen läßt und nicht energisch genug durchgreift...“	Der Schulleiter nennt das Verhalten der KollegInnen kindisch und mockiert sich über deren Unselbständigkeit und über die deplazierten Erwartungen.

Die KollegInnen erwarten in diesem Fall vom „Vater“, daß er alles in die Hand nimmt, ordnet und „es schon machen wird“. Sie sind nicht bereit, Mitverantwortung zu übernehmen. Der Schulleiter wiederum sieht seine KollegInnen als „Kinder“ an, ärgert sich über deren Unselbständigkeit und benimmt sich selbst wie ein schimpfender Vater.

b) Versteckte Aggressionen einer Kollegin gegenüber dem Schulleiter, weil er sie „bei einem ungerechtfertigten Angriff eines Kollegen“ nicht in Schutz genommen hat.

Als der Schulleiter dies durch Dritte erfährt, äußert er ungehalten: „Ich bin doch nicht ihr Papa, der ihr beisteht, wenn sie Hilfe braucht. Die ist doch kein kleines Mädchen mehr...“

Die Kollegin erwartet, wie früher, Schutz und Hilfe vom „Vater“, von der „Mutter“, die sie früher immer bekam, wenn es Streit mit dem großen Bruder oder anderen ihr überlegenen Menschen gab. Der Schulleiter erkennt zwar die Übertragung, reagiert aber hier nicht verstehend, sondern benimmt sich wie ein Vater, der seine Tochter schimpft, da sie sich nicht so verhält, wie er es erwartet.

c) Häufige verbale Attacken eines Kollegen gegen die Schulleiterin: „Sie hätten doch... Warum haben Sie nicht...? Ja, aber...“ Man hat den Eindruck, er benützt jede Gelegenheit, ihr eins auszuwischen...

Die Schulleiterin äußert sich nicht, „schluckt“ die Vorwürfe, ist aber nach den Konferenzen ziemlich fertig. Im Einzelgespräch nennt sie ihn einen „unverschämten, frechen Lümmel“ und „was der sich alles herausnimmt.“

Der Kollege wiederholt die Auseinandersetzungen mit seiner Mutter während der Pubertät: Gegen sie konnte er sich kaum durchsetzen, nun aber rächt er sich. Die Schulleiterin, befragt, wo in ihrem Leben „freche Lümmel“ aufgetaucht seien, verweist auf zwei große Brüder und auf einige ihrer Klassenkameraden, die ihr das Leben damals „ganz schön vermiest“ hätten.
Die Personen greifen in der *Verarbeitung des „Jetzt-Konflikts“* auf frühere Erfahrungen und Verhaltensmuster zurück. Die Realsituationen werden aus der Sichtweise von früher gesehen und damit verschleiert. Es wird deutlich, wie Übertragung und Gegenübertragung es erschweren, die Spannungen und Konflikte der Gegenwart zu lösen.
Frühkindliche Beziehungen schwingen auch auf der emotionalen

Ebene mit und können sich in Gruppenprozessen negativ auswirken, wenn sie nicht erkannt werden: „Die Grundgefühle der Angst vor Abweisung, vor Liebesverlust oder Verringerung der Selbstbestätigung, die Gefühle der Eifersucht und Rivalität oder der Anlehnung, der Wunsch nach Dominanz (Überlegenheit) und die Angst vor Submission (Unterwerfung) bleiben im Vergleich zu den sozialen Befürchtungen und Erwartungen von Kindern gleichgeartet" (Brocher 1967, S. 44). Während also die *Grundgefühle* bei Kindern und Erwachsenen gleichgeartet sind, kann es in den *Verhaltensweisen* Unterschiede geben. Erwachsene „bewältigen oder verdrängen", z.B. durch Rationalisieren, Ironisieren, Bagatellisieren, sich Beherrschen, durch Verbergen oder Verleugnen.
Als Gruppenleiter bin ich sensibel geworden für *Übertragungssignale* und andere „rote Lampen": Was teilen Personen vorder- und hintergründig mit? Was klingt nach „früher" und nach Kindheit? Was sagen mir Vorwürfe, Anschuldigungen? Wie erlebe ich Auseinandersetzungen von KollegInnen untereinander? Was sagen mir Sätze wie: „Ihr benehmt euch ja wie im Kindergarten!" – „Du kannst vielleicht mit Deiner Frau so reden, aber nicht mit mir." – „Sie müssen ja eine feine Erziehung gehabt haben..." usw.

● Wie geht es Ihnen nun, da Sie „hinter die Kulissen geguckt" haben? Erinnern Sie sich an Übertragungsbeispiele in Lehrerkonferenzen, bei Auseinandersetzungen in Arbeitsgruppen, bei Streit in Ihrem Bekanntenkreis?

Des öfteren haben wir es auch – im Zusammenhang mit Übertragungen – mit handfesten Konflikten und Widerständen zu tun, und es ist manchmal sehr schwer, damit umzugehen: „Die Arbeit eines Leiters oder Beraters besteht in hohem Maße aus *Widerstandbearbeitung.* Als Impulsgeber, Beweger und Entscheider soll er anderen ermöglichen, Widerstände und Hindernisse zu überwinden... Hindernisse sollen als Chance für ein Wachstum angenommen werden" (Pechtl 1989, S. 179). Für die konkrete Arbeit heißt das:

- Widerstände erkennen und akzeptieren,
- eine innere Distanz schaffen (sich nicht mit hineinziehen lassen),
- direktes Bekämpfen vermeiden,
- Widerstände zum Thema machen (ansprechen),

- den „WiderständlerInnen" helfen, den eigenen Weg zu finden,
- nach Koexistenz, Kompromiß, vielleicht sogar Konsens suchen,
- Widerstandshaltungen nicht auf die eigene Person beziehen, (zumindest – auch – auf Übertragungen achten!).

Die Frage nach dem „Was tun?" führt uns zu den

Interventionen des Leiters

„Der Leiter steuert und begleitet Prozesse auf der psychosozialen und der Sachebene durch seine Interventionen. Unter Interventionen verstehen wir hier alle Handlungen des Leiters, die er bewußt zur Beeinflussung des Seminarablaufes und zur (aus seiner Sicht jedenfalls) Förderung des Lernens einzelner und der Gruppe unternimmt... In der Intervention wird die *Person* des Leiters sichtbar. Die Art und Weise, mit der er Themen einbringt, auf Widerspruch reagiert, Feedback gibt oder sich in kritischen Situationen verhält, schafft bei den Teilnehmern ein Bild von der Persönlichkeit des Leiters, ohne daß dieser sich dessen bewußt ist. *Selbstwahrnehmung* und *Sensibilität* der eigenen Wirkung auf andere sind in diesem Zusammenhang ständige wichtige Themen in der persönlichen Weiterbildung des Leiters" (Langmaack 1985, S. 151f.; Hervorhebungen R.M.).
Interventionen beziehen sich auf den Leiter und auf die Gruppe.

a) Interventionen, die auf den Leiter bezogen sind, werden z.B. durch folgende Fragen verdeutlicht:
- Welche Ziele habe ich und welche Inhalte will ich vermitteln? Wie sind meine Vorstellungen, und um welche Sachen geht es?
- Wie gehe ich vor? Auf welchem Weg, mit welchen Methoden, Mitteln und Medien will ich das Ziel erreichen?
- Was war bisher? Welche Interventionen gab es bisher? Woran knüpfe ich an? Was muß ich wissen?
- Was hat die Arbeit in und mit Gruppen mit mir zu tun? Welche Beziehung habe ich dazu? (Ich bin Teil der Intervention. Ich kann mich nicht ausklammern oder heraushalten.)

b) Interventionen, die sich auf die TeilnehmerInnen beziehen, werden z. B. durch folgende Fragen verdeutlicht:

- Wo stehen die einzelnen TeilnehmerInnen im Augenblick? Welche Bedürfnisse und Wünsche haben sie?
- Wie wirken sich die Interventionen des Leiters auf die Gruppe aus? Was bewirken die Interaktionen? Wie sehen Gruppendynamik und Gruppenprozeß aus? Wie reagieren die TeilnehmerInnen auf die Interventionen der Gruppenleitung?
- Was braucht die Gruppe jetzt an Informationen, Hilfen, Anregungen, um weiterzukommen? Wann ist wieviel Feedback notwendig? Welche Ziele und Inhalte hat derzeit die Gruppe?
- Was braucht die Gruppe an Struktur? Mehr oder weniger Impulse, mehr oder weniger Pausen, Gespräche, Interventionen? Mehr oder weniger Leitung, Steuerung...? Wann sind welche Phasen der Metakommunikation notwendig? Wann ist Einzel-, Partner-, Kleingruppenarbeit angebracht?

Und schließlich: Vorsicht vor „Leiterfallen“; z. B.:

- sich auf (zu lange) Diskussionen und Rechtfertigungen einlassen,
  statt dessen: die eigene Meinung klar zum Ausdruck bringen, das eigene Wünschen und Wollen transparent machen;
- Partei ergreifen, ein (wie immer geartetes) Ungleichgewicht (2 : 1-Verhältnis) produzieren,
  statt dessen: die unterschiedlichen Sichtweisen der einzelnen (Parteien) verdeutlichen, ggf. erläutern oder kommentieren;
- für andere sprechen, ihnen rasch zu Hilfe eilen,
  statt dessen: den Standpunkt einzelner aufnehmen und der Gruppe wiedergeben, ggf. erläutern;
- Äußerungen einzelner loben oder tadeln; bewerten, taxieren,
  statt dessen: den Stellenwert der Äußerung verdeutlichen, die einzelnen Beiträge aufnehmen und einordnen;
- die eigene Meinung als Gruppenmeinung durchdrücken wollen,
  statt dessen: die eigene Meinung mitteilen, sie als Teil im Gesamten akzeptieren; das eigene Verhalten transparent machen; sich als Teil der Gruppe und nicht als deren Dominanzfigur verstehen;

– sich Parteien schaffen, sich anbiedern, sich Bestätigung „erkaufen", um akzeptiert und geliebt zu werden,
statt dessen: zu sich stehen, sich wahrnehmen und mitteilen, auf Wirkungen und Feedback achten.

Für die/den GruppenleiterIn in der SCHILF-Arbeit wird deutlich, wie wichtig Erfahrung und Wissen in und mit Gruppen sind. Die Sachkompetenz ist eingebettet in die Gruppenkompetenz, die Arbeitsprozesse sind mit den Sozialprozessen aufs engste verknüpft!

● Sie haben soeben einiges über Gruppenleitung und LeiterInnen verhalten gelesen. Was hat Ihnen Klarheit gebracht?
In welche Bereiche wollen Sie sich noch vertiefen? Was möchten Sie üben, lernen?
Sie werden aufgefordert, eine SCHILF-Gruppe zu leiten: Was denken und fühlen Sie, bevor Sie an die Arbeit gehen? Wovor schrecken Sie (noch) zurück? Worauf freuen Sie sich?
Ich wünsche Ihnen einen kühlen Kopf und ein warmes Herz beim Sprung hinein in Gruppendynamik und Gruppenprozesse.

Zum Nach- und Weiterdenken zum Thema „SCHILF-Leitung":

Ein Kollegium trifft sich zu einem Pädagogischen Tag (eineinhalb Tage). Am Nachmittag werden in Gruppen Schwerpunkte erarbeitet, die am darauffolgenden Tag wieder aufgenommen werden sollen. Zu Beginn des zweiten Tages verkündet der Schulleiter (zugleich SCHILF-Leiter), er habe sich über Nacht Gedanken gemacht und sei zu der Erkenntnis gekommen, daß folgende Themen für die Schule wichtiger seien... (Bekanntgabe der neuen, von *ihm* bestimmten Themen)

● Wie hätten Sie, wie hätte Ihr Kollegium reagiert?
Grund genug, nach externen SCHILF-BeraterInnen zu fragen?

4. Externe SCHILF-Beratung

Von der Gruppenleitung zur SCHILF-Beratung

Der Sprung von „normalen GruppenleiterInnen“ zu SCHILF-ModeratorInnen ist nicht sehr weit, und die Unterschiede sind nicht sehr groß. Krüger (1988, S. 83) artikuliert sehr deutlich: „Das muß schon eine gestandene Persönlichkeit sein, die da Arbeitsgebiete vorschlägt, sachliche und emotionale Diskussionen ermöglicht, persönliche Erfahrungen und selbständige Schlußfolgerungen ermöglicht... oder Lernanlässe schafft, für Rückfragen und Diskussionen zur Verfügung steht, Hilfe zur Selbsthilfe gibt, Konflikte durch Konfrontation und Provokation deutlich macht, psychisch stabil ist, eine hohe Frustrationstoleranz besitzt... oder Teilnehmerprobleme erkennen kann, Aktivitäten anregen kann, Gruppenmeinungen ermitteln und verdeutlichen kann, Selbststeuerung von Gruppen ermöglichen kann, Verantwortung delegieren kann... oder die Eigenschaften eines Katalysators mit denen eines Sozialingenieurs verbinden kann...“
Wie auch immer: Die externen SCHILF-BeraterInnen begleiten als KlärungshelferInnen oder pädagogische MitarbeiterInnen, als ModeratorInnen oder als „AußenexpertInnen“ die einzelnen Kollegien. Sie haben vielfältige Aufgaben zu bewältigen und als kompetente Fachleute fallen sie „nicht vom Himmel. Sie müssen gesucht, gefunden und spezifisch qualifiziert werden. Das kann kein Qualifizierungsprozeß grundlegender Art sein, sondern ‚nur‘ eine projektbezogene Aktualisierung vorhandener Kompetenzen aus Ausbildung und Berufserfahrung. Außerdem geht es in der Fortbildung von Moderatoren darum, Angehörige verschiedener Berufsgruppen (Schulpsychologen, Beratungslehrer, Sucht- und Drogenberater, Hochschulangehörige etc.) auf die Team-Moderation in Lehrerkollegien vorzubereiten“ (Priebe 1986b, S. 45).
Moderatorentätigkeit und pädagogische Mitarbeit von Außenexperten sind demnach sehr unterschiedlich und je nach Aufgabenfelder verschieden:

a) Im Rahmen von Pädagogischen Konferenzen und Pädagogischen Tagen kann sich die Arbeit auf Impulsreferate, Gesamt- oder Gruppenleitung, Moderatorentätigkeit und Prozeßhilfe beziehen.

b) Umfangreichere Tätigkeiten ergeben sich, wenn es sich um externe Projektleitung handelt: „Sie leitet die Startphase, definiert die Probleme und berät die Schulleitung, die KursleiterInnen, die Lehrerschaft und die Multiplikatoren. Sie stärkt deren Problemlösungskapazität und behält sowohl die Prozesse der internen Integration als der äußeren Anpassung im Auge. Sie betätigt sich als Frühwarner und macht auf Stolpersteine und Beziehungsfallen aufmerksam. Sie versteht mittels Prozeßanalyse den Entwicklungsprozeß in Gang zu halten, indem die Stärke des Mißlungenen gesehen und produktiv genutzt werden kann" (Osswald 1988, S. 64).
c) Am intensivsten wird die Arbeit wohl innerhalb der systembezogenen Kollegiumsberatung sein. Für den Berater bedeutet dies Tätigkeiten auf drei Zielebenen:

„erstens die *Stärkung individueller Selbstaktualisierungs- und Problemlösungsfähigkeiten beim einzelnen Lehrer,* und damit die Förderung interpersoneller Kommunikation,
zweitens die *Erhöhung der Arbeitseffizienz des Gesamtkollegiums* durch den Ausbau der Problemlösefähigkeit der Gruppe, und
drittens schließlich die *Erweiterung der Selbsterneuerungskapazität der ganzen Schule* über die Veränderung des ‚Schlüsselsubsystems' Kollegium..." (Hervorhebungen R.M.) „die genannten Ziele sind erreichbar, wenn das System Schule eine externe beraterische Hilfestellung erfährt und der Veränderungsprozeß, gesteuert durch die Beratungskompetenz, folgende Schritte umfaßt:

(1) Sorgfältiger *Einstieg* der Berater in das Kollegiumssystem und klare Kontraktabsprache, (2) Kooperative *Diagnose* des Systemzustandes, (3) Problembezogene *Interventionsplanung,* (4) Aktive *Interventionsdurchführung* mit kontinuierlichen Kontrollen der Interventionsangemessenheit und gegebenenfalls Designkorrekturen, (5) *Stabilisierung* der Veränderung und Beraterrückzug, (6) *Institutionalisierung* der Veränderung im System" (Pieper 1986b, S. 96f.).

Auch wenn man nicht diese umfassende Beratertätigkeit für das Maß aller SCHILF-Dinge nimmt, so wird doch deutlich, daß die Aufgaben der externen Moderatoren/Berater hier zusätzliche Dimensionen erfahren und weit über bloße Leitung von Gruppen im herkömmlichen Sinne hinausgehen. Ausgehend von Qualifikationen, die ein *Gruppenleiter* haben muß, ist zu fragen, welche weiteren und zusätzlichen Qualifikationen *externe SCHILF-Experten* haben müssen. Was sind ihre Aufgaben? Was sollen sie *können*, um zu wissen, was sie *lernen* müssen?

- Bevor ich Ihnen einen Einblick in die Meinungsvielfalt von Fachleuten gebe: Welche Aufgaben ordnen *Sie* den externen SCHILF-Beratern zu, angefangen von der Mitwirkung bei Pädagogischen Konferenzen über SCHILF-Projekte bis hin zu Systemberatung in Kollegien?

Aufgaben der externen SCHILF-Beratung/Moderation

Die Begriffsbestimmung zum Thema „Moderation" ist sehr vielfältig und keineswegs einheitlich. Es tauchen in diesem Zusammenhang Begriffe auf wie Leiter von SCHILF-Vorhaben, Moderation, Beratung, pädagogische Begleitung, pädagogische HelferInnen, SCHILF-Experten, externe Fachleute, schulinterne Klärungshelfer, schulpsychologische Berater usw.... Diese Vielfalt spiegelt sich dann auch in den Vorstellungen über die entsprechenden Aufgaben und Tätigkeiten wider:
Knapp/Priebe (1983, S. 10ff.) verweisen auf Aufgabenfelder für den Moderator:
„... die Teilnehmer suchen Antwort auf Fragen, die sie selbst gestellt haben, der Moderator stellt dar, wie Antworten gewonnen werden und welche Strategien es gibt, Probleme zu lösen, der Moderator stellt ein Modell dar für die Aufbereitung von Lehr-/Lernsituationen, die übertragbar sind, durch entsprechende Organisationsformen vermeidet der Moderator, daß seine Kollegen in die Konsumentenhaltung zurückfallen". Moderatoren sollten auch über „besondere Fortbildungsqualifikationen, das heißt *Prozeßkompetenzen,* schulpraktische Fähigkeiten im Hinblick auf Erziehung/Sozialisation und Unterricht und sachliche bzw. fachliche Kenntnisse in exemplarischer Hinsicht verfügen... Moderatoren müssen vor allem in der Lage sein, Fortbildungs-, also (Lern-)prozesse interessen-, problem- und alltagspraxisbezogen gemeinsam mit den Teilnehmern vorzubereiten, zu strukturieren und durchzuführen. Der Moderator muß darauf achten, daß seine Prozeßkompetenz während der schulinternen Lehrerfortbildung allmählich auch von der Lehrergruppe erwor-

ben wird und an Bedeutung im Hinblick auf den Anspruch ,Hilfe zur Selbsthilfe' gewinnt".

Bei Dalin (1986, S. 124f.) habe ich *13 verschiedene Berater-Rollen* gefunden: „1. *Experte:* Jemand, der über Forschungsergebnisse berichtet und Ratschläge erteilt. – 2. *Lehrer:* Jemand, der unterrichtet und Begriffe erläutert. – 3. *Trainer:* Jemand, der Lernbedürfnisse diagnostiziert, Gebiete auswählt, auf denen Fertigkeiten vermittelt werden sollen, und die Schulung organisiert. – 4. *Datensammler:* Jemand, der Prozeduren der Datensammlung ausarbeitet, Daten sammelt und so eine bessere Kenntnisgrundlage herzustellen sucht. – 5. *Vermittler:* Jemand, der Hilfsmittel und Helfer empfiehlt, Treffen organisiert und Menschen und Gruppen zusammenzubringen sucht. – 6. *Modell:* Jemand, der Begriffe durch experimentelles Handeln vermittelt und ein persönliches Beispiel ist. – 7. *Anwalt:* Jemand, der bestimmte Meinungen und Werte vertritt und der Schule bestimmte Lösungen empfiehlt. – 8. *,Konfrontierer':* Jemand, der Konfliktsituationen zum Ausgangspunkt für Veränderungen zu machen sucht. – 9. *Ratgeber:* Jemand, der mit nicht-dirigistischen Methoden den Klienten zum Durchdenken der Probleme zu veranlassen sucht. – 10. *Beobachter:* Jemand, der Verhaltensweisen notiert und Feedback gibt. – 11. *Analytiker:* Jemand, der Daten studiert, mögliche Deutungen prüft und klärt und Alternativen erläutert. – 12. *Planer:* Jemand, der das Projekt im ganzen und einzelne Aktivitäten plant, Ressourcen und Personen für die Arbeit findet, Berichte vorbereitet etc. – 13. *Beurteiler:* Jemand, der eine Verfahrens- und/oder Ergebnisevaluation durchführt."

Für Huhn/Hillekamp (1985 S. 17ff.) ist der Moderator Experte „für das gemeinsame Lernen innerhalb eines Kollegiums; er ist nicht in erster Linie Experte für einen Inhalt; für die Initiierung, Steuerung und Reflexion des Lernprozesses. Für das Ergebnis ist das Kollegium gemeinsam verantwortlich; für das Erstellen und Anwenden von Regeln und Verfahren der Erwachsenendidaktik, z.B. Ziele vorstellen und erfragen, TZI-Regeln, Feedback, visualisieren, erklären, simulieren...; für Modellernen, d.h. er ist jederzeit bereit, den Anfang zu machen bzw. etwas vorzumachen; für die Beobachtung von Prozeßabläufen und kann sie mit den Teilnehmern gemeinsam reflektieren; für das Einbeziehen von Unterricht in die Fortbildung; für situatives Lerntraining; für den Umgang mit Widerständen, z.B. Killerphrasen, Endlosdebatten, Verfahrensstricke...; für das Erzeugen einer angeneh-

men Lern- und Arbeitsatmosphäre; darin, sich selbst nicht zu wichtig zu nehmen".
Und schließlich faßt Schwarz (1985, S. 16) zusammen, was ein Moderator alles können muß: „in der Vorbereitungsphase: – Kontakt zum Schulleiter und zu den Lehrern aufnehmen – sich einen Einblick in die standortspezifische Situation verschaffen – Bedürfnisse und Probleme antizipieren – möglichst ein Team für die Vorbereitung gewinnen – in der 1. Sitzung: – sich selbst einbringen – entspannte Atmosphäre schaffen – Bedürfnisse und Kompetenzen der Kollegen ermitteln und auf sie eingehen – Ziele und Arbeitsweisen vorstellen – für aktives interaktionelles Lernen motivieren – Themen ermitteln und gewichten lassen – im Prozeß der Veranstaltung: – Lernprozesse steuern und organisieren (Erfahrungaustausch, Reflexion und Analyse, Entwicklung von Zielen, Theorieeingabe, Handlungsorientierung, Unterrichtsbeobachtung) – Gesprächsleitung (auch über die Gesprächssituation) – Visualisierung von Gesprächsverläufen, Ergebnissen, Planungen, Prozessen, Zielen – Transparenz – ‚Blitzlichter' veranstalten z. B. bei Konflikten – Unterricht miteinbeziehen (Unterrichtsbeobachtung) – produktorientiert arbeiten – feedback geben und geben lassen – Einsatz von Medien planen und durchführen – über Methoden verfügen (Vortragsmethoden, Diskussionsformen, Sozialformen im Lehr- und Lernprozeß)" ...

- Angesichts dieser Fülle: Werfen Sie das Handtuch, bedauern Sie jedes externe Beratungsteam, wollen Sie von SCHILF nichts mehr wissen? Oder sehen Sie sich vor neuen Aufgaben?
  Mein Vorschlag: Gönnen Sie sich eine Pause...
  Erfrischt zurück...?!

Durch die verschiedenen Ansichten von Fachleuten über die externe SCHILF-Beratung wurde Ihnen eine vielfarbige „Ideen-Palette" angeboten, von formalen Gesichtspunkten über Prozeßaktivitäten bis hin zu konkret formulierten Einzelaktivitäten. Jetzt fehlen nur noch Hinweise, wie und wann man Plakate und Filzschreiber einsetzt, Flipchart aufstellt und Kaffee für SCHILF-Durstige kocht...

Resümee

Ohne mich in Einzelheiten zu verlieren, sehe ich folgende grundlegenden *Qualifikationen* der externen SCHILF-BeraterInnen für die entsprechenden SCHILF-*Aufgaben:*

1. Die BeraterInnen müssen aus dem Berufsfeld Schule kommen oder eine berufsnahe Verbindung zur Schule haben: LehrerInnen mit Zusatzausbildung im Bereich Erwachsenendidaktik, BeratungslehrerInnen, SchulpsychologInnen und qualifizierte Personen aus der Schulverwaltung.
2. „Handwerkszeug“ der externen BeraterInnen sind Kompetenzen in der *Erwachsenenbildung,* der *Gesprächsführung* und der *Gruppenleitung,* da deren vorwiegende Arbeit in Kollegien *(Gruppen)* und mit Lehrerinnen und Lehrern *(Erwachsenen)* stattfindet.
3. Die sehr weitgestreuten Aufgaben in den verschiedenen Feldern sind nicht von einzelnen Personen zu bewältigen, sondern von einem Expertenteam. Innerhalb der SCHILF-Arbeit versteht sich dieses Team als Initiator, Moderator und Prozeßbegleiter.
4. Externe SCHILF-Experten arbeiten als Fachleute, die *inhaltlich* etwas zu sagen haben, die *klärend* für ein Kollegium zur Verfügung stehen und die im systemischen Sinne *beratend* mit einem ganzen oder Teilkollegium arbeiten.
5. SCHILF-Experten sind mobil und müssen in der Lage sein, sich jeweils auf neue Personen und Personengruppen einzustellen.

Im Gegensatz zu systeminternen Personen sind externe SCHILF-Fachleute weniger Widerständen ausgesetzt, z. B. dem Verdacht auf Eigennutz, der Vermutung auf Manipulation, dem Karrierestreben oder gewissen schulinternen Rivalitäten. Sie arbeiten freier und autonomer, sind begleitend anwesend, sind bewegt, beweglich und bewegend...
Es versteht sich allerdings von selbst, daß diese o. g. Qualifikationen und diese sehr unterschiedlichen Aufgaben keine feststehenden Größen sind, sondern immer wieder neu erworben und modifiziert werden müssen. Die Prozeßorientierung gilt ebenso für die externen SCHILF-BeraterInnen. Schließlich brauchen sie selbst wiederum Praxisbegleitung, Supervision und den Erfahrungsaustausch mit anderen.

- Unter diesen Gesichtspunkten: Was trauen Sie sich jetzt zu?
  Was brauchen Sie noch zu Ihrer Ausrüstung für die SCHILF-Wanderung?

5. Themenzentrierte Interaktion

Grundlagen

Je häufiger ich mit Menschen in Gruppen arbeite, in denen es um Personen und Sachen, um die persönlichen Beziehungen und um die Erarbeitung von Themen und Stoffen geht, desto bedeutsamer wird für mich die sog. Themenzentrierte Interaktion (TZI): Für die praktische Arbeit in Gruppen geht es darum, ein dynamisches Gleichgewicht anzustreben und aufrechtzuerhalten zwischen den individuellen Bedürfnissen der einzelnen in der Gruppe (Ich), den förderlichen Beziehungen der Gruppenmitglieder untereinander (Wir) und den Inhalten, Sachen, Stoffen, also dem Thema (Es).[1]
Hinter diesem Anspruch der dynamischen Balance stehen Axiome, die tieferliegend und weitreichender sind als es zunächst den Anschein hat. Es geht um den autonomen Menschen, der in demokratischen Arbeitsformen in ein Ganzes eingebunden ist. Dies kommt im konkreten Vollzug u. a. in Gruppen zum Tragen. Zum Verständnis dieses Ansatzes von Ruth Cohn, der Begründerin der TZI, stelle ich Ihnen ihre Axiome vor (Cohn 1978, S. 120):

„1. Der Mensch ist eine psycho-biologische Einheit. Er ist auch Teil des Universums. *Er ist darum autonom und interdependent. Autonomie (Eigenständigkeit) wächst aus dem Bewußtsein der Interdependenz (Allverbundenheit).* Menschliche Erfahrung, Verhalten und Kommunikation unterliegen interaktionellen und universellen Gesetzen. Geschehnisse sind keine isolierten Begebenheiten, sondern bedingen einander in Vergangenheit, Gegenwart und Zukunft.
2. Ehrfurcht gebührt allem Lebendigen und seinem Wachstum.

1 Das Es bedeutet hier Thema/Sache und ist nicht zu verwechseln mit dem Es-Begriff aus der Psychoanalyse von Freud im Zusammenhang mit dem Ich, dem Überich und dem Es.

Respekt vor dem Wachstum bedingt bewertende Entscheidungen. Das Humane ist wertvoll, Inhumanes ist wertbedrohend.
3. Freie Entscheidung geschieht innerhalb bedingender innerer und äußerer Grenzen. Erweiterung dieser Grenzen ist möglich. Unser Maß an Freiheit ist, wenn wir gesund, intelligent, materiell gesichert und geistig gereift sind, größer, als wenn wir krank, beschränkt oder arm sind und unter Gewalt und mangelnder Reife leiden. *Bewußtsein unserer universellen Interdependenz ist die Grundlage humaner Verantwortung.*"

Die themenzentrierte Interaktion ist also als Zeichen einer Ganzheit zu verstehen, nämlich zwischen den Einzelpersonen, der Gruppe und ihrer gemeinsamen Aufgabe. Der Lernprozeß ergibt sich aus der Zusammenschau dieser drei Komponenten:

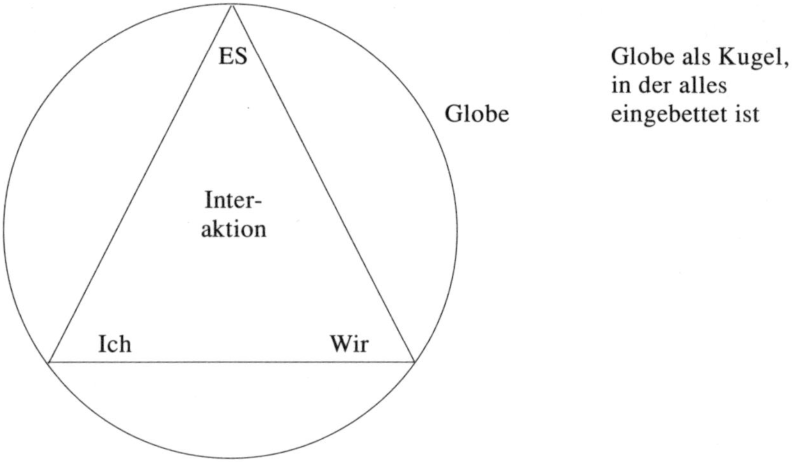

Dieses Modell veranschaulicht die Interdependenz und Integration von

- Ich – Du – Wir – Es – andere
- Beziehungen und Sachen
- Vergangenheit – Gegenwart – Zukunft
- Seele – Geist – Leib
- Gebundenheit – Freiheit

Cohn: „Nur eine feste Struktur ermöglicht Freiheit."
Es wird deutlich, daß es R. Cohn nicht um eine bloße Methode geht, sondern um eine humane Grundhaltung mit entsprechen-

den Auswirkungen im konkreten Handeln, z. B. in Gruppenbeziehungen. So wie bestimmte kommunikative Verhaltensweisen keine Methoden und Techniken sind, sondern der Ausdruck einer humanen Grundhaltung, so gilt dies auch für die TZI. Folgerichtig leitet Cohn aus ihren Axiomen Postulate ab, „Forderungen auf der Basis des Paradox' der Freiheit in Bedingtheit. Wir müssen sie befolgen; mangelnde Bewußtheit und mangelnde Handlungsbereitschaft sind Kennzeichen persönlicher und sozialer Krankheit" (S. 120).
Die Postulate sind somit weder *ausschließlich* auf Gruppen bezogen noch ein *„Abfallprodukt"* der Axiome, sondern eine notwendige Konsequenz aus einer bestimmten Sichtweise über den Menschen, seiner Eingebundenheit und seiner Bedingungen.
Allerdings: Am deutlichsten zeigen sich diese Postulate innerhalb der Arbeit von Gruppen und dort sind sie auch am wirksamsten und hilfreichsten (Cohn, S. 121ff.):

Postulate und Hilfsregeln

R. Cohn stellt zwei Postulate auf:

„1. Sei dein eigener Chairman"[2]
Dies bedeutet in Gruppen: „Übe dich, dich selbst und andere wahrzunehmen, schenke dir und anderen die gleiche menschliche Achtung, respektiere alle Tatsachen so, daß du den Freiheitsraum deiner Entscheidungen vergrößerst. Nimm dich selbst, deine Umgebung und deine Aufgabe ernst." Die Eigenständigkeit und die Eigenverantwortung werden hier betont. Sie gelten für jeden in der Gruppe. Aufgabe des Gruppenleiters ist es, den TeilnehmerInnen dieses „Chairman-Sein" bewußt zu machen und ihnen zu helfen, die eigenen Gefühle, Gedanken und Handlungen zu akzeptieren. Zu häufig gibt es immer noch Befehle, Diktionen, Wegnahme von Verantwortung und Fremdbestimmung. Die Gruppe ist ein ideales Übungsfeld, Autonomie zu erlangen und zu lernen, diese in entsprechende Verhaltensweisen umzusetzen.

2 „‚Chairman' – Vorsitzender, Leiter – ist in diesem Zusammenhang nicht übersetzbar wegen seines Doppelsinns: Chairman of myself = Leiter meiner selbst; und Chairman of a group = Vertreter der Interessen aller in einer Gruppe (nicht nur Vorsitzender oder Moderator)."

- Wenn Sie an Ihre Arbeit in der Schule denken: In welchen Bereichen fällt es Ihnen schwer, Ihr eigener „Chairman“ zu sein?
  Gibt es Personen, die Ihnen Ihr „Chairman-Sein“ streitig machen, es bewußt einengen, es verhindern...?

„2. Störungen haben Vorrang“
„Störungen fragen nicht nach Erlaubnis, sie sind da: als Schmerz, als Freude, als Angst, als Zerstreutheit; die Frage ist nur, wie man sie bewältigt. Antipathien und Verstörtheiten können den einzelnen versteinern und die Gruppe unterminieren; unausgesprochen und unterdrückt bestimmen sie Vorgänge in Schulklassen, in Vorständen, in Regierungen... Das Postulat, daß Störungen und leidenschaftliche Gefühle den Vorrang haben, bedeutet, daß wir die Wirklichkeit des Menschen anerkennen; und diese enthält die Tatsache, daß unsere lebendigen, gefühlsbewegten Körper und Seelen Träger unserer Gedanken und Handlungen sind.“
„Störungen“ sind Botschaften, Mitteilungen. Sie ernst zu nehmen und zu akzeptieren heißt, den *Menschen,* der diese Störungen hat, ernst zu nehmen und zu akzeptieren: Ich bin keine Maschine, die funktioniert, sondern ein Mensch, der „Störungen“ haben darf. Das beste Mittel, sie zu bewältigen, ist, sie zu beachten, ihre Botschaften zu „übersetzen“ und auf sie entsprechend zu „reagieren“. Störungen sind Wirklichkeit, die meist als unangenehm erlebt werden. Was ist dem einzelnen, der Gruppe wichtiger: „Harmonie“ = Störungslosigkeit – oder Wahrheit als lebendige Wirklichkeit = Störung? Je mehr die Menschen eine positive Einstellung zu Störungen bekommen, desto mehr verschwindet die Bewertung „Störung“, und um so mehr wird sie zur „akzeptierten Wirklichkeit“.
Die Postulate sind deshalb auch „Klarstellungen existentieller Phänomene“ und nicht „auswechselbare Spielregeln. Die Postulate sprechen in ihrer Forderung aus, die Realität und nicht Dogmen als Autorität anzuerkennen.“
Im Anschluß an ihre beiden Postulate stellt R. Cohn Hilfsregeln auf, die für Gruppen förderlich sind. Sie sind gleichsam die Summe ihrer Erfahrungen:

1. Sprich für dich in der Gruppe und vermeide das unpersönliche „Man“. Du brauchst dich nicht zu verstecken
Selbstwahrnehmung und Selbstbewußtsein fördern das Ich und

damit die Ich-Aussagen. Ich halte nichts davon, Menschen aufzufordern, das „Man“ wegzulassen. Sinnvoller ist es, die TeilnehmerInnen nach *ihren* Bedürfnissen, *ihren* Interessen zu fragen: „Wie denken Sie darüber, wie erleben Sie die Situation? Mich interessiert es, wie es Ihnen geht.“ Das Ich, das Selbst des Menschen beachten und fördern ist die beste Medizin, das unpersönliche „Man“ zu vertreiben.

2. Sage dich selbst aus, vermeide das Ausfragen. Wenn du Fragen stellst, so sage, warum du fragst
Echte Fragen erbitten Information. Unechte Fragen sind „Versteck- und Vermeidungsspiele“: Die Person steht nicht zu ihrer Verantwortung und Entscheidung, sondern schiebt den „Schwarzen Peter“ dem Gegenüber zu: „Meinen Sie nicht, daß in Ihrer Klasse lauter Chaoten sind?“ Klartext: „*Ich* bin der Meinung, daß... *Mich* stört die Klasse... *Ich* komme nicht zurecht“ – „Sind Sie immer so launisch?“ Klartext: „*Mich* verunsichert Ihre Unbeständigkeit... *Ich* weiß nicht, woran ich bin... *Ich* komme mit Ihren Gefühlen nicht klar...“

3. Sei authentisch und selektiv in deinen Mitteilungen
Authentisch sein heißt, sich auf die *eigene* bewährte Überprüfung zu verlassen und eigenständig zu handeln. Wie „stimmig“ sind also meine Aussagen, wie echt? Wie sehr stimmen sie überein mit meinen Gefühlen, meinen Gedanken, meinem Wollen und wie sehr passe ich sie einem Gruppendruck oder internalisierten Normen (Eltern, Erziehung, Dogmen) an? Bedeutsam ist hier, *alles* in sich wahrzunehmen, aber zu entscheiden, was von dem Wahrgenommenen mitgeteilt wird. Ich teile nicht alles mit, aber was ich mitteile, ist echt und stimmig. Die Selektion kann seinen Grund haben in der Person, in der Situation, im Zeitpunkt, im Kontext. Meine *Einfühlungsfähigkeit* ist das Kriterium der Entscheidung und der „Regler“ für die Selektion.

4. Es ist besser zu agieren und zu reagieren, als zu interpretieren
Interpretationen sind gefährlich und können die zwischenmenschlichen Beziehungen sehr belasten (siehe auch 3. Kapitel, S. 154ff.). Sie sind häufig Grenzüberschreitungen und Autonomieverletzungen: „Du schweigst, weil Du zu feige bist.“ – „Sie sind ja nur so aktiv, weil Sie im Mittelpunkt stehen wollen.“ – „Sie schmeicheln sich beim Chef ein, weil Sie befördert werden wol-

len." Usw. Durch solche Sätze wird die Interaktion blockiert. Direkte Aussagen und Mitteilungen von und über sich jedoch fördern die Interaktion: „Mir fällt auf, daß Du sehr schweigsam bist. Bedrückt Dich etwas?" – „Ich habe Sie heute vormittag sehr aktiv erlebt. Ich wäre auch gerne so wie Sie, aber ich trau' mich nicht..." – „Sie sprechen mit dem Chef viel freundlicher als mit mir. Ich habe den Eindruck, Sie mögen mich nicht..."
An die Stelle der Interpretation tritt also die Informationsfrage, die persönliche Aussage oder die Vermutung. Dadurch werden die Gesprächspartner nicht eingeengt, sondern haben die Chance, ihre Sichtweisen darzustellen.

5. Vermeide Verallgemeinerungen
Verallgemeinerungen vereinnahmen und lassen keine individuellen Entscheidungen, Meinungen und Sichtweisen zu: „Mit euch kann man ja überhaupt nicht reden!" – „Ihr seid ja doch alle gegen mich!" – „Wir sollten doch nicht so tun, als hätten wir keine Probleme..." Förderlicher sind hier persönliche Aussagen. Die anderen haben dann die Möglichkeit, Stellung zu beziehen und ihre Ansichten einzubringen: „Ich bin hier nicht verstanden worden." – „Ich habe das Gefühl, gegen eine Wand zu rennen. Ich habe den Eindruck, mit meiner Meinung ziemlich alleine dazustehen." – „Ich weiß nicht, wie es euch geht, aber ich habe mit der Klasse 7b erhebliche Probleme..." Verallgemeinerungen blockieren den Gruppenprozeß, während die Fülle der Einzelaussagen der Gruppenteilnehmer den Prozeß beschleunigen und ihm eine echte Dynamik verleihen: Die Vielfalt der Aussagen verdichtet die Interaktion.

6. Sprich direkt mit anderen und nicht über andere mit Dritten

- Sie bemerken, daß zwei Personen in Ihrer Anwesenheit über Sie reden. Wie fühlen Sie sich dabei (ausgeschlossen, hilflos, unbeteiligt, sicher...)?

Die Angst vor Konfrontation ist häufig der Grund, warum wir, vor allem in Konfliktsituationen, nicht direkt mit der beteiligten Person sprechen, sondern uns an Dritte wenden: „Finden Sie nicht auch, daß sich Kollege A immer hervortut?" – „Kollegin B will sich in der Klasse wohl beliebt machen..." Gespräche *über* andere verschleiern die Wirklichkeit und helfen nicht, die Probleme zu lösen. Direkte Gespräche jedoch klären, auch wenn dabei unangenehme und belastende Gefühle entstehen, kontroverse Meinungen deutlich werden und Auseinandersetzungen die (Pseudo-)Harmonie stören.

7. Seitengespräche haben Vorrang
Seitengespräche unterstreichen mit großer Wahrscheinlichkeit die Wichtigkeit des derzeitigen Themas. Was ist der Grund, Seitengespräche in der Gruppe zu führen? Vielleicht haben die TeilnehmerInnen Angst vor Bewertung ihrer Aussage; vielleicht kommen sie nicht zu Wort, weil es „raschere Sprecher" gibt; vielleicht meinen sie, ihr Beitrag gehöre nicht hierher; vielleicht sind sie der Ansicht, ihre Mitteilung wäre zu privat... Seitengespräche entstehen genauso aus der Gruppe heraus wie Hauptgespräche. Sie gehören also der gesamten Gruppe, sind ein wesentlicher Teil von ihr, quasi bunte Gesprächssteine, die das Gruppenmosaik beleben. Allerdings: Die Bitte, Seitengespräche in die Gruppe einzubringen, sollte als *Aufforderung* und nicht als *Zwang* verstanden werden: Jeder Teilnehmer bestimmt selbst, was er in die Gruppe einbringt.

8. Es spricht möglichst immer nur eine Person
Das mag selbstverständlich klingen. Wer Gruppenerfahrung besitzt, weiß, daß dies nicht immer der Fall ist, vor allem dann, wenn die Debatten hitzig sind. Deshalb ist es wichtig, daß die einzelnen TeilnehmerInnen sensibel für sich und die anderen sind, was die Gesprächsanteile und den Zeitpunkt des Redens betrifft: „Der Gruppenzusammenhalt ergibt sich aus konzentriertem Interesse füreinander und für die Aussagen oder Aktionen jedes Teilnehmers."

- Welche Erfahrungen haben Sie bereits mit diesen Regeln? Erscheinen sie Ihnen pausibel?
  Bitte machen Sie sich die Mühe und beziehen Sie die einzelnen Regeln auf die Grundaussage von „Autonomie" und „Eingebundenheit", von individuellem Verhalten und Gemeinsamkeiten in der Gruppe: Was fällt Ihnen dabei auf, was wird deutlich?

TZI und Gruppenleitung

Es ist nicht Aufgabe des Gruppenleiters, genau darüber zu wachen, daß die Gruppenregeln eingehalten werden. Es gibt in der Gruppe keine „Wachposten". Vielmehr ist es wichtig, daß jedes Gruppenmitglied für seine eigenen Belange sensibel wird und gleichzeitig für die anderen offen und einfühlend ist. Die Gruppenleiter haben die Funktion, aufmerksam zu machen, zu beschreiben, zu verdeutlichen: „Mir fällt auf... Ich spüre momentan... Ich erlebe euch derzeit... Ich schlage vor, daß..." Unter dem Aspekt des Gleichgewichts zwischen dem Ich, dem Wir und dem Es besteht die Aufgabe der Gruppenleitung, auf die Erhaltung dieses Gleichgewichts hinzuweisen und mitzuhelfen, die dynamische Balance auf „dem Drahtseil der Gruppe" zu ermöglichen. Das ist nicht immer einfach. Dieses Gleichgewicht wird gestört, wenn

a) das Ich ein Übergewicht bekommt; z.B.: Ein Kollege erzählt sehr ausführlich über einen Schüler, obwohl dies momentan mit den anderen und mit dem Thema nichts zu tun hat. (Wie reagiert die Gruppe auf das *Signal:* „Der Schüler ist eine große Belastung für mich."?)

b) das Wir ein Übergewicht bekommt; z.B.: Die Gruppenmitglieder tauschen Erfahrungen aus, die nichts mit dem Thema zu tun haben. Die Aufgabe, die Sache A zu bearbeiten, wird völlig aus den Augen verloren. (Wie reagiert der Gruppenleiter auf das *Signal:* „Das Thema langweilt uns und ist uns nicht wichtig."?)

c) das Es ein Übergewicht bekommt; z.B.: Die TeilnehmerInnen diskutieren über ein Problem, ohne auf die Befindlichkeiten der anderen Personen und auf die Beziehungen untereinander zu achten. (Wie kann die Gruppe wieder neu sensibilisiert werden, vermehrt das Ich und das Wir wahrzunehmen?)

- Wenn Sie in einer Gruppe arbeiten, so fragen Sie sich bitte:
  Wo stehe ich, wie geht es mir?
  Wo stehen die anderen, wie erlebe ich sie, wie könnte es ihnen gehen?
  Sind wir noch bei der Sache, am Thema? Wie sieht unser Arbeitsprozeß aus?

Exkurs: Verbale Mitteilung und Autonomie

R. Cohn weist immer wieder darauf hin, wie sehr verbale Äußerungen autonomes Verhalten fördern oder blockieren. Ich zeige Ihnen nachfolgend einige Beispiele, wie oftmals Autonomie und klare Aussagen durch sprachliches Sich-Winden verhindert werden:

Man sollte nicht immer gleich jedes Problem, das auftaucht, durch die Brille des Psychologen sehen.	*Ich* sehe nicht jedes Problem unter dem Blickwinkel der Psychologen. Für *mich* ist diese Sichtweise zu einseitig.
Ich *würde* sagen, daß *man* dies auch noch anders sehen *könnte*.	*Ich* habe hier eine andere Meinung. *Ich* sehe dies anders.
Ich *darf* Sie herzlich begrüßen...	*Ich* begrüße Sie herzlich...
Ich *darf* Ihnen mitteilen...	*Ich* teile Ihnen mit...
Ich *darf* die Gelegenheit benützen...	In diesem Zusammenhang benutze *ich* die Gelegenheit...
Wir sollten jetzt *alle* wieder zur Sache kommen...	*Ich möchte* jetzt gerne wieder zur Sache kommen...
Sie sollten sich nicht immer so in den Mittelpunkt drängen,	*Ich* fühle mich an die Wand gedrängt, *ich* komme nicht zum Zug durch Ihre Aktivität...
Sie sollten nicht dauernd das Wort ergreifen...	*Ich möchte* auch meine Meinung einbringen...
Vielleicht könnten Sie mir jetzt wieder *ein bißchen* zuhören...	*Ich möchte* weitersprechen und bitte um Ihre Aufmerksamkeit...
Wir sollten vielleicht jetzt am besten das Thema wechseln...	*Ich* kann mit diesem Thema nichts anfangen. Wie geht es Euch?
Eigentlich gehört *es* sich nicht, so zu reden.	*Mir* mißfällt das Gespräch. *Ich* fühle mich verletzt...

- Wenn Sie Lust und Zeit haben:
  Nehmen Sie Gespräche im Klassenzimmer, während einer Konferenz oder während einer kollegialen Gruppenarbeit auf

Band auf und analysieren Sie es unter den o. g. Gesichtspunkten.
Wie viele „hätte, würde, sollte, man..." entdecken Sie in Ihrem Sprechen?
Wieviel Versteckspiel, Selbständigkeit, Offenheit, Klarheit, Unsicherheit, Abwarten, Riskieren... erleben Sie tagtäglich in der Schule und anderswo?
Wie gehen Sie, gehe ich, gehen wir damit um?

Begleiten Sie mich zu zwei weiteren SCHILF-Trainingsplätzen:

6. Supervision und personenzentrierte Lerngruppen

Supervision in der schulinternen Lehrerfortbildung

Die positiven Erfahrungen eines Pädagogischen Tages motivierten eine Gruppe von LehrerInnen einer Schule, sich vierzehntägig zu treffen, um Probleme des Schulalltags zu besprechen, zu analysieren und zu lösen. Die KollegInnen baten einen Fachmann um Leitung und Begleitung, und sie begannen, als „Lerngruppe zu laufen". Die TeilnehmerInnen spürten, wie ihnen die einzelnen Sitzungen guttaten, wie die Fallbesprechungen für den schulischen Alltag hilfreich waren und wie sich die „Beziehungsarbeit" förderlich auf den Umgang miteinander auswirkte... Erst viele Wochen später tauchte der Begriff „Supervision" auf, und mit einigem Stolz meinte jemand: „Jetzt haben wir sogar eine Supervisionsgruppe an unserer Schule."
Wie kam es zu dieser Art von Gruppenarbeit?
Michael Balint, ein Londoner Arzt, begann in den fünfziger Jahren mit Kollegen und Sozialarbeitern in Gruppen die „verdeckten Beziehungen" zwischen Arzt und Patient in den Mittelpunkt der Arbeit zu stellen. Er erkannte, wie wichtig diese *berufsbegleitenden Gesprächsgruppen* waren. Als sog. *Balintgruppen* haben sie seither Einzug in die Sozialberufe gehalten. In Schulen, in denen der *Lehr*beruf immer noch nicht zu den *Sozial*berufen gerechnet wird, sind Fallbesprechungsgruppen eine Seltenheit, ja Ausnahme. Erst in letzter Zeit werden Stimmen lauter, die Supervisionsgruppen auch in Schulen fordern, ein Novum in der (schulinternen) Lehrerfortbildung.

Ursprünglich bedeutet Supervision eine *berufsspezifische Fachaufsicht,* wobei es um Verfahren und Methoden geht,die *Verhaltenskompetenz* der einzelnen TeilnehmerInnen festzustellen, zu unterstützen und (weiter-)zuentwickeln. *Ziel ist die erfolgreiche und befriedigende Ausübung des sozialen Berufs* (vgl. Schuch 1977, S. 209f.). Inzwischen sind Balintgruppen als Fallbesprechungsgruppen – und in Erweiterung schließlich Supervisionsgruppen – nicht mehr nur auf Ärzte und Sozialhelfer beschränkt. Sie erweisen sich überall dort als notwendig und sinnvoll, wo „die Berufsausübung das tiefe Verständnis des Mitmenschen voraussetzt" (Argelander, zit. in Gudjons 1977a, S. 375). Schule als Ort des Unterrichtens und Erziehens, des Miteinanderlebens, wird somit auch notwendigerweise zum Ort, an dem LehrerInnen vermehrt die Möglichkeit haben sollten, in Supervisionsgruppen zu arbeiten. Dabei sind drei Komponenten zu beachten:

a) Zum einen werden schulspezifische und berufsbezogene Probleme/Fälle/Schwierigkeiten eingebracht und hauptsächlich unter dem Gesichtspunkt der Eigenanteile bearbeitet: Was haben die Probleme mit mir zu tun, was sind meine Schwierigkeiten dabei...? Es findet also ein *individueller Klärungsprozeß* statt.
b) Zum anderen besteht die Form der Arbeit aus den sog. „Fallbesprechungen", also der individuellen Darstellung, der gemeinsamen Analyse und der Suche nach Bewältigungs- und Lösungsmöglichkeiten. *Die Gruppe als Ganzes* leistet dabei einen großen Anteil.
c) *Der Gruppenleiter* ist *Klärungshelfer, Gruppenprozeßmoderator,* aber auch als *Fachmann Lehrender,* um die Verhaltenskompetenz der Teilnehmenden zu erhöhen und zu fördern. Dies soll allerdings „ohne Kritik und Belehrung von oben nach unten" geschehen (vgl. Gudjons ebd., S. 375, und Redlich 1986, S. 1f.).

So zielen die Supervisionsgruppen mit der „integrativen Verknüpfung kognitiver und emotional-affektiver Erfahrung

- auf eine differenzierte Wahrnehmung des eigenen Persönlichkeitsanteils in Problemsituationen,
- auf das Bewußtmachen von Hintergrunderwartungen und -urteilen,
- auf eine realitätsgerechtere Einschätzung des eigenen Verhaltens,

- auf ein umfangreicheres Verhaltensrepertoire bis hin zu konkreten Verhaltensmustern,
- auf größere Flexibilität im Problemlöseverhalten,
- auf das Erkennen von konfliktbedingenden Faktoren in der Kommunikation, in der Institution und in der Umwelt;

insgesamt soll eine aktive, auf Problemlösung gerichtete Haltung angestrebt werden, die konkrete Veränderungen der Berufspraxis – unter Einschluß politischer Organisation – zur Perspektive hat" (Gudjons ebd., S. 376).

- Eine Kollegin, ein Kollege, lädt Sie ein, an einer Supervisionsgruppe teilzunehmen:
  Rennen sie offene Türen bei Ihnen ein – oder verunsichert Sie bereits das „Anklopfen"? Mit welchen Gefühlen stimmen Sie zu oder lehnen Sie ab?

Zur Arbeit in Supervisionsgruppen

Zentraler Bestandteil ist die pädagogische Fallbesprechung. Hier „steht die eigene Erfahrung im Mittelpunkt. Lernen findet dabei weder durch Nachahmen noch durch direkte Wissensvermittlung statt, auch nicht durch gute Ratschläge ... In der Fallbesprechung geht es um die Entwicklung und Erweiterung von pädagogischem Erkennen und pädagogischem Handeln als Sinnzusammenhang aus Erfahrungen heraus. Wichtig ist dabei das Erkennen der subjektiven Verarbeitungsformen dieser Erfahrungen und deren Umsetzung in pädagogisches Handeln im Alltag und in der Einzelsituation" (Reber 1986, S. 36). In diesem Zusammenhang betont Redlich (1986, S. 1), daß die Gruppensupervision ein Prozeß ist, „der als offene Problemlösungsstrategie strukturiert werden kann. Da die Supervision eine Lösung beruflicher Probleme psychosozialer Helfer im engeren Sinne nicht direkt bewirken kann – dies kann nur der einzelne in seiner beruflichen Praxis tun –, sondern die ‚Lösung' in der Supervision genau betrachtet in einer ‚Klärung' besteht, handelt es sich um eine Problemklärungsstrategie." Diese Sichtweise ist von großer Bedeutung für die einzelnen TeilnehmerInnen, um nicht falsche Erwartungen und Hoffnungen aufkommen zu lassen: *Supervision als ein Ort der Klärung und Einübung vorweggenommenen Handelns,* z.B. durch Simulations- und Rollenspiele, *nicht aber*

als ein Ort der Lösung von schulischen/pädagogischen Alltagsproblemen.
Die Arbeit in Supervisionsgruppen vollzieht sich auf drei Ebenen:

1. Ebene: Der Fall im Spiegel des/der Berichtenden:
Die Gruppe einigt sich auf einen Fall (wer hat derzeit die größten Belastungen?), der in seiner Problematik vorgetragen wird. Die Gruppe hört aktiv bei der Schilderung zu: Wie schildert der Teilnehmer sein Problem, was sind seine Sichtweisen? Welche Gefühle werden spürbar und in welchen Zusammenhängen steht das Problem? Welche Beziehungen werden deutlich und welche Erklärungen und Deutungsversuche gibt der Betroffene selbst?

2. Ebene: Der Fall im Spiegel der Gruppe:
Die anderen TeilnehmerInnen bringen sich ein, geben Rückmeldungen, assoziieren, argumentieren, analysieren, zeigen ihre Sichtweisen und ihre Betroffenheit. Was hat der Fall mit ihnen zu tun, wo sind ihre Anteile? So weitet sich der Fall auf die ganze Gruppe aus. Zur subjektiven Sichtweise des Betroffenen gesellen sich die Sichtweisen der anderen Gruppenmitglieder. Der Einzelfall wird zum Fall der Gesamtgruppe.

3. Ebene: Der Fall in seinen strukturellen und institutionellen Bedingungen:
Da der Fall und der Beteiligte in Strukturen und in die Institution Schule eingebunden sind, müssen auch diese Bedingungen zum Inhalt der Supervisionsgruppe gemacht werden: Welche Außenfaktoren bestimmen das Geschehen? Welche Rahmenbedingungen erschweren das Problem, welche Sachzwänge tauchen auf? Welche Lösungsmöglichkeiten gibt es auf dieser dritten Ebene (vgl. Gudjons ebd., S. 379)?

Von „Fall zu Fall" wird die Gruppe einfühlender und flexibler, spontaner und sicherer in der Einschätzung der eigenen Lage, der Handlungsmöglichkeiten, aber auch der Grenzen. Der Zwang, unbedingt zu Lösungen zu kommen, verringert sich zugunsten einer Einstellung, mit dem Fall zu leben, sich auf die entsprechenden Personen einzulassen und sich mit ihnen auf einen Weg zu begeben. Über diese Fallbesprechungen hinaus erfahren die TeilnehmerInnen einen Lernzuwachs, der sich auf sie selbst, auf ihre Beziehungen untereinander und auf ihr pädagogisches Handeln außerhalb der Gruppe bezieht. Die Tür zur personenzentrierten Gruppe steht offen...

- Wie sieht es jetzt aus mit Ihrem Ja oder Nein zur Supervisionsgruppe?

Gedanken eines Supervisors, die mir sehr zusagen:
„Helfende Berufe beinhalten die große Chance für uns, die sie ausüben, daß wir in unserer Tätigkeit Sinn und Zufriedenheit finden. Andererseits spüren wir den hohen Anspruch, der von außen und auch von uns selbst an uns herangetragen wird. In kaum einem anderen Arbeitsfeld *liegen hohe Arbeitszufriedenheit und die Gefahr des Ausbrennens* so dicht nebeneinander.
Supervision, wie ich sie verstehe, soll für die in einem helfenden Beruf Tätigen zweierlei Nutzen bieten: Einerseits soll sie die berufliche Kompetenz stärken helfen. Andererseits – und dies ist der wichtigere Aspekt – soll genügend Zeit und Raum für die Klärung persönlicher Fragen zur Verfügung stehen. Gerade im helfenden Beruf steht oft das Problem im Vordergrund, wie die vorhandene Kompetenz möglichst vollständig umgesetzt werden kann. Hindernisse können in der eigenen Person bzw. Lerngeschichte liegen. Der helfende Beruf bringt es mit sich, daß wir permanent Beziehungsarbeit leisten oder Beziehungen klären müssen... *Mitunter leidet darunter die Beziehung, die wir zu uns selbst haben:* Dem professionellen Verständnis für andere steht eine unerbittliche Anspruchshaltung an uns selbst gegenüber, deren ungesunde Folgen Selbstüberforderung, ein chronisch schlechtes Gewissen oder auch ein inneres Geteilt-Sein zwischen der zunächst scheinbar reibungslosen Rollen-Erfüllung und einer zunehmenden Unfähigkeit, für sich selbst zu sorgen, sein können.
Ein wichtiger Aspekt der Supervisionsarbeit ist somit, das Verständnis für die eigene Person mit ihren Konflikten sowie die Fähigkeit, *mit sich selbst in Einklang zu kommen und zu bleiben,* zu stärken“ (Eckehard Rechlin; Hervorhebungen R. M.).

Personenzentrierte Lerngruppen

Die Begründung, personenzentrierte Lerngruppen als Bestandteil *schulinterner Lehrerfortbildung* zu betrachten, kommt aus der Erfahrung und Einsicht, daß LehrerInnen als *Personen* un-

terrichten und erziehen, und daß es in der Schule nicht nur um Sachen, Dinge, Stoffe und Bildungsgüter geht, sondern auch um die Entwicklung und Förderung der einzelnen Personen, um Beziehungen untereinander, um soziales Lernen, um „Begegnung von Person zu Person". Ein Ort, in erster Linie personen- und nicht themen- oder sachorientiert zu lernen, sind die personenzentrierten Lerngruppen. Sie werden häufig auch Selbsterfahrungsgruppen genannt, ein Begriff, der teilweise auch negativ besetzt ist, wird er doch in die Nähe von Therapie gebracht und damit mit seelischer Not, psychischen Defekten und psychosomatischen Krankheiten verbunden. Mir sagt deshalb der Begriff der personenzentrierten Gruppen mehr zu. Unter dem Gesichtspunkt schulinterner Lehrerfortbildung haben hier Kolleginnen und Kollegen die Möglichkeit, ihre eigene Person zum „Thema" zu machen: ihre Ängste und Unsicherheiten, ihre Fragen zu bestimmten Situationen und Verhaltensweisen in der Schule, ihre Beziehungen zu den SchülerInnen und KollegInnen, ihr Verhältnis zu Autoritäten, ihren Umgang mit sich und anderen:
„Warum verstelle ich mich in der Schule und bin dort ganz anders als in meiner privaten Umgebung?" – „Warum habe ich eine Wut auf bestimmte Schüler, Angst vor dem Sarkasmus des Kollegen K.?" – „Warum flüchte ich zu Strafenkatalogen, wo ich doch ehrlich zugeben müßte, daß ich eigentlich machtlos bin?" ...
Auf diese Art von Fragen können Literaturhinweise, Vorlesungen und Trainingskurse nur begrenzt Antworten geben, und meistens liegt die Bewältigung nicht einmal in der *Beantwortung der Fragen,* sondern in der *Aufarbeitung durch Erfahren und Erleben.* Sinn und Ziel von personenzentrierten Lerngruppen sind deshalb über die Artikulation von Schwierigkeiten und Problemen hinaus die *erlebte Begegnung mit sich und den anderen in der Gruppe,* die *Konfrontation mit Belastungen im „Hier und Jetzt"* und die *Aktualisierung früherer* (bis hin zu frühkindlichen) *Entwicklungsphasen.* Im Unterschied zu Supervisionsgruppen, in deren Mittelpunkt hauptsächlich die Fallbesprechung steht, geht es in den Selbsterfahrungsgruppen nicht um ein bestimmtes (Sach-)Thema, sondern um die TeilnehmerInnen selbst: „Echte, tiefgreifende Änderungen der Persönlichkeit sind nur durch tiefgehende Selbsterfahrung in der Gruppe ... erreichbar ..., ohne intellektualisierende Ausflüchte und geläufige Abwehrtechniken. Deshalb gibt es heutzutage viele gruppendynamische Veranstaltungen, in denen ausschließlich eine stark emotionale Auseinandersetzung mit dem gemeinsam erlebten Interaktions-

geschehen in der Gruppe angestrebt wird." (Fittkau 1980b, S. 206; vgl. auch S. 190ff.: Gruppendynamik und Gruppenprozesse.)
Die GruppenteilnehmerInnen haben zwar einen Gruppenleiter, sind aber weitgehend sich selbst überlassen, konfrontiert mit sich und den anderen Personen. Sie lassen sich auf ihren eigenen Prozeß ein, achten auf ihr Erleben, auf ihre tieferliegenden Empfindungen und entsprechenden Reaktionen. Dieser Prozeß ist heilsam, wenngleich auch des öfteren langwierig und schmerzhaft. Im „Schonraum der Gruppe" findet intensives persönliches und soziales Lernen statt, immer aber mit dem Ziel, nicht in der Gruppe zu verharren, sondern sie zu verlassen, um im Alltag das Gelernte umzusetzen und anzuwenden. Die Stabilisierung der einzelnen Personen muß sich in der Realität beweisen! So sind Selbsterfahrungsgruppen zwar in ihrer zeitlichen Arbeit begrenzt (Wochenendgruppen, Langzeitgruppen über mehrere Wochen oder Monate), aber in ihrem Prozeß nie abgeschlossen: Weiterentwicklung, persönliches Weiterwachsen findet immer statt...

- Wenn Sie an Ihren Schulalltag denken: Vermissen Sie personenzentriertes Lernen als Bestandteil schulinterner Lehrerfortbildung? Wie hilfreich wäre eine Selbsterfahrungsgruppe für Sie? Wo ist Ihr Platz zwischen dem Wunsch nach Gruppe und der Abwehr vor ihr?
  Wie könnten Sie sich eine berufsbezogene Selbsterfahrungsgruppe an Ihrer Schule vorstellen? Was müßte getan werden, um sie zu initiieren?

Ich wünsche Ihnen, daß Sie einen – oder mehrere – Weg(e) finden, um zu sich und zu anderen zu gelangen, sei es in der Schule oder anderswo.

7. Literaturhinweise

Barbara Langmaack/Michael Braune-Krickau: Wie die Gruppe laufen lernt. Anregungen zum Planen und Leiten von Gruppen. Weinheim 1985.
Aus dem Inhalt:
Vorklärungen mit der Gruppe – Grobplanung und allgemeine Vorbereitungen – Planung und Vorbereitung der Arbeit mit der Gruppe – Gruppen- und Leitungsprozesse – Themenzentrierte

Interaktion – Anfangsphase, Prozeßbegleitung, Prozeßanalyse – Planung und Gestaltung der Endphase.
„Dieses Arbeitsbuch für Gruppenleiter folgt einem ganzheitlichen Grundkonzept und berücksichtigt dementsprechend die komplexe Wechselwirkung zwischen Gruppenprozessen und den individuellen, sozialen sowie institutionellen Faktoren." Für die Arbeit in und mit Kollegiumsgruppen bildet es eine wahre Fundgrube. Mich spricht die ganzheitliche Sichtweise an und die Einbettung des *Gruppen*geschehens in einen Gesamtzusammenhang. Die differenzierte Darstellung von Gruppenprozessen und Prozeßanalyse ermöglicht es den LeserInnen, Sicherheit in der Arbeit mit Gruppen zu bekommen, sei es als LeiterInnen oder als TeilnehmerInnen.

Tobias Brocher: Gruppendynamik und Erwachsenenbildung, Zum Problem der Entwicklung von Konformismus oder Autonomie in Arbeitsgruppen. Braunschweig 1967.
Aus dem Inhalt:
Was ist Gruppendynamik? – Individualbeziehung und Gruppenzugehörigkeit – Lernprozeß und Führungsstil – Lernprozesse in Gruppen – Affektive Prozesse – Kommunikation, Abwehr und Lernvorgänge – Arbeitsmethoden der Gruppendynamik.
Hier hat der Psychoanalytiker das Wort: Brocher zeigt die Wechselwirkungen zwischen Individuum und Gruppe auf und analysiert die Palette der Verhaltensweisen in Gruppen. Dadurch werden Gruppendynamik und Gruppenprozesse erhellt und verstehbar gemacht. Der Autor nimmt den LeserInnen aber auch die (falsche) Naivität, das Lernen und Arbeiten in Gruppen und die Leitung von Gruppen wären einfach. Zu komplex sind die Vorgänge und zu verflochten die Zusammenhänge. Die psychoanalytischen Deutungs- und Erklärungsversuche sind einleuchtend, hilfreich und bilden eine wichtige Grundlage für Kommunikation und Interaktion in Gruppen.

Arne Sjølund: Gruppenpsychologie für Erzieher, Lehrer und Gruppenleiter. Heidelberg 1976/2.
Aus dem Inhalt:
Die Bedeutung der Gruppe für das Verhalten des Individuums – Die Wirkung äußerer Faktoren auf das Gruppenleben – Gruppenbildungen – Die Gruppenstruktur – Gruppenprozesse – Leitung als Gruppenfunktion – Leitungsform und „psychologisches Klima" – Die Lehrerrolle – Autoritätsausübung – Pädagogische

Beeinflussung – Beeinflussung des einzelnen über die Gruppe – Beeinflussung der Verhältnisse von Gruppen untereinander.
„Gegenstand des vorliegenden Werkes ist... die Gruppe und deren Gesetzmäßigkeiten. Das Hauptgewicht wurde darauf gelegt, die Untersuchungen darzustellen, die besonders wichtig für die Arbeit von Erziehern und Lehrern sind. Ausgewählt wurden dabei die Ergebnisse, die unmittelbar in der praktischen pädagogischen Arbeit angewandt werden können.“
Ich weise deshalb auf dieses Buch hin, weil es für die eigene pädagogische Arbeit der LehrerInnen in der Schule sehr hilfreich sein kann. Die Erfahrungen „LehrerIn als LeiterIn in der Klasse als Gruppe“ wirken sich positiv auf die eigenen Verhaltensweisen als Gruppenmitglied im Kollegium aus.

Lutz Schwäbisch/Martin Siems: Anleitung zum sozialen Lernen für Paare, Gruppen und Erzieher. Kommunikations- und Verhaltenstraining. Reinbek 1980 (1974).
Aus dem Inhalt:
Problembereiche des sozialen Lernens: Lernen durch Erfahrung, soziale Angst, Ausdruck von Gefühlen, Feedback, Selbstkommunikation, das partnerzentrierte Gespräch, das Konfliktgespräch, Verhaltensänderung – Ein Gruppenprogramm zur Selbsterfahrung – Trainingsmöglichkeiten zur Verbesserung der Kommunikation und Kooperation in Arbeits- und Wohngruppen.
Dieses Trainingsbuch ist besonders geeignet für Partnerarbeit im Kollegium oder für Verhaltenstraining in Kleingruppen. Die Angebote in diesem Buch sind vielfältig und helfen, Wege zum Erkennen und zur Veränderung zu finden, um förderliche und befriedigende Gruppenbeziehungen zu führen.

Sigrid Rotering-Steinberg: Anleitungen zum Selbsttraining für Lehrergruppen. Entwicklung und Evaluation eines Programms zur Kommunikation, Praxisberatung und Selbstkontrolle. Weinheim 1983.
Aus dem Inhalt:
Gründe für die Entwicklung eines Selbsttrainingsprogramms – Soziales Lernen in Gruppen: Definitionen und konzeptionelle Aspekte – Die sozial-kognitive Lerntheorie als theoretischer Rahmen eines Selbsthilfeprogramms – Ziele und Programmstruktur eines schriftlichen Selbsttrainingsprogramms – Schriftliche Manuale zum Selbsttrainingsprogramm für informelle Leh-

rerarbeitsgruppen – Evaluation des Selbsttrainingsprogramms. Im Gegensatz zum Konstanzer Trainingsmodell (siehe 2. Kapitel S. 93ff.), in dem zwei KollegInnen als Trainingstandem zusammenarbeiten, sind es hier mehrere KollegInnen, die in einer Gruppe anhand von schriftlichem Material in den Bereichen Kommunikation, Praxisberatung und Selbstkontrolle trainieren.

Ruth Cohn: Von der Psychoanalyse zur themenzentrierten Interaktion. Stuttgart 1978 (1975).
Aus dem Inhalt:
Von der Psychoanalyse zur Erlebnistherapie – Lebendiges Lernen: Themenzentrierte Interaktion (TZI): Das Thema als Mittelpunkt interaktioneller Gruppen – Grundlagen TZI (Axiome, Postulate, Hilfsregeln), Training der Intuition, Zur Humanisierung der Schulen (vom Rivalitätsprinzip zum Kooperationsmodell), pädagogisch-therapeutische Interventionen.
Die vorliegende Sammlung von Aufsätzen „läßt den Leser daran teilhaben, wie sich aus den persönlichen Erfahrungen der Autorin eine psychotherapeutische und pädagogische Methode entwickelt hat: das ‚themenzentrierte interaktionelle System'".
Vor allem in der Arbeit mit LehrerInnengruppen empfinde ich die TZI-Methode als äußerst hilfreich, nämlich ein Ziel anzustreben, in dem ein Thema, der einzelne mit seinen Bedürfnissen und die Gruppe in ihrer Aktion in Balance kommen, in Balance bleiben; ein ungemein lohnendes Ziel!
Zum Thema Supervision empfehle ich Ihnen zwei Aufsätze:

Herbert Gudjons: Fallbesprechungen in Lehrergruppen. Ein Leitfaden für gegenseitige Supervision und Beratung in der praxisnahen Lehrerfortbildung. In: Westermanns Pädagogische Beiträge 1977/9, S. 373–379.

Herbert Gudjons: Strafarbeit für Petra? – Beispiel für eine Fallbesprechung aus dem pädagogischen Alltag. In: Westermanns Pädagogische Beiträge 1977/11, S. 469–473.
Während der erste Aufsatz Grundlagen und Methoden der Supervision zum Inhalt hat, schildert der zweite Aufsatz einen Fall aus dem pädagogischen Alltag und dessen Besprechung und Bearbeitung in einer Supervisionsgruppe.

Wolfgang Schmidbauer: Selbsterfahrung in der Gruppe. Theorie, Praxis, Ergebnisse. München 1977b

Aus dem Inhalt:
Grundsituationen in der Selbsterfahrungsgruppe – Der Traum in der Gruppe – Gruppenphantasien – Agieren in der S-Gruppe – Die Aktivitäten des Leiters – Anwendungsformen einer emanzipatorischen Gruppendynamik – Die Ausbildung zum Gruppenleiter – Die Grenze zwischen Selbsterfahrung und Therapie – Ergebnisse analytischer Selbsterfahrungsgruppen. Innerhalb der Lehreraus- und -fortbildung als Lern-, Arbeits- und Selbsterfahrungsprozeß kommt letzterer (Selbsterfahrung bzw. personenzentriertes Lernen in Gruppen) zu kurz, ja fast gar nicht zur Sprache. Es ist an der Zeit, diesen vernachlässigten Bereich in die Aus- und Fortbildung miteinzubinden.
Der Autor gibt einen umfassenden Einblick in Theorie und Praxis von Selbsterfahrungsgruppen, nimmt Ängste und blockierende Phantasien weg durch klare Schilderung und Analyse von Gruppenprozessen. Die Antworten auf wichtige Fragen öffnen den LeserInnen den Zugang zur Selbsterfahrung in Gruppen: Welche Lernerfahrungen sind möglich? Wie entwickelt sich ein Gruppenprozeß? Was kann der Leiter tun, um Prozesse zu fördern? Welche theoretischen Grundlagen helfen den TeilnehmerInnen, Gruppenvorgänge zu erklären? Wie kann der Einsicht in bestimmte Prozesse eine entsprechende Veränderung folgen?
Lehreraus- und -fortbildung: Von der Didaktikvorlesung zu berufsbezogenen und personenzentrierten Lerngruppen – ein langer und weiter, aber ein fruchtbarer und spannender Weg!

- Zu Beginn dieses Kapitels habe ich Sie nach Ihren Empfindungen zum Thema Gruppe gefragt.
  Wie geht es Ihnen jetzt, nachdem Sie dieses Kapitel gelesen haben?
  Fühlen Sie sich sicherer?
  Welche Fragen sind noch offen?
  Nach den Steil- und Engpässen in der Gruppe: Empfinden Sie jetzt Erleichterung (... und vielleicht Tatendrang, in Ihrem Kollegium eine Lerngruppe zu initiieren!?)?

5. Kapitel: Auf verschiedenen Wegen ans Ziel kommen

Viele Wege führen zu SCHILF-Zielen. Deshalb können Sie sich in diesem Kapitel über Wege, sprich Methoden, informieren, mittels derer Sie zu Ihren SCHILF-Zielen gelangen können, sei es auf Haupt- oder Nebenstraßen, in Gäßchen oder auf Schleichwegen...
Nach Ausführungen zum Thema Erwachsenenbildung (Lernen Erwachsene anders als Kinder?) führe ich Sie zu Gesprächsformen, die für die SCHILF-Arbeit von Bedeutung sind, angefangen von der Einwegkommunikation (z. B. Referat) bis hin zur Mehrwegkommunikation (z. B. Diskussion).
Von den verbalen Kommunikationsformen geht es dann weiter zur „visualisierten Kommunikation" (auch Metaplan genannt) und in diesem Zusammenhang zur Moderationsmethode, die ursprünglich in der betrieblichen Fortbildung angewandt wurde, nun aber immer mehr in andere Bereiche der Erwachsenenbildung Eingang gefunden hat und die gerade auch für SCHILF-Vorhaben geeignet ist.
Ohne Rollen- und Simulationsspiele geht es auch in der schulinternen Lehrerfortbildung nicht (mehr). Sie können sich darüber informieren, mitspielen und Ihr Repertoire durch Interaktionsspiele erweitern. Sie verlassen gleichsam Ihren angestammten *Sitz*platz im Lehrerzimmer und begeben sich in die *Spiel- und Aktionsräume,* in denen Sie sich nach Lust und Gutdünken ganz-

heitlich mitteilen und Ihrem Erleben stärker Ausdruck verleihen können.
Den Abschluß bilden Feedbackmethoden. Sie sind ein wichtiger Bestandteil der Erwachsenenbildung und Ausdruck dafür, daß die Wünsche und Bedürfnisse der TeilnehmerInnen ernstgenommen werden: Wir geben uns Rückmeldungen, um zu wissen, wo wir stehen, wie es uns geht und was wir wollen.
Am Ende des Kapitels haben Sie dann hoffentlich einen Ein-, Über- und Durchblick in Methoden für Ihre SCHILF-Arbeit.

1. Aspekte des Erwachsenenlernens

- Wenn Sie an Ihr eigenes Lernverhalten als Erwachsene denken: Welche Voraussetzungen und Bedingungen brauchen Sie, um lernen zu können? Was motiviert Sie? Was blockiert Sie? Was und wann lernen Sie am liebsten?
  Stellen Sie große Unterschiede im Lernverhalten zu Ihren Schülerinnen und Schülern fest?

Zum Lernen von Erwachsenen

Döring (1988, S. 8) stellt die Frage, inwiefern sich das Lernen des erwachsenen Menschen von dem der Kinder und Jugendlichen unterscheidet. Er erfuhr „Unterschiede am eigenen Leibe: Die existentiell starke Betroffenheit des Erwachsenen, den starken Wunsch nach Praxisbezug und das Bewußtsein der raschen Verwertbarkeit des Gelernten (kein Vorratslernen!), den energischen Widerwillen gegen abstraktes Theoretisieren und ein abhebendes Stratosphärendenken, die unbedingte Forderung nach Verständlichkeit, den bisweilen hartnäckigen Widerwillen gegen neues Wissen und neuartige Verfahren und noch einiges mehr... Mit den Jahren aber wuchs bei mir der Zweifel, ob es sich hier denn tatsächlich um ‚Wesensunterschiede' gegenüber Heranwachsenden... handeln konnte... Würden eine Reihe der genannten Merkmale des Lernens Erwachsener nicht auch auf Heranwachsende zutreffen, wenn unsere Schulen anders beschaffen und praxisbezogener arbeiten würden?"
Es hieße *Eulen nach Athen* tragen, wenn Sie auf unserer SCHILF-Wanderung umfangreiche Informationen über Lernen und Lehren bekämen, sind Sie doch als Lehrende selbst Fachfrau

und Fachmann genug. Da wir aber meist nur das Lernen unserer SchülerInnen im Auge haben, ist es sinnvoll und für die nachfolgende Methodenarbeit wichtig, auch unser eigenes Lernen ins Blickfeld zu rücken. Dazu ein Beispiel aus meiner jahrelangen Arbeit als Seminarleiter mit LehreranwärterInnen und ReferendarInnen, also erwachsenen Menschen auf dem Weg in den Schuldienst:
In jedem Kurs simulierten wir mindestens einmal einen Schulvormittag. Ich schlüpfte für sechs Unterrichtsstunden in die Rolle des Lehrers, die SeminarteilnehmerInnen in die der Schülerinnen und Schüler mit dem Ziel, eigenes Lernverhalten wieder bewußter zu erfahren und SchülerInnen besser zu verstehen. Es gab zwei Vereinbarungen, nämlich keine störenden SchülerInnen zu sein, d.h., so gut mitzuarbeiten, wie es den einzelnen möglich war und selbst die Zeitdauer der Teilnahme zu bestimmen (Prinzip der Freiwilligkeit). Der Vormittag bestand aus verschiedenen Fächern, aus Einzel-, Partner- und Gruppenarbeit, aus Diktat, Vortrag, Abschreiben, Abfragen, Gesprächen, Auswendiglernen...; zugegeben: Es war immer ein sehr intensiver Schulvormittag!

- Was vermuten Sie: Wie lange hätten *Sie* mitgemacht?
  Und: Welche Erfahrungen haben *wir* gemacht und welche Erkenntnisse haben wir gewonnen?

Ich habe in all den Kursen noch keine Gruppe erlebt, die mit mir die sechs Unterrichtsstunden reibungslos durchgehalten hätte: beginnende Unruhe, informelle Unterhaltungen, Abschalten, individuelle Pausen (Kaffee, Zigaretten...), Weggehen, Verweigerung („Ich mache nicht mehr mit." – „Ich halte das nicht mehr aus." – „Ich kann nicht mehr." u.ä.). Wir kamen immer wieder zu der Erkenntnis, daß es nicht möglich war (und ist!), solch einen Schulvormittag konzentriert sechs Stunden hindurch auszuhalten oder „durchzuziehen". Die „Rettung" der einzelnen bestand darin, sich entweder passiv zu verhalten (Abschalten, Tagträume, andere Beschäftigungen), zu stören (Blödeln, Schwätzen, Nebenaktivitäten, Disziplinlosigkeit, ...) oder sich zu verweigern (Weggehen, Pausen machen, Zuspätkommen). Lernen *wollen* ist das eine, aber – unter bestimmten Bedingungen – lernen oder nicht lernen *können* das andere!
Die Erwachsenen im Seminar konnten sich frei für oder gegen die Mitarbeit entscheiden. SchülerInnen können es nicht. Welche Möglichkeiten haben sie, uns zu sagen, *was* und *wie* sie lernen

wollen und wie lange und intensiv sie lernen *können*? Wie würden wir auf ihre Mitteilungen reagieren?

- Lernen erwachsene Menschen wirklich anders als Kinder und Jugendliche? Würden Sie es sich gefallen lassen, wenn „man" mit Ihnen so verfahren würde, wie J. und M. Grell (1979, S. 51) schreiben: „Man erklärt den Schülern nicht, was man mit ihnen vorhat, sondern man versucht, sie mit methodischen Tricks zum Lernen zu verführen."

Als Lernender möchte ich wissen, worum es geht, möchte ich bestimmen, was ich lerne, möchte ich mich motivieren und nicht motiviert werden. (Grell: Menschen motivieren sich selbst oder sie lassen es bleiben!) Sehen wir uns also an, welche Voraussetzungen wir brauchen, um zu lernen und lernen zu *können* und welche Prinzipien es für das Erwachsenenlernen gibt. Sie mögen dann die Unterschiede zum Lernen von Kindern und Jugendlichen selbst feststellen.

Voraussetzungen für förderliches Lernen

Um so gut wie nur möglich lernen zu können und entsprechende Lernerfolge zu erreichen, brauchen Lernende günstige Voraussetzungen und Bedingungen, gleichsam einen Nährboden, auf dem Wachsen und Reifen, sich Entwickeln und Entfalten möglich ist.
Ich beziehe diese Voraussetzungen auf die SCHILF-Arbeit und versetze mich in die Lage von Kolleginnen und Kollegen: Ich komme gerne in die Arbeitsgruppe und kann lernen, wenn

○ ich angenommen, akzeptiert und ernst genommen werde. Ich möchte das Gefühl haben, daß ich dazugehöre, daß ich kein Außenseiter bin und daß meine Meinung ebenso gilt wie die Meinung der anderen. Ich brauche eine Atmosphäre der Wertschätzung und des Vertrauens; nur so bin ich auch in der Lage und willens, konstruktive Kritik anzunehmen, mich auf Kontroversen einzulassen und mich mit anderen auf einen Lernweg zu begeben.

○ ich mich wohlfühlen kann. Dazu gehören für mich ein entsprechender Lern- und Arbeitsraum (Ausstattung, Gestaltung, Ambiente...) ebenso wie die Art und Weise des Miteinanderumgehens: offen und ehrlich, echt und fassadenfrei, selbstbestimmende Nähe und Distanz, Aufmerksamkeit und Achtsamkeit, Fehler machen dürfen und dafür verantwortlich sein.

○ ich mich sicher fühle. Ich muß keine Angst vor Angriffen haben, sondern ich kann offen für Rückmeldungen sein. Es wird nicht „aus der Hüfte und dem Hinterhalt“ geschossen, sondern es herrscht Freimütigkeit in den Äußerungen und Mitteilungen. Meine Beiträge werden diskutiert, es wird argumentiert, aber wir stellen uns nicht gegenseitig an den Pranger.

○ ich in der Gruppe Beteiligungsbereitschaft und Einsatz aller spüre und nicht den Eindruck habe, daß ich mich für andere „abstrampeln“ muß, um Ziele zu erreichen. Meine Motivation wird auch durch die Motivation der anderen beeinflußt.

○ im Klartext gesprochen wird und Wirklichkeiten nicht durch die Herstellung von Pseudo-Harmonien verfälscht werden. Umgang mit der Realität ist meinem Lernen förderlicher als die Flucht in Phantasien; Wirklichkeiten gelten lassen und darüber Absprachen treffen ist wichtiger, als voreilig zu Ergebnissen kommen, die der Realität nicht standhalten.

○ Lehrende sich auch als Lernende zeigen, mir das Gefühl der Partnerschaft vermitteln und mir Wege eröffnen, für die ich mich entscheiden kann.

○ ich Gedanken und Gefühle, Vorstellungen und Pläne äußern kann, ohne gleich „zurückgepfiffen“ zu werden; wenn Wagnis akzeptiert und Toleranz bewiesen wird; wenn mein „Vorauslaufen“ als nicht zu schnell und mein „Zurückbleiben“ als nicht zu langsam abgestempelt wird; wenn Unterschiede in Quantität und Qualität, in Lerntempo und Lernleistung akzeptiert werden; wenn an Veränderbarkeit geglaubt wird und positive Sichtweisen und Einstellungen die Arbeit prägen.

Dieses Bündel an Voraussetzungen kann noch erweitert werden (vgl. auch Vester 1975, S. 116ff.) und ist kein abgeschlossener Kanon, kein Regelkatalog, der unbedingt eingehalten werden muß. Diese Voraussetzungen sind immer *Weg und Ziel zugleich,* wünschenswert und annähernd erreichbar, aktueller Zustand und Prozeß, Suchbewegung und erstrebenswerte Verhaltensweisen. Sie sollten aber immer Thema und Gesprächsstoff der Lerngruppe sein, immer auch Gegenstand der Metakommunikation:

- Wie geht es mir, wie geht es uns?
- Was haben wir getan, was haben wir übergangen, was versäumt?
- Was war schwierig und mühsam, wo gab es Grenzen?
- Was war unbefriedigend, was hat uns zufrieden gemacht?
- Was bewegt mich, was bewegt uns?
- Was können wir zurücklassen, was liegt vor uns?
- Was hat mich, uns enttäuscht?
- Wie geht es weiter, wer geht mit, wer geht andere Wege...?

● Wenn Sie an Ihre Lernerfahrungen mit anderen denken: Was blockiert, was fördert Ihr Lernverhalten? Was glauben Sie, was Ihre SchülerInnen über ihre Lernvoraussetzungen, über ihre Wünsche, Bedürfnisse, Erwartungen... sagen würden? Und über Sie als Lehrerin, als Lehrer...?

Die o.g. Voraussetzungen gehen fließend über in Prinzipien des Lernens. Sie sind wichtige Markierungen, an denen sich die Methoden orientieren können. Ich habe sie unter dem Gesichtspunkt der Erwachsenendidaktik ausgewählt, bin mir aber sicher, daß sie für alle gelten, die menschlich lernen wollen.

Prinzipien erwachsenengemäßen Lernens

Achtung vor der Persönlichkeit des einzelnen, Erkentnisse über menschliches Lernen und Beachtung der verschiedenen Wirklichkeiten von Menschen sind der Maßstab für die folgenden Prinzipien:

TeilnehmerInnenorientierung
Lehrende, die über die Befindlichkeiten der Lernenden hinweggehen und TeilnehmerInnen untereinander, die nicht ihre Möglichkeiten und Grenzen, ihre Potentiale und Belastungen, ihre Wünsche und Erwartungen beachten und die nicht auf ihre verschiedenen Situationen, Lebensgeschichten und Eigenarten Rücksicht nehmen, mißachten sich und die anderen, handeln inhuman.

Selbstbestimmtheit/Selbststeuerung
Die Autonomie achten heißt, es den Lernenden zu überlassen,

was und wieviel sie lernen wollen. Aus *Er*ziehung (Ich sage dir, was du tun sollst) wird *Be*ziehung: Wir vereinbaren, was wir lernen wollen. Wir bleiben im Gespräch, im Dialog, im Austausch. An die Stelle der Fremdbestimmung rückt Selbstbestimmung, gekoppelt mit Verantwortungsbewußtsein, Eigenverantwortung und Bejahung der Konsequenzen.

Entscheidungsfreiheit
Lehrende machen Angebote, stellen zur Wahl, eröffnen Möglichkeiten, fördern Erfahrungslernen. Lernende entscheiden, was sie mit den Angeboten machen, wieweit sie sich darauf einlassen. Sie betrachten die Möglichkeiten und stecken die Grenzen ab und sie stehen zu ihren Entscheidungen. Lehrende und Lernende lassen sich nicht im Stich, geben sich Rückmeldungen und verdeutlichen die Wirkungen gegenseitigen Verhaltens. Die Entscheidung „für oder gegen..." kommt aus der Verantwortung für sich und anderen gegenüber.

Transparenz/Klarheit
Lernende haben Anspruch darauf, über Ziele und Vorhaben, über Inhalte und Rahmenbedingungen, über Lernangebote und Verfahren informiert zu werden (Sage mir, was du vorhast – und ich habe die Möglichkeit, mich zu entscheiden). Alles andere ist Verschleierung, Manipulation, Unehrlichkeit. Ich möchte wissen, woran ich bin.
Verschleierungstaktik ist die Waffe derer, die Angst haben, andere würden nicht das wollen, was man selbst will. Lernen hat nichts damit zu tun, anderen zu verheimlichen, wohin der Weg geht. Transparentes Verhalten schließt die Fähigkeit mit ein zu akzeptieren, daß Lernangebote abgelehnt, verändert oder reduziert werden. Klarheit in der Aussage heißt, auch den Mut haben, sich mit Konflikten, Widersprüchen und Verweigerung auseinanderzusetzen.

Ganzheitliches Lernen
Es hat sich inzwischen herumgesprochen, daß auch Erwachsene (und nicht nur Grundschulkinder) ganzheitlich, mit allen Sinnen und „mehrkanalig" lernen; daß „Kopf, Herz und Hand" beim Lernen berührt werden wollen und daß Lernen kein „Kopf-an-Kopf-Rennen" ist. Das hat Konsequenzen *für Lehrende* (z. B. in der Vorbereitung von Lernangeboten und in der Auswahl der Methoden) und Konsequenzen für Lernende (z. B. Erhöhung

der Leistung, Freude bei der Arbeit, Zunahme der Motivation...).

Prozeßorientierung/Produktorientierung
Sie widersprechen sich nicht, sondern stehen in einem Spannungsfeld zueinander. Erwachsene wollen sich auf einen Lern*prozeß* einlassen *und Ergebnisse* erzielen bzw. *Produkte* vorweisen. Entscheidend ist dabei die Beachtung der Balance zwischen Prozeß und Produkt: Entweder wir steuern rasch auf Ergebnisse zu (z.B. weil wir unter Druck stehen) und vernachlässigen dabei das unterschiedliche Lerntempo, die verschiedenen Ansichten der TeilnehmerInnen und vorhandene Schwierigkeiten – oder wir beachten zu sehr unseren Lernprozeß und sind dann frustriert, weil es keine Ergebnisse gibt und keine Produkte zustande kommen.

Differenzierung
Wir bringen unterschiedliche Lernvoraussetzungen, Lernerfahrungen und Lebensgeschichten mit. Und dennoch unterliegen Lehrende des öfteren der Gefahr, alle „über einen Kamm zu scheren". Die Didaktik hat deshalb erfreulicherweise die Differenzierung erfunden, ein Begriff, der ebenso häufig genannt wird wie er *nicht* verwirklicht wird. (!?): Was bringen die einzelnen TeilnehmerInnen an Unterschiedlichkeit mit und wie differenziert wird darauf reagiert? Ein gewiß schweres wie auch lohnendes Unterfangen, die Individualität der einzelnen zu berücksichtigen.

Anwendungsbezogenheit
Nicht nur SchülerInnen fragen: „Wozu brauche ich denn das später?", wenn ihnen ein Lernstoff langweilig erscheint. Auch Erwachsene fragen, wo und wie der Lernstoff angewandt werden kann bzw. welchen Bezug er zum „wirklichen Leben" hat. Damit diese Frage nicht zu Kurzschlüssen führt: Nicht jeder Lerninhalt ist sofort auf Anwendbarkeit hin „abklopfbar", sondern weist auch auf andere Dimensionen hin und nicht nur auf den unmittelbaren Nutzen. Aber Lernangebote dürfen *auch* daraufhin untersucht werden, was sie mit den Lernenden zu tun haben und was diese damit anfangen und erreichen können. Zu leicht besteht die Gefahr, daß Lehrende die Lernenden benützen, um ihre eigenen Steckenpferde zu reiten.

Polarität
Ein „Sowohl-als-auch-Standpunkt" entspricht mehr der Realität als ein „Entweder – Oder". Die Wirklichkeit läßt sich nicht auf eine Seite hieven, sondern lebt von Spannungen und Widersprüchen, vom Hin und Her zwischen Polen. Wir können Menschen nicht auf eine Seite zwingen, sondern wir verstehen sie besser, wenn wir sie auch in ihrer Widersprüchlichkeit und Nicht-Eindeutigkeit wahr- und ernst nehmen. Damit sind weder der Willkür noch der Launenhaftigkeit Tür und Tor geöffnet, sondern damit werden wir dem einzelnen Menschen in seiner Individualität und persönlichen Beschaffenheit weitaus gerechter als wenn wir ihn in linke oder rechte Schubladen einordnen.

- Wie wirken diese Lerngrundsätze auf Sie? Welche, glauben Sie, sind für Erwachsene und Kinder/Jugendliche geeignet und welche gelten hauptsächlich (ausschließlich) für Erwachsene?

Für die schulinterne Lehrerfortbildung sind nur solche Methoden geeignet, die den Anforderungen o. g. Prinzipien standhalten.

2. Gesprächsformen

Aus der Vielzahl der Gesprächsformen innerhalb der Partner-, Gruppen- und Plenumsarbeit habe ich diejenigen gewählt, die für die *SCHILF-Arbeit von Bedeutung* sind, sich in der Praxis als durchführbar erwiesen haben und relativ problemlos anwendbar sind. Ich gliedere die Darstellung der einzelnen Methoden jeweils in Ziel, Art der Durchführung und Funktion des Moderators.

Ideensammlung/Brainstorming

Ziel: Durch diese Methode (Brainstorming = „Gehirn-Sturm", spontane Ideensammlung, ursprünglich im Bereich von Marketing und Werbung angesiedelt) sollen Ideen, Vorstellungen, Phantasien der TeilnehmerInnen ans Tageslicht kommen, um den Lern- und Arbeitsprozeß voranzutreiben oder ihm neue Impulse zu geben. Es gibt keine Vorschriften bezüglich der Äußerungen. Alle Mitteilungen sind erlaubt; diese Methode lebt geradezu von der Summe verrückter Ideen: Was fällt Ihnen ein zum Thema A? Was kommt euch in den Sinn zum Thema B...?

Durchführung: Durch Reizthema und Impulsfrage angeregt, äußern die TeilnehmerInnen ihre Ideen; dies kann der (Sitz-)Reihenfolge nach geschehen oder ungeordnet. Die Einfälle werden von mindestens zwei Personen protokolliert oder von allen auf Band gesprochen. Die Mitteilungen werden dann, ohne Kommentar oder Kritik, verlesen oder angehört. Anschließend werden die Äußerungen auf Stecktafeln veröffentlicht. Alle Beiträge zählen, keine werden bewertet oder eliminiert.
In einer zweiten Runde wird über die Ideen diskutiert, Ordnungsvorschläge werden eingebracht und Übereinstimmungen getroffen. Die Gruppe entscheidet dann über die Verwendbarkeit und Verwendung der Ideenfülle. Die erreichte Struktur ist meist Ausgangspunkt und Material für weitere Diskussionen. (Vorsicht: Brainstorming ist nicht zu verwechseln mit der Stoffsammlung, die themengebunden ist.)

Moderator: Er gibt das Reizthema bekannt, stellt die Impulsfrage(n), organisiert die Protokollierung und steuert das Sammeln, Ordnen und Strukturieren. Auch er enthält sich jeglicher Kritik und Bewertung.

Referat/Vortrag

Ziel: Die TeilnehmerInnen sollen informiert werden, Wissensbestände auffrischen, Anregungen bekommen und zur aktiven Auseinandersetzung mit einem Thema aufgefordert werden. Referate/Vorträge sind mehr als nur abgelesene Manuskripte. Sie bilden die Grundlage für Lehrende und Lernende, den Dialog und die Diskussion miteinander zu beginnen.

Durchführung: Es wird unterschieden zwischen Referat (Ein Sachverhalt wird, ohne eigenen Kommentar, referiert!) und Vortrag (Ein Sachverhalt wird vorgetragen, kommentiert und durch eigene Stellungnahmen bereichert.) Wichtig sind in der Darstellung dabei Einfachheit/Klarheit, Gliederung/Ordnung, Kürze/Prägnanz und zusätzliche Anregungen (Veranschaulichung, Medieneinsatz...; vgl. Langer 1983, S. 378ff.). Es sollte immer

Möglichkeit zur Aussprache, zur Diskussion gegeben werden. Ergebnisse von Gesprächsrunden können sogar Anlaß zu einem neuen Vortrag oder einem Referat sein. Die vorgetragenen Sachverhalte (Referat), gekoppelt mit Meinungen (Vortrag) haben keinen Endgültigkeitsanspruch, sondern eröffnen Lernprozesse. Insofern ist das sog. Impulsreferat besonders geeignet für die SCHILF-Arbeit.

Moderator: Er begrüßt die Vortragenden, stellt sie vor und gibt ggf. Hinweise zum Thema. Er vermittelt Verständnisfragen und leitet das anschließende Rundgespräch (siehe nächstfolgende Methode) bzw. die Aussprache. Er verabschiedet die referierenden/vortragenden Personen.

Rundgespräch

Ziel: Im Rundgespräch sollen Erfahrungen, Meinungen, Einstellungen, Kenntnisse und Erwartungen der TeilnehmerInnen mitgeteilt und ausgetauscht werden. Das Erfahrungs- und Meinungsbild kann, unter dem Aspekt der Teilnehmerorientierung, Ausgangspunkt für die weitere Arbeit sein. Im Rundgespräch werden, z. B. nach einem Referat, einer Partner- oder Gruppenarbeit, die Impulse, Hinweise und Kommentare der einzelnen gesammelt, eventuell geordnet und zusammengefaßt.

Durchführung: Die Mitteilungen erfolgen nach Meldung der Reihe nach. Sie sind Erfahrungen/Meinungen und werden somit nicht bewertet, können aber kommentiert, ergänzt und weitergeführt werden. Die Vielzahl der Äußerungen ergibt ein Meinungsbild, ein Mosaik der Teilnehmererfahrungen und -sichtweisen. Es kann visualisiert/dokumentiert werden. Durch ein Rundgespräch kann ein Problembewußtsein geschaffen oder zu einem Thema hingeführt werden. Meist steht es am Anfang einer Lehrveranstaltung, um den Erfahrungs- und Wissenshorizont einer Lern- und Arbeitsgruppe zu eruieren.

Moderator: Er steuert das Gespräch formal (Rednerliste, Zwischenergebnisse, Zusammenfassung) und ermöglicht durch eigenes Gesprächsverhalten (keine Bewertung, Vermittlung von kontroversen Darstellungen, „Spiegelung" einzelner Positionen u. ä.) eine Atmosphäre der Offenheit und Gesprächsbereitschaft der Beteiligten.

Lehrgespräch

Ziel: Das Lehrgespräch, die strengste Lehrform, fördert den Informationszuwachs, den Wissenserwerb, tiefere Erkenntnisse zu Sachverhalten, Übertragung von Wissensgebieten (Transfer) und bringt Problemlöseprozesse in Gang. Es will Klärung und Überprüfung von Sachverhalten und -zusammenhängen. Es ist ziel- und ergebnisorientiert. (Innerhalb der SCHILF-Arbeit dürfte diese Gesprächsform keinen sehr hohen Stellenwert haben im Gegensatz zu Kursen mit *Lehrgang*scharakter.)

Durchführung: Schrittweise wird ein Thema, ein Stoffgebiet entfaltet, vor allem durch das Zusammenspiel von Frage und Antwort. Durch den Lehrenden, die Lernenden oder durch andere Quellen wird Wissen gesammelt, geordnet, strukturiert, zusammengefaßt, um den Beteiligten zur Verfügung zu stehen. Die Ergebnisse werden dokumentiert. Das Lehrgespräch ist nahe verwandt mit der klassischen Unterrichtsmethode des sog. „Erarbeitungsmusters". Der Lernzuwachs erfolgt durch die Kombination von Erfahrung und Wissen, von Information und Reflexion. Die Bewertung ist sach-, aber nicht personenbezogen.

Moderator: Er ist hier der Lehrende. Seine Hauptaufgabe ist die geschickte Anwendung der Fragetechnik (keine engen Fragen, keine Mehrfachfrage, keine Suggestivfragen), um den Lernprozeß in Gang zu bringen und zu steuern. Er gibt Impulse, gibt den Lernenden das Wort, vermittelt unter den Beteiligten, gibt selbst Informationen, faßt (Teil-)Ergebnisse zusammen, ordnet, strukturiert und ist für die Ergebnissicherung und -dokumentation zuständig. Er kann sich aus der Lerngruppe Mitarbeiter holen. Er steuert das Lehrgespräch formal und inhaltlich. Wichtig ist dabei, daß er die Ziele und jeweiligen Vorhaben den TeilnehmerInnen transparent macht.

Diskussion

Ziel: In der Diskussion werden verschiedene Standpunkte dargelegt, damit sich die TeilnehmerInnen eine eigene Meinung bilden können und damit sie Entscheidungshilfen bekommen. Wichtig ist die Polarisierung der unterschiedlichen Standpunkte, um das Spektrum des gesamten Sachverhalts möglichst breit zu erfassen.

Durchführung: In der *Teilnehmerdiskussion* geben die einzelnen Personen ihre Statements ab (möglichst knapp und kurz) und stellen sie zur Disposition und Diskussion. Es findet gleichsam ein „Gefecht von Gründen und Gegengründen in der Sache" statt und damit Sachklärung von Erkenntnisgewinn durch kontroverse Darstellungen. Die TeilnehmerInnen müssen mit den Sachverhalten vertraut sein. Die Diskussion setzt also bereits Wissen voraus. Es geht hier nicht mehr nur um Erfahrungen, sondern um Wissensbestände und Argumente, deren Bewertung legitim ist. In der *Podiumsdiskussion* diskutieren Experten miteinander. Sie können von PlenumsteilnehmerInnen befragt werden.

Moderator: Er leitet das Gespräch formal: Themenangabe, Wortzuteilung, Vermittlung unter den Redenden, ggf. Verdeutlichung der Standpunkte (aber keine Kommentierung!), Zusammenfassung der (Teil-)Ergebnisse. Er hat einen wesentlichen Anteil daran (vor allem in hitzigen Diskussionen), die DiskussionsteilnehmerInnen zur Kontroverse und Bewertung *in der Sache* zu ermuntern und sie – mit Fingerspitzengefühl – darauf hinzuweisen, Bewertungen von *Personen* zu vermeiden. (Standpunkte können unklar, verdreht, zu wenig durchdacht, zu abstrakt, zu weit hergeholt... sein; aber deswegen sind die *Personen* dieser Standpunkte weder unmöglich, noch komisch oder blöd, weder ungeeignet, kleinkariert noch von allen guten Geistern verlassen usw.)

Pro und Contra

Ziel: Als Sonderform der Diskussion werden in dieser Methode ebenfalls Standpunkte dargelegt, damit sich die beteiligten Personen eine eigene Meinung bilden können und Entscheidungshilfen bekommen. Die vielen Gesichtspunkte tragen zur Urteilsbildung bei.

Durchführung: Es nehmen jeweils maximal 10 Personen teil, die anderen sind Zuhörer, die allerdings in weiteren Pro- und Contra-Runden aktiv werden können. Fünf Personen vertreten die These X, fünf die These Y. Beide Parteien müssen für ihre Standpunkte Argumente liefern. Person A der X-Partei beginnt, darauf antwortet Person A der Y-Partei, daraufhin argumentiert

Person B der X-Gruppe, anschließend Person B der Y-Gruppe usw. bis alle zehn Personen ihre Argumente dargelegt haben. In der zweiten Runde müssen die Beteiligten ihre Position wechseln. Nun vertreten sie jeweils die These der vorherigen Gegenpartei. So hat jede Person einmal die X-These und einmal die Y-These zu vertreten. Am Schluß erfolgen die inhaltliche Auswertung und die Bündelung der Erfahrungen von TeilnehmerInnen und ZuhörerInnen (mit hoffentlich hohem Klärungs- und Erkenntnisgewinn!).

Moderator: Entsprechend der Diskussion leitet er die Gesprächsrunde formal: Themenangabe, Organisation der Rollenverteilung, Wortzuteilung, ggf. Verdeutlichung der einzelnen Standpunkte, Zusammenfassung der (Teil-)Ergebnisse.

Methode 66

Ziel: Durch diese Methode sollen Kommunikation und Interaktion von TeilnehmerInnen einer Plenumsveranstaltung stärker berücksichtigt und gefördert werden: Zwischen die Plenumsphasen schieben sich kurze Phasen (= Methode 66) von Kleingruppen, um Erfahrungen auszutauschen, ein Meinungsbild zu erstellen oder Absprachen zu bestimmten Fragestellungen zu treffen.

Durchführung: Es bilden sich Gruppen mit jeweils *sechs* Mitgliedern, die innerhalb von *sechs* Minuten bestimmte Aufgaben ausführen. Der Vorteil dieser Methode liegt vor allem darin, rasch und ohne großen organisatorischen Aufwand (Die Gruppenbildung geschieht im Plenumsraum.) von Plenumsphasen zu Kleingruppenphasen zu gelangen, z. B.: Ausgangspunkt Impulsreferat – Erfahrungsaustausch Methode 66 – Kurzberichte aus den Kleingruppen im Plenum – Weiterführung des Referats – erneute Diskussion Methode 66 – Kurzberichte aus den Kleingruppen im Plenum – Stellungnahme des Referenten – Aufgabenstellung im Plenum – Weiterarbeit in Kleingruppen... Die passiven Zuhörer im Plenum werden durch die Methode 66 zu aktiven Mitgliedern der Kleingruppen.

Moderator: Seine Aufgabe besteht formal in Organisation und Ablaufsteuerung der „Plenums-Kleingruppen-Intervalle“-Leitung der Plenumsveranstaltung – Anbieten der Methode 66 – Steuerung der Gruppenbildung – Leitung der Aussprachen im Plenum – Zusammenfassung der Ergebnisse.

„Aquarium“

Ziel: Durch diese Methode sollen ein reger Austausch von Erfahrungen und eine rasche Meinungsbildung ermöglicht werden, vor allem dann, wenn es sich um einen größeren Personenkreis handelt. „Miteinander ins Gespräch kommen“, lautet die Devise.

Durchführung: Eine Gruppe von sechs bis zehn Personen bildet, unter Leitung des Moderators, einen Gesprächskreis, umgeben von den übrigen TeilnehmerInnen. Ein Thema wird im Innenkreis erörtert. Wenn jemand aus dem Außenkreis einen Beitrag ergänzen, erhärten oder modifizieren möchte, so stellt er sich hinter die betreffende Person des Innenkreises und schaltet sich in das Gespräch ein (= Doppeln). So entsteht ein intensives Kommunikations- und Interaktionsfeld.
(Aquarium: Die Außenstehenden haben *Einblick* in das Geschehen des Innenkreises und können *Einfluß* darauf nehmen = Wir schauen den „Fischen“ zu und können sie uns ggf. „angeln“!)

Moderator: Er organisiert den Innen- und Außenkreis, leitet das Gespräch formal im Innenkreis, vermittelt ggf. unter den RednerInnen, faßt zusammen und ermuntert die Außenstehenden zur Teilnahme.

- Wir sind am Ende des Weges angelangt, auf dem Sie bedeutsamen Gesprächsformen begegnet sind: Welche sagen Ihnen am meisten zu und welche halten Sie für die SCHILF-Arbeit am geeignetsten?
  Mit welchen Methoden sind Sie bereits vertraut und welche könnten Sie – als ModeratorIn – in einem (Ihrem) Kollegium anwenden?

Die in diesem Abschnitt dargestellten Gesprächsformen erfahren eine Erweiterung durch die Methode der Visualisierung. Sie ist das Thema des nächsten Abschnittes.

3. Visualisierte Kommunikation

Vom Hören zum Sehen

Nehmen wir an, Sie haben als SchulleiterIn oder ModeratorIn bisher die o. g. Gesprächsformen bereits angewandt. Im Laufe der Zeit macht sich bei Ihnen trotzdem eine gewisse Unzufriedenheit bemerkbar, da Ihnen die Eingleisigkeit der Methoden zu schmalspurig und zu wenig effektiv erscheint. So ähnlich erging es einigen GruppenleiterInnen, die den bisherigen Lernkanal „Stimme – Ohr“ erweitern wollten. Sie entdeckten einen anderen, nämlich den Kanal „Hand – Auge“. Dadurch schlugen sie zwei Fliegen mit einem Schlag: Von der Lernpsychologie her war bekannt, daß sich das Lernen erhöht, wenn es mehrkanalig geschieht. Durch ihre neue Methode hatten sie drei Wahrnehmungsbereiche eröffnet: Hören, Sehen, Tun (= auditives, visuelles, haptisches/aktionales Lernen). Der zweite „Fliegenschlag“ bestand darin, daß nun nicht mehr nur eine(r) redete – und die anderen warten mußten – sondern daß jetzt alle Personen auf einmal ihre Meinung *sichtbar* machen konnten. So gab es gleichsam eine visuelle Kommunikation, die sog. Visualisierungsmethode! D. h.: Die TeilnehmerInnen bringen ihre Gedanken und Meinungen, ihre Botschaften – auf Grund entsprechender Fragen, Impulse und Reizwörter – durch verschiedene Hilfsmittel zu Papier, veröffentlichen sie im Plenum/in der gesamten Lerngruppe und kommen dadurch in einen sehr intensiven Prozeß auf der Beziehungs- und Sachebene. (Zur Visualisierungs*technik* siehe weiter unten!) Diese Methode trägt dazu bei, „daß jedes Mitglied nicht nur *Sprecher,* sondern auch *Visualisierer* seiner Beiträge ist“ (Schnelle-Cölln 1983, S. 12; Hervorhebungen R. M.). Gespräche und Gesprächsprozesse, Meinungen und Beziehungen in der Lerngruppe werden *transparent* gemacht.
Da sich durch diese Methoden die Interaktionen verdichteten und die Gruppenprozesse intensiver wurden, entwickelte sich aus den neuen Erfahrungen heraus die

Moderationsmethode

Sie ist Hilfestellung und Prozeßbegleitung, Technik und Haltung zugleich, bei der es darauf ankommt

„○ zuzuhören, wer wann was sagt und was das für die Gruppe bedeutet;
die Gruppe und ihre Entwicklung wichtig zu nehmen und nicht sich selbst;
○ den Zwang, sich produzieren zu müssen, vor der Gruppe zu glänzen, sein zu lassen;
○ die Bemühungen darauf zu konzentrieren, die Situation richtig einzuschätzen und dann das Richtige zu tun oder das Falsche zu lassen. Dabei ist ‚richtig' und ‚falsch' etwas sehr Subjektives, das zum Gelingen der Gruppenarbeit beiträgt;
○ nicht den eigenen Leistungsdruck voranzustellen. Es ist meist viel schwerer, nichts zu leisten als etwas zu leisten" (Klebert u.a. 1987, S. 8).

Aus dieser Haltung und Einstellung heraus wird deutlich, daß die Aufgabe des Moderators darin besteht, „Prozeßbegleiter" der Gruppe, des Kollegiums zu sein und den Beteiligten zu helfen,

- sich ihrer Probleme bewußt zu werden, sie zu sammeln, zu ordnen und zu strukturieren,
- Ziele und Vorhaben zu artikulieren und auszuwählen,
- sich Informationen mitzuteilen und sie zu reflektieren,
- Probleme zu bearbeiten und zu lösen,
- auf Prozesse aufmerksam zu werden,
- Konflikte zu erspüren und sie zu bewältigen,
- Entscheidungen zu treffen und Konsequenzen zu ziehen.

Klebert (ebd. S. 9f.) faßt zusammen, was die Botschaft der Moderation ist: „Moderation ist ein Handwerk und eine Kunst zur Verbesserung der menschlichen Kommunikation ... Das Ziel ist, daß Menschen angesichts einer entfremdeten, total verwalteten und industrialisierten Welt menschlicher werden können, mit sich selbst und den anderen in Kontakt kommen können, statt nur zu kaufen und gekauft zu werden. Die ‚Botschaft' ist, daß wir nur Menschen werden, wenn wir anfangen, Verantwortung für uns selbst und unsere Umwelt zu übernehmen und lernen, mit unserer Energie sinnvoll umzugehen. Das zu lernen, ist aber die Aufgabe jedes einzelnen. Veränderung ist keine Frage der Macht mehr, sondern eine Frage der Haltung jedes einzelnen. Moderation ist ein methodisches Angebot auf dem Weg dieser

Haltungsänderung." Das „Instrument" dieses methodischen Angebots ist die Visualisierung, die (nach Ritter 1987, S. 92) gegenüber den reinen Gesprächsformen folgende Vorteile aufweist:

Vorteile	*Begründung*
– Die Aktivität der TeilnehmerInnen ist höher.	– Mehrere Beiträge können zur gleichen Zeit abgegeben werden.
– Spontaneität und Motivation sind kaum gebremst.	– Der Moderator beschränkt sich darauf, Klärungshelfer und Kooperationsförderer zu sein.
– Die Äußerungen pro Stunde sind etwa sechsmal höher als in sog. „Gesprächssitzungen" (Konferenzen u. ä.).	– Schreiben und Zeichnen werden zusätzlich zum Sprechen genutzt. Dadurch verkürzt sich der Redeaufwand.
– Konzentration und Aufnahmebereitschaft steigen.	– Da das Gedächtnis entlastet ist, treten Ermüdungserscheinungen langsamer auf.
– Der Leiter erfährt stärkere Entlastung.	– Die Teilnehmer sind mitverantwortlich für das Vorgehen und die Interaktion; sie warten nicht auf „Führung".
– Die Entwicklung von Arbeits- und Gruppenprozeß ist übersichtlich dargestellt. Die Ergebnisse prägen sich besser ein.	– Ablauf und Ergebnisse sind für alle sichtbar. Das „Protokoll" befindet sich gewissermaßen an den Stellwänden.
– TeilnehmerInnen, die später zur Gruppe stoßen, finden sich rasch zurecht.	– Die Beiträge sind grafisch fixiert und damit sichtbar gespeichert im Gegensatz zum gesprochenen Wort.
– Mißverständnisse und Wiederholungen werden vermieden.	– Die wichtigsten Aussagen sind sichtbar für alle festgehalten. Man kann die Nachrichten „ersehen" und muß weniger rückfragen.

Realisierung

Das gesamte „Szenario“ besteht aus drei Teilen, nämlich den *Materialien,* den *verschiedenen grafischen Darstellungsmöglichkeiten* und dem *Arbeits- und Gruppenprozeß.* Variieren Sie in Ihrer Schule entsprechend der Möglichkeiten, die Sie haben: Es muß nicht immer alles komplett sein, aber weniger ist mehr als nichts! Also, fangen wir an:
Sie brauchen an Materialien/Einrichtungen usw.:

- Stellwände (bzw. Freiflächen an der Wand)
- Papierscheren, Packpapier, Karteikarten verschiedener Größe, Tesakrepp bzw. Klebestreifen, Markierungsnadeln
- und dazu (Klebert 1987/3, S. 39):

- Karten in den Farben weiß, hellgrün, gelb und orange für Ablage und Text;
- Kuller in diesen vier Farben für Teilnehmerzuordnung und Betonung;
- Ovale in vier Farben für die schriftliche Diskussion;
- Überschriftenstreifen in den vier Farben;
- Klebepunkte für Bewertungen;
- Konfliktpfeile, Markierungspfeile...
- Filzschreiber in den Farben schwarz, blau, rot, grün;
- Freiflächen; sie gliedern die Visualisierung, symbolisieren den „geistigen Raum“;

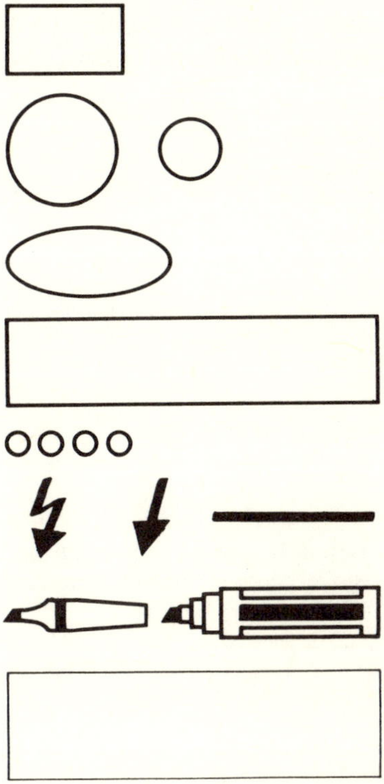

Mit Hilfe dieser Materialien können Sie nun viele grafische Darstellungen erreichen. Hier einige Beispiele:

Skalen, um Meinungen einzuschätzen:

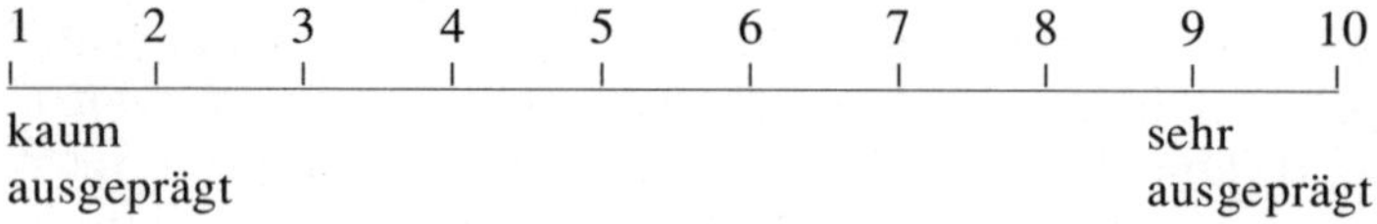

Reihungen, um Richtung und Gewicht festzustellen: z. B.: In welcher Reihenfolge sollen welche Themen bearbeitet werden?

Säulen, um Häufigkeiten sichtbar zu machen: z. B.: Wie häufig wurden bestimmte Inhalte (1 bis 7) gewählt?

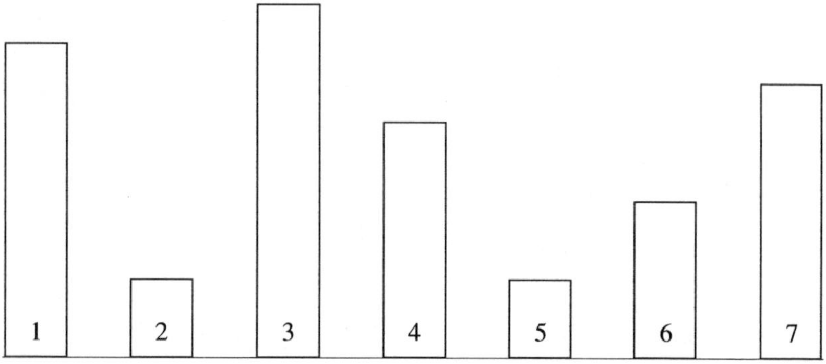

Tabellen, um Beziehungen und Verknüpfungen zu verdeutlichen oder Bewertungen vorzunehmen: z. B.: Welche Gruppe (1–4) hat welche Themen bearbeitet?

	Thema A	Thema B	Thema C	Thema D
1	X			X
2	X		X	
3	X			
4		X	X	X

Koordinaten, um Meinungsbilder (sog. „Punktwolken") zu erfassen: z.B.: Ich empfand die Arbeitsweise in der Gruppe
① sehr prozeßorientiert, ③ sehr ergebnisorientiert,
② kaum prozeßorientiert, ④ kaum ergebnisorientiert.

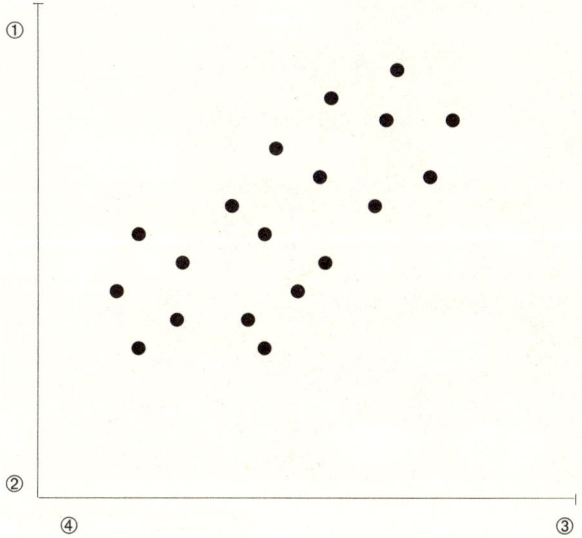

Netze, um Schwerpunkte, die Vielfalt der Zusammenhänge und die Art der Beziehungen auszudrücken (Schnelle-Cölln 1983, S. 57):

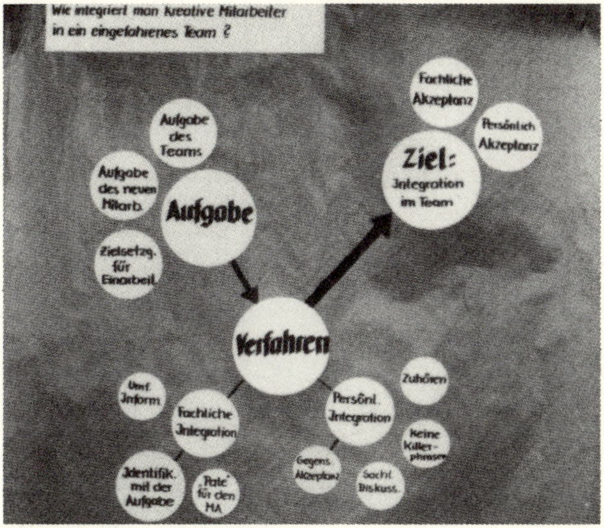

Bäume, um Über- bzw. Unterordnungen, um Strukturen aufzuzeigen (Schnelle-Cölln 1983, S. 61):

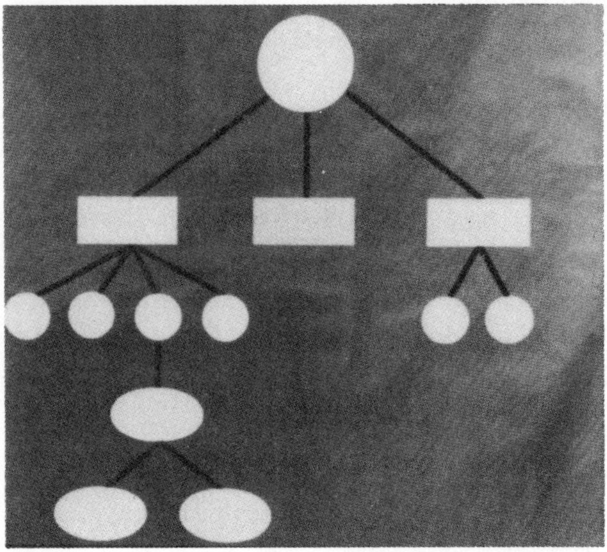

Hervorhebung und Betonung, um die Arbeit auf bestimmte Aspekte zu konzentrieren (Klebert u.a. 1987, S. 43):

Dynamik, um Bewegungen, Konfliktsituationen, Prozesse darzustellen (Klebert u.a. ebd., S. 45):

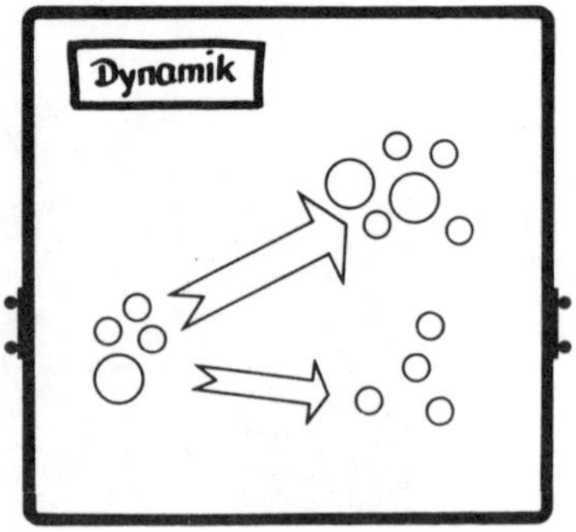

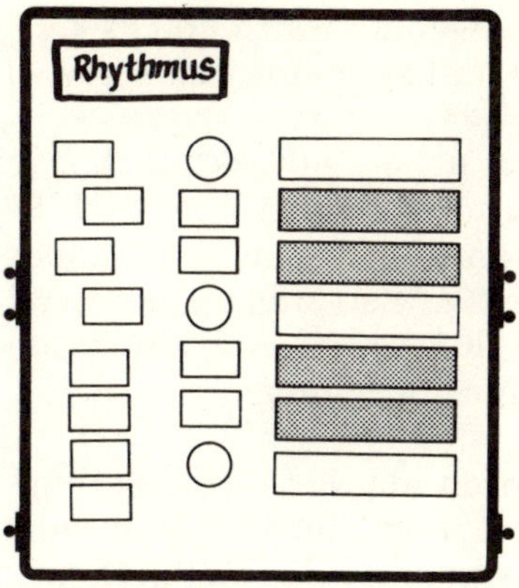

Rhythmus, um unterschiedliche Wertigkeiten innerhalb von Regelmäßigkeiten zu verdeutlichen (Klebert u. a. ebd., S. 44)

Das Visualisierungs*instrumentarium* ist Mittel und Hilfe für die Verwirklichung der „visuellen Logik". Sie soll (nach Schnelle-Cölln 1983, S. 58):

„1. den Zugriff zu bereits gesammelten Gedanken erleichtern,
2. den Umfang der Gedankensammlung erkennen lassen.
3. die Erinnerung an die Bedeutung der einzelnen Gedanken erleichtern,
4. die Übersicht über eine Fülle verschiedener Gedanken herstellen,
5. Beziehungen zwischen den einzelnen Gedanken erkennbar machen,
6. die Einprägsamkeit (Behaltbarkeit) verbessern und schließlich,
7. neue Assoziationen auslösen."

In der Aufgabenstellung, der Präsentation, den Interaktionen und dem daraus erwachsenden umfassenden „Informationsmarkt" wird der Arbeits- und Lernprozeß deutlich. Die Moderationsmethode berücksichtigt sowohl die *Sach-* als auch die *Beziehungsebene,* kann in ihrer Handlungsorientierung eine große Anzahl von Personen miteinbeziehen und motiviert durch die aktivierenden Arbeitsformen die TeilnehmerInnen.
Visualisierung und Moderation haben da ihre Grenzen oder sind nur bedingt anwendbar, wo es um Führungsentscheidungen geht und wo rasche Ergebnisse notwendig sind, wo also für einen Prozeß wenig Zeit und Raum ist. Wenig geeignet sind sie auch

da, wo umfangreiche Information angeboten wird und es keine Möglichkeit gibt, sie interaktionell und kooperativ zu verarbeiten.
Visualisierung und Moderation als „neue Didaktik“ (Schnelle-Cölln 1983, S. 72) zu bezeichnen, ist mir zu hoch gegriffen. Sie sind aber dort sehr effektiv, wo es um gemeinsame Problemlösungs- und Lernprozesse geht, in der die Betroffenen und Beteiligten Ausgangspunkt und Zentrum der Arbeit sind, also besonders auch in der schulinternen Lehrerfortbildung.

● Haben Sie sich in der Zwischenzeit mit der Visualisierungsmethode angefreundet? (Hilfreich, zu materialaufwendig, teilnehmernah...?) Übrigens: Wenn Sie die Methode nicht vollständig anwenden können, Teile daraus sind auch schon praktikabel, z.B.:
  - beschriebene Karten an die Wand heften
  - farbige Punkte auf ein beschriftetes Poster kleben
  - Strichlisten aushängen usw.

  Geben Sie Ihrer Phantasie einen Schubser...

4. Simulations- und Rollenspiele

Bedeutung für die SCHILF-Arbeit

Als Spezialisten für Didaktik und Methodik haben sich LehrerInnen bisher hauptsächlich auf Unterrichtsfächer und die Vermittlung von Sachen und Stoffen konzentriert. In der Zwischenzeit hat sich die Lehrerrolle gewandelt, und LehrerInnen verstehen sich nicht ausschließlich als Lehrende. Dies zeigt sich u.a. darin, daß die klassischen Lehrformen eine Ergänzung durch spielerische Formen finden und daß das soziale Lernen an Bedeutung für die Schule gewinnt. Die Sicht von ganzheitlichem Lernen rückt in den Vordergrund. Hinzu kommt, daß LehrerInnen immer stärker mit Erziehungs- und Beziehungsproblemen, mit Disziplinschwierigkeiten und Konflikten, mit sozialen Fällen und psychischen Belastungen konfrontiert werden. Simulations- und Rollenspiele sind Möglichkeiten, sowohl im Unterricht (für die SchülerInnen) als auch außerhalb des Unterrichts (für die LehrerInnen im Rahmen der Fortbildung) die genannten Schwierigkeiten und Probleme zu bearbeiten: „Das, was Rollenspiel von anderen Lehr- und Lernformen unterscheidet, ist der

Erlebens- und Erfahrungscharakter. Es wird nicht über ein Geschehen gesprochen, das denkbar ist oder sich irgendwann einmal ereignet, sondern durch das Spiel geschieht *Vergegenwärtigung* und *Verkörperung*. Das bedeutet, die Zusammenhänge werden, zwar modellhaft, aber doch in ihrer Ganzheit rekonstruiert. Im Spiel wird sowohl der *Innenaspekt* (was erlebe ich, was fühle ich, was will ich und was nehme ich wahr in dieser Rolle) als auch der *Außenaspekt* (wie werde ich durch die Außenverhältnisse, das Verhalten der anderen gelenkt, wie nehme ich sie wahr, wie kann ich meine Interessen darstellen) eines Geschehens rational und emotional wahrgenommen. Das eröffnet zweifellos große Lernbereiche, fordert aber auch vom Spieler den Einsatz seiner ganzen Person, seines Denkens, Fühlens und Tuns. Das ist im Rahmen der Schule ungewohnt und anstrengend. Der Umgang mit dem Rollenspiel fällt darum auch vielen Schülern und vielen Lehrern sehr schwer" (Freudenreich 1983, S. 14; Hervorhebungen R. M.). So haben die Simulations- und Rollenspiele (aber auch andere spielerische Formen) für die schulinterne Lehrerfortbildung eine dreifache Bedeutung:

1. Sie sind wichtig für das eigene, persönliche (Weiter-) Lernen, das über verbal vermittelte Vorstellungen hinaus in Bereiche des Verkörperns, der ganzheitlichen Erfahrung und des Nacherlebens geht.
2. Durch das Erlernen der Simulations- und Rollenspiele (Bedeutung, Einführung/Vorbereitung, Durchführung, Reflexion) und durch die Erfahrungen erhalten LehrerInnen ein neues Lehr- und Lernpotential und können es im Unterricht einsetzen.
3. Durch die Anwendung im Unterricht erfährt dieser eine Erweiterung der didaktischen Dimension und wird dem ganzheitlichen Lernen der SchülerInnen gerecht.

- „Drei Fliegen mit einem Schlag!" Ist das kein Grund, sich für Simulations- und Rollenspiele zu interessieren?

Zur Erläuterung: Bisher war von Simulations- und Rollenspielen die Rede. Der Unterschied besteht darin, daß in *Rollenspielen* die agierenden Personen Rollen übernehmen und sie in bestimmten Situationen spielen, während in den *Simulationsspielen* die einzelnen TeilnehmerInnen sie selbst bleiben und bestimmte Situationen, Geschehnisse... nach- oder vorausspielen. In beiden

Fällen geschehen Vergegenwärtigung und Verkörperung, werden Erfahrungen gemacht und ereignen sich Nach- und Vorauserleben. In den weiteren Ausführungen beschränke ich mich auf das Rollenspiel. Für das Simulationsspiel gelten (mit Ausnahme des Aspekts der Rollenübernahme und des Rollenwechsels) die gleichen oder zumindest ähnlichen „Spiel“-Regeln.

Realisierung[1]

Das Rollenspiel hat drei Dimensionen: Zum einen die *Rollenspieler,* die imaginäre oder reale Personen spielen können, zum zweiten die *Situationen,* die bekannt oder unbekannt, einfach oder komplex, umrißhaft oder detailliert, kurz oder lang sein können und zum dritten das *Lernen,* das aus erster Hand sein kann (teilnehmend) oder aus zweiter Hand (beobachtend). So ist das Lernen immer in Gruppen eingebettet und an Gruppen gebunden: „Im eigentlichen handelt stets jeder Spieler als Teil der sozialen Umwelt aller anderen und sorgt somit für einen Rahmen, innerhalb dessen alle Beteiligten ihr Verhaltensrepertoire erkunden oder das zwischenmenschliche Verhalten der Gruppe studieren können“ (van Ments 1985, S. 14).
Innerhalb von *Schule und Unterricht* ist das pädagogische Rollenspiel abgegrenzt und steht zwischen dem Theaterspielen auf der einen und dem Psychodrama auf der anderen Seite: Der Rollenspieler „hat keine Zuhörerschaft, bloß sich selbst und seine Mitspieler“. (Auch die momentan nicht Mitspielenden sind Beteiligte und keine Zuschauer.) Die Aufgabe des Rollenspielers ist es, „möglichst so zu fühlen, zu reagieren und sich zu verhalten, wie dies jemand in der bestimmten Situation tun würde. Er wird nicht mit einer Zuhörerschaft, sondern mit den Auswirkungen seines Verhaltens auf die übrigen Spieler konfrontiert, und er wird tun, was in seiner Rolle nötig ist, um sie von der Bedeutung seiner Gedanken und Entscheidungen zu überzeugen“ (van Ments 1985, S. 18). Im Psychodrama hingegen werden persönlich erfahrene Defizite, die in der individuellen Vergangenheit erlitten und in der Gegenwart als Belastungen und seelische Beeinträchtigungen erfahren werden, bearbeitet.
Im Rollenspiel können die Beteiligten

1 Ich danke Fritz Sperth für seine Anregungen zu diesem Thema.

- Gefühle wahrnehmen, erleben und ausdrücken,
- Absichten darstellen, Probleme verdeutlichen und aufarbeiten,
- Fühlen, Denken und Handeln als Einheit erfahren,
- Verhaltensweisen darstellen und verändern,
- Mitgefühl und Verständnis in der Gruppe bekommen,
- aktiv in Geschehnisse eingreifen, agieren und reagieren,
- Selbstwahrnehmung (durch das Spielen) und Fremdwahrnehmung (durch die Gruppe) in Verbindung und Vergleich bringen,
- die verbale Kommunikation durch spielerische Formen erweitern,
- zwischenmenschliche Beziehungen darstellen, erleben, klären und ggf. verändern.

Das Angebot des Rollenspiels „zwingt" die Beteiligten, aus der distanzierten Kommentarhaltung in die agierende, mitfühlende, mitdenkende und handelnde Position zu kommen: „Wer andauernd ‚aussteigt', immer daneben steht, wer immer beobachtet, aber nicht teilnimmt, wer über die Charakterschwächen von anderen herzieht, aber sich selbst nicht bloßzustellen gewillt ist, der ist schreckenerregend" (van Ments 1985, S. 31).
Der *Prozeß* eines Rollenspiels läßt sich in drei Phasen einteilen:

a) die Vorbereitung:
Vorschlag und Zustimmung für ein Rollenspiel erwachsen aus der gemeinsamen Arbeit: Ein Problem, ein Konflikt taucht auf, eine Situation soll verdeutlicht werden, Beziehungen brauchen Klärung... Die Beteiligten sind der Meinung, ein Rollenspiel wäre jetzt sinnvoll und hilfreich. Sie haben Interesse und sind bereit, Rollen zu übernehmen (bzw. im Simulationsspiel sich zu spielen). Am Beginn stehen eine deutliche Definition des Problems, ein klarer Handlungsbeginn für alle und eine Festlegung von Ort und Zeit des Geschehens. Anschließend werden, durch den sog. „öffentlichen Monolog", die einzelnen Rollen fixiert: Die SpielerInnen verbalisieren ihre Vorstellungen zur realen oder phantasierten Rolle. Z.B. spielt eine Kollegin die Mutter eines Schülers und beschreibt ihre Rolle so: Ich heiße Monika Huber, bin 42 Jahre alt, berufstätig, Mutter von drei Kindern, geschieden usw. Die anderen Mitspieler können noch Zusatzfragen zur Person stellen. Entscheidend ist, daß die Rollen mög-

lichst genau beschrieben werden. Die Rollenfixierung bietet den SpielerInnen auch Schutz: In der Reflexions- und Auswertungsphase geht es ja nicht um ihre *Person,* sondern um die *Rolle,* die sie spielten.

b) die Durchführung
Sie dauert in der Regel fünf bis zehn Minuten und hat meist ein offenes Ende. Es werden also keine kompletten Szenen gespielt, sondern Ausschnitte und Situationen. Die SpielerInnen können selbst das Ende bestimmen, oder der Moderator bricht, auf Grund einer vereinbarten Zeit oder einer gewissen Abrundung, das Spiel ab.

c) die Reflexion
Diese Phase besteht in der Verbalisierung dessen, was die SpielerInnen erlebt, gedacht, empfunden haben, und zwar im emotionalen, im rationalen und im körperlichen Bereich. (Z. B.: Ich hatte richtig Angst (Emotion), zitterte mit den Händen (Körper) und überlegte, wie ich die Situation wieder in den Griff kriegen könnte (Ratio.) Dabei äußern sich zuerst alle SpielerInnen, dann die BeobachterInnen. Selbst- und Fremdwahrnehmung werden verglichen, die unterschiedlichen Erlebnisweisen angesprochen. Wenn noch eine tiefere Reflexion notwendig ist, kann das Spiel mit den gleichen SpielerInnen, die Rolle wechselnd, wiederholt oder von anderen noch einmal neu gespielt werden. Schließlich wird auf die Realsituation verwiesen und nach dem Lernzuwachs bzw. nach Erkenntnissen durch das Spiel gefragt, z. B.: Wie geht es den SpielerInnen jetzt? Welche Empfindungen und Gedanken möchten sie äußern? Welche Vorstellungen hinsichtlich der Übertragung in ihre Wirklichkeit und welche Sicherheiten haben sie gewonnen? Welche Unsicherheiten bestehen noch?
Die gegenseitigen Mitteilungen bestehen aus der Beschreibung von Wahrnehmungen und aus der Wiedergabe von Sichtweisen. Bewertungen und Vorschriften haben keinen Platz. (Die SpielerInnen sind also weder gut noch schlecht, weder toll noch unmöglich... und ihre Erfahrungen, ihre Erlebnisse, ihre Gedanken und Empfindungen sind weder richtig noch falsch, weder überflüssig noch deplaziert...) Die Erfahrungen als solche sind von Bedeutung, und die einzelnen TeilnehmerInnen ordnen sie in ihr eigenes Konzept ein.

- Zählen Sie sich in der Zwischenzeit zu den Befürwortern von Rollenspielen? Was sind Ihre Gründe/Motive mitzuspielen?

Rollenspieltechniken

Ich nenne Ihnen einige Grundtechniken:

– *Der Monolog*: Der Spieler spricht laut zu sich selbst. Im Aussprechen von Gedanken, Gefühlen, Vorstellungen und Phantasien geschieht Klärung. Hinzu kommt, daß die anderen Gruppenmitglieder an der inneren und äußeren Welt des Spielers teilhaben können. Daraus erwachsen Möglichkeiten für spätere Rückmeldungen. Der Monolog kann auch erweitert werden, indem der Spieler zwei oder mehrere Positionen einnimmt. Das Selbstgespräch wird zum Dialog, z.B.: Der Spieler spielt abwechselnd die Rolle eines Lehrers und einer Schülerin.
– *Dialog*: Zwei Personen spielen eine Rolle, sprechen und agieren miteinander. Verschiedene Sichtweisen und Standpunkte werden deutlich, verschiedene Interessen und Ansprüche; Konflikte brechen auf, werden sichtbar und streben einer Lösung zu. Die Auseinandersetzungen können sehr affektgeladen sein (Wut, Ärger, Trauer), und die beiden SpielerInnen kommen stärker an ihr eigenes Erleben heran als dies in einem „normalen" Gespräch der Fall wäre.
– *Die Doppelgängermethode*: In dieser Spielform kann ein Mitspieler hinter einem Spieler stehen und ihm helfen, seine Gefühle und Gedanken besser wahrzunehmen und zu erkennen. Der Helfer versucht, sich in die Rolle des Spielenden einzufühlen, sich mit ihm zu identifizieren. Dabei sind seine zusätzlichen Gedanken und Gefühle, seine Assoziation und Phantasien eine Erweiterung und Vertiefung für die Person, der er hilft. Er ist jedoch nicht Spielgestalter oder Regisseur, sondern Partner und „Teil-Ich" der Rolle.
– *Rollenwechsel*: Die gleiche Situation wird noch einmal gespielt, diesmal allerdings von anderen Spielern. Hierbei können neue Aspekte und Erkenntnisse auftauchen, und die Bandbreite der Verstehensmöglichkeiten erweitert sich erheblich: „Es ist mir neu, daß..." – Ich habe gar nicht gewußt, daß..." – „Jetzt wird mir klar, warum..."
– *Rollentausch*: Die gleiche Situation wird noch einmal gespielt, und zwar von denselben SpielerInnen, allerdings mit vertauschten Rollen. Z.B.: Wer vorher LehrerIn war, spielt nun SchülerIn und umgekehrt. Auch hier können Erlebnisse neue Erkenntnisse bringen: vor allem geschieht ein Austausch der Sichtweisen, z.B.: „Ich bin froh, daß Du mich gespielt hast, jetzt wird mir

deutlich, ..." – „Ich habe gar nicht gewußt, daß ich so wirke ..." – „Haben Sie mich wirklich so erlebt?"

Zu einer verantwortungsvollen Durchführung des gesamten Rollenspiels bedarf es der Leitung eines Moderators (Helfers, Begleiters ...), der selbst Erfahrungen im Rollenspiel hat und mit Gruppen und Gruppenprozessen vertraut ist. Es ist seine Aufgabe, für eine angemessene Vorbereitung, Durchführung und Auswertung zu sorgen. Er organisiert also den Spielablauf und leitet formal die Gespräche. In Absprache mit der Gruppe muß er sich über seine Aufgaben klar sein: Weder Regisseur wie beim Theaterspielen noch Therapeut wie im Psychodrama.
Als Gruppenleiter ermöglicht er den TeilnehmerInnen, sich im Anschluß an das Spiel über die gemachten Erfahrungen zu äußern, ihr Erleben mitzuteilen ... Er hilft bei der Klärung und verdeutlicht ggf. verschiedene Standpunkte. Gemeinsam mit den Gruppenmitgliedern gestaltet er den Abschluß eines Rollenspiels.

● Welche Erfahrungen im Rollenspiel haben Sie bisher gemacht?
  Wie war Ihr Lerngewinn, Ihr Weiterlernen?
  Wo sehen Sie Grenzen im Rollenspiel innerhalb der schulinternen Lehrerfortbildung?

Vielleicht werden Ihnen Rollenspiele vertrauter, wenn ich Ihnen einige Beispiele aus der „Rollenspielwerkstatt" zeige:

○ Ein Kollege spielte die Rolle seines Vaters, der eine Auseinandersetzung mit ihm als Lehrer seines Sohnes hatte. Im Spiel griff er den Lehrer verbal sehr heftig an und geriet gefühlsmäßig sehr in Erregung ...
In der anschließenden Reflexionsphase äußerte er sein Erstaunen darüber, daß er sich emotional so hineingesteigert habe. „Ich habe gar nicht gewußt, daß ich so attackierend, so voller Wut, ja so gehässig sein kann. Ich bin auf eine Menge Gefühle gestoßen. Das muß ich jetzt erst einmal verdauen." Im weiteren Gespräch wurde deutlich, wie froh er über die Begegnung mit seinen Gefühlen war und darüber, sie näher kennengelernt zu haben, um „später damit besser umgehen zu können".

○ Eine Kollegin spielte die Rolle einer fünfzehnjährigen Schülerin aus einer ihrer Klassen, die sie – nach eigenen Aussagen – „überhaupt nicht ausstehen kann". Die Kollegin litt unter ihrem

ablehnenden Gefühl dem Mädchen gegenüber und wollte durch das Rollenspiel das Mädchen besser verstehen lernen. Eine andere Kollegin spielte sie selbst und verhielt sich – gemäß der Realsituation – sehr ablehnend. Der Kollegin machte dieses Abgelehntwerden sehr zu schaffen. Ihr Monolog dauerte lange, und die anderen Gruppenmitglieder hörten schweigend zu....
In der Reflexionsphase wurde der Lehrerin bewußt, wie verletzend ihr Verhalten dem Mädchen gegenüber gewesen war, aber auch, in welchen Nöten es stecken könnte: „Ich merke, wie sich meine Einstellung dem Mädchen gegenüber verändert. Im Rollenspiel habe ich versucht, ganz das Mädchen zu sein. Jetzt ist es mir viel näher." In der weiteren Analyse wurde noch sichtbar, woher die Ablehnung kam, nämlich aus einer Erfahrung mit einer Schülerin, die ihr vor einigen Jahren das Leben als Lehrerin ziemlich schwer machte. (Übertragung!) Hier ermöglichte das Rollenspiel, stärker an das Erleben heranzukommen und eine Beziehung zu klären, die auf Grund einer Übertragung gestört war.

○ Eine Kollegin und ein Kollege gingen sich seit langem aus dem Weg und tauschten lediglich die notwendigsten schulischen Mitteilungen aus. Beiden war ihr „Vermeidungsverhalten" bewußt und beide wollten es ändern. Der Moderator schlug ein Rollenspiel mit Rollenwechsel vor: sich in die andere Person hineinbegeben, sich einfühlen, ihre Sichtweisen phantasieren, sich Gedanken machen...
Nach dem Spiel tauschten die beiden ihre Erlebnisse und Empfindungen aus und reflektierten ihre unterschiedlichen Sichtweisen. Beide stellten fest, daß sie in ihren *Vorstellungen* voneinander sehr fixiert gewesen waren. Im Rollenspiel hätten sich die Fixierungen zu lösen begonnen...
In der Folge konnten die beiden KollegInnen besser aufeinander zugehen. Das Rollenspiel ermöglichte es hier, die Beziehungen zu klären und zu verbessern.

○ Ein Kollege äußerte den Wunsch, in einem Rollenspiel mehr über seine Ängste einer 8. Klasse gegenüber zu erfahren. Er wählte einen Unterrichtsausschnitt, und einige in der Gruppe spielten die SchülerInnen. Im Schonraum der Lerngruppe konnte er nun stärker als im Klassenzimmer seinen Gefühlen nachgehen, und er konnte verschiedene Verhaltensweisen ausprobieren, von hilflosen Reaktionen bis zu verbalen Attacken.
In der Reflexionsphase gaben ihm die anderen TeilnehmerInnen

sehr offen und warmherzig ihre Rückmeldungen, und der Kollege konnte ausführlich über seine Erfahrungen und Gefühle im Spiel sprechen: „Ich bin froh, daß ich mir das alles mal von der Seele gespielt habe“, bemerkte er abschließend. Die Wahrnehmung seiner wirklichen Gefühle war dann auch der Beginn, zusammen mit einigen anderen im Kollegium, die Problematik tiefer zu bearbeiten und Lösungsvorschläge zu erproben.

- Wie wirken diese Beispiele und übermittelten Erfahrungen auf Sie? Versuchen Sie, sich auf die einzelnen Personen einzulassen und ihr Erleben im Rollenspiel nachzuvollziehen.

Ich gebe zu: Es ist schwer, über beschriebene Erfahrungen einen Zugang zu Rollenspielen und deren Erlebens- und Erfahrungscharakter zu bekommen. Deshalb wünsche ich Ihnen in Ihrer SCHILF-Arbeit Möglichkeiten, in Rollenspielen sich und andere stärker zu erleben.

5. Interaktionsspiele

Einführung

Interaktionsspiele haben eine ähnliche Zielrichtung wie Rollenspiele:

1. Im Spiel wird die ganze Person miteinbezogen, „Kopf, Herz und Hand“ und ganzheitliches Lernen stehen im Mittelpunkt. Fühlen, Denken und Handeln können unmittelbar und stärker wahrgenommen werden.
2. Durch die *Inter*aktion wird das soziale Lernen gefördert, werden Beziehungen verdeutlicht und Klärungen ermöglicht. Wahrnehmungen und Wirkungen von Person zu Person sind wesentliche Elemente.
3. Erfahrungen und Umgang mit Interaktionsspielen innerhalb der schulinternen Lehrerfortbildung erhöhen die pädagogischen Kompetenzen der LehrerInnen, und die verschiedenen Spielangebote können in das schulische Lehren und Lernen integriert werden.

Bloß stofforientiertes Lernen ermöglicht nur in eingeschränktem Maße das bedeutsame Lebensziel der „Entfaltung des Selbst“. Es entfaltet sich auf drei Ebenen, nämlich auf der individuellen, der interaktionellen/sozialen und der politischen. In Interak-

tionsspielen können Fähigkeiten entwickelt werden, die Bestandteil der Entfaltung des Selbst sind: „Ohne eine entwickelte soziale Wahrnehmung, ohne Beziehungsfähigkeit im Umgang mit anderen Menschen, ohne differenzierte Analyse eigener Persönlichkeitsbereiche mit dem Ziel der Selbstentwicklung, Selbstverantwortung und Selbstakzeptierung, ohne Fähigkeit zur bewußten Partizipation an Regulierungsprozessen in Gruppen durch wechselseitiges feedback, ohne kritisches Reflexionsvermögen von Gruppenprozessen, *also ohne eine umfassende interaktionelle Kompetenz des einzelnen Menschen,* bleiben alle – notwendigen – Versuche, die konkret-lebensgeschichtliche Dimension sowie die Ebene des Hier-und-Jetzt mit dem Kontext der gesellschaftlichen Totalität zu vermitteln und die Selbstreflexion in eine dialektische Beziehung zu Aktion und Antizipation einer humaneren Gesellschaft zu stellen, *ohne tragfähige Basis*" (Gudjons 1987, S. 15; Hervorhebungen R.M.). Interaktionsspiele/-übungen sind, in der Weiterführung o.g. Ausführungen, dann auch „Gegengewicht gegen ein zu starkes Intellektualisieren" und dienen der „Entfaltung verkümmerter Erlebnisfähigkeit oder zum Abbau der kommunikationsfeindlichen ‚Masken' in der Begegnung miteinander" (Gudjons ebd. S. 19).
Portele (zitiert in Gudjons ebd., S. 29) nennt spezifisch pädagogische Vorteile von Spielen:

1. Spiele helfen zur intrinsischen Motivation durch ihren hohen Aufforderungscharakter. Welche Kinder und Jugendliche spielen nicht gerne? Bei Erwachsenen müssen wir diese Spielfreude manchmal wieder ausgraben, neu entdecken.
2. Spiele setzen (innerhalb bestimmter Regeln) die Selbststeuerung des Verhaltens und das Entscheiden frei und fördern damit das Sicheinlassen auf Neues, Unbekanntes, das Heraustreten aus altem Trott und eingefahrenen Gleisen.
3. Spielregeln, als Kontrastregeln zum Alltag, schränken nicht nur ein, sondern ermöglichen neue Erfahrungen und gestatten das „Aus-der-Rolle-Fallen".
4. Der „Als-ob-Charakter" des Spiels führt zum Abbau von ernsten Konsequenzen. Im Spiel können wir ausprobieren, experimentieren, Risiken eingehen, in neue Erfahrungsbereiche eindringen, die uns im Alltag des öfteren versperrt bleiben.
5. „Konkrete Aktion belebt die Selbstätigkeit." Eigene Erfahrung und eigenes Erleben stehen im Mittelpunkt und nicht das Lehren und Be-Lehren.

6. In Interaktionsspielen, die in der Regel keine Gewinner und Verlierer haben, wird miteinander und voneinander gelernt; konkurrierende Elemente verlieren ihren Stellenwert. Die Türen öffnen sich...

Im Rahmen der SCHILF-Arbeit Interaktionsspiele anzubieten, kann aus spontanem Bedürfnis heraus geschehen („Spielen wir doch einfach mal..."), aber auch bewußt und gezielt beabsichtigt sein („Ich schlage vor, das Spiel X zu spielen, weil..."). Dem Angebot (und der Zustimmung) folgen dann Erläuterung/Erklärung und die Durchführung. In der abschließenden Auswertung sind Gespräche über die gemachten Erfahrungen, über das eigene Erleben und über die Kontakte und Beziehungen zu den anderen Mitspielerinnen wichtig, und die verbalisierten Beobachtungen, Befürchtungen, Einwände bis hin zu freudigen Zustimmungen geben den Interaktionsspielen Tiefe. Die Grenze der Auswertung liegt da, wo die Gefahr des „Zerredens" spürbar wird. Erfahrungen, Erlebnisse, persönliche Eindrücke sprechen auch für sich selbst. Oft können auch Schweigen und kurze Besinnungsphasen bedeutsamer sein als verbale Reflexionsphasen.

- Einführung hin, Erklärungen her: Bestimmt sind Sie jetzt schon neugierig, welche Spiele ich Ihnen anbiete!

Es gibt inzwischen eine Menge von Spielbüchern verschiedener Art und eine Vielzahl von Spielen. (Siehe auch Literaturhinweise S. 283ff.) Für die SCHILF-Arbeit habe ich, beispielhaft, einige wenige Interaktionsspiele unter folgenden Gesichtspunkten ausgewählt: 1. In Kontakt kommen – 2. Die Wahrnehmung verstärken – 3. Sich näher kennenlernen – 4. Offen werden/Vertrauen bekommen – 5. Mit Belastungen und Konflikten umgehen – 6. Kommunizieren und kooperieren.

1. In Kontakt kommen

Das Kollegium trifft sich zu einer SCHILF-Veranstaltung. Es muß nicht gleich mit einem Referat oder einer Gruppenarbeit begonnen werden. Wir können uns Zeit lassen, um miteinander in Kontakt und ins Gespräch zu kommen.

○ Was ich sagen wollte...
Alle befinden sich im gleichen Raum und gehen umher, solange Musik erklingt. Bei Beendigung formieren sich die einzelnen Personen zu kleinen Gesprächsgruppen (maximal 4 Personen)

und sprechen miteinander unter dem Motto: Was ich Ihnen schon lange einmal sagen wollte...: Ideen, Vorschläge, Belangloses, Klatsch, Tips, Informationen... Der Phantasie sind keine Grenzen gesetzt. Bei Neubeginn der Musik lösen sich die Gruppen wieder auf, und die einzelnen MitspielerInnen gehen weiter bis zur nächsten Musikpause: erneute Gruppenbildung mit anderer Zusammensetzung; wieder Gespräche...

○ Inselspiel

In der Phantasie bereitet sich jede(r) der TeilnehmerInnen auf eine Reise auf eine einsame Insel vor unter dem Gesichtspunkt, zunächst ganz alleine dort zu sein. (Speisen und Getränke sind genügend vorhanden!) Aus einem Angebot von 15 Gegenständen dürfen nur acht ausgewählt werden:

1) ein Surfbrett
2) eine Spielesammlung
3) drei Lieblingsbücher
4) ein Fernsehgerät
5) ein Cassettenrecorder
6) ein Erste-Hilfe-Koffer
7) eine Hängematte
8) ein Schlafsack
9) eine Luftmatratze
10) ein Schlauchboot
11) einige Leuchtraketen
12) ein Koffer voller Kleider
13) Tagebuch und Schreibzeug
14) eine Taucherausrüstung
15) Ausweis und Geld

Nachdem jede Person ihre Wahl der acht Gegenstände getroffen und diese auf einen Zettel notiert hat, sucht sie sich eine(n) Partner(in). Gemeinsam einigen sich die beiden nun auf *sieben* von den je acht mitgebrachten Gegenständen. Die Argumente für die wegzulassenden Gegenstände müssen für beide PartnerInnen akzeptabel sein. Anschließend sucht sich jedes Paar ein weiteres Paar, und im Gespräch zu viert einigen sie sich auf nunmehr *sechs* Gegenstände. Zum Schluß sucht sich jede Vierergruppe eine andere Vierergruppe, und diese acht Personen einigen sich auf insgesamt *fünf* Gegenstände... Jede Achtergruppe (plus ggf. Restgruppe) kann nun ihre ausgewählten Gegenstände im Plenum nennen, sie mit den anderen Gruppen vergleichen und über Notwendigkeit der einzelnen Gegenstände, über Probleme bei der Einigung usw. *ins Gespräch kommen*.

○ Reise zu dritt

Es werden Dreiergruppen gebildet. Die Aufgabe lautet: Sie haben eine Reise zu dritt nach... (Stadt, Land, Insel usw.) gewonnen und verbringen dort einen Tag. Nach der Landung/Ankunft bemerken Sie, daß Sie alle drei bestohlen worden sind und ohne Utensilien und Geld (Bargeld, Schecks, Kreditkarten) dastehen. Was unternehmen Sie in den nächsten zwölf Stunden? Nun haben die drei Personen Zeit (ca. 10 Minuten), miteinander ihre Phantasien zu entwickeln... Abschließend können die „Minireisegesellschaften" im Plenum berichten (ggf. auch durch ein Gedicht, ein Lied, einen Sketch).

○ Knoten entwirren
Alle MitspielerInnen stellen sich zu einem Knäuel zusammen, strecken die Arme nach oben (Augen möglichst geschlossen) und ergreifen je eine Hand. Dann werden die Augen geöffnet, die Hände bleiben miteinander in Kontakt.
Die Gruppe lockert sich langsam und versucht, sich zu „entwirren" (druntersteigen, drübersteigen, durchzuschlüpfen...) Meist gelingt es, den Knoten zu entwirren und am Ende entsteht ein Kreis. (Regel: Die Hände dürfen nie losgelassen werden; Teilnehmerzahl maximal 20)

2. Die Wahrnehmung verstärken

○ Hier und Jetzt
Die MitspielerInnen bewegen sich im Raum, während der Spielleiter sie auffordert, die Wahrnehmung auf das Hier und Jetzt zu richten: „Was sehen, hören, riechen, ertasten, spüren Sie? Achten Sie auf Kleinigkeiten, Ungewöhnliches, Eigenartiges..." (Personen und Dinge). Der „Raum" kann auch auf den Flur, andere Räume, auf das Freie ausgedehnt werden. Nach einer bestimmten Zeit (5–15 Minuten) bilden die TeilnehmerInnen kleine Gruppen und berichten über ihre Wahrnehmungen.

○ Blick in den Spiegel
Zwei Partner sitzen sich gegenüber. Der eine macht Bewegungen vor, die der andere nachmachen soll (spiegelbildlich): Rasche und langsame Bewegungen, vertraute und neue, gewohnte und ungewohnte; anschließend erfolgt ein Wechsel in den Aktionen.
Alternative als „Marionette": Eine Person liegt auf dem Boden, die andere steht darüber als MarionettenspielerIn und zieht an imaginären Fäden. Die am Boden liegende Person muß den Bewegungen nachgeben. Die „Fäden" können am Kopf, an den

Armen/Händen, an den Beinen, den Füßen... befestigt sein. Anschließend Wechsel der Tätigkeiten.

○ Sehen – wirken – vermuten/interpretieren
Zwei Personen sitzen sich gegenüber. SpielerIn A beginnt, z. B.: „Ich *sehe* große Ohrringe an Dir hängen; das *wirkt* auf mich sehr auffallend und übertreibend. Ich *vermute/interpretiere,* daß Du gerne im Mittelpunkt stehen möchtest..." Oder: „Ich sehe Schmunzelfalten in Deinem Gesicht. Sie wirken auf mich sehr sympathisch. Ich vermute/interpretiere, daß Du ein recht lustiger Vogel bist." Jede(r) der beiden sagt jeweils einmal diese Satzkombination. Dabei sind auch Übertreibungen möglich (ohne persönliche Verletzung!). Unmittelbar nach jeder Satzfolge können die Vermutungen/Interpretationen bestätigt, verneint oder zurechtgerückt werden. (Bei dieser Übung geht es um die Unterscheidung zwischen sinnlicher Wahrnehmung, Wirkung und Vermutung/Interpretation. – Siehe auch 3. Kapitel S. 154ff.)

○ Wohlfühlen
Die Beteiligten stehen im Raum. Die Fensterseite wird als die „Wohlfühlseite", die gegenüberliegende als die „Nicht-Wohlfühlseite" vereinbart. Der Raum dazwischen gilt für die entsprechenden Abstufungen. Der Spielleiter fordert nun auf, Positionen einzunehmen. Je nach Stimmung und Wohlfühlen stehen die einzelnen Personen näher der Fenster- bzw. der gegenüberliegenden Seite. Am Ende können alle Beteiligten sehen, wer sich in welcher „Wohlfühl-/Nichtwohlfühl-Position" befindet. (Anstelle des Wohlfühlens gibt es auch andere Kriterien, z. B. Lust zum Mitmachen – Ärger/nicht Ärger – Zufriedenheit/Unzufriedenheit u. ä.

3. Sich näher kennenlernen

Auch wenn sich die KollegInnen schon über Jahre hinweg kennen, so kann doch das Bedürfnis entstehen, die eine oder den anderen näher kennenzulernen und Kontakt aufzunehmen.

○ Fünf Gegenstände
Jeder bringt in die Gruppe (ca. 6–8 Personen) fünf Gegenstände mit, um durch sie etwas Persönliches über sich mitzuteilen, z. B. einen Tennischläger, einen Klavierauszug, ein Familienalbum, ein Buch, eine Dose Kaviar... Jeder spricht jeweils kurz über die Gegenstände und seine Beziehung zu ihnen („Ich spiele gerne Tennis, bin Opernfan, mag meine Familie, lese gerne z. Zt. The-

ma X und bin ein ausgesprochener Gourmet.“ usw.) Die anderen TeilnehmerInnen können Rückfragen stellen...

○ Mein Befinden
Der Reihe nach versucht jede(r) durch die entsprechende Gestaltung der Hand, die momentane Gefühlslage mitzuteilen, z. B.: „Ich fühle mich wie meine Hand, nämlich offen, zittrig, verschlossen, halboffen, gespreizt, locker...“ Jede(r) kann die Haltung der Hand noch durch einige Sätze erklären/präzisieren.

○ Vermeidung und Suche
Es werden Gruppen zu je sechs bis acht Personen gebildet. Nun hat jede(r) die Möglichkeit, drei Sätze über seine/ihre Vermeidungen mitzuteilen, z. B.: „Ich vermeide viele Menschen, weil... Ich vermeide Sportveranstaltungen, weil... Ich vermeide Flugreisen, weil...“ Es können Rückfragen gestellt werden; Erfahrungsaustausch...
Weiterführung: „Ich vermeide Person A, weil..., Person B, weil..., Person C, weil...“
Oder in der Gruppe: „Ich vermeide Sie/Dich, weil...“ (Auch darüber erfolgen Aussprachen, Klärungen...)
Die Alternative besteht aus den Äußerungen der Suche nach..., z. B.: „Ich suche gerne die Berge auf, weil... Ich suche gerne Discos auf, weil...“ Weiterführung: „Ich mag gerne Personen, die...“
Oder: „Ich suche Sie/Dich, weil...“ (Auch darüber erfolgen Gespräche, Austausch der Erfahrungen, Rückmeldungen...)

4. Offen werden, Vertrauen bekommen

○ Selbstbild – Fremdbild
Jede(r) notiert auf ein Blatt, wie er/sie sich sieht, einschätzt, erlebt. Anschließend werden die Blätter in die Mitte des Sitzkreises gelegt. Nun liest jede(r) TeilnehmerIn die Niederschrift vor. Wer mag, kann nun seine Rückmeldungen dazu einbringen: Vergleich des Selbstbildes mit den Fremdbildern.
Alternative: Die Niederschriften ohne Namen in die Mitte legen – raten, welche Äußerungen zu wem gehören könnten.

○ Fadenspiel:
Im Sitzkreis (ca. 8–10 Personen) hat die Person A einen Woll-

knäuel in der Hand und wirft ihn, den Anfang des Fadens behaltend, Person B zu. In einigen Sätzen gibt Person A Person B ein Feedback. („Sie wirk(t)en auf mich..." – „Ich erleb(t)e Sie..."). Im Anschluß daran können sich die anderen TeilnehmerInnen ebenfalls äußern. Im dritten Schritt gibt dann die angesprochene Person (B) ihre Meinung wieder: Bestätigung, Verneinung, Relativierung usw.
Im nächsten Durchgang wirft Person B Person C den Wollknäuel zu, behält aber den Faden dabei in der Hand. Nun beginnen wieder die Mitteilungen. So kommen im Laufe der Zeit alle MitspielerInnen in den Austausch von Mitteilung und Rückmeldung, und es entsteht am Ende der Gesprächsrunde ein „Wollfadennetz".

○ Freie Wahl
Gesprächskreis von ca. 8–10 Personen; jemand beginnt: „Wenn ich könnte, dann würde ich Sie/Dich zu meiner/meinem... (z.B. Bruder, Lehrer, Vereinsvorstand, Mutter, Reisegefährten usw.) wählen, weil..."Durch die Wahl einer bestimmten Person (Rolle, Beruf) wird die Art der Beziehung mitgeteilt: „...weil ich Vertrauen zu Ihnen habe; weil ich gut mit Dir auskomme; weil ich mich von Dir bemuttert fühle" usw. Anschließend wird über die verschiedenen Beziehungen gesprochen...

○ Geschenk geben
Sitzkreis einer Gruppe, maximal 20 Personen. Der Spielleiter gibt folgende Aufgabe: „Richten Sie Ihre Aufmerksamkeit auf Ihre linke Nachbarin, auf Ihren linken Nachbarn und stellen Sie sich vor, ihr/ihm etwas zu schenken, was sie/ihn erfreuen könnte und wodurch Sie Ihre Beziehung (z.B. Distanz, Nähe, Vertrauen) zu ihr/zu ihm ausdrücken können..." (A könnte folgendermaßen beginnen: „Ich schenke Ihnen ein Tandemfahrrad, weil ich weiß, daß Sie gerne reisen, und ich würde gerne mitfahren...") Der Phantasie sind hier (fast) keine Grenzen gesetzt. Jede(r) gibt nach links ein imaginäres Phantasiegeschenk...

5. Mit Belastungen und Konflikten umgehen

○ Ein beladenes Schiff
Der Spielleiter ermuntert die TeilnehmerInnen, sich vorzustellen, ein beladenes Schiff zu sein. Nach einigen Minuten bilden sich kleine Gruppen, in denen sich die einzelnen mitteilen, was für ein Schiff sie sind und was sie alles (an Belastungen) geladen

haben, z.B.: „Ich bin ein alter Lastkahn und habe die Klasse 5c an Bord. Die SchülerInnen gehen sehr rabiat mit mir um, verschmutzen das Deck... usw.“ Über das Medium „beladenes Schiff“ können die einzelnen Beteiligten ihre Probleme aussprechen.

○ Sätze aus der Kindheit
In kleinen Gruppen schreiben die Mitglieder auf Poster Sätze aus ihrer Kindheit, die sie heute immer noch belasten, an die sie denken oder die sie selbst anderen gegenüber aussprechen: „Mach endlich, was ich gesagt habe... Wie oft soll ich dir noch sagen... Kannst du denn nie...“ usw. Anschließend können auch einige Situationen, aus denen diese Sätze stammen, gespielt werden.

○ Begegnung mit einem „Boß“
Person A besteigt einen Stuhl, Person B sitzt unten am Boden. Von „oben herab“ formuliert A „Boß-Sätze“ (Befehle, Anweisungen, Abkanzeleien...). B darf nichts erwidern. Nach Beendigung der Mitteilungen äußert B seine Empfindungen, seine Wünsche, seine Befindlichkeit. Nun findet ein Rollenaustausch statt. B spielt den Boß und A den Untergebenen... Abschließend findet wieder eine Aussprache statt.
Der dritte Schritt besteht darin, daß die beiden gemeinsam als Untergebene solidarisch einem nun imaginären C „die Meinung sagen“, z.B.: „Mein/unser Gefühl ist... Ich könnte am liebsten... Wir würden...“

○ Gegenseitige Hilfe
A sucht sich in der Gruppe ein Gegenüber aus: „Kannst du mir helfen? Ich brauche dich, weil...“ B kann ablehnen, zustimmen... Anschließend sucht sich B ein Gegenüber C, dann C eine Person D usw. Jede(r) fühlt sich in das Gegenüber ein und überlegt/entscheidet, ob er/sie helfen kann/will oder nicht. Anschließend Aussprache in kleinen Gruppen: Wie sind die Empfindungen, wenn man Hilfe erfährt oder allein gelassen wird?

6. Kooperieren

○ Gruppenbild
Einige aus der Gruppe bekommen den Auftrag, miteinander schweigend ein „Gruppenbild“ zu formen. Als „Material“ stellen sich einige andere Gruppenmitglieder zur Verfügung. Die Gruppenbildthemen können z.B. lauten: Freude, Glück, Trauer,

Einsamkeit, Zerwürfnis, Konkurrenz... Die BildgestalterInnen dürfen nur nonverbal miteinander kontakten und agieren; die Personen des „Baumaterials“ müssen alles mit sich geschehen lassen. Das Spiel kann mit wechselnden Aufgaben wiederholt werden.

○ Partnerzeichnung
Je zwei TeilnehmerInnen haben ein großes Blatt vor sich und *gemeinsam einen* Stift in der Hand (Filzschreiber, Bleistift u. ä.) Ohne vorherige Absprache beginnen sie schweigend eine Zeichnung, abstrakt oder konkret, herzustellen. Wie die Zeichnung ausfallen wird, ergibt sich aus dem Prozeß des Miteinanders, Gegeneinanders, des Hin und Hers usw. Anschließend wird darüber gesprochen, was jede(r) empfunden hat, z. B.: Dominanz, Durchsetzungsvermögen, Geführtwerden... Wie wurde kooperiert? Wie erlebten sich die beiden PartnerInnen?

○ Banden bilden
Die TeilnehmerInnen bilden Jugendbanden (etwa 6–8 Personen) und beschließen, zusammen etwas zu unternehmen. Das Bedeutsame an diesem Spiel ist der Prozeß der Verständigung: Wie werden die Vorhaben in der Gruppe gefunden? Wer wird zum Bandenführer, zur Gegenspielerin, welche Untergruppen bilden sich, wie wird um die Meinungen gestritten, wer setzt sich durch, wer resigniert, wer steigt aus, wird aggressiv usw.? Welche Rollen ergeben sich also und wie werden die entsprechenden Aktionen geplant? (Die Vorhaben werden anschließend im Plenum verbalisiert.)

○ Gefängnis
Jeweils fünf Personen sitzen in einer Zelle in „Untersuchungshaft“. Ohne Absprachen beginnen sie zu spielen, z. B.: Sie reden miteinander, schweigen, ziehen sich zurück, streiten, toben, gehen sich auf die Nerven, versöhnen sich usw. Wie sehen die Interaktionen auf engem Raum aus?

● Ich hoffe, Sie haben in Ihrer Phantasie bei einigen Spielen mitgespielt und jetzt Lust bekommen, im Kollegium weiterzuspielen.
Ich wünsche Ihnen viel Freude dabei.

Hinweise für (ungeübte) Schul- bzw. SpielleiterInnen:

- Alle Spiele sind grundsätzlich immer freie Angebote.
- Die Aufforderung zum Mitspielen bitte freundlich gestalten!

- Widerstände „übersetzen“ (z.B.: „Ich habe schlechte Erfahrungen gemacht.“ „Ich habe Angst, mich zu blamieren.“ – „Ich vertrage nicht soviel Nähe.“ „Für mich ist das alles sehr ungewohnt.“)
- Spiele vorher und nachher nicht „zerreden“, sondern auf das Erleben achten. (Spiele haben *in sich* Aussagecharakter.)
- Sicherheit vermitteln, Ruhe ausstrahlen, sich selbst einbringen und beteiligen; Vertrauen in die MitspielerInnen setzen...

6. Feedback

Erläuterungen

Tyrannen, autoritäre Personen und „Von-oben-nach-unten-DenkerInnen“ wollen und brauchen kein Feedback. Neben Autoritätsgläubigkeit erwarten sie selbstverständlich nur Zustimmung und Beifall. Es interessiert sie nicht, was andere Menschen fühlen und denken und schon gar nicht, daß dies Wirkung auf ihre Person und auf ihr Handeln haben könnte. Sie sind der Mittelpunkt und haben die Macht.
In zwischenmenschlicher Kommunikation und in Beziehungen, in denen *Gleichwertigkeit* und *Partnerschaft* die Hauptmerkmale sind, spielen gegenseitige Rückmeldungen (Feedback) eine bedeutsame Rolle: Mich interessiert, wie das, was ich mitteile, beim Gegenüber ankommt, wie ich wirke, was ich bewege. Mich interessiert, was aus meiner Botschaft wird, denn: „Jede Botschaft ist das Machwerk des Empfängers!“ (Watzlawick) Aber auch: Ich selbst wiederum möchte dem anderen mitteilen, wie seine Botschaft bei mir ankommt, was ich also daraus mache.
Botschaften sind keineswegs so eindeutig, wie „man“ zunächst meint. So kommt der Kybernetiker N. Wiener sogar zur Erkenntnis: „Ich weiß nicht, was ich gesagt habe, solange ich nicht die Antwort darauf gehört habe.“ Wir reagieren auf die gleichen Reize mit verschiedenen Antworten, wir hören heraus, was wir heraushören wollen (Selektion), wir sind „besetzt“ von bestimmten Erfahrungen und Gewohnheiten. Das zeigt sehr deutlich folgendes Beispiel:

„Ein Indianer besuchte einst einen weißen Mann. In einer Stadt zu sein mit dem Lärm, den Autos und den vielen Menschen; all dies war neuartig und verwirrend für ihn. Die beiden Männer gingen die Straße entlang, als plötzlich der Indianer seinem Freund auf die Schulter tippte und sagte: ‚Hörst du auch, was ich höre?' Der Freund horchte und sagte: ‚Alles, was ich höre, ist das Hupen der Autos und das Rattern der Omnibusse.' – ‚Ich höre ganz in der Nähe eine Grille zirpen.' ‚Du mußt dich täuschen, hier gibt es keine Grillen; und selbst wenn es welche gäbe, würde man ihr Zirpen bei dem Lärm nicht hören.' – Der Indianer ging ein paar Schritte weiter und blieb vor einer Hauswand stehen. Wilder Wein rankte an der Mauer. Er schob die Blätter auseinander; da saß tatsächlich eine Grille. Der Weiße sagte: ‚Indianer können eben besser hören als Weiße.' Doch der Indianer erwiderte: ‚Da täuschst du dich. Ich will es dir beweisen.' Er warf ein 50-Cent-Stück auf das Pflaster. Es klimperte auf dem Asphalt. Leute, die nicht weit entfernt vorübergingen, wurden auf das Geräusch aufmerksam und sahen sich um. ‚Siehst du', sagte der Indianer, ‚das Geräusch, das das Geldstück gemacht hat, war nicht lauter als das der Grille. Und doch hörten es viele der weißen Männer. Der Grund liegt darin, *daß wir alle stets nur das gut hören, worauf zu achten wir gewohnt sind*'" (Gründel 1989, S. 89; Hervorhebung R.M.).

Rückmeldungen vermitteln aber nicht nur *Wissen* darüber, wie meine Botschaften ankommen, sondern sie haben weitaus mehr Wirkungen: Es können Unterschiede in der Fremd- und Selbstwahrnehmung deutlich werden, z.B.: Ich habe den Eindruck, mich relativ zurückhaltend gegeben zu haben, erfahre aber von anderen, daß ich sehr dominant gewirkt habe. (Wirkungen auf andere sind *auch* Teile von mir!)
Es können Korrekturen des Verhaltens in Gang gesetzt werden, um die Unterschiedlichkeit im eigenen Verhalten (auf Grund der Selbst- und Fremdwahrnehmung) zu verringern (eigene Stimmigkeit).
Es findet Klärung zwischen den Beziehungen von Menschen statt. Die Mitteilungen werden durch die Rückmeldungen verständlicher.
Und schließlich: Gerade in Gruppen sind Rückmeldungen von großer Bedeutung, um den Bedürfnissen der einzelnen und der ganzen Gruppe gerecht zu werden und zu entsprechen. Wir gehen über andere nicht hinweg, wenn wir deren Feedback wahrnehmen. Pechtl (1989, S. 277) geht sogar so weit zu sagen: „Wer nicht bereit ist, Feedback zu geben, verweigert seinen Mitmenschen gegenüber die Liebe und Wertschätzung."
So ist Feedback auch Ausdruck der Offenheit und des gegenseitigen Vertrauens, des achtsamen Umgangs mit sich und anderen,

der Wahrnehmung eigener und fremder Bedürfnisse: Ich teile den anderen mit, wie es mir geht, wie ich über mich denke, wie ich zu mir stehe... Ich teile den anderen mit, wie ich über sie denke, wie sie auf mich wirken... Ich bin offen für die Botschaften der anderen, was sie über sich und über mich mitteilen, wie sie sich fühlen und wie ich auf sie wirke... Das „dialogische Prinzip“ ist hier besonders spürbar.

Förderliche Rückmeldungen

Feedback kann förderlich und nichtförderlich, wohltuend/hilfreich oder blockierend und verletzend sein: „Mit so einem arroganten Typen wie du einer bist, möchte ich nicht beisammen sein.“ – „Du benimmst dich ja hier wie eine beleidigte Leberwurst.“ Oder aber: „Ich fühle mich wohl in deiner Nähe.“ – „Ihre Stimme wirkt auf mich beruhigend.“ Aber auch: „Die Beziehung zwischen dir und mir empfinde ich momentan als sehr belastend.“ – „Ihre Bemerkung gestern hat mich ziemlich verletzt.“
Ohne Sensibilität für mich und andere gibt es keine förderlichen Rückmeldungen. Deshalb ist es wichtig, folgende Punkte zu beachten:

1. Teilen Sie dem Gegenüber etwas von sich mit, z. B. „Ich empfinde Sie als sehr herzlich.“ (meine Empfindung) – „Ich habe das nicht verstanden.“ (mein Nichtverständnis) – „Ich kann das einfach nicht“ (meine Mutlosigkeit) – „Ich fühle mich gekränkt durch Ihre Aussage“ (mein Verletztsein).

2. Teilen Sie mit, wie Sie Ihr Gegenüber erleben und wie es auf Sie wirkt, z. B.: „Sie wirken auf mich sehr niedergeschlagen.“ – „Ich erlebe Sie heute sehr heiter und gelöst.“ – „Du machst auf mich den Eindruck, als hättest Du nicht verstanden, was ich gesagt habe.“

3. Beschreiben Sie und bewerten Sie nicht. Dadurch ermöglichen Sie es den anderen, aus Ihren beschreibenden Informationen selbst (autonom) die Bewertung vorzunehmen, z. B.: „Du hast schon seit längerer Zeit nichts mehr *gesagt*.“ – „Sie haben jetzt sehr lange *geredet*. Ich kann nicht mehr zuhören.“

4. Wenn Sie bewerten wollen, so deklarieren Sie dies. Beziehen Sie bitte Ihre Bewertung auf *Verhaltensweisen* und *Tätigkei-*

ten/Handlungen, z. B.: „Ich finde es *ungerecht,* wie Sie die Kinder *behandeln.*" – „Ich lehne Ihre *Einstellung* zum Thema X ab." – „Ich finde Dein *Grinsen* süffisant." Die Bewertungen beziehen sich hier nicht auf persönliche Eigenschaften (Charakterzüge). Jemand stört, ist aber deswegen kein Dauerstörer. Jemand redet häufig, ist aber deswegen noch lange kein Dauerredner usw.

5. Achten Sie auf den Zeitpunkt und auf die Menge der Mitteilungen. Ist Ihr Gegenüber bereit, offen... für Ihr Feedback? Wieviel kann es momentan aufnehmen/vertragen?

6. Beziehen Sie sich auf konkrete Ereignisse und vermeiden Sie Verallgemeinerungen und Vorwürfe, z. B.: „Sie sollten sich nicht *immer* in den Mittelpunkt rücken. *Dauernd* haben Sie das Heft in der Hand. Das ist ja unmöglich." Sondern: „*Momentan* wirken Sie auf mich sehr dominant. Ich bin von Ihnen schon *einige Male* unterbrochen worden. Ich möchte *jetzt* meinen Satz zu Ende führen."

7. Beziehen Sie sich nicht auf frühere Ereignisse, sondern auf das Hier und Jetzt, z. B.: „Jetzt kann ich Ihnen nicht mehr zuhören." – „Am liebsten würde ich jetzt gehen, weil Sie mich verletzt haben." Anstatt: „Das kenne ich bei Ihnen schon, das machen Sie immer so." – „Vor zwei Wochen haben Sie auch schon so einen Unsinn gesagt."

8. Geben Sie Feedback, wenn Sie den Eindruck haben, es *hilft* dem Gegenüber zur Verhaltensänderung, z. B.: „Ich erlebe Dich mir gegenüber häufig abweisend. Ich hätte gerne mehr Kontakt." – „Im Gespräch mit Ihnen komme ich kaum zu Wort. Ich möchte nicht nur Zuhörer sein, sondern meine Gedanken einbringen." Ihr Feedback sollte aber kein „Befehl" zur Änderung sein, sondern eine Ermöglichung.

9. Teilen Sie selbst mit, ob und wann Sie ein Feedback wünschen, z. B., wenn Sie wissen wollen, wie es weitergehen soll, wie Sie gewirkt haben, wenn Sie verunsichert sind oder wenn Sie Ihr Verhalten ändern wollen.

10. Feedback bezieht sich sowohl auf angenehme als auch auf unangenehme Verhaltensweisen, z. B.: „Die Hospitation bei Ihnen hat mir sehr viel gebracht." – „Ihre Mitarbeit empfand ich heute als sehr produktiv. Danke." – „Ich mag nicht, wenn Sie mich wie ein Kind behandeln." – „Ihre kritischen Beiträge muß ich erst noch verdauen." – „Ich habe mich heute nachmittag von

Dir wie Luft behandelt gefühlt. Das tut mir jetzt noch weh." Ziel der Rückmeldungen ist Hilfe und nicht Destruktivität: „Die Wirkungen des Feedbacks sind in der Regel eine Vertiefung der Beziehungsfähigkeit und eine Befriedigung sozialer Bedürfnisse. Wird das Feedback aus einer wertschätzenden Haltung heraus bewußt und korrekt als Interventionstechnik gegeben und entgegengenommen, so reduziert sich das Maß an Kränkungen, Verletzungen und Lähmungen im sozialen Kontakt auf eine realistische und lebendige Betroffenheit... Bei einem korrekten Feedback ist der Empfänger immer der Beschenkte und nicht der Verpflichtete" (Pechtl 1989, S. 277f.). So ist Feedback keine Kampfansage („Dem sag' ich's aber.") oder angewandte Taktik, Diplomatie und Überredung, sondern – einfühlend praktiziert – Förderung der Entwicklung einzelner/der Gruppe und Optimierung gemeinsamer Arbeit und der Beziehungen untereinander.

● Reflektieren Sie das o. g. Zehnpunkteprogramm und vergleichen Sie die einzelnen Hinweise und Empfehlungen mit Ihren bisherigen Erfahrungen, selbst Feedback gegeben bzw. bekommen zu haben.
Was stellen Sie fest, zu welchen Ergebnissen kommen Sie? (Brücken, Blockaden, Vorwürfe, Bewertungen, Ermutigung, Bestärkung...)

Feedbackmethoden

Rückmeldungen können über Medien oder in Interaktionen von Personen zu Personen erfahren werden. Im *medialen* Bereich sind es vor allem

○ Videoaufzeichnungen: Die Bilder sprechen für sich, und ich kann meine verbalen, besonders aber meine nonverbalen Äußerungen selbst und mit Hilfe anderer kontrollieren. Es geschieht eine direkte Konfrontation mit mir selbst.

○ Tonbandaufzeichnungen: Hier kann ich meine verbalen Äußerungen kontrollieren, vor allem im Hinblick auf Gesprächsbrücken und -blockaden, auf die Unterscheidung von Beziehungs- und Sachebene, auf Artikulation, Sprechtempo und Sprechhöhe. Der Lerneffekt im Bereich der Gesprächsführung ist gerade durch Tonbandprotokolle sehr hoch.

○ Beobachtungsprotokolle: Die Beobachter teilen mir, auf Grund der gemachten Aufzeichnungen, ihre Ergebnisse mit, die ich mit meinen eigenen Eindrücken vergleiche. Es liegt dann an mir, welche Verhaltenskonsequenzen ich ziehe.

○ Fragebogen: Sie helfen mir zur vertieften Reflexion über mein Verhalten bzw. über Interaktionen in der Gruppe. Sie sind ein „Leit-Faden" auf dem Weg zu einer stärkeren Selbstwahrnehmung und Sensibilisierung für mich und die Gruppe.

In der *direkten* Beziehung von Person zu Person, vor allem in Gruppen, ermöglichen besonders Interaktionsspiele und -übungen eine wirksame Rückmeldung:

○ Blitzlicht: Die Gruppenmitglieder teilen – möglichst in knappen Sätzen – einander mit, wie es ihnen geht, wie sie sich fühlen und welche Erwartungen, Wünsche usw. sie haben. Dabei steht es jedem frei, sich zu äußern. Die Aussagen werden weder kommentiert noch bewertet, es erfolgen auch keine Zwischenfragen oder Diskussionen. Erst am Ende der Blitzlichtrunde können ein Fazit oder Konsequenzen für die weitere Arbeit gezogen werden. Das Blitzlicht ist also eine Momentaufnahme über den Zustand/über Befindlichkeiten einzelner, der Gruppe als Ganzes und über deren (Arbeits-) Prozeß. Diese Momentaufnahme erfolgt meist am Ende einer Gruppenphase oder wenn spürbar wird, daß „dicke Luft" herrscht, daß Unklarheiten im Raum sind oder daß "es nicht mehr richtig weitergeht".

○ Offene Fragerunde: Sie hat zum Ziel, Gruppenprozesse und Beziehungen untereinander zu klären. Einzelne TeilnehmerInnen können sich über ihre Befindlichkeiten und Eindrücke äußern, die anderen können nachhaken, Informationsfragen stellen. Dabei geht es nicht um Diskussion und Argumentation, sondern um den Austausch der subjektiven Sichtweisen, z.B.: „Ich spüre jetzt eine ziemliche Spannung im Gespräch. Geht es Ihnen auch so? Ich möchte gerne darüber reden." – „Mich interessiert, wie Ihr mich jetzt empfunden habt und wie das, was ich gesagt habe, auf euch gewirkt hat..." Eine offene Fragerunde setzt also bereits eine gewisse Nähe und einen Boden des Vertrauens voraus.

○ Apfelkiste: Der Raum, in dem sich die Gruppe befindet, stellt eine Apfelkiste dar. Die einzelnen Personen verteilen sich so im Raum, wie ihre derzeitige Beziehung der Nähe und Distanz ist. Dabei können sie stehen, sitzen, hocken, kauern... Einzelne befinden sich z. B. isoliert in der Ecke, andere in der Mitte des Raumes, eingehakt, angelehnt usw. Die Positionen verändern sich so lange, bis alle mit allen in *der* räumlichen Beziehung sind, die der *inneren* am nächsten kommt. Das „Apfelkistenspiel" ist also gleichsam ein visualisiertes Soziogramm: Wie stehen wir derzeit zueinander? Anschließend erfolgt eine Reflexionsphase.

○ Stimmungsvisualisierung: Durch diese Darstellung können verschiedene Befindlichkeiten, Stimmungen und Gefühlslagen verdeutlicht werden, z. B.: Wohlfühlen – Nichtwohlfühlen, Zufriedenheit – Unzufriedenheit, Zustimmung – Ablehnung, Anspannung – Lockerheit, Freude – Trauer; aber auch: Produktivität – Nichtproduktivität in der Gruppe, Ziele im Auge haben – auf der Stelle treten u. ä. Die jeweiligen Pole werden lokalisiert, z. B. Wandseite – Fensterseite, Schrankseite – Türseite. Jeder bestimmt nun seine Position im Raum, die seiner Befindlichkeit, seinem Eindruck entspricht, wobei alle Stufen zwischen den beiden Polen möglich sind. So wird allen sichtbar, wie die derzeitige Stimmung bzw. die Denkweise der einzelnen ist.
Variante: „Stimmt – stimmt nicht": Es werden Meinungen geäußert. Wer zustimmen kann, stellt sich auf die eine Seite des Raumes, wer nicht zustimmt, auf die andere Seite.

○ Meinungsbild: Jedes Gruppenmitglied bekommt drei Karten mit folgenden Symbolen:

„Ich stimme voll zu."

„Ich habe Bedenken."

„Ich bin nicht einverstanden."

Bei der jeweiligen Meinungsumfrage, bei Rückmeldungen auf bestimmte Mitteilungen hebt jedes Gruppenmitglied die entsprechende Karte. Mehr- und Minderheiten werden dadurch deutlich.
Variante: Anstelle der Symbole kann auch ein sog. „Ampelfeedback" erfolgen: Es werden rote, gelbe und grüne Karten ausgeteilt und diese dann entsprechend gezeigt.

○ Rundlauf: Jedes Gruppenmitglied erhält ein Blatt Papier oder eine Karteikarte (DIN A 4 oder 5). Auf die Vorderseite wird der eigene Name geschrieben. Anschließend wird das Blatt/die Karte an den/die linke(n) NachbarIn weitergegeben. Jetzt hat jede Person eine fremde Karte und schreibt darauf eine Botschaft an diejenige Person, deren Name auf dem Blatt/der Karte steht. Und wieder wird das Blatt weitergegeben... Am Ende hat jede(r) aus der Gruppe von jedem Mitglied eine Botschaft, eine Rückmeldung, z. B.: „War toll mit Dir, danke." – „Ich komme Dich mal im Unterricht besuchen." – „Mathematiker sind gar nicht so verhirnt wie ich dachte." – „Sie kamen mir manchmal sehr streng vor."...
Achten Sie darauf, daß Sie den einzelnen etwas *mit auf den Weg geben,* also wenn möglich etwas (leicht) Verdauliches. Sie können, wenn Sie wollen, das Feedback anonym oder namentlich abgeben; letzteres ist natürlich sinnvoller.

○ Stimmungsbarometer: Er wird dann eingesetzt, wenn eine Gruppe über mehrere Phasen hindurch zusammen ist. Die TeilnehmerInnen können durch Ankreuzen, durch Filzschreiberpunkte oder Klebepunkte ihre Position in den entsprechenden Feldern angeben (siehe nachfolgende Grafik). So entsteht ein Bild, das den Stimmungsprozeß der Gruppe über den gesamten Verlauf wiedergibt (s. S. 284):
Allerdings werden keine Aussagen darüber gemacht, worauf die jeweilige Stimmung zurückzuführen ist, z. B. körperlich-seelisches Befinden, Zufriedenheit/Unzufriedenheit über die Arbeit, Beziehungen untereinander u. ä. Es ist daher ratsam, nach jeder „Temperaturmessung" ein mündliches Feedback nachzuschieben.

● Ich hoffe, daß Sie die genannten Beispiele für Rückmeldungen jeglicher Art angeregt und ermutigt haben und daß Sie sowohl im Feedbackgeben als auch im Feedbacknehmen reiche Erfahrungen machen werden.

7. Literaturhinweise

Die Literaturhinweise sind ein kleiner Einblick in meine „Methoden-Werkstatt". In den Büchern, die ich Ihnen vorstelle, finden Sie selbst wieder ein reichliches Angebot, das Ihnen weiterhelfen kann, Ihr Wissen zu erweitern und Ihre Erfahrungen zu

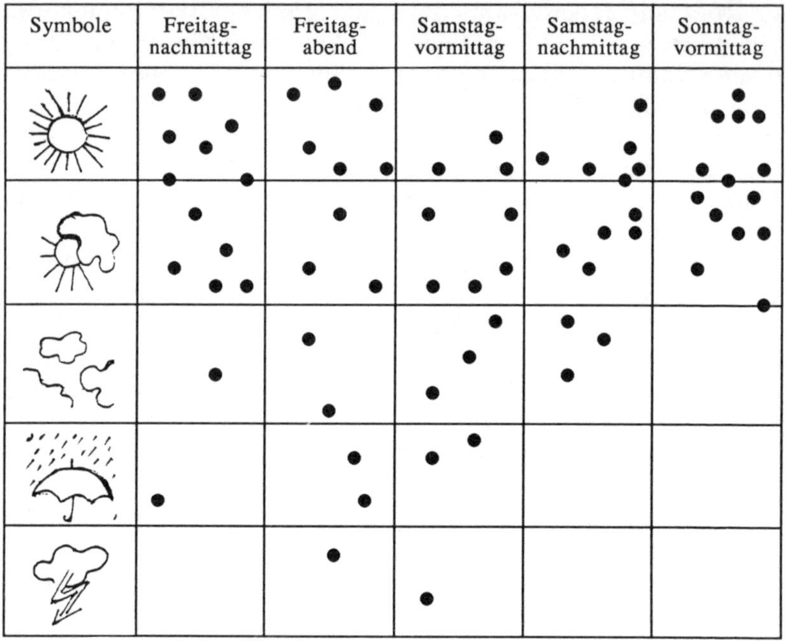

14 TeilnehmerInnen

vertiefen, von grundsätzlichen didaktisch-methodischen Lehrbüchern bis hin zu spielerischem Material:

Klaus W. Döring: Lehren in der Weiterbildung. Weinheim 1988.
Aus dem Inhalt:
Unterrichten: Thema und Ziele – Der Unterricht – Motivierendes Dozentenverhalten und der Umgang mit den Teilnehmern – Hinweise für eine realistische Unterrichtsvorbereitung – Die Überprüfung des eigenen Unterrichts. Bausteine und Materialien zu ausgewählten Fragen: Lehrbefähigung, Lernen, Lernfähigkeit – Zur Unterrichtsplanung – Zu den Lehr- und Sozialformen – Zu den Medien – Zu den Kontrollen.
Der Autor behandelt hier die wichtigsten Bausteine des Lehrens und Lernens. Sie sind im Rahmen der schulinternen Lehrerfortbildung dort anwendbar, wo es weniger um Moderation als um Lehrformen geht, wo mehr Information und Unterricht von Erwachsenen im Mittelpunkt stehen als Selbsterfahrung und Reflexion eigenen Verhaltens. Mich beeindruckt dieses Buch durch den klaren Aufbau der Inhalte, die hohe Sachkompetenz des

Autors und die erwachsenengemäße Vermittlung der einzelnen Bereiche.

Arnim Kaiser: Bildungsarbeit mit Erwachsenen. München 1986.
Aus dem Inhalt:
Das Buch besteht aus zwei Teilen, einem Informations- und einem Vertiefungsteil mit jeweils den gleichen Schwerpunkten: Intentionen (Ziele, Absichten) – Die Beteiligten: Adressat und Referent – Programmplanung – Veranstaltungsplanung – Methodenprinzipien und -formen – Medien in der Erwachsenenbildung. Auf theoretisch fundierter Grundlage erörtert der Autor konkrete Fälle aus der Sicht des Referenten in der Ewachsenenbildung. Für die SCHILF-Arbeit sind vor allem die methodischen Aspekte von großem Nutzen, sowohl als „Lese- und Studierbuch" als auch als Nachschlagewerk.

Wilhelm Niggemann: Praxis der Erwachsenenbildung. Freiburg 1979/3).
Aus dem Inhalt:
Weiterbildung und Gesellschaft – Die Lernfähigkeit Erwachsener – Lernen und Lehren – Leiterverhalten/Führungsstile – Lernen mit anderen in Gruppen – Arbeitsweisen in der Weiterbildung – Fortbildung für Weiterbildner.
Der Autor spannt einen Bogen von der Notwendigkeit der Erwachsenenbildung über das Lernen in Gruppen bis hin zu ausführlich methodischen Angeboten und Hilfen. In diesem Buch sind alle wesentlichen Aspekte aufgeführt, die auch innerhalb der schulinternen Lehrerfortbildung von Bedeutung sind: ein idealer Taschenbuchbegleiter auf der SCHILF-Wanderung, leicht und doch gewichtig!

Kurt R. Müller (Hrsg.): Kurs- und Seminargestaltung. Ein Handbuch für Dozentinnen und Kursleiter. München 1983. Dieses „Handbuch der Erfahrungen und Reflexionen" bietet keine Systematik der Erwachsenenbildung, Didaktik und Methodik, sondern der Reiz dieser Aufsatzsammlung besteht in einer treffenden Auswahl von Beiträgen, die relevante Aspekte der Kurs- und Seminargestaltung, der Fort- und Weiterbildung von Erwachsenen aufzeigen. Manche Fragen, die in der SCHILF-Arbeit auftauchen, können durch die angebotenen Artikel und die darin enthaltenen Antworten geklärt werden: Anfangssituationen – Autoritätskonflikte – Dozentenängste – Entscheidungssituationen – Frauen und Männer – Inhaltsvermittlung – Institutionelle Kontrolle – Kursabbrecher – Kurstransparenz – Lernverweigerungen – Medien – Motivationen – Schwierige Teilnehmer – Selbstverständnis des Dozenten – Teilnehmerselektion – Vorerfahrungen der Teilnehmer – Zeitgestaltung – Zum Schluß: „Ende gut – alles gut?". Lassen Sie sich bitte durch Begriffe wie Dozenten und Seminar nicht irritieren: Die Übertragung in die schulinterne Lehrerfortbildung gelingt Ihnen spielend!

Morry van Ments: Rollenspiel effektiv. München 1985.
Aus dem Inhalt:
Rollen und Rollenspielen – Der Ort des Rollenspiels in Schule und Ausbildung – Systematische Erörterungen – Rollenspiel-Typen – Vorbereitung auf das Rollenspiel – Verborgene Zusammenhänge – Der Verlauf des Rollenspiels – Die Auswertungsphase – Andere Methoden des Erfahrungslernens – Andere Einsatzmöglichkeiten des Rollenspiels – Der Rollenspielverbund. Ich habe dieses Buch ausgewählt, weil es sowohl für die Arbeit im Kollegium/in Gruppen als auch im Klassenzimmer mit den SchülerInnen verwendet werden kann. Die verschiedenen Kapitel sind theoretisch fundiert, klar gegliedert dargestellt und praxisorientiert. Es räumt gründlich auf mit der Vorstellung, Rollenspiele seien nicht lerneffektiv und nimmt gleichzeitig die Angst, sich auf Rollenspiele in Schule, Kollegium und Unterricht einzulassen.

Herbert Gudjons: Spielbuch Interaktionserziehung. Bad Heilbrunn 1987.
Dieses Buch ist ein „gefundenes Fressen" für alle diejenigen, die Spielangebote für Jugendliche und Erwachsene suchen, um das persönliche und interaktionelle Lernen zu fördern. Nach einer Einführung in den Themenzusammenhang „Soziales Lernen – Interaktionserziehung – Gruppendynamik" erwartet die LeserInnen in zehn Abschnitten eine Fülle von Übungen und Spielen (ca. 180): Vorstellen, Kennenlernen, „Warming up" – Wahrnehmung, Beobachtung, Kommunikation – Sich selbst kennenlernen – Vertrauen, Offenheit, Echtheit – Feedback – Metakommunikation – Rollen und Normen – Kooperation – Entscheidungen und Konflikte – Kreativität, Spontaneität, Phantasie/Abschied, Ende einer Gruppe. Ergänzt wird das Buch durch Hinweise zu den Themen „Partnerzentriertes Gesprächsverhal-

ten“ und „Selbstkontrolle des Leiters“. Vielleicht mag für Sie, im Rahmen der SCHILF-Arbeit, der Titel „Interaktions*erziehung*“ irreführend sein: Für die Anwendung im Bereich der Erwachsenenbildung ist damit nichts anderes als persönliches und soziales Lernen in der Interaktion durch entsprechende Übungen und Spiele gemeint.

Claus-Jürgen Höper u. a.: Die spielende Gruppe. 115 Vorschläge für soziales Lernen in Gruppen. München 1984/10.
Aus dem Inhalt:
Vorstellung und Kennenlernen (Namen, Kontaktaufnahme, Gespräche – Charakterisierung der Gruppenmitglieder) – Kommunikation und Gruppenbildung (Bewegungsspiele – Körperlicher Ausdruck – Kooperation und Entscheidung – Selbsteinschätzung, Fremdeinschätzung – Rollenverhalten) – Beobachtung und Wahrnehmung (Subjektivität der Wahrnehmung – Visuelle Wahrnehmung – Fühlen und Hören) – Identifikation und Einfühlung – Aggression und Durchsetzung. Die angebotenen Spiele geben die Möglichkeit, „eigenes Verhalten und dessen Wirkung auf andere kennenzulernen, verschiedene Kommunikationsformen bewußt zu erleben, Emotionen zu äußern und auf Emotionen anderer angemessen zu reagieren, mit Konflikten und Entscheidungen konfrontiert zu werden, Rollen und normierte Verhaltensweisen zu beobachten, an sich selber festzustellen und zu ändern, Führung und autoritäre Strukturen zu erleben und gegebenenfalls abzubauen.“

Reinhold Rabenstein: Lernen kann auch Spaß machen! Einstieg, Aktivierung, Reflexion: Themen bearbeiten in Gruppen. Münster 1987/2. Dieses DIN-A4-Heft mit über 160 Seiten ist ein Materialheft und in der praktischen Arbeit mit Jugendlichen und Erwachsenen, in Klassenzimmern, Lehrerzimmern, in Klein- und Großgruppen verwendbar. Die Angebote sind methodisch breit gefächert: Gesprächsübungen, Kontaktspiele, Arbeiten mit verschiedenen Materialien, ganzheitliches Miteinanderlernen u. ä.
Aus dem Inhalt:
Methoden wirken (Methoden regen an und regeln, Auswahl bestimmter Methoden) – Anfangen und in Themen einsteigen – Aktivierung bei Müdigkeit und Unlust (z. B. Abwechslung, körperliche Aktivierung, Gefühle spüren, Beziehungsklärungen, Impulse und Experimente) – Reflexion und Auswertung (z. B. thematische Auswertung und Feedback).

Telse Schnelle-Cölln: Visualisierung – die optische Sprache in der Moderation (Meta-Plan-Reihe Heft 6). Quickborn 1983.
Dieses DIN-A4-Heft (75 S.) ist ein sehr kompetenter Praxisbegleiter mit vielen Beispielen, Grafiken, Erläuterungen und Tips. Aus dem Aufbau des Heftes geht sehr deutlich hervor, wie sich aus dem Visualisierungsansatz allmählich eine umfassende Moderationsmethode entwickelte.
Aus dem Inhalt:
Der Weg zum Meta-Plan-Moderator – Einführung in die Visualisierung – Elemente der Visualisierung – Kompositionsregeln – Gebundene und freie Darstellung – Anwendungen und Erfahrungen. Die Autorin löst den eigenen Visualisierungsanspruch voll ein: Ein äußerst *anschauliches* Buch!

- Sollten Sie den Wunsch haben, in Sachen Moderation noch kompetenter werden zu wollen, dann empfehle ich Ihnen die Moderationsmappe (ein Ringbuch von 266 Seiten!) von

Karin Klebert u. a.: Moderationsmethode. Gestaltung der Meinungs- und Willensbildung in Gruppen, die miteinander lernen und leben, arbeiten und spielen. Hamburg 1987/3.
Dieser Ordner ist aus der Arbeit mit der Visualisierungsmethode/dem Metaplan entstanden. Die drei AutorInnen (Karin Klebert, Einhard Schrader, Walter Straub) haben die Moderationsmethode bis zur Perfektion ausgebaut und dargestellt. Ich habe eine Fülle von Anregungen und Hilfen bekommen, die mich in meiner Arbeit mit und in Gruppen bezüglich der Visualisierung sicherer machten, bestärkten und mein Wissen und meine Erfahrungen erweiterten.
Aus dem Inhalt:
Ankommen – Kennenlernen – Die Situation wird geklärt – Eine Gruppe entsteht – Die Gruppe arbeitet, und die Problemwolke verdichtet sich – Krise und Höhepunkt: Der Problemhorizont lichtet sich – Nägel mit Köpfen machen – Abschluß und Abschied – Was kommt danach? – Wie wird so ein Prozeß vorbereitet? Speziell für die SCHILF-Arbeit sind folgende Bereiche von Bedeutung: Aufbau einer Moderation – Elemente der Visualisierung – Moderationsmethoden – Vorbereitung auf die Gruppenarbeit – Ablauf einer Moderation – Planung einer Tagung – Ablauf einer Lernveranstaltung.

- Wie wär's: In jedem Kollegium so ein Moderationsordner!?

6. Kapitel: Über die Zäune blicken

Unsere SCHILF-Wanderung endet mit einem Streifzug durch die einzelnen Bundesländer, ergänzt durch Abstecher in die Schweiz und nach Österreich: Die SCHILF-Landschaft beginnt immer mehr zu gedeihen, wobei die vielen SCHILF-Gewächse einen unterschiedlichen Wachstums- und Reifegrad aufweisen. In manchen Bundesländern beginnt man erst mit dem Pflanzen, bei anderen blüht es bereits und wieder andere können teilweise schon ernten.
Es bringt Gewinn für unsere Arbeit, wenn wir ohne Neid, aber mit Anteilnahme und Interesse über die Zäune zu unseren Nachbarn blicken. Wir können voneinander lernen, Erfahrungen austauschen, uns Informationen geben, Sichtweisen und Meinungen vergleichen, Argumente diskutieren, den Blick weiten... Über die Zäune hinweg kommen wir ins Gespräch: Wie machen wir es, wie machen es die anderen? Es ist fruchtbar und bereichernd zu hören und zu sehen, zuzuhören und zu schauen, zu betrachten und aufzunehmen, wahrzunehmen und zu verstehen, mitzuteilen und herzugeben, anstatt Scheuklappen zu haben und nur in eine Richtung zu starren...
Alle SCHILF-Wanderer sind eingeladen: Lehrerinnen und Lehrer, Personen in der Schulverwaltung bis hin zu Entscheidungsträgern in den ministeriellen Behörden. Was in den Herzen und Köpfen entsteht, auf den Schreibtischen Gestalt annimmt und in

den Schulen verwirklicht wird, kann zum nahrhaften „SCHILF-Proviant“ auf unseren pädagogischen Rastplätzen werden. Ich wünsche Ihnen und mir, daß aus den verschiedenen Einzelwanderungen eine umfassende SCHILF-Wanderbewegung wird...

Hinweis: Die nachfolgenden Texte über die SCHILF-Arbeit der einzelnen Bundesländer sind entweder entsprechenden Quellen entnommen oder sie beruhen auf schriftlichen oder mündlichen Auskünften der jeweiligen Kultusbehörden („Stand der Dinge“: Frühjahr 1990 und Nachtrag Januar 1992).

1. Baden-Württemberg: Pädagogischer Tag und Konstanzer Trainingsmodell

Die erste offizielle Verlautbarung zur schulinternen Lehrerfortbildung in Baden-Württemberg stammt aus dem Jahre 1980. In der „Konzeption der Staatlichen Lehrerfortbildung in Baden-Württemberg“ (Kultus und Unterricht 1980/10, S. 667 ff.) gibt es einen Abschnitt zur „Durchführung von schulinternen pädagogischen Veranstaltungen“, in dem es heißt:
„Die Kollegien der einzelnen Schulen sollen in der Durchführung schulinterner Fortbildung bestärkt werden. Wenigstens einmal jährlich sollen an einem besonderen Fortbildungstag alle Mitglieder eines Kollegiums die Ziele ihrer unterrichtlichen und erzieherischen Arbeit gemeinsam beraten.“ Der sog. „Pädagogische Tag“ war geboren!
1985 wurde eine entsprechende Verwaltungsvorschrift veröffentlicht (Kultus und Unterricht 1985/9, S. 69). Darin heißt es u. a.:
„Der Pädagogische Tag ist eine Veranstaltung der schulinternen Lehrerfortbildung. Er dient der gemeinsamen Beratung von Problemen, die bei der Durchführung des Erziehungs- und Bildungsauftrags an der Schule auftreten.
Der Pädagogische Tag bietet Gelegenheit, anstehende Fragen und Probleme mit der Schulaufsicht zu besprechen. Zumindest ein Teil des Pädagogischen Tages soll deshalb für die gemeinsamen Beratungen mit dem Staatlichen Schulamt bzw. dem Oberschulamt genutzt werden.
Der Pädagogische Tag ist eine dienstliche Veranstaltung, an der alle Lehrer der Schule teilnehmen. An beruflichen Schulen kann der Pädagogische Tag auch innerhalb einer Fachabteilung durch-

geführt werden. Für den Pädagogischen Tag kann jährlich ein Unterrichtstag in Anspruch genommen werden."

Inzwischen ist der Pädagogische Tag zu einer festen Einrichtung an den Schulen geworden. Bisweilen beginnen manche Kollegien – nach vorheriger Mitteilung an die entsprechende Schulbehörde – bereits am Nachmittag vor dem PT mit der Arbeit, teilweise auch außerhalb der eigenen Schule in einem Tagungshaus o. ä. (allerdings auf private Kosten). Neben Kurz-/Impulsreferaten ist ein breiter Erfahrungsaustausch möglich, verbunden mit Übungsangeboten, Trainingsphasen, kollegialen Fallbesprechungen, verschiedenen Interaktionen und Arbeiten in Kleingruppen. Ziel ist nicht nur die gedankliche Reflexion und Klärung von Problemen oder die Aufarbeitung/Vertiefung von Wissensbeständen, sondern auch Verhaltensänderungen in Gang zu setzen.

Seit 1987 gibt es ein Trainingsangebot für Lehrerinnen und Lehrer an Hauptschulen, das sog. „Konstanzer Trainingsmodell", ein „integratives Selbsthilfeprogramm für Lehrkräfte zur Bewältigung von Aggressionen und Störungen im Unterricht" (Siehe 2. Kapitel S. 93ff.). Jeweils zwei KollegInnen arbeiten an einer Schule als „Tandem" zusammen: Nach einer Analyse ihrer Wissensbestände und ihres bisherigen Handlungsrepertoires (mit Hilfe von Unterrichtshospitationen, Gesprächen und Materialien aus dem KTM-Ordner – einem Sammelband bestehend aus Fragebögen, Übungsangeboten, Unterrichtsbeispielen, Informationen u. ä.) – werden bestimmte Trainingselemente ausgewählt und durchgeführt.

Notwendig sind die Unterstützung durch die Schulleitung und durch das Kollegium, entsprechende organisatorische Maßnahmen (z. B. bei Unterrichtshospitationen) und die Bereitschaft des Tandems, Veränderungen in Gang setzen zu wollen. Wer am KTM teilnimmt, bekommt für ein Schuljahr eine Stunde Deputatsermäßigung. Die Tandems an den einzelnen Schulen werden während des „KTM-Jahres" von einem KTM-Leiter betreut. Die Tandems aus einem Schulamtsbereich (ca. 20–30 Personen) treffen sich 6 bis 8mal im Schuljahr zum Austausch ihrer Erfahrungen und zur Aufarbeitung von Problemen, die sich bei der Arbeit mit dem KTM ergeben. Die KTM-AG-Leiter nehmen zweimal pro Schuljahr selbst an einer KTM-Kompaktveranstaltung teil.

Seit 1989 gibt es im Ministerium für Kultus und Sport Stuttgart, innerhalb des Referates Lehrerfortbildung, eine SCHILF-Arbeitsgruppe. Sie hat folgende Aufgaben:

- Erarbeitung und Realisierung eines Konzepts für eine Fortbildungswoche im Rahmen der Führungsseminare für SchulleiterInnen mit dem Thema: „Pädagogische Aufgaben des Schulleiters“. Inhalte dieser Woche sind u.a. pädagogische Grundsatzfragen, das pädagogische Gespräch in der Schule und die Planung, Durchführung und Auswertung von SCHILF-Vorhaben;
- Fortbildung und Beratung von SchulleiterInnen außerhalb der o.g. Fortbildungswoche, um Anregungen und Hilfen für die schulinterne Lehrerfortbildung an der eigenen Schule zu geben;
- Fortbildung von Personen, die als BeraterInnen den einzelnen Schulen bei der Planung, Durchführung und Auswertung von SCHILF-Vorhaben zur Verfügung stehen. Ein Konzept für diese Fortbildungsmaßnahme wird derzeit erarbeitet;
- Evaluation schulischer Lehrerfortbildung.

Die schulinterne Lehrerfortbildung in Baden-Württemberg wird also von drei Personengruppen getragen:

Schulinterne Lehrerfortbildung		
Schulleitung	Kollegium	BeraterInnen
– Fortbildung im Rahmen der Führungsseminare – Fortbildung auf regionaler Ebene	Fortbildung in der Schule → ←	Fortbildung auf zentraler und/oder regionaler Ebene (Planung, Durchführung und Auswertung von SCHILF-Projekten)

Die schulinterne Lehrerfortbildung mit den beiden „Säulen“ Pädagogischer Tag und Konstanzer Trainingsmodell hat folgende Inhalte:

- Entwicklung und Realisierung von pädagogischen Konzepten/Profilen
- Gestaltung und Förderung des Schullebens/der pädagogischen Arbeit
- Förderung der Kommunikation, Interaktion und Kooperation im Kollegium

- Planung, Durchführung und Auswertung von Unterrichtsvorhaben, einschließlich fächerübergreifender/fächerverbindender Projekte
- Bewältigung erzieherischer Aufgaben, Belastungen, Schwierigkeiten...
- Schaffung bzw. Erhaltung einer positiven Einstellung der Lehrkräfte zur eigenen Schule

Quellen: „Konzeption der Staatlichen Lehrerfortbildung in Baden-Württemberg“ – Bekanntmachung vom 26. 3. 1980. In: Kultus und Unterricht. Stuttgart 1980/10, S. 667–692
Durchführung von Pädagogischen Tagen an Schulen – Verwaltungsvorschrift vom 4. April 1985. In: Kultus und Unterricht. Stuttgart 1985/9, S. 69

2. Bayern: Pädagogische Konferenzen

Den Schwerpunkt in der schulinternen Lehrerfortbildung bilden die Pädagogischen Konferenzen und – vereinzelt als Schulversuche – Pädagogische Ganztagskonferenzen und Klausursitzungen. Allerdings: „Pädagogische Konferenzen und Klausursitzungen/-tage sind im Gegensatz zu einzelnen Schulgesetzen anderer Länder in den einschlägigen Rechtsvorschriften Bayerns nicht explizit genannt. Ungeachtet dessen lassen sich aus dem Bayerischen Lehrerbildungsgesetz über das Erziehungs- und Unterrichtswesen (BayEUG) sowie der Dienstordnung für Lehrer an staatlichen Schulen (Lehrerdienstordnung – LDO) Legitimationsgrundlagen ableiten.“ (Akademiebericht Dillingen: Schulinterne Lehrerfortbildung. Dillingen 1988, S. 9.)
„SCHILF-Spuren“ finden sich bereits in Hinweisen zum Thema „Lehrerkonferenzen“:
„Die Lehrerkonferenz hat die Aufgabe, die Erziehungs- und Unterrichtsarbeit sowie das kollegiale und pädagogische Zusammenwirken der Lehrer an der Schule zu sichern. Die Aufgaben des Schulleiters und die pädagogische Verantwortung des einzelnen Lehrers bleiben unberührt.“ (BayEUG, Art. 37, Lehrerkonferenz)
Im Akademiebericht (S. 7) wird auf die pädagogische Notwendigkeit von Pädagogischen Konferenzen und Klausursitzungen hingewiesen:
„Die Pädagogische Konferenz und die Klausursitzung stellen das

‚Pädagogische Anliegen' (des Einzelnen, des Kollegiums, der Schule) in den Mittelpunkt des gemeinsamen Arbeitens. Sie setzen die Bereitschaft bei allen Beteiligten voraus, aktuelle fachliche Probleme und pädagogische Anliegen in der Schule zu sehen, zu erörtern und zu lösen zu versuchen, wobei entscheidender Anlaß weder Routine noch förmliche Terminierung sein dürfen, sondern ausschließlich die *pädagogische* Notwendigkeit den Ausschlag geben darf."
Die Pädagogischen Konferenzen finden, wie die Lehrerkonferenzen auch, außerhalb der Unterrichtszeit statt. Sie sind – im Gegensatz zu den Lehrerkonferenzen – nicht verpflichtend. Es liegt am Geschick der Schulleitung, wie „einladend" das „Pädagogische Konferenzprogramm" ist. Und für die kirchlichen Schulen heißt es: Es wird ihnen gestattet, „... an *einem* Schultag im Schuljahr eine verpflichtende gemeinsame Fortbildung ihrer Lehrkräfte abzuhalten". Der anfallende Unterricht ist „soweit möglich in eigener Verantwortung" nachzuholen (Akademiebericht S. 51). Aus der Dienstordnung für Lehrer an staatlichen Schulen geht hervor, „daß eine Vielzahl von Realisierungsmöglichkeiten gegeben ist, die sich von der Pädagogischen Klassenkonferenz bis zu Pädagogischen Klausurtagungen erstrecken können": (Akademiebericht S. 11). Von der Akademie für Lehrerfortbildung in Dillingen werden eigene Lehrgänge angeboten, in denen sowohl Ziele und Inhalte von Pädagogischen Konferenzen thematisiert, Besprechungs- und Konferenztechniken erprobt sowie Simulationen von schulinternen Fortbildungsveranstaltungen durchgeführt werden. Im Akademiebericht 1988 ist eine Reihe von Realisierungsbeispielen veröffentlicht, die ein breites Spektrum von schulinternen Lehrerfortbildungsmaßnahmen aufzeigen, z.B.

- Pädagogische Konferenzen als Halbtagskonferenzen unter besonderer Berücksichtigung der Führungsaufgaben des Schulleiters,
- Arbeitskreise mit unterschiedlicher Zusammensetzung und Themenwahl,
- Nachmittags- bzw. Abendkonferenzen,
- Wochenendseminare (ganzer Samstag, halber Sonntag).

Versuchsweise wurden an zwei Hauptschulen in München Ganztagskonferenzen durchgeführt. Ein freier Unterrichtstag wurde dafür genehmigt. Dies ist bisher eine Ausnahme (Akademiebericht S. 16).

Die *Pädagogischen* Konferenzen betonen die „untrennbare Einheit von Unterricht *und* Erziehung". Dies wird besonders deutlich in der Wahl der Themen, z. B.:

- Problemschüler im Unterricht
- Kooperationsmöglichkeiten im Lehrerverhalten
- Auf dem Weg zur (sonder-)pädagogischen Schule
- Förderunterricht; Hausaufgabenproblematik, -betreuung
- Der Klassenlehrer und seine Klasse
- Erziehungsprobleme

Quellen: Akademiebericht 1988: Schulinterne Lehrerfortbildung. Dillingen 1988

3. Berlin: Verschiedene Angebote

Schreiben der Senatsverwaltung vom 21. 12. 1989:
„... die Antwort auf Ihre Anfrage zum gegenwärtigen Organisationsstand der schulinternen Lehrerfortbildung in Berlin hat sich verzögert, weil zu diesem Thema eine Reihe von Überlegungen gegenwärtig angestellt werden, an deren Ende wesentliche strukturelle und methodische Veränderungen stehen werden. Da der Diskussionsprozeß noch nicht abgeschlossen ist, mögen Sie bitte diesen Bericht als eine Art Beschreibung des Ist-Zustandes begreifen:

1. SCHILF in Berlin existiert in einer großen Fülle unterschiedlicher Formen, Themen und Zielen:
   - Kollegiumsinterne Arbeitsgruppen zu einzelnen Unterrichtsfächern und übergreifenden pädagogischen Fragestellungen.
   - Auf eine Schule bezogene Veranstaltungen der Lehrerfortbildung mit einer Laufzeit von mehreren Wochen, im Regelfall mit Unterrichtsbefreiung.
   - Studientage an den Schulen.
   - Schulbezogene Veranstaltungen der ZLU zur Veränderung des Lehrerverhaltens (Blockseminare).
   - Individuelle oder fachgruppenspezifische Beratungstätigkeit von Referenten des Pädagogischen Zentrums.
   - Bearbeitung pädagogischer Fragestellungen im Rahmen von Gesamtkonferenzen (verpflichtender Bestandteil).

2. Rechtliche Grundlagen:
   - § 14 Schulverfassungsgesetz i. d. F. vom 5. 2. 1979, Abs. 1: ‚Die Gesamtkonferenz befaßt sich im Rahmen der geltenden Vorschriften mit allen Angelegenheiten, die für die Unterrichts- und Erziehungsarbeit der betreffenden Schule von wesentlicher Bedeutung sind. In jeder Sitzung soll die Gesamtkonferenz ein pädagogisches Thema behandeln …‘
   - Rundschreiben über die Durchführung eines Studientages für Lehrer (vom 22. 3. 1988, Rdschr. V Nr. 40/1988)
   - Ab Schuljahr 1990/91 soll die Zahl der Studientage auf zwei pro Schuljahr ausgedehnt werden."

Text des Rundschreibens zur Durchführung eines Studientages:
„Rundschreiben über die Durchführung eines Studientages für Lehrer (vom 22. März 1988 – SenSchuBSport RdSchr V Nr. 40/1988):
An mich ist von verschiedenen Seiten, insbesondere auch aus dem Landesschulbeirat der Wunsch herangetragen worden, den Lehrern die Durchführung ganztägiger schulinterner Veranstaltungen zu ermöglichen, in denen sich das Kollegium insbesondere mit der Erörterung innerschulischer und allgemeinpädagogischer Probleme befaßt und die auch der schulinternen Fortbildung anhand der besonderen Bedingungen der einzelnen Schule dienen sollen. Diesem Wunsch entspreche ich hiermit. An allen Schulen mit Ausnahme der berufsbildenden Oberschulen, der Fachschulen und der Einrichtungen des Zweiten Bildungsweges kann einmal im Schuljahr ein Studientag an einem Tag durchgeführt werden, an dem sonst Unterricht zu erteilen wäre. Hierfür gelten folgende Bedingungen:

- Über die Durchführung des Studientages entscheidet die Gesamtkonferenz. Der zuständige Schulaufsichtsbeamte im Bezirk ist umgehend zu unterrichten.
- Der Studientag darf nicht im Zusammenhang mit Ferien oder einem Wandertag durchgeführt werden.
- Über den Studientag sind die Schüler und deren Erziehungsberechtigte spätestens vier Wochen zuvor schriftlich zu unterrichten.

Um den Unterrichtsausfall so gering wie möglich zu halten,

entfällt der Organisationstag am Ende des ersten Schulhalbjahres. Er entfällt auch dann, wenn kein Studientag durchgeführt wird.
Diese Regelung hat vorläufigen Charakter. Anhand der Erfahrungen in den Schulen werde ich zu gegebener Zeit prüfen, ob Änderungen erforderlich sind."

Quellen: Senatsverwaltung für Schule, Berufsbildung und Sport, Berlin: Schreiben vom 21.12.1989
Senator für Schule, Berufsbildung und Sport, Berlin: Rundschreiben vom 22.3.1988

4. Bremen: Abrufangebote
Bremerhaven: Studientag

Aus dem Veranstaltungsheft zum zweiten Halbjahr des Schuljahres 1989/90, Bremen Dezember 1989, des Wissenschaftlichen Instituts für Schulpraxis, *Hansestadt Bremen* (S. 8):
„Der bundesweit sichtbare Trend zu schulinterner Fortbildung hält an. Wir haben dem gerne Rechnung getragen, indem wir den Anteil an schulinterner Fortbildung erhöht haben. Wir möchten dies mit Ihrer Hilfe, also mit Hilfe der Schulen, der Kollegien, von Teilkollegien, von einzelnen Kolleginnen und Kollegen, verstärken und Sie ermuntern, sich bei Ihrem schulinternen Vorhaben der Mithilfe des WIS zu bedienen. Deshalb sollen die aufgeführten schulinternen Veranstaltungen einerseits ein direktes Angebot an die Schulen sein, andererseits sollen sie den Schulen als Beispiel und Anregung dienen, Ähnliches oder Abgewandeltes in die Wege zu leiten. Dazu stehen als Ansprechpartner im WIS die schon jetzt in schulinterner Fortbildung aufgeführten Fachleiter/innen zur Verfügung..., aber genauso auch die Fachleiter/innen der zentralen und regionalen Teile, zumal sich etliche jener Veranstaltungen gut auf schulinterne Verhältnisse übertragen lassen."
Das WIS bietet „Allgemeine Themen" an, z.B.:

- Leben und Lernen in der Grundschule
- Behinderte und nichtbehinderte Kinder lernen gemeinsam im Primarbereich
- Die pädagogische und didaktische Ausgestaltung des Schulanfangs zu einem Lebens- und Lernraum für Kinder

- Wie fange ich an? – Mehr Offenheit in der Grundschule
- Veränderte Kindheit, gewandelte Jugend – und wie die Schule darauf reagieren soll
- Zur Didaktik und Praxis des Projektlernens
- Öffnung des Unterrichtes im Team
- Unterricht mit verhaltensauffälligen Schülern in der Sekundarstufe I – wie gehen wir damit um?
- Wege zur Kooperation und Integration in der Sekundarstufe I
- Kollegiale Supervision für Fachleiter, Mentoren, Lehrer („peergroup supervision“)

Aus einem Schreiben des Lehrerfortbildungsinstitut der *Stadt Bremerhaven* vom 30.1.1990:
„Die für Bremerhaven z. Zt. gültigen SCHILF-Modelle wurden ab 1983 vom Lehrerfortbildungsinstitut der Stadt Bremerhaven entwickelt und von den Schulen mehr und mehr aufgegriffen. Inzwischen gibt es eine Reihe Erweiterungen der SCHILF-Modelle, über deren Erfahrungen wir demnächst Berichte erwarten."
In einem Informationsblatt heißt es:
„Schulinterne Lehrerfortbildung bewegt sich im Spannungsfeld von besonderen, vom jeweiligen Kollegium artikulierten Fortbildungsbedürfnissen und -wünschen, die von den allgemeinen Angebotsebenen der Lehrerfortbildung nicht erfaßt werden können und der Erfahrung, daß Teil- und Gesamtkonferenzen in der Regel nur selten Gelegenheit zu intensiven Gesprächen über Unterrichts- und Erziehungsprobleme bieten. Ziel der Schulinternen Lehrerfortbildung sollte neben der Verbesserung der erzieherischen und fachlichen Kompetenz der Lehrer und der pädagogischen Qualität der Schule insbesondere die Förderung kollegialer Kooperation, die Schaffung von Möglichkeiten zur Aussprache und Diskussion und die Erarbeitung eines pädagogischen Konzepts/Profils einer Schule sein.
Hinsichtlich dieser Zielvorgabe ist Schulinterne Lehrerfortbildung als eine Unternehmung zu verstehen, die vom Kollegium ausgeht und von ihm getragen wird. Insofern werden Formen und Inhalte der jeweiligen Veranstaltung vom Kollegium selbst geplant, festgelegt und ausformuliert. Unter diesen Voraussetzungen ist die Festlegung einzuordnen, daß Kosten für externe Referenten vom LFI in der Regel nicht übernommen werden. Veranstaltung zur Schulinternen Lehrerfortbildung sind eigenständige Dienstveranstaltungen zum Zwecke der kollegiumsinternen Fortbildung, die in Zusammenarbeit zwischen Schule und

LFI organisiert und durchgeführt werden. Sie sind keine institutionalisierten Lehrerkonferenzen gem. Brem. Schulverwaltungsgesetz und haben dementsprechend keinerlei Antrags- und Beschlußkompetenz."
Das LFI bietet zwei SCHILF-Modelle an:

Modell A: Fachbereichsbezogene Lehrerfortbildung
Einzuplanen sind die fünfte und sechste Unterrichtsstunde und der dazugehörige Nachmittag. „Der schriftliche Antrag für diese Form der Schulinternen Lehrerfortbildung erfolgt nach vorheriger Planung und Absprache mit dem LFI formlos über die Schulleitung an die LFI-Institutsleitung jeweils 6 Wochen vor dem geplanten Termin. Die LFI-Fachberater stellen für die einzelnen Fachbereiche Planungsvorschläge zusammen, die über das LFI abrufbar sind. Nach Beendigung der jeweiligen Veranstaltung werden dem LFI die LFI-Teilnehmerlisten und die Ergebnisprotokolle zugesandt."

Modell B: Pädagogischer Studientag
„Der Pädagogische Studientag bietet den Kollegien die Möglichkeit, in eineinhalb Tagen (z. B. Donnerstag am Nachmittag und Freitag ganztägig) ein pädagogisches Thema mit Unterstützung des LFI zu erarbeiten. Hierbei ist es notwendig, daß sowohl die Gesamtkonferenz als auch die Schulkonferenz den vorgelegten Planungen zustimmen. Thema, Beschlußtermine der o. a. Gremien und das Tagungsprogramm sind beim LFI einzureichen... Eine Zusammenstellung über die bei Pädagogischen Studientagen bisher behandelten Themen ist über das LFI abrufbar. Nach Beendigung der jeweiligen Veranstaltung werden dem LFI die LFI-Teilnehmerlisten und ein Tagungsbericht zugesandt."

Quellen: Wissenschaftliches Institut für Schulpraxis (WIS) der Hansestadt Bremen: Veranstaltungsheft (2. Halbjahr des Schuljahres 1989/90), Dezember 1989
Lehrerfortbildungsinstitut der Stadt Bremerhaven: Informationen zum Thema Schulinterne Lehrerfortbildung, o. J. Lehrerfortbildungsinstitut der Stadt Bremerhaven: Schreiben vom 30. 1. 1990

5. Hamburg: Pädagogische Jahreskonferenz und das „Hamburger Modell der Organisationsentwicklung an Schulen"

Schreiben des Landesschulrats (Behörde für Schule und Berufsbildung) der Freien und Hansestadt Hamburg vom 27.2.1987 zum Thema „Pädagogische Jahreskonferenz":
„An die Leitungen der allgemeinbildenden Schulen sowie an die/den Vorsitzende/n des Elternrates:

Liebe Kolleginnen und Kollegen!

In vielen Kollegien hat sich der Wunsch verstärkt, intensiver über pädagogische Fragen zu beraten, als das im Schulalltag möglich ist. Gedacht wird dabei vor allem an Fragen einer schulgerechten Unterrichtsgestaltung, an Überlegungen zum pädagogischen Stil der Schule und an eine Verständigung über besondere Schwerpunkte im erzieherischen und unterrichtlichen Angebot. Die Kollegien möchten daher ganztägige Konferenzen veranstalten.
Das Amt für Schule hält eine intensivere Verständigung der Kollegien über die pädagogische Gestaltung der Schule, über das, was ‚gute Schule' ausmacht, für wichtig... Das Amt für Schule gibt den Schulen daher die Möglichkeit, jährlich einen unterrichtsfreien Tag für eine ganztägige Lehrerkonferenz zu nutzen. Eine solche Jahreskonferenz soll das pädagogische Gespräch in den Kollegien über die bisherigen Möglichkeiten hinaus fördern. Sie soll also nicht die üblichen Sitzungen der allgemeinen Lehrerkonferenz oder der Fach-, Zeugnis- und Organisationskonferenzen ersetzen, sondern Themen zur Gestaltung und Entwicklung des Schullebens behandeln, die sonst aus Zeitgründen vernachlässigt werden müßten. Die Schulen sind im Rahmen dieser Zielsetzung frei in der Wahl der Thematik und in der Gestaltung der Konferenz. Es kann sinnvoll sein, daß mehrere Schulen auch unterschiedlicher Schulformen zur Pflege der Zusammenarbeit und zum besseren Verständnis gemeinsame Veranstaltungen planen...
Hat der Elternrat dem Vorhaben zugestimmt, so kündigt der Schulleiter dem Schulaufsichtsbeamten spätestens 14 Tage vor der Konferenz Programm, Zeitpunkt und Ort an.
Am Tage der Pädagogischen Jahreskonferenz findet kein Unterricht in üblicher Form statt, es sei denn, die Schulen ziehen es

vor, mit der Konferenz z.B. erst nach der zweiten Unterrichtsstunde zu beginnen. Die Schulen entscheiden je nach Situation und nach Alter der Schüler z.B. darüber, ob die Schüler ‚schulfrei' haben, ob ihnen eine besondere Hausaufgabe gestellt wird, ob ihnen eigene Aktivitäten u.U. im Rahmen der Schülervertretung, ermöglicht werden und ob Schüler zur Teilnahme an Veranstaltungen der Jahreskonferenz eingeladen werden. Die Schulen sollten auch klären, ob und inwieweit Eltern an den Gesprächsrunden beteiligt werden können.
Das Amt für Schule sieht die Einrichtung von Pädagogischen Jahreskonferenzen als einen Beitrag im Rahmen der Bemühungen, die Selbstverantwortung der Schulen zu stärken und die ‚innere Schulreform' zu fördern. Daher sollten Vorstellungen und Fragestellungen, die in einzelnen Schulen entwickelt werden, möglichst auch der Erörterung in weiteren Kreisen zugänglich gemacht werden. Wie die Schulen für einen solchen Zweck ihre Gesprächsergebnisse sichern, bleibt ihnen überlassen. Schriftliche Darstellungen von Ergebnissen leiten die Schulleiter ihrem Schulaufsichtsbeamten zu, damit er prüfen kann, ob und wie sich die Themen für eine Erörterung in Schulleiterbesprechungen oder in anderen Gesprächskreisen eignen..."

Ein bedeutsamer „SCHILF-Baustein" ist auch das „Hamburger Modell der Organisationsentwicklung an Schulen" von Pieper und Schley (Pieper 1986b und Schley 1988): „Schulen öffnen sich zunehmend einem Verständnis, das die Beratung des ganzen Systems und des Zusammenwirkens seiner Mitglieder möglich macht" (Schley 1988, S. 17). Aus zwölf Trendaussagen zur Notwendigkeit schulinterner Lehrerfortbildung wurden 13 Beratungsleitlinien entwickelt. Ein „Mikrorahmen der Systembezogenen Kollegiumsberatung mit typischen Projektstationen" ist daraus entstanden (Pieper 1986b, S. 190):

Quellen: Behörde für Schule und Berufsbildung der Freien und Hansestadt Hamburg: Schreiben des Landesschulrats vom 27.2.1987 „Pädagogische Jahreskonferenz"
Pieper, Andreas: Verbesserung der Zusammenarbeit im Lehrerkollegium als Aufgabe einer systembezogenen schulpsychologischen Beratung. Frankfurt 1986
Schley, Wilfried: Organisationsentwicklung an Schulen. In: Report Psychologie 1988/8, S. 11–20

Systembezogene Kollegiumsberatung (Pieper 1986b, S. 171f.)

Einstieg:

1. Erstkontakt
2. Vorgespräch mit der Schulleitung
3. Vorgespräch mit Kollegiumsvertretern
4. Konferenz mit dem Gesamtkollegium

– Kontrakt –

↓

Auftakt: (Beratungspaket)

5. Vorbereitung und Durchführung einer Kollegiumsbefragung
6. Kompakte Arbeitstagung (Wochenendseminar, Planungstag, „langer Samstag" u. ä.)
7. Bilanzkonferenz mit dem Gesamtkollegium

↓

Vertiefung:

8. Folgeaktivitäten:
   - weitere Kompakttagung(en) und/oder
   - kontinuierliche Konferenzberatung(en)
   - regelmäßige Moderation von Gesprächskreisen im Kollegium u. ä.
9. Bilanzkonferenz mit dem Gesamtkollegium

↓

Nacherkundung:

10. Auswertungsgespräch mit Kollegiumsvertretern
11. Follow-up-Befragung im Gesamtkollegium
12. Ergebnisrückmeldung an das Gesamtkollegium

6. Hessen: Abrufangebote aus der regionalen Lehrerfortbildung

Im ausgebauten Netzwerk des Hessischen Instituts für Lehrerfortbildung (HILF) mit einer Hauptstelle in Kassel und zwei Zweigstellen in Frankfurt und Weilburg für zentrale Lehrerfortbildung und insgesamt 13 Außenstellen für regionale Lehrerfortbildung ist SCHILF hauptsächlich in die regionale LFB eingebunden. Der Leiter einer dieser Außenstellen, Eckehart Scherzer, Groß-Gerau, berichtet:

Unsere Veranstaltungen, ob längerfristige kontinuierliche nachmittägliche Arbeitsgruppen oder einmalige ganztägige sog. Kompaktseminare, sind grundsätzlich offene Angebote für Lehrerinnen und Lehrer aller Schulen bzw. einer Schulstufe oder Schulform in unserer Region. Ab und zu kommt es jedoch durchaus vor, daß sich dazu ausschließlich TeilnehmerInnen aus einer Schule melden und die Veranstaltung dadurch faktisch zu einer schulinternen wird.
Frühere Formen schulinterner LehrerInnenfortbildung in unserer Arbeit waren Pädagogische Tage. Die Gesamtkonferenz einer Schule beschloß, beim Staatlichen Schulamt einen Pädagogischen Tag zu beantragen, das uns dann jeweils bat, den Päd. Tag in unsere Regie zu übernehmen. Im nachhinein ist folgendes bemerkenswert: War ein Kollegium Kooperation untereinander seit längerem gewohnt und wußte es weitgehend, was es wollte, konnte sich unsere Rolle auf die Vermittlung von Fachleuten von außen, auf Organisation und die eigene Teilnahme beschränken. Je unklarer dagegen die Fragestellung für den Pädagogischen Tag selbst, die Erwartungen an Referenten und den Verlauf des Tages waren, um so mehr mußten wir die Sache in die Hand nehmen und unsere Kompetenz als LehrerfortbildnerInnen aktiv in die Planung einbringen...
Wir bieten Abrufangebote an, d.h., bestimmte Themen und warten auf Schulen bzw. auf Fachkonferenzen, die Interesse anmelden. Daraufhin machen wir einen Termin aus und kommen an die jeweilige Schule, oder VertreterInnen kommen zu uns.
Von uns aus offerierte Abrufangebote, die von den Schulen angenommen werden, überwiegen um ein Vielfaches aktive Einzelanfragen nach schulinterner Fortbildung. Wir denken, es war richtig, durch unser Angebot eine Nachfrage erst zu wecken. So manches Kollegium, das erfreut unsere Abrufangebote aufgriff, hätte von sich aus wohl keine Initiative ergriffen. Hat die schulinterne Fortbildung dann aber stattgefunden, erreichen uns immer wieder positive Rückmeldungen... Qualitativ nehmen die Abrufangebote inzwischen den größten Anteil an schulinterner Fortbildung in unserer Arbeit ein. Mehr noch: Sie haben die schulinterne Fortbildung als Möglichkeit und Angebot in unserem laufenden Programm erst ins Bewußtsein der KollegInnen gebracht.
Die Veranstaltungen schulinterner Fortbildung, ob als Reaktion auf Einzelfragen oder als Abrufangebote, beruhen auf einigen Voraussetzungen materieller und personeller Art, nämlich

- dem Außenstellennetz des HILF,
- der Satzung des HILF, nach der u. a. die Gesamtkonferenzen oder Fachkonferenzen der Schulen selbst vorschlagsberechtigt sind,
- einer guten Verankerung der Außenstelle in der schulischen Infrastruktur des Einzugsbereiches (gute Zusammenarbeit mit den Staatlichen Schulämtern, persönliche Kenntnis zahlreicher Schulen und Schulleitungen),
- einem umfangreichen Personennetz aus uns seit langem bekannten qualifizierten MitarbeiterInnen,
- einem festen Stamm an die Außenstelle abgeordneter MitarbeiterInnen zur Betreuung einzelner Schulstufen bzw. Fachbereiche,
- der Tatsache, daß darüber hinaus einige wenige (leider inzwischen die absolute Minderheit) der LeiterInnen von Veranstaltungen statt Honorar Anrechnungsstunden dienstlicher Tätigkeit für ihre Arbeit erhalten und dadurch eher von uns beanspruchbar sind,
- konzeptueller Diskussionen zur zukünftigen Programmplanung überwiegend in der Konferenz der abgeordneten MitarbeiterInnen sowie nicht zuletzt,
- meiner, in ihren Wechselwirkungen höchst anregenden Mitgliedschaft in der AG Schulinterne Lehrerfortbildung des DVLFB.

Fazit:

Schulinterne Lehrerfortbildung scheint mir eine, wenn nicht *die* wichtigste Perspektive in der regionalen Lehrerfortbildung in Hessen für die 90er Jahre.

Der Organisationsentwicklung an Schulen als einer speziellen Form schulinterner Lehrerfortbildung kommt dabei insofern besondere Bedeutung zu, als sie die Schule als System in den Blick nimmt.

Mit der neuen Veranstaltungsform der von uns aus offerierten Abrufangebote schulinterner Lehrerfortbildung ist es uns offenbar gelungen, an zahlreichen Schulen Interesse zu wecken und gemeinsame Lernprozesse von Kollegien in Gang zu setzen. Gerade dies ist aber auch eine neue Qualität regionaler Lehrerfortbildung: Anstelle des einzeln lernenden Lehrers tritt eine gemeinsam lernende Gruppe. Der Lernprozeß, den ihre Mitglieder gemeinsam an sich erfahren, hat durch das Lernen am Vor-Bild vermutlich positive Konsequenzen auf die Veränderung von Unterricht, die ihn für Lehrer wie Schüler ein Stück lebendiger machen.

Quellen: Eckehart Scherzer: Formen schulinterner LehrerInnenfortbildung in der regionalen LehrerInnenfortbildung in Hessen, dargestellt am Beispiel der Außenstelle Groß-Gerau des Hessischen Instituts für Lehrerfortbildung (HILF). In: Greber. Ulrich u. a.: Auf dem Weg zur „Guten Schule“: Schulinterne Lehrerfortbildung. Weinheim 1991, S. 40–65.

7. Niedersachsen: Pädagogische Klausurtagungen

Schulinterne Lehrerfortbildung (SLF) – Pädagogische Klausurtagungen: „Neben den zentralen und regionalen Kursen besteht für jede Schule die Möglichkeit, schulinterne Lehrerfortbildung in eigener Verantwortung zu planen und durchzuführen. Die Initiative zu schulinterner Lehrerfortbildung geht von einer einzelnen Schule oder von benachbarten Schulen gemeinsam aus. In der schulinternen Lehrerfortbildung können die Interessen der Lehrer einer Schule und die jeweils besonderen Probleme der Schule berücksichtigt werden. Angesprochen sind je nach Thema ganze Kollegien. Veranstaltungen der schulinternen Lehrerfortbildung finden in der Regel außerhalb der Unterrichtszeit nachmittags oder abends in schuleigenen Räumen statt.
Um die erzieherischen Aufgaben der Schule besser wahrnehmen zu können, sind im Rahmen der schulinternen Lehrerfortbildung auch *Pädagogische Klausurtagungen* möglich. Hierfür gelten folgende Regelungen:

1. Pädagogische Klausurtagungen sind ein- oder mehrtägige Fortbildungsveranstaltungen für Kollegien oder Teile von Kollegien.
2. Jede Schule kann innerhalb eines Schuljahres bis zu zwei Unterrichtstage für Pädagogische Klausurtagungen in Anspruch nehmen. Auch wenn Klausurtagungen für Teile von Kollegien durchgeführt werden, darf innerhalb von einem Jahr an nicht mehr als zwei Tagen Unterrichtsausfall eintreten.
3. Die Einbeziehung unterrichtsfreier Tage ist erwünscht, aber nicht zwingend erforderlich. Durch die Einbeziehung unterrichtsfreier Tage könnten der Zeitrahmen und dadurch die Inhalte und Durchführungsmöglichkeiten erweitert werden.
4. Teilnehmer der Pädagogischen Klausurtagungen können ganze Kollegien oder Teile von Kollegien einer oder mehrerer Schulen sein. Die Teilnahme von Elternvertretern – bei berufsbildenden Schulen auch von Ausbildern der Ausbildungsbetriebe – ist erwünscht. Auch Schülervertreter und übrige Mitarbeiter der Schule können teilnehmen.
5. Pädagogische Klausurtagungen können in der Schule oder auch außerhalb der Schule und des Schulortes stattfinden.
6. Zur Durchführung Pädagogischer Klausurtagungen stehen keine besonderen finanziellen Mittel zur Verfügung. Fahrtkosten/Kosten für Unterkunft/Verpflegung werden nicht erstattet.

7. Für auswärtige Referenten/Moderatoren werden von der zuständigen Bezirksregierung Reisekosten in der Regel bis zur Höhe von 100 DM je Veranstaltung gezahlt. Honorare oder Entschädigungen werden nicht gezahlt. Mit der Mitteilung über die Durchführung einer Pädagogischen Klausurtagung wird der Einsatz von auswärtigen Referenten/Moderatoren angezeigt. Gleichzeitig sind die für diesen Personenkreis anfallenden Reisekosten anzugeben. Die Finanzierung dieser Kosten ist gesichert, wenn die Bezirksregierung nicht binnen zwei Wochen nach Eingang der Mitteilung widerspricht. Auswärtige Referenten/Moderatoren aus dem niedersächsischen Landesdienst sind von der Schule in dem Beauftragungsschreiben darauf hinzuweisen, daß ihre Dienstreise bei der für sie zuständigen Stelle zu beantragen ist. Nach Abschluß der Veranstaltung bestätigt der Kursleiter die entsprechenden Angaben der auswärtigen Referenten/Moderatoren in dem Reisekostenantrag.

8. Die Schulen teilen aufgrund eines Beschlusses der Gesamtkonferenz den Schulbehörden (Bezirksregierung und ggf. auch Schulaufsichtsamt) *und* dem NLI die beabsichtigte Durchführung einer Pädagogischen Klausurtagung sechs Wochen vor Beginn der Veranstaltung mit; dabei werden folgende Angaben bzw. Unterlagen erbeten:
- Schule
- Datum der letzten Päd. Klausurtagung der Schule
- Tagungsort
- Zeitraum
- Thema
- Verlaufsplan
- Leiter der Veranstaltung
- Interne Referenten/Moderatoren
- Externe Referenten/Moderatoren mit Angabe der zu erwartenden Reisekosten (Fahrtkosten, Tagegeld, Kosten für Übernachtung)
- Teilnehmergruppe und Teilnehmerliste
- Verzichtserklärung für Fahrtkosten und Kostenerstattung für Unterkunft und Verpflegung

9. Die Veranstaltung gilt als genehmigt, wenn die Bezirksregierung nicht binnen zwei Wochen nach Eingang der Mitteilung widerspricht.

10. Der Leiter der Pädagogischen Klausurtagung erstellt einen kurzen Erfahrungsbericht und schickt diesen an die Bezirksregierung *und* an das NLI.

11. Das NLI steht den Schulen zur Beratung bei der Planung und zur Vermittlung geeigneter Referenten zur Verfügung, sammelt die Erfahrungen der Schulen, wertet sie aus und macht die Ergebnisse den Schulen zugänglich."

Zur Statistik:

„Im Jahr 1988 wurden im Rahmen der schulinternen Lehrerfortbildung 601 Pädagogische Klausurtagungen mit ca. 14500 Teilnehmern durchgeführt. Interessant ist die Entwicklung seit 1983:

Schulformen	1983	1984	1985	1986	1987	1988	1989	1990
Grundschulen	62	99	109	141	191	223	284	424
Sonderschulen	22	28	37	42	43	69	57	85
Orientierungsstufen	82	146	95	132	138	124	147	187
Hauptschulen	59	101	98	120	131	135	158	174
Realschulen	37	61	73	96	87	98	116	121
Gesamtschulen (IGS/KGS)	12	19	25	14	15	26	16	17
Gymnasien (incl. Abendgym. u. Kollegs)	23	28	42	39	50	36	41	51
Berufsbildende Schulen	17	12	25	16	25	35	40	48
Summe	233	399	430	475	566	601	725	990

*) Jede Schulform - auch in Schulformkombinationen - wurde einzeln gezählt; dadurch Mehrfachzählungen.

Pädagogische Klausurtagungen

(Zahl aller Schulen in Niedersachsen ca. 3700)

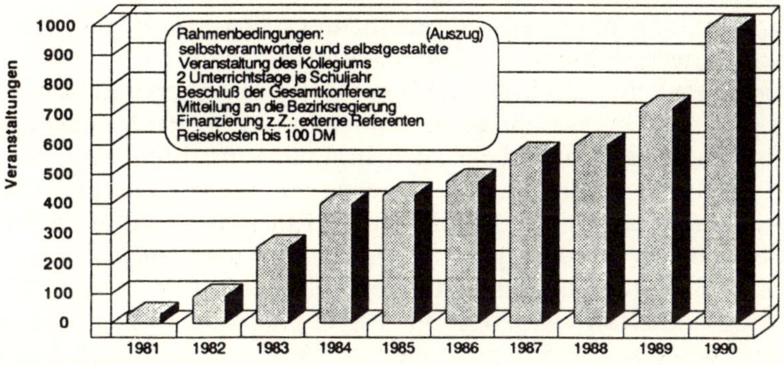

Quellen: Niedersächsisches Landesinstitut für Lehrerfortbildung, Lehrerweiterbildung und Unterrichtsforschung, Hildesheim:

a) LFB-Programm 1990 – 1. September 1989, S. 4

b) NLI-Statistik 1990, S. 10

8. Nordrhein-Westfalen: Projekt „Erziehung und Erziehungsprobleme in Schule und Unterricht“

Lehrerkollegien aller Schulformen wird angeboten, schulische Probleme im Rahmen eines Projekts zu bearbeiten: „Erziehung und Erziehungsprobleme in Schule und Unterricht“. Ziele des Fortbildungsprojekts sind die Erweiterung und Vertiefung individueller und kollegialer pädagogisch-psychologischer Handlungskompetenz sowie die Verbesserung der Kooperation in Lehrerkollegien.

„Die Maßnahme richtet sich an Lehrerkollegien und ggf. auch Teilkollegien einzelner Schulen, die sich im Rahmen von pädagogischen Konferenzen, Arbeitsgemeinschaften und Blockveranstaltungen gemeinsam mit einem schulexternen Moderatorenteam über einen längeren Zeitraum regelmäßig mit Aufgaben und Problemen zu den Bereichen „Schülerorientierte und schüleraktivierende Unterrichtskonzepte“, „Agressionen und Disziplinprobleme in Schule und Unterricht“ sowie „Kommunikation und Kooperation im Lehrerkollegium“ befassen wollen.

Voraussetzung zur Teilnahme an der Fortbildungsmaßnahme ist ein eindeutiges Votum der Lehrerkonferenz. Nach der gemeinsamen Konzeption und Planung der Fortbildungsmaßnahme mit Fortbildungsmoderatoren verpflichtet sich das Kollegium, an der schulinternen Maßnahme teilzunehmen.

In jedem Schuljahr können bis zu 900 Lehrerinnen und Lehrer an der Fortbildungsmaßnahme teilnehmen. Die Einzelmaßnahme für das Kollegium und ggf. auch Teilkollegium umfaßt bis zu zehn Fortbildungseinheiten von je vier Stunden und erstreckt sich jeweils über ein halbes Schuljahr. Im Einzelfall besteht die Möglichkeit, zu einem späteren Zeitpunkt über diesen Umfang hinaus Anschlußveranstaltungen durchzuführen. Die Fortbildungseinheiten werden in der Regel nachmittags durchgeführt. Bis zu sechs Einheiten können zu längeren Arbeitsphasen zusammengefaßt werden.

Die Schulaufsichtsbehörden führen diese Maßnahme in Zusammenarbeit mit dem Landesinstitut für Schule und Weiterbildung durch. Sie informieren die Schulen über die Zielsetzung der Maßnahme und richten Fortbildungsgruppen ein.

Für je 25 Teilnehmer werden zwei erfahrene Lehrerinnen/Lehrer als Moderatoren tätig. Bei der Auswahl der Moderatoren wirken die Regierungspräsidenten und das Landesinstitut für Schule und

Weiterbildung zusammen ... Die Beauftragung erfolgt durch die Regierungspräsidenten. Für die Vorbereitung und die spätere Betreuung der Moderatoren ist das Landesinstitut zuständig. Das Landesinstitut nimmt die Aufgaben in Zusammenarbeit mit den Schulaufsichtsbehörden wahr.
Die Teilnahme an der Fortbildungsmaßnahme sowie die Mitwirkung als Moderator sind dienstliche Tätigkeiten: Die Teilnahme an der Fortbildungsmaßnahme ist für die Lehrerin/den Lehrer Bestandteil der Tätigkeit im Hauptamt. Die Tätigkeit (der Moderatoren) wird mit 3 Stunden auf die wöchentliche Unterrichtsverpflichtung angerechnet (je Fortbildungskurs von 40 Fortbildungsstunden). Lehrerinnen und Lehrer, denen erstmalig die Moderatorentätigkeit übertragen wird, werden für die Dauer des ersten Kurses zusätzlich zwei Stunden auf die Unterrichtsverpflichtung angerechnet. Im Rahmen der Maßnahme werden Moderatoren und Teilnehmern ausgewählte Arbeitsmaterialien zur Verfügung gestellt. Die Effizienz der Fortbildungsmaßnahme wird durch eine Evaluation überprüft ..."
„Die bisherigen Erfahrungen legen nahe, die Fortbildungsmaßnahme auf drei Aspekte zu konzentrieren, nämlich kollegiale

a) Analyse, Reflexion und Veränderung von Wahrnehmungen bzw. Umgang mit Störungen und Problemen in Schule und Unterricht;
b) Erarbeitung bzw. Erprobung von Handlungsalternativen und -strategien zur Förderung schülerorientierten/schüleraktivierenden Unterrichts auch zur Prävention und/oder zur Bearbeitung von Unterrichtsstörungen, Aggressionen, Motivations- und Beteiligungsschwierigkeiten;
c) Erarbeitung und Erprobung von Verfahren und Arbeitsformen zur Kooperation und Kommunikation im Kollegium.

Diese Aspekte werden in drei Inhaltsbereichen bearbeitet:

A. Aggressionen und Disziplinprobleme in Schule und Unterricht

   - Aggressionen und Disziplinprobleme in der Schule: Formen, Häufigkeit, Interventions- und Präventivstrategien;
   - Alltagstheorien und Aggression und Disziplinprobleme: Bedeutung und Auswirkung auf Unterricht und Schule;
   - Soziologische, psychologische und pädagogische Theorien über Aggressionen und Disziplinprobleme sowie Erkennt-

nisse der Bildungstheorie, Schul- und Jugendforschung und ihre Bedeutung im Hinblick auf Unterricht und Schule.

B. Schülerorientierte und schüleraktivierende Unterrichtskonzepte

- Konzepte schülerorientierten und schüleraktivierenden Unterricht u. a. Berücksichtigung der Individualität der Schüler, ihrer personalen und sozialen Identität; Förderung von Kooperation und Interesse der Schüler; Gestaltung kreativer, lebendiger Lernprozesse; Transparenz der Ziele und Abläufe des Unterrichts, Beteiligung der Schüler an Planungsprozessen; Metakommunikation im Unterricht;
- Umsetzungsstrategien und Realisierungsformen schülerorientierten und schüleraktivierenden Unterrichts im Hinblick auf Planung, Unterrichtsinhalte, Unterrichtsmethoden, Gesprächsführung im Unterricht, Gestaltung der Lehrer- und Schülerrolle, Leistungsbeurteilung, Hausaufgaben und der räumlichen und zeitlichen Gestaltung des Unterrichts;
- Erkenntnisse der Bildungstheorie, Schulforschung und Jugendforschung im Hinblick auf schülerorientierten und schüleraktivierenden Unterricht.

C. Kommunikation und Kooperation im Kollegium

- Verfahren und Arbeitsformen zur Kommunikation und Kooperation im Lehrerkollegium (z.B. Handlungskonzepte, Leitungsformen, Delegation, Koordination, gemeinsame Erarbeitung von Erziehungs- und Unterrichtszielen." (a)

„Die teilnehmenden Lehrerkollegien haben umfassend Gelegenheit, den Arbeitsprozeß entsprechend den eigenen Interessen, Wünschen und Problemen zu gestalten. Sie werden dabei von einem Moderatorenteam unterstützt. Für die Moderatoren bedeutet diese Eigeninitiative der Lehrer einerseits, die Entscheidungsspielräume der Lehrer nicht einzuschränken, sondern im Sinne kompetenten Lehrerverhaltens anzuerkennen und zu verstärken. Andererseits dürfen dadurch aber Impulse, Beratungsangebote, weiterführende Konzepte und Lösungswege nicht abgewehrt und ausgeschlossen werden. Die Teilnahme an

dieser Maßnahme setzt die Bereitschaft eines Kollegiums voraus, sich bei seiner Fortbildung von einem Moderatorenteam beraten zu lassen. Die Moderatoren haben die Aufgabe, diese Beratung im Spannungsfeld zwischen notwendiger Eigeninitiative der Lehrer und erforderlicher Unterstützung und Anleitung zu leisten.
Die Kooperation zwischen dem Moderatorenteam und einem schulinternen Lehrerteam, das mit den Moderatoren zusammenarbeitet und nach Abschluß der Fortbildung für die Weiterführung und Vertiefung der Arbeit sorgen kann, ist ein wichtiger Projektaspekt. Er sollte von vornherein angestrebt werden.
Im Rahmen der *Moderatorenfortbildung* werden alle Moderatoren in einem Jahr jeweils zu zwei zentralen Veranstaltungen ins Landesinstitut für Schule und Weiterbildung (Soest) eingeladen:

- Das erste Seminar ist vorrangig inhaltlich und fortbildungsdidaktisch-methodisch ausgerichtet und dient der begleitenden Moderatorenfortbildung parallel zur schulinternen Lehrerfortbildung.

- Das zweite Seminar dient der Rückkoppelung und Auswertung der schulinternen Fortbildungsarbeit und in diesem Zusammenhang auch zugleich der weiteren Qualifizierung der Moderatoren.“ (b)

Quellen: Der Kultusminister des Landes Nordrhein-Westfalen: Schreiben vom 12.7.1988 zur „Fortführung der Maßnahme ‚Erziehung und Erziehungsprobleme in Schule und Unterricht für Lehrer aller Schulformen‘“. Düsseldorf 1988 (a)
Priebe, Botho: „Erziehung und Erziehungsprobleme in Schule und Unterricht ...“ – Schulinterne Lehrerfortbildung in Nordrhein-Westfalen. In: „Gute Schule“ – Was ist das? Aufgaben und Möglichkeiten der Lehrerfortbildung. Dokumentation der 6. überregionalen Fachtagung der Lehrerfortbildner vom 19.–23. 5. 1986 in der Evangelischen Akademie Loccum – Loccumer Protokolle 18/1986, S. 71–75 (b)

9. Rheinland-Pfalz: Studientag

Aus dem Bericht zur schulinternen Lehrerfortbildung 1983:
„In der schulinternen Fortbildung ... kennen wir als Organisationsformen des Lernens in einer Gruppe den „Studientag“ (ganztägige Veranstaltung für eine Schule), die ‚Tagung‘ (einma-

lige Sitzung außerhalb der Unterrichtszeit mit Tagesordnung), die ‚Arbeitsgemeinschaft' (fest geplante Sitzungsreihe außerhalb der Unterrichtszeit) und den ‚Gesprächskreis' (spontane Zusammenkunft ein- oder mehrmals)...

Häufigste Form schulinterner Fortbildung ist der *Studientag.* Ein solcher Studientag ist eine von Kollegium und Schulleitung initiierte, mit der Schulbehörde abgestimmte, oft auch unter Einbezug von Elternvertretung und Schülermitverantwortung geplante ganztägige Veranstaltung an der Schule. Behandelt werden Themen, die für die Schule insgesamt von besonderer Bedeutung sind, meist Themen erzieherischer oder fächerübergreifender Art.

Initiativen zur Planung und Durchführung eines Studientages gehen von der Schule (Schulleiter, Allgemeine Konferenz) selbst aus. Das SIL Speyer stellt seinen Rat und seine Erfahrung bei der Themenbestimmung und der Programmerstellung zur Verfügung. Wichtig ist dabei die Mitarbeit des Kollegiums selbst. Diese Mitarbeit sollte in allen Stufen der Planung, Durchführung und Auswertung des Studientages zum Zuge kommen, um eine reine Konsumentenhaltung der Teilnehmer von vornherein zu verhindern. So können z.B. die Planungen in Vorbereitungsgruppen des Kollegiums besprochen, Referate und Arbeitsgruppenleitungen von Mitgliedern des Kollegiums übernommen, Organisationsaufgaben bis hin zur Beschaffung erforderlicher Medien an Kollegiumsmitglieder verteilt werden.

Neben der Beratung bietet das SIL Speyer auch Hilfen bei der Gewinnung von Referenten außerhalb der Schule an. Es ermöglicht durch entsprechende Reisekosten- und Honorargewährung die Verpflichtung solcher Referenten, die ihr Wissen und ihre Erfahrung in die Arbeit des Studientages an der Schule miteinbringen können. Unterstützung bietet das SIL Speyer einschließlich auch in der Beschaffung von Medien zum Thema des Studientages. Jeder Studientag endet mit einem zusammenfassenden Abschlußgespräch, in dem Perspektiven der weiteren Arbeit in der Schule deutlich gemacht, aber auch Anregungen für regionale und zentrale Fortbildungsveranstaltungen des SIL Speyer gegeben werden. Diese Anregungen aus dem Studientag nimmt das Institut in seine Planungsüberlegungen auf.

Für die Schule selbst ist es in den verschiedenen Bereichen wichtig, Ergebnisse aus dem Studientag in diese Arbeit einzubringen und hieraus die Konsequenzen für die Praxis zu ziehen. Schulleiter und Konferenzen fungieren hierbei als Träger dieser Um-

setzung der Studientagergebnisse ... Das SIL Speyer geht davon aus, daß schulinterne Fortbildung in Abstimmung mit der Schulbehörde und der Schulleitung stattfindet. Dies zu regeln, ist Sache der veranstaltenden Schule bzw. Lehrergruppe selbst. Anmeldungen und Zulassungen zu schulinternen Fortbildungen erfolgen nicht in der für zentrale und regionale Veranstaltungen üblichen Form über das SIL Speyer, sondern regeln sich an der jeweiligen Schule.
Über die stattgefundene schulinterne Lehrerfortbildung wünscht das SIL Speyer, sofern es sich an der Planung und Durchführung beteiligt hat, ein Protokoll über die Veranstaltung und eine Anwesenheitsliste. Erwünscht ist außerdem ein Bericht über Ablauf und Ergebnis ...
Regionale und schulinterne Fortbildung kann Unterstützung durch viele Einrichtungen erfahren so unter anderem von

- der Schulaufsicht
- dem Schulpsychologischen Dienst mit seinem Angebot an Beratungsstellen vor Ort
- den regionalen Fachberatern
- den Hochschulen und Studienseminaren
- den Mitveranstaltern des Staatl. Instituts für Fort- und Weiterbildung ...
- oder auch der öffentlichen Verwaltung oder der Wirtschaft vor Ort ..."

Aus einem Schreiben des SIL Speyer:
„Zunächst zu unserem beigefügten ‚Bericht zur schulinternen Fortbildung' aus dem Jahr 1983: Die dort dargestellte Arbeitsweise des SIL Speyer wird im Prinzip auch heute noch praktiziert, sie hat sich sehr bewährt, ermöglicht eine Vielzahl von schulinternen Fortbildungsveranstaltungen und gibt den Schulen optimale Möglichkeiten der Eigengestaltung. Gleichzeitig sichert sie auch die Verfügung über möglichst optimale Kompetenzen, die von außen in die Schule hereingeholt werden können. Etwa 15% der Schulen in unserem Lande nehmen inzwischen jährlich die Beratung und Unterstützung unseres Instituts in Anspruch, etwa die gleiche Prozentzahl wendet sich an die in unserem Land arbeitenden sonstigen Fortbildungsinstitute, staatlichen Behörden, Hochschulen u. ä. Ein Rundschreiben unseres Kultusministers zu Fragen der Rahmenregelungen für schulinterne Lehrerfortbildung ist z. Zt. in Vorbereitung."

Quellen: Hans Simonis: Schulinterne Fortbildung: Chance für eine lebendige Schule. In: KM aktuell – Beilage zum Amtsblatt des Kultusministeriums Rheinland-Pfalz Nr. 2/1990, S. 1–3
Staatliches Institut für Lehrerfort- und -weiterbildung – SIL – in Speyer: Bericht zur schulinternen Fortbildung, Dezember 1983
Staatliches Institut für Lehrerfort- und -weiterbildung – SIL – in Speyer: Schreiben vom 13.12.1989

10. Saarland: Studientage und Pädagogischer Tag

Aus einem Schreiben des Landesinstituts für Pädagogik und Medien (LPM): „... schulinterne Lehrerfortbildung im Saarland vollzieht sich zur Zeit auf zwei Ebenen: als schulinterne Fortbildung der Teams an Gesamtschulen (Studientage) und als schulinterne Fortbildung von Kollegien aller anderen Schulformen (Pädagogische Tage)."
Erlaß über die Durchführung eines Pädagogischen Tages an Schulen:

„1. An allen öffentlichen Schulen kann auf Beschluß der Schulkonferenz ein Pädagogischer Tag durchgeführt werden. Aus dem Beschluß müssen die Thematik und der Kreis der Einzuladenden hervorgehen.
2. Der Pädagogische Tag dient der gemeinsamen Beratung von Problemen, die bei der Durchführung des Unterrichts- und Erziehungsauftrages an der Schule auftreten und im Rahmen der Fachkonferenzen, Jahrgangskonferenzen, Teilkonferenzen, Gesamtkonferenz und Schulkonferenz nicht intensiv genug beraten werden können. Er bietet Gelegenheit, in besonderer Weise z. B. fächer- und jahrgangsübergreifend Fragen der Unterrichtsgestaltung zu besprechen, Vorschläge zur Verbesserung des pädagogischen Klimas der Schule zu erarbeiten oder sich über besondere Schwerpunkte im erzieherischen und unterrichtlichen Angebot der Schule zu verständigen. Er fördert die schulinterne Fortbildung der Lehrkräfte.
3. Der Pädagogische Tag ist eine dienstliche Veranstaltung, an der alle Lehrkräfte der Schule... teilnehmen. Je nach Thema können insbesondere Elternvertreter/innen, Schülervertreter/innen, weitere Mitarbeiter/innen der Schule, Lehrkräfte anderer Schulen mit besonderen Kenntnissen zu dem betreffenden Thema, bei beruflichen Schulen auch Vertreter/innen der Ausbildungsbetriebe und Praxisstellen sowie im Rahmen der organisa-

torischen und finanziellen Möglichkeiten auch Mitarbeiter/innen des Landesinstituts für Pädagogik und Medien, der Studien- und Landesseminare, des Instituts für Lehrerfort- und -weiterbildung (ILF) ... beteiligt werden. Ein gemeinsamer Pädagogischer Tag mehrerer Schulen auch unterschiedlicher Schulformen ist möglich.

4. Leiter des Pädagogischen Tages ist der/die Schulleiter/in oder ein/e von ihm/ihr benannte/r Vertreter/in.

5. Für den Pädagogischen Tag kann in jedem Schuljahr ein Unterrichtstag in Anspruch genommen werden. Durch die Einbeziehung unterrichtsfreier Tage können die Beratungsmöglichkeiten erweitert werden. Es empfiehlt sich die Dauer von eineinhalb Tagen, damit eine Abendveranstaltung zum informellen und persönlichen Austausch über den Themenbereich eingeplant werden kann. Auch bei einem Pädagogischen Tag von eineinhalb Tagen Dauer darf jedoch nur an höchstens einem Tag der Unterricht ausfallen... Informationen an die Eltern über Aufgaben und Ziele des Pädagogischen Tages sichern das Verständnis für den Unterrichtsausfall...

6. Um die Umsetzung der Ergebnisse des Pädagogischen Tages im Schulalltag zu sichern, endet der Pädagogische Tag mit einem zusammenfassenden Abschlußgespräch, in dem konkrete Ziele für die weitere Arbeit herausgestellt werden. Darüber hinaus ist eine ausführliche Auswertung vorzunehmen. Sie sollte die Schritte der Umsetzung in die schulische Arbeit beschreiben und überprüfen, Möglichkeiten zur Fortführung des Themas aufzeigen und dazu führen, daß über konkrete Maßnahmen der Erprobung und Umsetzung Einigung erzielt wird.

7. Über die Beratungsergebnisse berichtet, soweit sie über den Bereich der Schule hinaus von Bedeutung sind, der/die Schulleiter/in dem Schulamt bzw., bei nicht dem Schulamt unterstehenden Schulen, dem Minister für Kultus, Bildung und Wissenschaft.

8. Der/die Schulleiter/in kündigt den Pädagogischen Tag dem Schulamt bzw., bei nicht dem Schulamt unterstehenden Schulen, dem Minister für Kultus, Bildung und Wissenschaft spätestens drei Wochen vorher an; die Mitteilung muß Angaben enthalten zu Zeitraum, Tagungsort, Tagungsthemen, Verlaufsplan, Teilnehmerkreis (sowie dieser über die Lehrkräfte der Schule hinausgeht) und ggfls. außerschulischen Referent/inn/en; das Datum des bis dahin letzten Pädagogischen Tages der Schule ist zu nennen. Wünscht eine Schule die Zusammenarbeit mit dem Lan-

desinstitut für Pädagogik und Medien, dem Institut für Lehrerfort- und -weiterbildung (ILF) oder der Lehrerfortbildung der Evangelischen Kirchen, so ist mit diesen sechs Monate zuvor schriftlich Kontakt aufzunehmen.
9. Zur Durchführung von Pädagogischen Tagen stehen keine besonderen finanziellen Mittel zur Verfügung. Fahrtkosten sowie Kosten für Unterkunft und Verpflegung werden nicht erstattet. Im Falle einer Zusammenarbeit mit dem Landesinstitut für Pädagogik und Medien trägt dieses die Kosten für die Referent/inn/en im Rahmen der üblichen Honorare."

„Anfrage zur schulinternen Lehrerfortbildung vom 10.12.89
Im Bereich der Gesamtschulen hat jedes Team die Möglichkeit, im Halbjahr zwei Studientage durchzuführen. Die Themen werden vom Team festgesetzt, eine Genehmigung muß das Kultusministerium, Referat Gesamtschulen erteilen. (Bisher ist noch kein Antrag abgelehnt worden.) Eine schriftliche Fixierung dieser Praxis gibt es bisher noch nicht (keine Verordnung o.ä.).
Die inhaltliche Betreuung übernimmt das LPM, wenn es vom Team gewünscht wird. Dazu setzt sich der Fortbildungsbeauftragte der Schule mit dem Fortbildungsinstitut in Verbindung.
Die Möglichkeit, sich schulintern fortzubilden, schöpfen die Schulen bzw. Teams bisher voll aus. Im vergangenen Jahr wurden mehr als 100 schulinterne Lehrerfortbildungen beantragt.
Die Hauptthemen sind Arbeiten im Team, Fördern, Binnendifferenzierung, Disziplinschwierigkeiten, Freie Arbeit, Wahlpflichtbereich, Fachleistungsdifferenzierung, ITG, Lernergebnisberichte, Gruppenarbeit.
Um die steigende Zahl von schulinternen Fortbildungskursen betreuen zu können, werden z.Z. LehrerInnen für diese Aufgabe geschult" (J.G. 18.12.89).

Beratungsstelle Pädagogischer Tag am LPM
„Am LPM wurde ... eine Beratungsstelle für den Pädagogischen Tag eingerichtet ... Die Beratungsstelle Pädagogischer Tag will mithelfen, daß die Chancen, die der Pädagogische Tag bietet, auch genutzt werden können. Denn Pädagogische Tage sind nicht einfach auf einen Tag ausgedehnte Konferenzen! Die Beratungsstelle hilft in allen Fragen der Planung, Durchführung und Auswertung. Ihre Verknüpfung mit dem Projekt Friedenserziehung ist nicht zufällig. So können die friedenspädagogischen Chancen, die Pädagogische Tage bieten, ausgeschöpft werden.

Aber es bleibt dabei: Die Formulierung des Themas ist Sache der Kollegien bzw. der Planungsgruppe. Auch kann die Beratungsstelle nicht für das Gelingen des Vorhabens garantieren. Aber ein Anruf im LPM... lohnt sich“ (Päd. Notizen 1990/1, S. 10).

Quellen: Landesinstitut für Pädagogik und Medien (LPM), Dudweiler: Schreiben vom 20.12.1989
Erlaß über die Durchführung eines Pädagogischen Tages an Schulen, vom 3. Mai 1988. In: Gemeinsames Ministerialblatt Saarland vom 22. Juni 1988, S. 161/2
Gehrmann, Johannes: Hinweise zu Studientagen an Gesamtschulen, vom 18.12.1989, Dudweiler (LPM)
Beratungsstelle Pädagogischer Tag am LPM. In: Pädagogische Notizen 1990/1, S. 10

11. Schleswig-Holstein: Pädagogische Konferenz

Aus einem Schreiben des Landesinstituts Schleswig-Holstein für Praxis und Theorie der Schule (IPTS):
„Im § 30 des schleswig-holsteinischen Schulgesetzes wird bestimmt:
(1) Das Land unterhält zur Berufseinführung sowie zur zentralen und regionalen Fort- und Weiterbildung der Lehrkräfte ein Institut (Landesinstitut Schleswig-Holstein für Praxis und Theorie der Schule). Das Institut berät Lehrkräfte, Eltern, Schulen und Schulaufsichtsbehörden in Fragen des Unterrichts und der schulischen Erziehung und die Schulträger in Fragen der Ausstattung von Schulen.
(2) Im Rahmen der Beratungsaufgabe fördert das Institut den Unterricht mit audiovisuellen Unterrichtsmitteln. In diesem Aufgabenbereich unterstützt es zugleich auch die Jugendpflege und Erwachsenenbildung.“

Das Institut gliedert sich in die Verwaltung (Direktor, Arbeitsgruppe Verwaltung und Arbeitsgruppe Pädagogik mit 14 Fachdezernaten), die Zentralstellen (3) und die Seminare (21) ...

Die Fortbildung durch das IPTS ist auf 3 Ebenen angesiedelt:

1. Zentral organisierte Fortbildung, die in einem jährlich im Dezember erscheinenden Katalog aufgeführt wird. Eine Durchsicht des Verzeichnisses zeigt, daß ein Teil der Veranstaltungen auch als sogenannte Abrufveranstaltungen zur Durchführung vor Ort angeboten wird, d.h., daß den Schulen oder Fachkonferenzen auf Anforderung Referenten zur Verfügung stehen.

2. Regional organisierte Fortbildung: Sie wird durch die Seminare in den Regionen organisiert und durch eigene Kataloge, die im Schuljahresrhythmus erscheinen, angeboten.
Die Verteilung der Seminare in der Fläche erlaubt ständige Gesprächs- und Begegnungsmöglichkeiten sowie unterrichtsnahe Hilfen auch zusätzlich dadurch, daß zahlreiche Veranstaltungen (vor allem im Technikbereich) an verschiedenen Schulen durchgeführt werden und so die Fortbildung vor Ort getragen wird. Durch die Regionalisierung werden die Anreisewege der Teilnehmer kurz gehalten und die örtlichen Verhältnisse und Besonderheiten berücksichtigt. Für einige Fächer (z.B. Musik, Kunst oder Textiles Werken) ist dies neben zentralen Veranstaltungen die gegebene Fortbildungsform, da für ‚schulinterne Fortbildung' der Teilnehmerkreis sehr häufig zu klein wäre.

3. Vor Ort organisierte Fortbildung:
Dazu zählen die Angebote der Zentrale, der Zentralstellen und der Seminare für die Behandlung von Themen in Kollegien, meist jedoch in den Fachkonferenzen.
Die Einrichtung der sogenannten ‚Pädagogischen Konferenz', in der allgemeinpädagogische Themen, Fragen der pädagogischen Psychologie oder des Schullebens behandelt werden und für die das IPTS in einer eigenen Veröffentlichungsreihe Anregungen gibt (‚Die Pädagogische Konferenz'. Anregungen für das Kollegium), ist eine Besonderheit der vor Ort organisierten Fortbildung. Einige Themenbeispiele: Arbeitstechniken – Was sind, warum machen wir, wie machen wir Projekte? – Hausaufgaben, sinnvoll gestellt – Freies Spielen in der Schule? – Aufgaben des Klassenlehrers – Störungen im Unterricht...
Darüber hinaus sind je nach Initiative der Leiterinnen oder Leiter der Schulen oder der jeweiligen Fachkonferenzen vielfältige Aktivitäten anzutreffen. Eine besondere Rolle spielen dabei die im Multiplikatorensystem des IPTS fortgebildeten Kolleginnen und Kollegen (vor allem im Bereich Informationstechnische Grundbildung sowie in den technischen Fächern für CNC, CAD...), die die gewonnenen Einsichten und Fertigkeiten vor Ort weitergeben.
Im berufsbildenden Bereich ist die Fortbildung vor Ort bei den sog. ‚kleinen Fächern', die in Landesberufs- oder Landesfachschulen unterrichtet werden, eine Selbstverständlichkeit.

Durch die Integration der Unterrichtsfachberatung im IPTS ergeben sich mit der Tätigkeit der Fachberater und Fachbeauftragten vor Ort ebenfalls gute Fortbildungsmöglichkeiten. Hinzu treten die Mitglieder der Fachausschüsse, die jeweils – soweit die Fächer das erfordern – aus *allen* Schularten stammen. Da in der IPTS-Konstruktion auch die Zusammenarbeit mit den Hochschulen angelegt ist (Institutskonferenz, Fachausschüsse), greifen viele Schulen auf diese Kontakte gerne zurück, wenn sie vor Ort einzelne Veranstaltungen oder Veranstaltungsreihen im Sinne einer selbstorganisierten Bildungsarbeit durchführen.
Im Bereich der Grundschule haben Maßnahmen einer inneren Schulreform begonnen. Sie werden durch in der Fläche verteilte ‚Lernwerkstätten' gefördert, in denen Grundschullehrerinnen und -lehrer sowie Sonderschullehrerinnen und -lehrer (mit Teilzeitabordnung) zusammenarbeiten. Damit bilden sie ‚Zellkerne' für eine Reflexion der Arbeit vor Ort und selbstorganisierte kollegiale Zusammenarbeit, die wir als Fortbildungspraxis im besten Sinne verstehen."
Abrufveranstaltungen aus dem IPTS-Angebot, z. B.:

- Die pädagogische Konferenz
- Training von Kultur- und Arbeitstechniken
- Medien im Unterricht
- Schulinterne Lehrerfortbildung an Gesamtschulen: Fragen des Unterrichts und der Erziehung
- Supervision für Gesamtschulkollegien
- Vorbereitung und Begleitung von Teams für den 5. Jahrgang ... zur Vorbereitung auf die Arbeit in der integrierten Orientierungsstufe

Quellen: Landesinstitut Schleswig-Holstein für Praxis und Theorie der Schule (IPTS): Fortbildungsverzeichnis 1992, Kronshagen.
Landesinstitut Schleswig-Holstein für Praxis und Theorie der Schule (IPTS): Schreiben vom Januar 1992, Kronshagen.

12. Österreich (Burgenland): Projekt „Schulzentrierte Lehrerfortbildung"

Die Lehrerfortbildung findet als Projekt in den einzelnen Schulen statt, wobei die LehrerInnen selbst eine bestimmte Thematik umfassender Art auswählen und über einen längeren Zeitraum (Halbjahr, Schuljahr) zum Gegenstand ihrer Fortbildungsbemühungen machen.
Als Betreuer fungieren in erster Linie Vertreter der erziehungs-

wissenschaftlichen Theorie, Pädagogen und Fachdidaktiker. Sie werden vom Institut der Erziehungswissenschaften und vom Pädagogischen Institut (Eisenstadt) angeboten. Diese sind auch die „Servicestelle für weitere Betreuungen“.
Die Durchführung dieser schulzentrierten projektorientierten Lehrerfortbildung erfolgt in Form der “Pädagogischen Konferenzen“: „Die Lehrerkonferenzen sind zur Erfüllung der ihnen durch die Rechtsvorschriften übertragenen Aufgaben oder zur Beratung gemeinsamer Fragen der Unterrichts- und Erziehungsarbeit oder zur beruflichen Fortbildung der Lehrer durchzuführen“, wobei die Fortbildungsaktivitäten an den Schulen 6–10 Sitzungen von ungefähr dreistündiger Dauer umfassen.
Beispiel der Durchführung eines Projekts

a) Tagung der Planungsgruppe mit Betreuern, Lehrerfortbildnern und Schulaufsichtsbeamten am Pädagogischen Institut des Bundes für Burgenland. Hier wurden neben der Erörterung des Organisationsmodells noch eingehend die Möglichkeiten der organisatorischen Durchführung dieses Modells besprochen und Schulen genannt, bei denen man annahm, daß sie bereit wären, bei dieser Form der Fortbildung mitzumachen.

b) Tagung der Planungsgruppe: In dieser zweitägigen Klausur wurden eingehend Vor- und Nachteile der Durchführungsmöglichkeiten dieser Art der Lehrerfortbildung erörtert, z.B. Themenangebote und -auswahl, Probleme bei der Durchführung, Funktion des Betreuers, Literatur- und Medieneinsatz, Evaluationsmöglichkeiten, Organisatorisches...

c) Tagung mit den Direktoren/Vertretern der beteiligten Schulen, bei welcher die Betreuer das Organisationsmodell nochmals vorstellten und gemeinsam das Projekt erörtert wurde.

d) Durchführung der „Schulzentrierten Lehrerfortbildung“ in Form der „Pädagogischen Konferenzen“ an den einzelnen Schulen, wobei folgende Themenschwerpunkte bearbeitet wurden:

- positive Lehrer-Schüler-Beziehung
- Sozialisation – Beziehungen in der Schule
- Problem: Erziehungswissenschaft und Praxis
- Problem: „Schwacher“ Schüler
- Wege zum effizienteren Lernen
- Zusammenarbeit: Eltern – Lehrer – Schüler

e) Tagungen der Betreuer während der Durchführung. In diesen Treffen wurde über den Verlauf, über Erfolge, Schwierigkeiten

und weitere Vorgangsweisen und Aktivitäten berichtet und gemeinsam beraten.
Die teilnehmenden LehrerInnen vertraten nach den Konferenzen die Meinung, daß sie

- von diesen Konferenzen profitiert hätten,
- für sie wichtige Dinge erkannt, gewonnen und erreicht hätten,
- die Probleme ihrer Kollegen nun besser kennen,
- in Kooperation mit anderen Kollegen die Schulrealität effizienter bewältigen,
- Hilfen für den Schulalltag erhalten haben,
- sensibler für Gruppenprozesse und für die Empfindlichkeit der Schüler geworden sind.

Die vielen positiven Rückmeldungen zeigen, in welches Vakuum die „Schulzentrierte projektorientierte Lehrerfortbildung" innerhalb der Angebotspalette der traditionellen Lehrerfortbildung vorgestoßen ist.
Spezifisch für dieses Projekt ist:

a) Die Vorbereitung geschieht durch Betreuer und Vertretergruppen aus einzelnen Schulen gemeinsam, d. h., ein Betreuerteam muß nicht jede Schule einzeln zur Vorbereitung der Päd. Konferenzen besuchen.
b) An jeder Schule gibt es sog. Kontaktlehrer: Sie unterrichten an der Schule und sind Anlaufstelle für Fragen, Wünsche, Anregungen der einzelnen Kolleginnen und Kollegen. Sie stellen die Verbindung zum Betreuer des Projekts her.
c) Die Betreuer treffen sich regelmäßig mit den Kontaktlehrern (Supervision), um die einzelnen Bereiche mit ihnen zu besprechen, den Erfahrungsaustausch zu fördern, vorgeschlagene Lösungswege zu diskutieren, die eigene Tätigkeit und die Tätigkeit des Lehrerteams zu reflektieren und weitere Aktivitäten zu planen. Er ist ebenso Anlaufstelle, wenn er die einzelnen Schulen besucht. Er bietet Unterstützung an bei der Erstellung von Fallstudien, bei der Systematisierung von Einsichten, bei den Vergleichen der Fallstudien und bei den geplanten Veröffentlichungen.

Quellen: Goger, Reinhard: Die Schulzentrierte Lehrerfortbildung in Österreich (Burgenland). Manuskript, Eisenstadt, Februar 1990

13. Schweiz (Basel): Das Arbeitsplatzbezogene Pädagogische Trainingsprogramm (APT)

„1. Die Ausbildung bezieht sich auf den eigenen Arbeitsplatz und impliziert, daß Angehörige der gleichen Schule an ihr teilnehmen.
2. Die Ausbildung hat die pädagogische Seite des Amtsauftrags im Visier und impliziert, daß diese heute vorwiegend durch stimmige Kommunikation solidarisch handelnder Lehrerinnen und Lehrer des gleichen Arbeitsplatzes wahrgenommen werden muß, wenn sie wirkungsvoll sein soll.
3. Die Ausbildung will eine neue Verhaltensqualität, die sich daran mißt, daß Kommunikation in und zwischen Menschen nur dort stattfindet, wo Gefühle sein dürfen und daß Mündigkeit... nur dort erfolgt, wo ‚erzogene Gefühle‘ (R. Cohn) das Szepter führen. Eine solche Verhaltensqualität läßt sich nicht über Nacht erreichen. Sie muß deshalb geübt, jahrelang trainiert werden."
Die TeilnehmerInnen sollten über gewisse Dispositionen verfügen wie Offenheit, Prozeßfähigkeit, Initiative/Selbstverantwortung und Risikobereitschaft.
„APT ist ... eine zehn Wochen dauernde Ausbildung von LehrerInnen, die alle der gleichen Schule angehören. Diese Form bewirkt nach bisherigen Erfahrungen ein ausgeprägtes WIR-Gefühl bei den Beteiligten, insbesondere dann, wenn sich die Schulleitung selbst dieser Ausbildung unterzieht. Eine erwünschte Verhaltensänderung (positive Problemlösungshaltung, pädagogische Zuversicht, neue Sinnfindung in der Aufgabe als LehrerIn/RektorIn) ergibt sich nach bisherigen Beobachtungen gerade durch das wiederholte, über längere Zeit angelegte Zusammensein von auch am Arbeitsplatz aufeinander angewiesenen Gruppenmitgliedern an einem wenig belastenden Kursort.
Die zehnwöchige Ausbildung wird in der Regel innerhalb von drei Jahren durchgeführt. 10 Kurse á 5 Tage oder insgesamt 360 Lektionen werden berufsbegleitend absolviert. Pro Jahr sollen nicht mehr als 3 Kurse besucht werden, damit sowohl die Einzelperson als auch die Lerngruppe und das Schulsystem nicht überfordert werden." Von den zehn Kursen werden 5 während der Schulzeit und 5 in der Freizeit absolviert (mit Zustimmung der jeweiligen Schulleitung). Die Ausbildung während der Schul-

zeit ist gratis, in der Freizeit kostenpflichtig. Nach Absolvierung eines Kurses erhalten die TeilnehmerInnen 80% ihrer Auslagen vom ULEF (Institut für Unterrichtsfragen und Lehrerfortbildung, Basel)
Die Ziele und Inhalte des Kurses sind u. a.:

1. Methodenkonzeption Projektunterricht
   - sich im projektartigen Denken und Arbeiten üben
   - entsprechende Vorgänge praktizieren
2. Kommunikation und Menschenkenntnis
   - sich mit den vier Ebenen menschlicher Kommunikation (nach Schulz von Thun) vertraut machen
3. Wahrnehmung
   - sich selbst als subtile Wahrnehmer nach innen und außen erfahren
   - sich selbst klar äußern
   - Aussagen anderer verstehen lernen
4. Gesprächsführung
   - sich theoretisch und praktisch mit den Grundlagen der Gesprächsführung auseinandersetzen
   - in Gesprächssituationen mit sich und anderen umgehen lernen
5. Streßbewältigung
   - zum Thema Streß und Streßfolgen informiert werden
   - sich mit den körperlich-seelischen Belastungen auseinandersetzen
6. TZI-Methode
   - die TZI-Methode kennenlernen
   - mit der TZI-Methode arbeiten können
7. Krisen in Gruppen
   - Krisen in Gruppen in ihren verschiedenen Dimensionen begreifen lernen (Gruppenleitung, Gruppe, einzelne Gruppenmitglieder, Klasse als Gruppe, schwierige SchülerInnen)
8. Organisationsentwicklung (OE)
   - lernen, ein OE-Projekt anzugehen, einzufädeln, zu begleiten und durchzustehen (Organisationsdiagnose, Arbeitskontrakt, Arbeitsstruktur, Prozeßanalyse)

„Wer die Arbeitsbedingungen seiner Schule entscheidend verbessern will, muß wissen, daß Verhaltensänderungen im wesentlichen über Sozialisierungsprozesse im Rahmen einer bestimmten Schulkultur geschehen. Das bedeutet, daß langfristige Entwicklungsprozesse ins Auge gefaßt werden müssen, und das heißt vor allem, daß die hierzulande verbreitete politische Entscheidungskultur, die auch in vielen Arbeitsgremien Einzug gehalten hat und nur noch sehr wenige Menschen zu befriedigen vermag (stark eingeschränkte Entscheidungsbefugnis, Machtkämpfe, Mehrheitsbeschlüsse, Gefühlsunterdrückung, Mythos der sogenannten sachlichen Arbeit verbunden mit Arbeitsüberlastung, fehlendes Feedback usw.) ersetzt werden muß durch eine neue Führungskultur..."

Seit Sommer 1992 gibt es das sog. VOLENA-Projekt (VOLENA = Vorbereitung der LehrerInnen auf neue Aufgaben) mit den Schwerpunkten:
- Durchführung von Kaderseminaren
- Durchführung von Kursen und Veranstaltungen
- Durchführung von Organisationsentwicklung in Kollegiumsgruppen
- Administrierung der individuellen Vorbereitung für Lehrkräfte

(Nähere Auskünfte: Institut ULEF, Claragraben 121, CH 4005 Basel)

Quellen: Elmar Osswald: Die APT-Geschichte – APT, das Arbeitsplatzbezogene Pädagogische Trainingsprogramm. Manuskript. Basel, Februar 1990

14. Übersicht

Bundesländer	Maßnahmen/ Vorhaben	Bemerkungen
Baden-Württemberg	Pädagogischer Tag Konstanzer Trainingsmodell (KTM): Verhaltenstraining als Angebot für LehrerInnen an Hauptschulen	1 Unterrichtstag pro Schuljahr 2 LehrerInnen als sog. Tandem/1 Unterrichtsstunde Ermäßigung für 1 Schuljahr
Bayern	Pädagogische Konferenzen	außerhalb der Unterrichtszeit, nicht verpflichtend
Berlin	Mehrfachangebote Schwerpunkt: Studientag	teilweise innerhalb der Unterrichtszeit 1 Unterrichtstag pro Schuljahr
Bremen Bremerhaven	Abrufangebote Fachbereichsbezogene LFB Pädagogischer Studientag	außerhalb der Unterrichtszeit 5. und 6. Unterrichtsstunde plus Nachmittag 1 Unterrichtstag

Bundesländer	Maßnahmen/ Vorhaben	Bemerkungen
Hamburg	Pädagogische Jahreskonferenz „Hamburger Modell der Organisationsentwicklung an Schulen“	1 Unterrichtstag pro Schuljahr teils innerhalb, teils außerhalb der Unterrichtszeit
Hessen	Abrufangebote der regionalen LFB	teils innerhalb, teils außerhalb der Unterrichtszeit
Niedersachsen	Pädagogische Klausurtagungen	2 Unterrichtstage pro Schuljahr
Nordrhein-Westfalen	Projekt: „Erziehung und Erziehungsprobleme in Schule und Unterricht“	10 Fortbildungseinheiten von je vier Stunden, teils innerhalb, teils außerhalb der Unterrichtszeit
Rheinland-Pfalz	Studientag Studienkonferenz	1 Unterrichtstag pro Schuljahr in der Regel am Nachmittag
Saarland	Pädagogischer Tag Studientage an Gesamtschulen	1 Unterrichtstag pro Schuljahr 2 Unterrichtstage pro Schulhalbjahr
Schleswig-Holstein	Pädagogische Konferenz (Abrufveranstaltungen)	teils innerhalb, teils außerhalb der Unterrichtszeit
Österreich (Burgenland)	Projekt „Schulzentrierte Lehrerfortbildung“	mehrere Pädagogische Konferenzen pro Schuljahr außerhalb der Unterrichtszeit
Schweiz (Basel)	APT: Das Arbeitsplatzbezogene Pädagogische Trainingsprogramm	zehn Wochen (verteilt auf drei Jahre) fünf innerhalb, fünf außerhalb der Unterrichtszeit

- Wie ging es Ihnen beim „Blick über den Zaun“? (Oder waren Sie sogar in des Nachbarn Garten?)
  Ich hoffe, Sie haben Erkenntnisse, Einsichten und Anregungen für Ihre eigene SCHILF-Arbeit bekommen.

Schlußbetrachtung: Der Weg ist das Ziel...

Wir sind gewandert, wir haben das Ziel erreicht. Und nun? Nach einer Pause werden wir wieder ein Ziel vor Augen haben und dann wieder eines...

So sind wir also immer wieder auf dem WEG, auf unserem Weg im Netz von überregionaler, regionaler und schulinterner Lehrerfortbildung. Er soll, bei allen Eng- und Steilpässen, Irritationen und Verzweigungen, ein humaner Weg zu den „guten" Schulen sein, in denen Menschen ihr Selbst erfahren und entwickeln können, *ohne* die Gemeinschaft in ihr zu vernachlässigen. Es soll immer wieder ein Weg sein, auf dem wir über Pädagogik nachdenken und unser Handeln mit unseren Maßstäben und Zielen in Einklang bringen.

Unser SCHILF-Weg ist ein kleiner Weg in der pädagogischen Landschaft, aber es lohnt sich, ihn zu beachten und zu gehen. Manchmal werden wir müde und erschöpft sein, die Schweißtropfen auf der Stirn und Blasen an den Füßen spüren, Muskelkater bekommen und vielleicht aufgeben wollen... Aber dann sehen wir am Horizont doch wieder unser (Zwischen-)Ziel und freuen uns anzukommen.

Ich wünsche Ihnen keinen trübseligen, sondern einen lebendigen und farbigen Weg in die und in der Schule. Und vielleicht können Sie nachvollziehen, was ein Kollege (G. Müller) am Ende eines Pädagogischen Tages geschrieben hat:

Die Farbe unserer Schule
ist das bunte Leben.
Es fehlt ihr
die Einförmigkeit einer Farbe,
ihr mangelt auch
der Grauton der vielfarbigen Beliebigkeit.
Jede Farbe kommt zum Vorschein,
jede ist unterscheidbar von der anderen,
aber keine ist allein.
Alle zusammen ergeben die
Palette.

Literaturverzeichnis

Akademieberichte: Schulinterne Lehrerfortbildung. Pädagogische Konferenzen – Pädagogische Klausursitzungen. Dillingen 1988

Ant, Peter u. a.: Der Moderator als Prozeßhelfer bei der kollegiumsinternen Lehrerfortbildung (Kilfo). In: Schulmanagement 1983/2, S. 36–41

Arnold, Rolf: Erwachsenenbildung. Eine Einführung in Grundlagen, Probleme und Perspektiven. Baltmannsweiler 1988

Auberle, Klemens/Miller, Reinhold: Schulinterne Lehrerfortbildung – ein Versuch. Oder: Ein Lehrerkollegium drückt wieder die Schulbank. In: Lehren und Lernen 1987/9, S. 31–54

Beratungsstelle Pädagogischer Tag am LPM. In: Pädagogische Notizen 1990/1, S. 10

Bartnitzky, Horst: Kollegiumsinterne Fortbildung an Grundschulen. In: Lehrerjournal 1985/1, S. 9–12

Baumert, Jürgen: Wodurch wirken Schulleiter? Forschungsergebnisse zu Schulleitung und Schulkultur: In: Pädagogik 1989/11, S. 26–30

Becker, Georg E./Gonschorek, Gernot: Kultusminister schicken 55000 Lehrer vorzeitig in Pension. In: Pädagogik 1989/6, S. 16–23

Behörde für Schule und Berufsbildung der Freien und Hansestadt Hamburg: Schreiben des Landesschulrats vom 27. 2. 1987: „Pädagogische Jahreskonferenz“

Bennis, Warren/Nanus, Burt: Führungskräfte – Die vier Schlüsselstrategien erfolgreichen Führens. Frankfurt–New York 1986/2

Berendt, Ernst-Joachim: Das Dritte Ohr. Reinbek 1985

Bielefeldt, Heinz: Pkt. 3 TO: Disziplinprobleme. Wiederbelebungsversuche pädagogischer Konferenzen. In: Blätter für Lehrerfortbildung 1982/7–8, S. 356–362

Bildungsarbeit bei Daimler-Benz. In: Bildung für innovative Technik – Beiträge zur didacta 1989. Stuttgart 27. 2.–3. 3. 1989

Bönsch, Manfred: Skizzen für ein neues Konzept der Lehrerfort- und -weiterbildung. In: Die Deutsche Schule 1983/4, S. 314–321

Bollnow, Otto F.: Sprache und Erziehung. München 1979/3

Brocher, Tobias: Gruppendynamik und Erwachsenenbildung. Braunschweig 1967

Buchen, Herbert: Organisationsentwicklung als Gegenstand von Schulleiterfortbildung. In: Schulmanagement 1986/3, S. 16–24
Cassmann, Richard: Fortbildung für Schulleiter, Beispiel Hessen. In: Pädagogik 1989/11, S. 39–40
Cohn, Ruth: Von der Psychoanalyse zur themenzentrierten Interaktion. Stuttgart 1978
Dalin, Per: Organisationsentwicklung als Beitrag zur Schulentwicklung – Innovationsstrategien für die Schule. Paderborn 1986
Daschner, Peter: Die Schulleitung stärken? In: Pädagogik 1989/11, S. 8–9
Dassau, Peter: Zur Humanisierung des Unterrichts. In: Schulmanagement 1983/3, S. 35–36
Daublebsky, Benita/Petry, Christian: Ansichten von Lehrern, Ansichten über Lehrer. In: Pädagogik heute 1987/6, S. 7–12
Dieterich, Rainer u. a.: Psychologie der Lehrerpersönlichkeit. München 1983
Dietrich, Ellen u. a.: Der Schulleiter aus Schülerinnen-Sicht. In: Pädagogik 1989/11, S. 33–34
Dörger, Ursula/Steffens, Ulrich: Die eigene Gesamtschule weiterentwickeln. Erfahrungen aus einem hessischen Projekt. In: Westermanns Pädagogische Beiträge 1986/7–8, S. 24–29
Döring, Klaus W.: Lehren in der Weiterbildung. Weinheim 1988
Döring, Klaus W.: Lehrerverhalten. Ein Lehr- und Arbeitsbuch. Weinheim 1989
Drunkemühle, Ludger: OE-Training für Schulleiter – am Beispiel „Schulprogramm“. In: Schulmanagement 1986/3, S. 28–31
Edelhoff, Christoph: Schulreform und die Anforderungen an den Lehrer. Aufgaben der Lehrerfortbildung. Verpflichtung oder Freiwilligkeit. In: Die Deutsche Schule 1988/3, S. 324–330
Erlaß über die Durchführung eines Pädagogischen Tages an Schulen vom 3. Mai 1988. In: Gemeinsames Ministerialblatt Saarland vom 22. Juni 1988, S. 161/2
Fend, Helmut: „Gute Schulen – schlechte Schulen“. Die einzelne Schule als pädagogische Handlungseinheit. In: Die Deutsche Schule 1986/3, S. 275–293 (a)
Fend, Helmut: Was ist eine gute Schule. In: Westermanns Pädagogische Beiträge 1986/7–8, S. 8–12 (b)
Fischer Reinhard: Vor welchen Aufgaben steht die humane Schule? In: Schulmanagement 1983/3, S. 32–34
Fittkau, Bernd/Schulz von Thun, Friedemann: Grundzüge unseres Kommunikations- und Verhaltenstrainings für Berufspraktiker. In: Fittkau, Bernd u. a.: Kommunizieren lernen (und umlernen). Braunschweig 1980/2, S. 101–113 (a)
Fittkau, Bernd u. a.: Kommunizieren lernen (und umlernen). Braunschweig 1980/2 (b)

Freudenreich, Dorothea/Sperth, Fritz: Stundenblätter – Rollenspiele im Unterricht. Stuttgart 1983 (Klett/Schulpraxis)
Gampe, Harald: Fortbildung in Lehrer- und Fachkonferenzen. In: Schulmanagement 1983/2, S. 16–21
Gehrmann, Johannes: Hinweise zu Studientagen an Gesamtschulen vom 18. 12. 1989. Landesinstitut für Pädagogik und Medien. Dudweiler 1989
Goger, Reinhard: Die Schulzentrierte Lehrerfortbildung in Österreich (Burgenland). Manuskript. Eisenstadt, Februar 1990
Gordon, Thomas: Lehrer-Schüler-Konferenz. Reinbek 1981
Grell, Jochen und Monika: Unterrichtsrezepte. Weinheim 1989
Gruen, Arno: Der Verrat am Selbst. Die Angst vor Autonomie bei Mann und Frau. München 1986/2
Gründel, Johannes: Das Gewissen bilden: not-wendig. In: Krautter, Bernhard (Hrsg.): Gebt der Schule ein Gesicht. Stuttgart 1989, S. 79–92
Gudjons, Herbert: Fallbesprechungen in Lehrergruppen. Ein Leitfaden für gegenseitige Supervision und Beratung in der praxisnahen Lehrerfortbildung. In: Westermanns Pädagogische Beiträge 1977/9, S. 373–379 (a)
Gudjons, Herbert: Spielbuch Interaktionserziehung. Bad Heilbrunn 1987/3
Gudjons, Herbert: Strafarbeit für Petra? – Beispiel für eine Fallbesprechung aus dem pädagogischen Alltag. In: Westermanns Pädagogische Beiträge 1977/11, S. 469–473 (b)
Häcker, Klaus: Der Schulleiter als pädagogischer Berater. In: Schulmanagement 1983/3, S. 26–27
Haenisch, Hans: Gute und schlechte Schulen im Spiegel der empirischen Schulforschung. In: Westermanns Pädagogische Beiträge 1986/7–8, S. 18–23
Hagstedt, Herbert/Nilshon, Ilse: Das Intervallseminar als Modell unterrichtsbezogener Lehrerfortbildung. In: Die Deutsche Schule 1980/11, S. 652–667
Hamburg macht Schule 1989/I
Hartmann, Wilfried: Schulinterne Lehrerfortbildung – ein Erfahrungsbericht. In: Hauptschulmagazin 1986/7, S. 3–6
Heinze, Waltraud: Der Schulleiter als Berater. In: Schulmanagement 1983/4, S. 19–21
Hermann, Günter: Zusammenarbeit zwischen Schulleiter und Personalrat. In: Pädagogik 1989/11, S. 31–32
Höper, Claus-Jürgen u. a.: Die spielende Gruppe. 115 Vorschläge für soziales Lernen in Gruppen. München 1984/10
Huhn, Günter/Hillekamp, Werner: Moderatorenfortbildung zum Thema „Innere Differenzierung in der Grundschule". In: Lehrerjournal 1985/1, S. 17–20

Institut für Unterrichtsfragen und Lehrerfortbildung Basel: Trainingsprogramm 1990
Jakat, Udo: Spielregeln und Methoden bei der kollegiumsinternen Lehrerfortbildung. In: Schulmanagement 1983/4, S. 22–28
Kaiser, Arnim: Bildungsarbeit mit Erwachsenen. München 1986
Klebert, Karin u. a.: Moderationsmethode. Hamburg 1987/3
Kleffken, Brigitta: Kollegiumsumfassende Lehrerfortbildung an der Sonderschule für Lernbehinderte. In: Lehrerjournal 1985/1, S. 25–28
Kluth, Manfred/Witte, Helmut: Fortbildung der Fortbildner. In: Lehrerjournal 1985/1, S. 21–24
Knapp, Rudolf/Priebe, Botho: Schulinterne Lehrerfortbildung. In: Schulmanagement 1983/2, S. 10–15
Knapp, Rudolf/Wichterich, Heiner: Zusammenarbeit von Schule und Elternhaus – auch ein konkreter Fall von Organisationsentwicklung. In: Schulmanagement 1986/3, S. 38–43
Konzeption der Staatlichen Lehrerfortbildung in Baden-Württemberg. In: Kultus und Unterricht. Stuttgart 1980/10, S. 667–692
Krüger, Rudolf: Das Kollegium ist das Seminar – Schulinterne Lehrerfortbildung aus Schulleitersicht. Braunschweig 1988 (Schulleiterhandbuch Nr. 47)
Krüger, Rudolf: Was tut der Rektor? Zum Berufsbild und Selbstverständnis des Schulleiters. In: Schulmanagement 1983/4, S. 32–36
Kultusminister des Landes Nordrhein-Westfalen: Fortführung der Maßnahme „Erziehung und Erziehungsprobleme in Schule und Unterricht für Lehrer aller Schulformen". Schreiben vom 12. 7. 1988
Landesinstitut für Pädagogik und Medien (LPM): Schreiben vom 20. 12. 1989
Landesinstitut Schleswig-Holstein für Praxis und Theorie der Schule (IPTS): Fortbildungsverzeichnis 1990. Kronshagen 1990
Landesinstitut Schleswig-Holstein für Praxis und Theorie der Schule (IPTS): Schreiben vom 9. 1. 1990. Kronshagen 1990
Langer, Inghard: Verständlich informieren – Ein Beispiel empirischer Forschung. In: Fittkau, Bernd u. a.: Pädagogisch-psychologische Hilfen für Erziehung, Unterricht und Beratung. Braunschweig 1983, S. 378–401
Langmaack, Barbara/Braune-Krickau, Michael: Wie die Gruppe laufen lernt. Weinheim 1985
Lehrerfortbildungsinstitut der Stadt Bremerhaven: Informationen zum Thema Schulinterne Lehrerfortbildung. Bremerhaven o. J.
Lehrerfortbildungsinstitut der Stadt Bremerhaven: Schreiben vom 30. 1. 1990
Lührig, Marion: Schulleitung als Frauenberuf. In: Pädagogik 1989/11, S. 20–25

Ments, Morry van: Rollenspiel effektiv. Ein Leitfaden für Lehrer, Erzieher, Ausbilder und Gruppenleiter. München 1985
Meyer, Helmut: Der Schulleiter-Stellvertreter. In: Schulmanagement 1983/4, S. 40–41
Meyer, Rolf: Schulinterne Lehrerfortbildung – Erfahrungen, Anregungen und Hilfen. NLI-Bericht Nr. 5. Hildesheim 1982
Miller, Reinhold: KTM – Keiner trainiert mit? In: Tennstädt, Christian (Hrsg.): Das Konstanzer Trainingsmodell, Bd. 4. Bern–Stuttgart–Toronto 1987, S. 1–5
Miller, Reinhold: Lehrer lernen. Weinheim 1989/3
Miller, Reinhold: Sich in der Schule wohlfühlen. Weinheim 1990/3
Molcho, Samy: Körpersprache als Dialog. München 1988
Müller, Kurt R. (Hrsg.): Kurs- und Seminargestaltung. München 1983
Mutzeck, Wolfgang/Pallasch, Waldemar (Hrsg.): Handbuch zum Lehrertraining – Konzepte und Erfahrungen. Weinheim 1983
Niedersächsisches Landesinstitut für Lehrerfortbildung, Lehrerweiterbildung und Unterrichtsforschung. LFB-Programm 1990/1. Hildesheim 1990
Niedersächsisches Landesinstitut für Lehrerfortbildung, Lehrerweiterbildung und Unterrichtsforschung. NLI-Statistik. Hildesheim 1988
Niermann, Werner: Fortbildung für Schulleiter, Beispiel Niedersachsen. In: Pädagogik 1989/11, S. 40–41
Niggemann, Wilhelm: Praxis der Erwachsenenbildung. Freiburg 1979/3
Ohrmann, Kurt u.a.: Ein Team macht Schule. Langenau–Ulm 1989
Osswald, Elmar: Die APT-Geschichte. Das Arbeitsplatzbezogene Pädagogische Trainingsprogramm. Manuskript. Basel, Februar 1990
Osswald, Elmar: Gemeinsam statt einsam – Arbeitsplatzbezogene Lehrerfortbildung. Manuskript. Basel 1988/2
Pallasch, Waldemar: Pädagogisches Gesprächstraining. Weinheim und München 1987
Pechtl, Waldefried: Zwischen Organismus und Organisation. Wegweiser und Modelle für Berater und Führungskräfte. Linz 1989
Philipp, Elmar: Verbesserung der Kooperation von Sekundarschulen – Erfahrungen mit der Organisationsentwicklung. In: Schulmanagement 1986/3, S. 32–37
Pieper, Andreas: Managen oder kooperieren? Konferenzverbesserung als gemeinsame Aufgabe aller Beteiligten. In: Westermanns Pädagogische Beiträge 1986/6, S. 16–21 (a)
Pieper, Andreas: Verbesserung der Zusammenarbeit im Lehrerkollegium als Aufgabe einer systembezogenen schulpsychologischen Beratung. Frankfurt 1986 (b)
Platzer, Karl: Unterricht ist Interaktion. Eine Fortbildungsveranstaltung mit dem Kollegium. In: Lehrerjournal 1985/1, S. 29–32

Priebe, Botho: „Erziehung und Erziehungsprobleme in Schule und Unterricht ...“ – Schulinterne Lehrerfortbildung in Nordrhein-Westfalen. In: „Gute Schule“ – Was ist das? Aufgaben und Möglichkeiten der Lehrerfortbildung. Dokumentation der 6. überregionalen Fachtagung der Lehrerfortbildner vom 19.–23. 5. 1986 in der Evangelischen Akademie Loccum – Loccumer Protokolle 18/1986, S. 71–75 (a)

Priebe, Botho: Fortbildung für das ganze Kollegium. In: Westermanns Pädagogische Beiträge 1986/7–8, S. 42–45 (b)

Priebe, Botho: Wie LehrerInnen gemeinsam lernen und ihre Schulen entwickeln können. In: Forum Pädagogik 1989/4, S. 160–167

Probosch, Andreas: „Wir haben Euch nicht nur geliebt“. Abiturrede. In: Nürnberger Lehrerzeitung 1989/9, S. 16

Rabenstein, Reinhold: Lernen kann auch Spaß machen! Einstieg, Aktivierung, Reflexion: Themen bearbeiten in Gruppen. Münster 1987/2

Ratzki, Anne: Am Gängelband der Bürokratie. Oder: Was kann die Schulaufsicht zur Verbesserung der Schule tun?. In: Westermanns Pädagogische Beiträge 1986/7–8, S. 46–47

Reber, Rudolf: Supervision in der Schule. In: Die Unterrichtspraxis. Beilage zur Lehrerzeitung Baden-Württemberg 1986/5, S. 33–40

Redlich, Alexander: Berufsbezogene Supervision in Gruppen. Eine Einführung in grundlegende Methoden – Materialien aus der Beratungsstelle für Soziales Lernen am Fachbereich Psychologie der Universität Hamburg, Oktober 1986

Ritter, Ralf: Gespräch und Verhandlung im Schulbereich. Begleitskriptum des Seminars zur Einführung von Lehrern in Schulleitungsaufgaben. Freiburg 1987

Roeder, Peter-Martin: Lehrerkooperation und Schulqualität. Beobachtungen an einer Berliner Hauptschule. In: Westermanns Pädagogische Beiträge 1986/7–8, S. 30–35

Rogers, Carl: Die Kraft des Guten. Frankfurt 1986

Rogers, Carl: Entwicklung der Persönlichkeit. Stuttgart 1976

Rolff, Hans-Günter: Schulleitung und Schulklima. In: Schulmanagement 1983/3, S. 28–31

Rolff, Hans-Günter: Selbsterneuerung durch Organisationsentwicklung. In: Schulmanagement 1986/3, S. 12–15

Rotering-Steinberg, Sigrid: Anleitung zum Selbsttraining für Lehrergruppen. Weinheim 1983

Ruddies, Günther: Lehrer im Wandel ihrer Lebensstufen. In: Birkacher Beiträge 2. Stuttgart-Birkach 1982, S. 9–14

Rühling, Hans-Bernd: Kollegiumsinterne Lehrerfortbildung. In: Lehrerjournal 1985/1, S. 2–8

Rühling, Hans-Bernd: Probleme mit ausländischen Kindern – Erfahrungen mit der schulinternen Lehrerfortbildung. In: Schulmanagement 1983/2, S. 31–35

Satir, Virginia: Meine vielen Gesichter. Wer bin ich wirklich? München 1988
Sauter, Friedrich Ch.: Der gute Lehrer aus der Sicht ehemaliger Schüler. In: Bäuerle, Siegfried (Hrsg.): Der gute Lehrer. Empfehlungen für den Umgang mit Schülern, Eltern und Kollegen. Stuttgart 1989, S. 201–224
Scherzer, Eckehard: Formen schulinterner LehrerInnenfortbildung in der regionalen LehrerInnenfortbildung in Hessen, dargestellt am Beispiel der Außenstelle Groß-Gerau des Hessischen Instituts für Lehrerfortbildung (HILF). In: Greber. Ulrich u. a.: Auf dem Weg zur „Guten Schule“: Schulinterne Lehrerfortbildung. Weinheim 1991, S. 40–65.
Schirp, Heinz: Lehrpläne als Bezugsrahmen für kollegiumsinterne Zusammenarbeit. In: Schulmanagement 1983/2, S. 27–30
Schley, Wilfried: Organisationsentwicklung an Schulen. In: Report Psychologie 1988/8, S. 11–20
Schlotmann, Barbara: Beispiele kollegiumsinterner Fortbildung. In: Lehrerjournal 1985/1, S. 33–36
Schmidbauer, Wolfgang: Die hilflosen Helfer. Über die seelische Problematik der helfenden Berufe. Reinbek 1977 (a)
Schmidbauer, Wolfgang: Selbsterfahrung in der Gruppe. München 1977 (b)
Schnelle-Cölln, Telse: Visualisierung – die optische Sprache in der Moderation. Quickborn 1983/Heft 6
Schönig, Wolfgang: Fünf Leitlinien für den Aufbau einer schulinternen Beratungskultur durch schulinterne Lehrerfortbildung. In: Die Deutsche Schule 1989/1, S. 26–37
Schönig, Wolfgang: Lehrerfortbildung zwischen Autonomie und staatlicher Steuerung. In: Neue Sammlung 1988/3, S. 404–418
Schuch, Hans W.: Artikel Supervision. In: Schwarzer, Ralf (Hrsg.): Beraterlexikon. München 1977, S. 209–211
Schuldt, Wilhelm: Pädagogische Arbeit und Schulprogramm. In: Schulmanagement 1986/3, S. 25–27
Schulz von Thun, Friedemann: Miteinander reden 1 – Störungen und Klärungen. Reinbek 1989 (a)
Schulz von Thun, Friedemann: Miteinander reden 2 - Stile, Werte und Persönlichkeitsentwicklung. Reinbek 1989 (b)
Schwäbisch, Lutz/Siems, Martin: Anleitung zum sozialen Lernen für Paare, Gruppen und Erzieher. Reinbek 1980/11
Schwarz, Ulrike: Erfahrungsbericht einer kollegiumsexternen Moderatorin. In: Lehrerjournal 1985/1, S. 13–16
Senator für Schule, Berufsbildung und Sport, Berlin: Rundschreiben vom 22.3.1988
Senatsverwaltung für Schule, Berufsbildung und Sport, Berlin: Schreiben vom 21.12.1989

Sigulla, Adalbert: „Ferienarrest für Schulleiter“ – aufgehoben: Chronik eines Erfolgs. In: Schulmanagement 1983/4, S. 37–39
Simonis, Hans: Schulinterne Lehrerfortbildung: Chance für eine lebendige Schule. In: KM aktuell 1990/1 – Beilage zum Amtsblatt des Kultusministeriums Rheinland-Pfalz 1990/2, S. 1–3
Sjølund, Arne: Gruppenpsychologie für Erzieher, Lehrer und Gruppenleiter. Heidelberg 1976/2
Staatliches Institut für Lehrerfort- und -weiterbildung – SLI – in Speyer: Bericht zur schulinternen Fortbildung. Speyer, Dezember 1983
Staatliches Institut für Lehrerfort- und -weiterbildung – SLI – in Speyer: Schreiben vom 13.12.1989
Stecher, Reinhold: Botschaft der Berge. Innsbruck 1987
Steffens, Ulrich: Erkundungen zur Wirksamkeit und Qualität von Schule. In: Die Deutsche Schule 1986/3, S. 294–305
Stern, Rudolf: Der Pädagogische Tag. In: Informationen für Erzieher 1988/9 (Beilage)
Stevens, John: Die Kunst der Wahrnehmung. München 1986/9
Süddeutsche Zeitung vom 11./12. 1989. Beilage Bildung und Beruf, S. VIII
Süddeutsche Zeitung vom 19.8.1989: Drei Fragen an Horst Hölscher, S. 54
Tennstädt, Christian u.a.: Das Konstanzer Trainingsmodell (KTM). Bern–Stuttgart–Toronto 1987 (Bd. 1: Trainingshandbuch – Bd. 2: Theoretische Grundlagen – Bd. 3: Evaluation des Trainingserfolgs – Bd. 4: Einführung)
Thomann, Christoph/Schulz von Thun, Friedemann: Klärungshilfe. Handbuch für Therapeuten, Gesprächshelfer und Moderatoren in schwierigen Gesprächen. Reinbek 1988
Uldall, Gunnar: Motivation durch Partnerschaft. In: Süddeutsche Zeitung vom 11./12. 11. 1989. Beilage „Der Weg nach oben“, S. VIII
Verwaltungsvorschrift Pädagogischer Tag. In: Kultus und Unterricht. Stuttgart 1985/9, S. 69
Vester, Frederik: Denken, Lernen, Vergessen. Stuttgart 1975
Watzlawick, Paul u.a.: Menschliche Kommunikation. Formen, Störungen, Paradoxien. Bern–Stuttgart–Toronto 1985/7
Watzlawick, Paul: Wie wirklich ist die Wirklichkeit? Wahn, Täuschung, Verstehen. München 1983/8
Wein, Arnulf: Wir gestalten unsere Schule gemeinsam. Wege zur Kooperation. In: Westermanns Pädagogische Beiträge 1986/7–8, S. 36–41
Weisbach, Christian u.a.: Zuhören und Verstehen. Reinbek 1984
Wenzel, Hartmut: Organisationsentwicklung in Schulen. Das Beispiel USA. Manuskript. Essen, Februar 1990
Winkel, Rainer: „Dann machen wir sie fertig“ In: Die Zeit Nr. 51 vom 16.12.1983, S. 33
Winkel, Rainer: Eher Beispiel als Vorbild. Ergebnisse eines Seminars

mit Schulleitern und Schulaufsichtsbeamten. In: Pädagogik 1989/11, S. 17–19
Winkel, Rainer: Was macht eine Schule zu (k) einer guten Schule? 10 beschreibbare Eigenschaften. In: Westermanns Pädagogische Beiträge 1986/7–8, S. 50–51
Wirries, Ingeborg: Schulleben. Praxisbericht aus einer Hauptschule. In: Schulmanagement 1983/4, S. 14–18 (a)
Wirries, Ingeborg: Zum Selbstverständnis des Schulleiters. In: Schulmanagement 1983/3, S. 16–20 (b)
Wissenschaftliches Institut für Schulpraxis (WIS) der Hansestadt Bremen: Veranstaltungsheft (2. Halbjahr des Schuljahres 1989/90). Bremen, Dezember 1989
Wolff, Robert: Arbeit in Kleingruppen. Bei Wolfcraft ist jeder Mitarbeiter ein Unternehmer. In: Süddeutsche Zeitung vom 11./12.11.1989. Beilage: „Der Weg nach oben“, S. VII
Zimmer, Engelbert: Kooperation in der Schule – am Beispiel: Kindgerechter Schulanfang. In: Schulmanagement 1983/2, S. 22–26
Zöllner, Friedhelm: Studientag an der Gesamtschule. In: Lehrerjournal 1985/1, S. 37–40

Stichwortverzeichnis

Quellenhinweise

Bollnow, Otto F.: Sprache und Erziehung, 3. Aufl. 1979, Kohlhammer Verlag, Stuttgart. (S. 170, 171)

Brocher, Tobias: Gruppendynamik und Erwachsenenbildung, Westermann Verlag, Braunschweig, 1967. (S. 191, 199, 210)

Cohn, Ruth: Von der Psychoanalyse zur themenzentrierten Interaktion. Klett-Cotta, Stuttgart, 8. Aufl. 1988. (S. 215, 216, 217)

Dalin, Per: Organisationsentwicklung als Beitrag zur Schulentwicklung – Innovationsstrategien für die Schule. Übersetzt v. J. Pöhland. Verlag Ferdinand Schöningh, Paderborn, 1986. (S. 54, 212)

Klebert, Karin u. a.: Moderationsmethode. Windmühle Verlag, Hamburg, 1987. (S. 250, 251, 252)

Krüger, Rudolf: Das Kollegium ist das Seminar – Schulinterne Lehrerfortbildung aus Schulleitersicht. Schulleiter-Handbuch Nr. 47. SL-Verlag, Braunschweig, 1988. (S. 31, 32)

Ments, Morry van: Rollenspiel effektiv. Ein Leitfaden für Lehrer, Erzieher, Ausbilder und Gruppenleiter, Ehrenwirth Verlag, München, 1985. (S. 260, 261)

Pechtl, Waldefried: Zwischen Organismus und Organisation. Wegweiser und Modelle für Berater und Führungskräfte. Veritas Verlag, Linz, 1989. (S. 65, 66)

Pieper, Andreas: Verbesserung der Zusammenarbeit im Lehrerkollegium als Aufgabe einer systembezogenen schulpsychologischen Beratung. Peter Lang Verlag, Frankfurt, 1986. (S. 50, 174, 210)

Rogers, Carl R.: Entwicklung der Persönlichkeit. Aus d. Amerik. v. Jacqueline Giere (c) 1961, by Carl R. Rogers. Klett-Cotta, Stuttgart, 7. Auflage 1989. (S. 151)

Telse Schnelle-Cölln, Visualisierung – die optische Sprache in der Moderation. Metaplan, Quickborn. (S. 255, 256, 257)